Architecture
a visual history

世界建築大全
―― より深く楽しむために ――

著者
ジョナサン・グランシー

日本語版監修者
山田雅夫

Original Title: Eyewitness Companions Architecture
Copyright © 2006, 2016 Dorling Kindersley Limited
Text Copyright © 2006, 2016 Jonathan Glancey
A Penguin Random House Company

Japanese translation rights arranged with
Dorling Kindersley Limited, London
through Fortuna Co., Ltd. Tokyo.
For sale in Japanese territory only.

[著者]
ジョナサン・グランシー（Jonathan Glancey）
イギリスの建築評論家。王立建築家協会名誉会員で、『ガーディアン』紙の建築・デザイン担当編集者としても活動している。これまでに、『建築批評』副編集長や『建築家』編集長を歴任。執筆活動、BBCテレビやBBCラジオのパーソナリティを務めるなど多方面で活躍している。建築に関する著書多数。

[日本語版監修者]
山田雅夫（やまだまさお）
都市設計家・建築家、技術士・一級建築士。山田雅夫都市設計ネットワーク代表取締役。1951年岐阜県生まれ。東京大学工学部都市工学科卒。丹下健三・大谷幸夫に設計理論を、川上秀光に計画理論を学び、科学万博（1985年開催）の会場設計を担当後、独立。日本建築学会情報システム技術本委員会委員や慶應義塾大学大学院政策・メディア研究科特別研究准教授、大学共同利用機関法人 自然科学研究機構 核融合科学研究所客員教授を歴任。東京臨海副都心開発、横浜みなとみらい21の開発構想案づくりなどに参画。首都機能移転問題では国や移転候補先の県の委員を務める。

[翻訳]
梅田智世／上原裕美子／神田由布子

[カバーデザイン]
Cycle Design

[本文DTP・編集]
リリーフ・システムズ

Architecture a visual history
世界建築大全 ―より深く楽しむために―

2016年11月15日 初版第1刷発行

監修者　山田雅夫
発行者　穂谷竹俊
発行所　株式会社日東書院本社
　　　　〒160-0022 東京都新宿区新宿2丁目15番14号
　　　　TEL　03-5360-7522　（代表）
　　　　FAX　03-5360-8951　（販売部）
　　　　振替　00180-1-705733
　　　　URL　http://www.TG-NET.co.jp

本書の無断複製（コピー）は、著作権法上の例外を除き、著作権、出版社の権利侵害となります。落丁・乱丁はお取り替えいたします。小社販売部までご連絡ください。

日本語版©Nitto Shoin Honsha Co.,Ltd.2016
Printed and bound in China
ISBN 978-4-528-02004-7 C0552

A WORLD OF IDEAS: SEE ALL THERE IS TO KNOW
www.dk.com

Contents

はじめに	4

村落から都市へ 6
古代の近東 12
古代エジプト 20

アメリカ大陸 30
中米と北米 34
南米 40

古典世界 44
古代ギリシア 50
ローマ建築 62
初期キリスト教とビザンティンの建築 78

インドと東南アジア 88
インド建築 94
東南アジア 102

東アジア 108
中国 112
日本と韓国 124

イスラム世界 132
初期のモスク 138
ペルシアとムガル朝インド 152

中世ヨーロッパ 162
ロマネスク 168
ゴシック 180

ルネサンス 200
イタリア・ルネサンス 206
イタリア圏外のルネサンス 218

バロックとロココ 230
バロック 236
ロココ 254

古典復興 264
新古典主義 268
米国の新古典主義 284

産業世界 290
機械の時代 296
ゴシック・リバイバル 310
懐古趣味と奇抜趣味 320

現代世界 334
モダニズム 340
トラディショナリズム 356
現代の建築 372

用語解説 402
索引 405
Acknowledgments 415

30セント・メアリー・アクス（ロンドン）

凡 例
- 推定建築年
- 所在地
- 建築家・施主
- 用途

はじめに

ドイツの建築家ルートヴィヒ・ミース・ファン・デル・ローエ（1886-1969、p.349参照）は、建築が生まれたのは「2つの煉瓦が見事に組み合わされたときだ」と述べている。安っぽい表現に思えるかもしれないが、ミースの言葉は的を射ている。彼がいわんとしたのは、建築とは自意識をもって建物をつくる行為——つまり、単なる常識だけでなく、芸術性をも念頭に置いて建物をつくる行為であるということだ。ミースは建築について、「時代の意志が空間に変換されたもの」とも表現している。メソポタミアではじめてつくられたジッグラト（p.14）から、都市の空を穿つ21世紀のタワーに至るまで、建築は空間を生み出し続けてきたともいえるだろう。

△ **見事な芸術性** チュニジアのドゥッガにあるユノ・カエレスティスのローマ神殿の柱は、コリント式柱頭の見事な例だ。

▽ **メソポタミアの古代建築** 私たちがいま目にしているうらさびしい砂漠の廃墟から、古代社会の色彩や活気や日常生活を推測し、解釈する試みがなされている。

ギリシア神殿やゴシック様式の大聖堂、ローマのファシスト党スタジアム、あるいはフランク・ゲーリーの魅力的なビルバオのグッゲンハイム美術館（p.393）を見れば、だれでもミースの言葉の真意を理解できるだろう。我々が手にするのは自らにふさわしい建築であり、我々のすべてがその建築物と一体化するのだ、という解釈も成り立つかもしれない。世界中のさまざまな時代や文化、土地の建築を理解すれば、そこに住む人々の物語を読みとり、必ずしも称賛や許容をともなわないとしても、ある程度は理解することができる。

建築とは多くの場合、避けて通れないものだ。ほとんどの人にとって、建築は生活の枠組みや背景として機能する——巨大な歴史書や百科事典さながらに、私たちの目の前で読み解かれるときを待っている。世界の建築を理解すれば、私たちの意識ははかり知れないほど豊かになる。そして、ある挑戦的な建築様式や手法を受け入れられるか否か、あるいは受け入れるつもりがあるか否かにかかわらず、なぜその建物がそのような形につくられているかと問えば、人々がそれぞれの世界に秩序をもたらし、文化を表現するために選んだ方法を、必ずや学ぶことができるだろう。

見事に組み合わされた2つの煉瓦から、星々を追って人類と天を調和させる建造物に至るまで、建築はそもそものはじまりから大いなる野望であり、ときに来

世に向けた野望でさえあった。建築の目的のひとつは、人間の精神を高揚させ、黙想的な形であれ熱狂的な形であれ、私たち人類を称賛し、いまこの場所にある心配事から解き放たれたいという欲望を祝福することにある。実際、建築物がきわめて長い年月を生きのびるのは、珍しいことではない。私たちはそうした建築物を通じて、永遠への憧れを表現しているのだ。

とはいえ、書物や美術品とはちがい、建築は住まいに関わっている。ほとんどの建築物は、どれほど褒めそやされようとも、そのなかで暮らしを営むための装置にすぎない。野心的なアイディアを表現する作品であるのと同じく、排水や下水、暖房、照明、通風、採光、空調を担うものでもある。マルセル・デュシャンの『泉』（1917）でもないかぎり、トイレを必要とする美術品など存在しない。

現代の偉大な建築家であるル・コルビュジエ（1887-1965、p.374参照）は、建築を「光のもとで結びつけられたいくつもの集合体が織りなす、巧みで正確、かつ壮麗な戯れ」と表現した。偉大な建築家は、例外なく光の支配者だ。ギリシア神殿の前に立って、陽光や月光の戯れにより、その雰囲気が一日を通して刻々と変化していくさまを味わってみてほしい。コルビュジエの傑作、ロンシャンの礼拝堂に静かに座り、スリットやシュートや色のついた窓から心得顔で差しこむ光を感じてみてほしい。

しかしながら、建築は建物を設計した者だけのものではない。その建造を依頼した者や、それを使う者を表すものでもある。建築の物語は、聖職者や支配者や王子の、産業界の帝王や商業界の女王の、大工たちの、目利きのパトロンや開発業者たちの、そしてときに悪魔のようにもなる為政者たちの物語だ。豊かで複雑な歴史の貯蔵庫であるがゆえに、建築を破壊し、それによって人間性そのものを破壊しようとする者も存在する。だが、建築は何よりも、私たちすべての物語だ。ミースやコルビュジエ、そして本書で作品を紹介する多くの建築家たちと同じように、私たち自身もまた、建築を理解し、大切に守っていく責任を負っている。

△ **現代の巨匠** ル・コルビュジエは、機械の時代を独創的かつ詩的に解釈し、20世紀の建築界に君臨した。

▽ **空を見上げて** 大英博物館（ロンドン）のエリザベス2世グレート・コート（2000）。フォスター＋パートナーズが設計したガラスと鋼鉄の印象的なルーフが、新古典主義の建物を引き立てている。

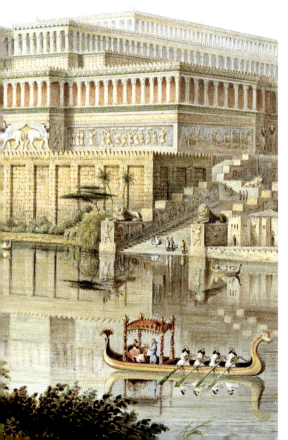

村落から都市へ
From village to city

8　村落から都市へ

都市には文明の特質がはっきり表れる。人々が生活し、協力し合って働く場所であり、都市の生み出す食糧は市民生活を持続させるとともに、職人、芸術家、建築家、著述家、為政者、神官といった、独自の文化を形成する「専門家たち」をも支えていた。したがって、建築の物語は、最初の都市の誕生とともに始まることになる。

文明が——そしてそれにともなう建築が——いつ、どのように始まったかについては、数多くの学説がある。が、どの学説にも、「おそらく」という但し書きをつけなくてはならない。というのも、そもそもなぜ人類が定住し、手工芸の域を超えた芸術性をもつ壮大な規模の建築を始めたのか、その理由が明らかになる可能性は低いからだ。

では、都市はいつ、どこで始まったのか。おおかたの考古学者が同意するのは、中央アメリカや中国で最初の都市が生まれる以前から、都市生活が中東で発展していたという点だ。その大躍進の場となったがメソポタミア——現在のイラクにほぼ相当する地域である。チグリス川とユーフラテス川にはさまれたメソポタミア（ギリシア語で「川のあいだ」を意味する）は、基本的には乾燥した土地だった。だが、2本の大河に接しているおかげで、砂漠にたやすく水を引くことができ、自生していた植物——大麦と小麦——を穀物として安定的に栽培することができた。魚と水鳥も豊富にあり、定住者たちは余った食糧を備蓄することができた。それらを基盤として、都市文明が発展していったのである。

共同体の構築

都市での定住を後押ししたのが、農業の成功と技術の発達だ。紀元前3500年ごろから、青銅器時代の技術が中東全域に広まり、石器にかわって金属が使われるようになった。メソポタミアでは、紀元前3000年ごろに牛の引く犂が登場し、人間の筋肉よりも大きな力を出せる動力が、はじめて使われるようになった。

古代メソポタミアでは、優れた文明が次々に生まれた。シュメール（前3300-1900）に次いでアッカドが誕生し、さらにはバビロニア、アッシリア、ペルシアが続いた。シュメールの最初の都市は、それ以前の村落とは異なっていた。その一因は、都市周辺の土地がそれぞれの氏族ではなく、その土地の神の「所有地」と見なされていたことにある。そうした都市では、神官が農業を統制するかわりに、共同体全体に食糧が供給された。土地の神に捧げられた神殿は、たいていは集落の中心に位置し、公共建築物や市場に囲まれていた。神殿はジッグラトと呼ばれる階段ピラミッド——いわば宇宙を象徴する山——の上に築かれた。神官は社会の中心的存在であり、神の代理として、都市の土

楔形文字　シュメール人は、紀元前4000年ごろに最初の文字を発達させた。切った葦の楔形の先端を使い、粘土板に文字が刻まれた。

おもな出来事

| 前5300ごろ エリドゥで最初の神殿が建設されたとされる。メソポタミアの都市と建築の始まり | 前3300ごろ 文字の発明。ウルクで粘土板に楔形文字を刻む手法が発展する | 前2700ごろ パピルスの巻物に文字を書き記す手法がエジプトで使われはじめ、図書館での保存が可能になる | 前1755ごろ バビロニアの王ハンムラビにより、いまに知られる最古の法典が編まれる |

前5000 ── 前3000 ── 前2000

| 前3500ごろ シュメールで車輪が発明され、商品や知識を交換する手段とスピードに革命が起きる | 前3150ごろ ナイル川沿いでエジプト文明が興る | 前2650ごろ プタハ神に仕えるメンフィスの神官、イムホテプがサッカラに石造りのピラミッドを建てる | 前1492 エジプトの王家の谷の岩壁に掘られた墓所に、トトメス1世がファラオとしてはじめて埋葬される |

神殿としての都市

メソポタミアの人々——バビロニア人からペルシア人まで——は、自分たちの住む都市を聖なる場所ととらえていた。メソポタミア最大の都市バビロンは、「神々の門」を意味するバビ・イラニと呼ばれ、神々が地上に降り立つ場所と考えられていた。往時のバビロンは、ペルシア湾と地中海をつなぐ交易の重要な中心地でもあった。

古代の都市 バビロンはいまに知られる世界最大の都市で、紀元前570年ごろには、1000haを超えて広がっていた。

天体と都市 古代都市の頭上できらめき、絶えず動き続ける太陽や月、恒星や惑星は、天体の配列に倣った都市を築きたいという欲望をかき立てた。

前1450ごろ エジプトで日時計による計時が始まる

前1200ごろ 聖書の冒頭の数章がヘブライ語で書かれる。一神教の誕生

前1020 ヘブライの王ダヴィデがペリシテ人を征服し、イスラエルを統一する

前1000

前600ごろ ゾロアスターがゾロアスター教と称する新興宗教をペルシアで開く

前332 アレクサンドロス大王がエジプトを征服し、エジプトのギリシア化が始まる

前100

前30ごろ アウグストゥスがクレオパトラを破る。クレオパトラは自殺し、プトレマイオス朝が終焉

50ごろ パレスチナでキリスト教が生まれ、キリストの死後、パウロによりローマに広まる

150ごろ アレクサンドリアの天文学者プトレマイオスが地球は球体であることを証明する

地と灌漑システム、さらには重要な余剰農産物の分配を管理していた。シュメールでは、国家や法、王の概念が生まれたほか、暦や車輪、抽象数学、計時（60分を1時間とするシステム）、文学（『ギルガメシュ叙事詩』など、p.11参照）、黄道十二宮が発明された。

意識の変化

　聖なる山たる神殿を備えた初期メソポタミアの都市国家は、中東の先——エジプトから中国、インド、アメリカ大陸に至るまでの地域でのちに生まれる都市の青写真になったのだろうか？　確かに、階段ピラミッドの形態は、シュメールで発達した直後にエジプトに現れた。シュメールの石工や職人が、実際にエジプトへ行った可能性はある。だが、エジプトでも偉大な都市が生まれてはいたものの、メソポタミアの都市のような独自性と迫力を帯びることはついになかった。そ

古代エジプトの神々　エジプトには2000もの神々が存在し、しばしば半人半獣の姿で表現された。王家の谷の墓所の壁で見つかったこの壁画には、アヌビス神とホルス神が描かれている。

村落から都市へ | 11

肥沃な土地を生む洪水
メソポタミアと同じく、エジプト文明も水をよりどころにしていた。ナイル川の定期的な氾濫のおかげで、川の両岸にきわめて肥沃な土地が細長く広がっていた。

の一因は、エジプトの都市での活動は、都市のアイデンティティの構築よりも、王宮への奉仕に重きが置かれていたことにある。それゆえに、エジプトを代表する記念碑的建造物は、生者の共同体ではなく、死者であるファラオに捧げられたものとなった。

青銅器時代（中東では前1200年ごろまで続いた）は、人々が驚くほど遠くまで自由に移動し、交易や神話、知識を広めた時代だった。歴史学者のなかには、この時期に旧世界と新世界のつながりができたとし、中央アメリカで階段ピラミッドの形態が登場したのもそれで説明がつく、と主張する者もいる。そうした説にはおおいに異論があるものの、紀元前3000年ごろになんらかの重大な進展があり、移動生活を送りながら狩猟と採集で日々の糧を得ていた人々が建築の民に変わって、神殿と宮殿を内包する壁に取り巻かれた大都市をつくりはじめたことはまちがいない。そうした変化は、多くの文化で神話として伝わっている、破壊と再生をもたらす大洪水が実際にあったことを裏づけるものだ、とする説もある。一方で、単に人間の意識の変化を示しているだけだ、という意見もある——とはいえ、それもやはり驚くべき変化であることに変わりはない。

≫シュメールの文学

世界最初の文学作品とされる『ギルガメシュ叙事詩』は、紀元前2700～2500年ごろにシュメール南部で誕生した。ギルガメシュは実在したシュメールの王で、紀元前2700年前後に王位についていた。ギルガメシュ叙事詩は、その治世をめぐる詩と伝説を1つの完全な神話物語にまとめたもので、12枚の粘土板に楔形文字で刻まれた。この叙事詩に登場する大洪水の話は、聖書で語られているものと細部が似通っており、学者たちの大きな関心を集めている。

ギルガメシュ叙事詩 叙事詩を構成する要素は、のちに聖書や古典文学に織りこまれた。このイラストは、ザベル・C・ボヤジャンによる1924年の書籍『ギルガメシュ』から引用したもの。

古代の近東

前5300〜後550年ごろ

　神々と王たち。古代近東の建築は、その2つの力をめぐる物語のように見える——神なる者の力と、神になろうとする者の力だ。そんなふうに見えるのは、人々が暮らしたり働いたりしていた日常の建物が、遠い昔に消え去ってしまったという事情によるところが大きい。いまに残されているのは、野心あふれる神殿や宮殿——宗教と権力を象徴する建築の廃墟だけだ。

　紀元前3000年ごろの古代イラクのモニュメントのうち、現存するものはどれも煉瓦でできている。石材は手に入らないことが多く、広い空間の梁とするための長い木材も同様だった。ごく初期の建築物のうち、ひときわ印象的なものがウルのジッグラトだ（p.14）。しかし、だれもが見てみたいと願うものといえば、やはり「バベルの塔」——バビロンにあった巨大なジッグラトだろう。一辺90mの正方形の基部からは、この神殿が実際に大胆不敵で野心的な建造物だったことがうかがえる。青い彩釉煉瓦で表面を仕上げた7層式の塔が、ユーフラテス河畔にあったネブカドネザル王の伝説の宮殿を見下ろすようにそびえ立っていたのだろう。その王の宮殿には名高い空中庭園があり、香気ただよう何段ものテラスが、建物の最上階から滝さながらに連なっていた。戦争で荒れ果てた砂漠に残る現在の廃墟も、かつては強大な文明を彩る衣だったのだ。

新たな建築プロセス

　古代の近東はやがて、ペルシアのキュロス大王（前600-530ごろ）が築いた世界初の大帝国に飲みこまれてしまう。以後、建築様式が都市から都市へ、国から国へと伝わるようになっただけでなく、複数の様式が混ざり合い、融合しはじめた。その結果、建築は新たな道を歩み、創造的な冒険の時代に突入することになる。アッシリア、バビロン、エジプト、イオニアなど、ペルシア帝国の全土から職人が集まり、それ以前のシュメールやアッカド、バビロニア、アッシリアの建築よりも、はるかに流麗で肉感的な新しい建築を形づくっていった。贅沢な装飾が施され、あざやかに彩色された紀元前518年建設のペルセポリスの宮殿（p.19）は、その2500年ほど前に初歩的なジッグラトで人類がはじめて建築と呼べるものに触れてから、建築がどれほど遠くまで歩みを進めたかを示している。

◀ **ダレイオス1世の宮殿（ペルセポリス）の階段**
レリーフには、ライオンと牡牛の闘いや、王の給仕をするために階段をのぼる従者たちが描かれている。

古代の近東 | 13

基礎知識

古代近東の建築の基本的な建材は煉瓦と石だった。時代とともに表面の装飾が増え、やがてタイルやレリーフ、彫刻で覆われるようになる。そうした象徴的な彫刻の大半はあざやかに彩色され、碑文が添えられた。ダレイオス1世が紀元前518年に建造に着手したペルセポリスの宮殿は、この時代のひときわ見事な建築例だ。

« 碑文 バビロニアの建造物は、書物のように読み解くことができる。たとえば、ニムルドの宮殿にある王と廷臣のレリーフには、彼らの偉業を詳しく記した長い碑文が彫りこまれている。

レリーフに刻まれた碑文

ペルシア帝国最盛期の彫刻は完成度が高い

∧ 壁のレリーフ ペルセポリスの階段やテラスには、何層ものレリーフが彫りこまれている。それぞれのレリーフは、ロゼット（装飾）の帯で区切られている。ここで描かれているのは、ペルシアや外国の貴族、族長、廷臣、護衛、そして古代帝国の全土から貢物を捧げるために集まった者たちの堂々たる行列だ。

翼のある牡牛が柱の代わりに使われた

恐怖を植えつけるデザイン

» 門の守護者 ひげを生やした人間の頭部と翼をもつ巨大な牡牛が、アッシリアとペルシアの都市や宮殿の門の脇を固めていた。

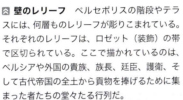

∧ 動物の彫像 力強く彫られた実在の動物や神話上の獣の頭部や翼、くちばし、かぎ爪は、その地域一帯を支配する王の権力を象徴している。

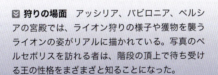

∨ 狩りの場面 アッシリア、バビロニア、ペルシアの宮殿では、ライオン狩りの様子や獲物を襲うライオンの姿がリアルに描かれている。写真のペルセポリスを訪れる者は、階段の頂上で待ち受ける王の性格をまざまざと知ることになった。

彫刻を施した石のパネルが、階段の両側に取り付けられている

階段状の胸壁

ウルのウルナンム王のジッグラト

前2125年ごろ　イラク、ムカイイル　ウルナンム　宗教施設／墓所

イラク南部の太陽に焼かれた起伏のない砂漠は、かつて古代シュメール文明が広がっていた場所だ。聖書に登場するウルの街もここにあった。ウルはアブラハムの故郷であり、ウルナンム王のジッグラトが立つ場所でもある。初期建築の遺跡のなかでもひときわ重要なこの建築物は、圧倒的な存在感で往時の偉大なる城壁都市を見下ろしていた。

ウルナンム王のジッグラトは、発掘されたウルの街の広大な街路や墓所の遺跡から離れて、ぽつんと立っている。もとは壁で囲まれていたこのジッグラトは、宗教複合体の中心に位置し、広い中庭から入るようになっていた。この人造の聖なる山の頂上には、かつては月の神ナンナを祀る神殿があった。神殿に通じる足のすくむような階段は、いまでも残っている。

ウルナンム王とその後継者により再建、拡張された紀元前21世紀には、このジッグラトはすでにきわめて古い建造物だった。建材には、古代メソポタミアで一般的だった泥煉瓦が使われている。各層は瀝青(れきせい)でつなぎ合わされ、安定性を高めるために、ところどころに葦の層がはさまれている。明確な輪郭をつくり、耐久性を出すために、煉瓦の表面は焼成されている。

ウルナンム王のジッグラトが何世紀にもわたり生きのびてきたのは、とりわけその構造の巧みさによるところが大きい。煉瓦造りの巨大な塊の随所につくられた「水抜き穴」により、泥煉瓦の中心部から水を蒸発させる一方で、構造に組みこまれた排水溝で雨水を排出する仕組みになっている。人類が住みついて以来、絶えず争いの種になってきた土地に立つこのジッグラトは、風景を彩る魅力的な構造物として、いまでも見る者の興奮をかき立てている。

儀式用の階段

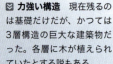

力強い構造 現在残るのは基礎だけだが、かつては3層構造の巨大な建築物だった。各層に木が植えられていたとする説もある。

サルゴン2世の宮殿

- 前706年
- イラク北部、コルサバード
- サルゴン2世
- 宮殿

　アッシリア帝国時代の宮殿は、メソポタミアの古代建築のなかでも指折りの規模と壮大さを誇り、帝国を築いた猛々しい軍事政権の富と野望、そして決意を伝えている。アッシリア帝国は、劇的ではあったものの短命に終わった。帝国の王たちが堂々たる規模の建築物を急いでつくらせたのはまちがいない。コルサバードの街に建てられたサルゴンの宮殿は、ところどころが粗雑といってもいいほどのつくりで、軟らかい煉瓦がモルタルなしで積み重ねられていた。それでも、建築全体の印象は圧倒的なものだっただろう。石でできた基壇は市街の壁の頂上と同じ高さで、その上にそびえる宮殿はほぼ9haの広さがあった。中心には49m×10.7mの玉座の間があり、装飾の施された平らな木材でできた天井を頂いていた。木材が稀少だった土地では、これは贅沢なことだった。

▲ **貴重な資材**　宮殿を飾るレリーフには、貴重な木材をコルサバードへ運ぶ様子が描かれている。

イシュタル門

- 前575年
- イラク中部、バビロン
- ネブカドネザル2世
- 門

　バビロン（p.16）の街へと通じる8つのおもな入口のひとつだったイシュタル門は、現在はベルリンのペルガモン博物館内に立っている。発見直後の20世紀はじめにイラクから移された。元の場所には、物議を醸したバビロン再建計画の一環として、サダム・フセインの命により縮尺3分の2のレプリカが建てられた。紀元前当時の銃眼付きの門は、市街の主要な行列通りへと至る道を守り、ネブカドネザル王の宮廷を訪れる者たちを驚嘆させていた。液体アスファルトで彩釉した焼成煉瓦には、浅浮き彫りで竜と牡牛の荘厳たる模様が施されていた。竜は、永遠の生命を司るバビロンの都市神マルドゥクを象徴している。

▶▶ **再建された門**　現在のレプリカからも、オリジナルの門の優れた技巧がうかがえる。

16 　村落から都市へ

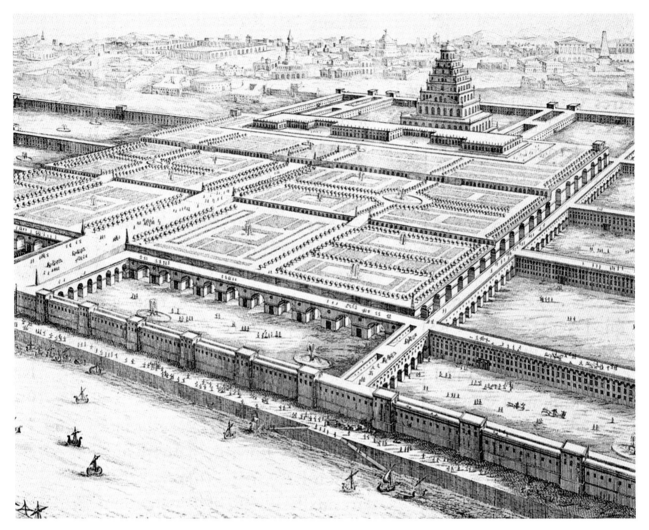

△ **バビロンの想像図**　オーストリアの建築家、ヨハン・ベルンハルト・フィッシャー・フォン・エルラッハ（1656-1723）によるこの版画には、空中庭園とバベルの塔が描かれている。

バビロン

- 前562年　イラク中部
- ネブカドネザル2世　都市

　最盛期のバビロンは10km²以上の広さを誇り、並ぶもののない当時最大の都市だった。ユーフラテス河畔に沿って立つ城壁が、密集して入り混じった寺院や神殿、市場、住宅を取り囲み、直角に交差する大通りが街を区切っていた。この街にあった伝説のバベルの塔は、7層のジッグラトで、一辺が90mの正方形の基部の上にそびえ立っていた。古代世界の七不思議のひとつでもある空中庭園は、ネブカドネザル王の妃アミティスのためにつくられたものだ。

ニムルド

- 前859年　イラク北部、モスル近郊
- アッシュールナシルパル2世　都市

　ニムルドは、聖書に登場する都市カラのあった場所だ。往時は巨大な街で、城壁は7.5kmに及び、最盛期の人口は10万人に達していたとされる。紀元前13世紀にアッシリア王シャルマネセル1世により築かれ、紀元前880年ごろのアッシュールナシルパル2世の時代に拡大された。その後もニムルドは大都市として栄えたが、紀元前614年から612年にかけてバビロニアとメディアに侵略され、陥落した。

　ニムルドに建てられたアッシュールナシルパル2世の豪華な宮殿は、広大な庭に囲まれ、血なまぐさい闘

いやライオン狩りを描いた石のレリーフとジッグラトを擁していた。だがこの宮殿は、2015年にイスラム主義者のテロリストに破壊されてしまう。ニムルドには、紀元前9世紀に建てられた魅惑的なエジダ神殿もあった。この神殿は書記の神ナブーを祀る聖所だ。ナブーの聖所の前には井戸があり、そこから汲んだ水は、粒子の細かい粘土と混ぜて、あらゆるメソポタミア文化の営みに欠かせない粘土板をつくるのに使われた。

き宮殿」の遺跡もあり、いまも大胆な石のレリーフで飾られている。その他の高質なレリーフの多くは、アッシュールバニパル王の宮殿にあったものを含めて、現在はロンドンの大英博物館に収められている。レリーフには、王のライオン狩りの様子や、エラム人との血なまぐさい戦いで敵を処刑する残虐な場面がありありと描き出されている。アッシリアの都市の例に漏れず、ニネヴェもそもそもは戦争のための構造物だった。

ニネヴェ

- 前700年ごろ
- イラク北部、モスル
- セナケリブ
- 都市

チグリス川東岸に位置するニネヴェの街は、アッシリア帝国最後にして最大の首都だ。ニムロデにより創建され、サルゴン2世の息子セナケリブにより整備されたが、多くの古代都市と同じく、この街の絶頂期も長くは続かず、紀元前612年にメディアとバビロニアの侵略に屈した。複数の宮殿を擁し、12kmの城壁で囲まれたニネヴェの姿は、堂々たる眺めだったにちがいない。長く連なる城壁は、2015年にイスラム主義者のテロリストにより破壊された。その一部はサダム・フセインが再建したものだ。セナケリブ王の「比類な

ソロモン神殿

- 前1000年ごろ
- イスラエル、エルサレム
- ソロモン
- 宗教施設

旧約聖書によれば、この神殿はダヴィデの息子ソロモンにより、契約の箱（十戒を刻んだ石板を入れた箱）を収めるために建てられたという。建造当時の神殿はまったく残されていない。紀元前6世紀にバビロニアに破壊されたと考えられている。聖書の記述と、考古学の発掘調査から推測すると、下の模型のように、神殿内部には中庭に面した聖所があり、神殿全体を吹き放ちの庭が取り囲んでいたようだ。

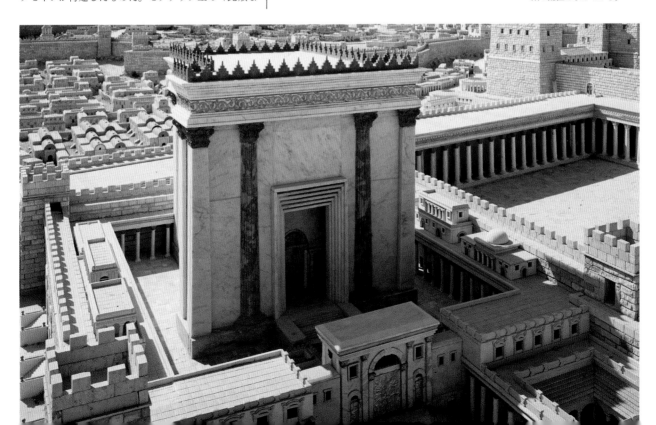

ソロモン神殿の模型 聖書にある詳しい記述をもとにつくられたこの模型は、大神殿の配置を示している。

▶▶ **王を称えて** 岩壁のパネルに刻まれた3つの言語による楔形文字の碑文は、ダレイオス1世とその治世を称えているものもあれば、王を支持する28の国を列記しているものもある。

ダレイオス1世の墓

- 前485年　イラン南部、ナグシェ・ロスタム
- ダレイオス1世　墓所

　硬い岩壁に掘られたダレイオス1世（p.19参照）の墓には、偉大なるペルシアの支配者だった王の功績や思想、信仰が刻みこまれている。精緻に仕上げられた墓のファサードは、18.3mの幅がある。地面より高い、日の出と向き合う位置につくられた入口の脇を、エジプト風のコーニスを支える4本の柱が固めている。柱頭を飾るのは2頭の牡牛で、背中合わせになった2頭の頭部が彫りこまれている。この飾りは、この時代のペルシア建築によく見られるものだ。ファサードの意匠は、近くのペルセポリスにあったダレイオス1世の宮殿の南正面のものを踏襲しているようだ。

ヴァンの城塞

- 前800年ごろ　トルコ東部、ヴァン
- サルドゥリ1世　城塞

　ヴァン城塞の遺跡は、高さ80mを超える岩山の上にそびえている。城塞からは、周囲ののどかな風景をぐるりと見わたすことができる。3000年あまり前から、ヴァンはウラルトゥ王国の首都だった。ウラルトゥの文明については、アッシリアの敵だったこと以外はほとんどわかっていない（もっとも、アッシリアの戦車が及ぶ範囲にある文明はすべて敵であったが）。城塞の基壇は巨大な石材でできており、その多くは現在もそのままの場所にしっかり残っている。上部構造は泥煉瓦造りだったのだろう。屋根は萱葺きか、木材が使われていたと考えられている。現存する唯一の上部構造は、堂々たる石造りの物見やぐら（または堡塁のある門）で、往時は城塞への入口と水の補給路を守っていた。城塞内部の配置は、おそらく大勢の人が暮らす城郭の描くラインに沿っていたのだろう。神殿の遺跡は残っていないが、城塞の南側の壁面では、灯火用の壁龕（へきがん）のある岩造りの墳墓が見つかっている。

クテシフォンの宮殿

- 550年ごろ　イラク中部、クテシフォン
- ホスロー1世　宮殿

　クテシフォンの宮殿は、メソポタミア文化の遅咲きの驚異といえる。築いたのはササン朝ペルシア時代の王たちだ。この宮殿はさまざまな面で、この地域の多くの文明の活力と、大いなる建築への野望の集大成といえる。もっとも目を引く特徴は、煉瓦造りの巨大な単スパン円筒ヴォールトだ。おそらく、正面が吹き放ちになった壮麗な広間の一部だったにちがいない。アーチ（技術的にはメソポタミア特有の先端が尖った楕円形）は高さ36.7m、幅25.3mという驚くべき大きさを誇り、ローマ人が建てたものにも匹敵する。ローマの影響は、宮殿全体の意匠からはっきり見てとれる。中央広間を取り囲む巨大な壁には、対になった付け柱が並び、そのあいだをローマ風のアーチ飾りが美しく彩っていた。だが、実際の建築様式はローマのものとはまったく異なる。途方もなく大きな広間は吹き放ちで、様式化された巨大テントとでも呼べそうなものを形づくっている。宮殿の東側の壁はいまに残されているが、西側と後面の壁は崩れ去ってしまった。痛ましいことに、現在ではアーチそのものの保全状態も懸念されている。

◀◀ **アーチ構造** 古代世界最大のヴォールト。クテシフォンにあるこの印象的なアーチは、未焼成の泥煉瓦でできている。

ペルセポリスの宮殿複合体

● 前480年　 イラン南部、ペルセポリス　 ダレイオス1世　 宮殿

想像力豊かな曲線を描く儀式用の階段や、途方もない「百柱の間」を擁するペルセポリスの宮殿複合体は、当時でも指折りの感動的な建築物だったにちがいない。ダレイオス1世が築いたこの宮殿の建築様式と装飾は、ペルシア帝国の勢力圏に——たいていは武力により——もちこまれた多くの文明や文化のデザインと技巧を反映しており、現存する廃墟でさえ、視覚に訴える魅力をとどめている。

たいていの古代建築物は、ある特定の文明の文化の特徴を示している。ペルセポリスでは、複数の文明をまたぐ複数の建築様式が融合し、混成型のデザインが生まれる様子が見てとれる。この宮殿複合体は、広さ460m×275mの石の基壇の上に立ち、地上15mの高さにそびえている。数十年をかけて築かれた中庭や広間は、壮大な階段で結ばれていた。いまも残るこの階段を、王は馬の背に乗ってのぼっていたのだろう。複合体の目玉は「百柱の間」だ。この堂々たる玉座の間は厚さ3.4mの煉瓦壁を備え、双頭の牡牛の装飾を施した100本の柱が、広大な杉材の天井を支えていた。

主要な建物の壁は石で、それほど重要でない建物の壁は彩釉した焼成煉瓦で覆われていた。宮殿複合体の全体を飾る石のレリーフや壁画には、貴人や廷臣、貢物を捧げる者たち、外国の有力者、兵士などが描かれ、古代屈指の権力を誇った王朝の宮廷生活の様子を、生き生きとした絵のなかに永遠にとどめている。野ざらしになった現在の廃墟を見るとつい忘れがちになるが、往時の装飾は驚くほどあざやかな——おそらく現代人からするとどぎついほどの——色で彩られ、おそれおののく古代の訪問者たちの目をくらませていたにちがいない。

王のなかの王　ダレイオス1世は、この世を去る紀元前486年までに、ペルシア帝国を遠くインドやトラキアにまで拡大した。

ペルセポリスの衰退　ペルセポリスの輝きが続いたのは、アレクサンドロス大王に蹂躙される紀元前330年までのことだった。遺跡は17世紀に再発見された。

古代エジプト

前3000〜後300年ごろ

古代エジプト文明は、私たちを魅了してやまない。複雑な神話、手のこんだ埋葬の儀式、猫やペットの蛇のミイラ、そして数千年にわたってほぼ変わらずに続いた途方もなく強靭な文化。そのすべてが、抗いがたい魅力を放っている。それは、幾何学的な美しさをたたえたピラミッドや、不気味な神殿・墳墓など、ひと目見たら忘れられない力強い建築物にもいえることだ。

　神秘的で普遍的な古代エジプト建築は、ひとたび確立されるや、ほかとはまったく異なる独自の道を歩み、約3000年にわたってゆっくり発達していった。その時期のエジプトは、外部からの侵略をほとんど受けず、豊かで統治も行き届いていた。エジプトの富と文化を支えていたのは、ナイル川の流れと季節のサイクルだ。毎年、ナイルの水位が上がって流域に花が咲き乱れると、農業の季節が始まり、翌年の乾季までもつだけの食糧が生み出された。だが、ナイルの水位が下がる時期になると、農民や下働きの労働者たちにはすることがほとんどなかった。つまり、古代エジプトは1年のうち5か月のあいだ、技能のあるなしを問わずありあまる人手に恵まれており、途方もない建築プロジェクトにその労働力を投じることができた。こうして、ファラオのミイラや宝物を収めるためのピラミッドが建造されたのである。最初につくられたのは、サッカラにあるジェセル王の階段ピラミッド（p.24）だ。このピラミッドを設計したイムホテプは、名前がいまに知られている世界最古の建築家でもある。

不朽の伝説

　エジプト文化は最終的には息吹を失うものの、何世紀にもわたって旅行者や探検家を魅了し続けてきた。古代ローマ人はエジプト文化に夢中になった。そして1922年、イギリスの考古学者ハワード・カーターが若きツタンカーメン王（前1334-23）——エジプト史ではあまり重要視されていない第18王朝のファラオ——の地下墳墓を発見すると、エジプトのあらゆるものに対する一大ブームが巻き起こった。その熱はいまに至るまで冷めていない。このブームは、1920年代後半から1930年代前半のアールデコ運動のきっかけとなり、無数の本や映画にインスピレーションを与え、カイロからルクソールまでのナイル川流域に膨大な数の旅行者を呼び寄せた。

◁ **クフ王の大ピラミッド（ギザ）** 古代の七不思議のうち最古で、現存する唯一のものでもある。

基礎知識

エジプト建築の特徴は巨大な傾斜壁、山のようなピラミッド、壮大な彫像、堂々たる列柱廊などの大きな石の構造物だ。そうした構造物に、ときに人間の性質をもち、ときに動物の姿をとる神々の石像が織りこまれている。柱頭には植物の模様があしらわれた。

▲ **スフィンクス** 神殿入口につながる行列通りには、スフィンクス像がずらりと並んでいることが多かった。スフィンクスは神話上の動物で、ライオンの胴体に山羊や人間の頭部をもつ。

▲ **パピルスの柱頭** エジプトの柱頭のデザインのルーツは、ナイル河畔によく見られるパピルスなどの植物を様式化した形にある。

▲ **蓮のつぼみの柱頭** このきわめて抽象的な柱頭は、蓮の花のつぼみを模したもので、ルクソール神殿の中心の列柱室を形成する長い柱の頂点を飾っている。

▲ **レリーフの彫像** 古代エジプトの建築物は、見るだけでなく読むものとしてもデザインされていた。神殿や宮殿の壁のレリーフでは、象形文字や絵によって物語が語られている。

▲ **入口を守る巨像** 神殿の前に屹立するファラオの巨大な彫像は、神から授かった王の力を、死すべき定めの民に印象づけるためのものだ。アブ・シンベル大神殿の正面には、まったく同じ4体のラムセス2世の巨像が座っている。

シンプルな入口からは、神殿内の建築的ドラマはほとんど予想できない

傾斜壁はきわめて頑丈だ

◀ **塔門** カルナックのコンス神殿のように、多くの神殿の入口は、巨大な塔門にはさまれている。塔門のうしろには、光あふれる中庭や列柱室が隠されている。

クフ王の大ピラミッド

● 前2566年ごろ 🏛 エジプト、ギザ ✎ 不詳 ⚱ 墓所

エジプトのクフ王は、紀元前2589年から2566年まで在位したファラオである。その墓といわれているのが、ギザにある3基のピラミッドのうち一番大きなものだ。史上最大のピラミッドであるこの巨大な人工の山は、農閑期の地元の労働者たちにより、20年ほどかけて建造されたと見られている。精密に組まれた約230万個の巨石からなり、石1個の重さは平均2.5tに達する。4辺の長さは241mで、すべて等しい。もともとは磨き上げられた石灰石で覆われていたが、はるか昔に侵食されるか取り去られてしまった。内部には3つの部屋があるが、ここに本当にファラオが埋葬されていたのか、それはクフ王なのかどうかについては、疑問が残っている。夜空に浮かぶオリオンの三つ星をなぞって配置されたギザのピラミッド群は、生命、豊穣、再生、死後の世界を表す天地の象徴といえる。

🔼 ギザのピラミッド群

🔼 象牙の小像　高さ9cmのこの小像は、紀元前1590年ごろのもの。クフをかたどった像は、これしか発見されていない。

「王の間」には、蓋のない巨大な花崗岩の石棺が置かれている

小さな「女王の間」には何もなく、盗掘者を惑わせるためにつくられたのかもしれない

下りの通路は、かなり下層の天然の採石場で行き止まりになっている

古代エジプト | 23

ピラミッド頂上部の石は、金箔で覆われていたかもしれない

石灰石の下で、花崗岩の石材が巨大な階段を形づくっている

▶ **大回廊** 「王の間」に続く天井の高い回廊。この壁と天井には精密な間隔で溝が掘られているが、その用途については不明である。この回廊は、天文観測所だったのかもしれないし、玄室を完全に閉め切るための花崗岩の巨石を保管するのに使われていた可能性もある。

中央の部屋へ続く低い入口は、花崗岩の巨石で固く閉じられていた

天井の高いこの通路は、大回廊と呼ばれている

▶ **巨大な石材** ピラミッドを形づくる巨石のごつごつとした輪郭は、建造当時は白い石灰石の外装で覆われていた。現在では構造部が見えている。

ジェセル王の階段ピラミッド

◯ 前2650年ごろ 🏛 エジプト、サッカラ ✍ イムホテプ 🏛 葬祭用モニュメント

このジェセル王の墓は、世界最古の大規模な石造モニュメントで、エジプト最初のピラミッドでもある。その革新的な設計は、名前がいまに伝わっている最古の建築家、イムホテプによるものだ。もともとは単純な「マスタバ」（1層の石造の墳墓）のひとつにすぎなかったが、長い年月を経て、石灰岩からなる高さ60mの階段ピラミッドの形態に発展した。

この壮大な階段ピラミッドは、それ以前の形式を踏襲する1層式の建造物を6つ、効果的に積み重ねてつくられている。それぞれの層は、上に行くにつれて小さくなっている。最終的にでき上がった巨大なピラミッドは、基部の大きさが125m×109mに達する。

このピラミッドは、石灰岩の壁に囲まれた547m×278mの敷地に広がる宗教的な複合施設の一部にすぎない。数ある偽の扉に紛れたたったひとつの本物の入口だけが、広大な中庭に通じていた。その中庭には、ジェセル王の宮殿の建物をかたどった模造宮殿がところ狭しと立ち並んでいた。ファラオが天へ旅立つときに、自ら命じてつくらせた建築物をもっていくためのものだろう。入口の先には、広い道、列柱廊、神殿、礼拝所、倉庫があった。

この巨大なモニュメントでは、空間を覆う屋根の材料としてはじめて石が使われ、それ以前の建造者が思いもよらないほど柔軟な建材であることを証明した。純白の石灰岩からなる四角い層が、上に行くほど小さくなるように5段にわたって積み重ねられ、全体の高さは62mに達している。玄室は地下27mのところにあり、内表面は花崗岩で覆われている。泥煉瓦に代わる石の使用は、永遠の命を求めるファラオの欲望を表すものと考えられている。

▶ **最初のピラミッド** 地下のマスタバが地上の構造をともなうのは通例だったが、マスタバを何層にも重ねることで、驚くべきピラミッド状の巨大建造物が生まれた。

▶▶ イムホテプ

エジプトのジェセル王は第3王朝（前2675-2625ごろ）のファラオで、永遠の休息場所となる墓の建造を宰相のイムホテプに命じた。墓は完成までに長い年月を要した。建築家、技師、賢者、医師、天文学者、高級神官の称号をもつイムホテプは、のちに知恵の神として崇められるようになった。

▶ イムホテプの銅像

古代エジプト | 25

テーベの王墓群

- 前1500年　🏛 エジプト、ルクソール、王家の谷
- ✏ 不詳　⚱ 墓所

　壮大なピラミッド建造の時代が終わると、後代の新王国のファラオたちは、石棺を地下深くに埋めるというまったくちがう埋葬の形を選んだ。そのおもな理由は、墓泥棒から遺体と宝物を守ることにあった。そうした墳墓のうち最古のものは、テーベ（現在のルクソール）の近郊、ナイル西岸の乾燥した山あいにある。ここには、第18、19、20王朝のファラオたちのミイラが、贅沢な装飾の施された岩窟のなかに隠されていた。岩窟のなかには、列柱に支えられていたものもある。こうした岩窟は、深いもので地下96m、岩壁の表面から210mに達し、傾斜した長い回廊や階段、迷路のような控えの間を通らなければたどり着けない。

　現在でも62にのぼる墳墓の発掘が続いており、未発見の墓もある。もっとも最近の大発見は、イギリスの考古学者ハワード・カーターが1922年に見つけた若きファラオ、ツタンカーメンの墓だ。2015年には、ツタンカーメン王墓の壁の裏側にあると見られる隠し部屋に、養母で義母にあたる美しきネフェルティティ王妃の墓があるかもしれないとの説が発表された。これまでに発掘された最長かつ最深の墓はハトシェプスト女王の墓だ。強力な支配者で建築にも力を注いだ女王は、当時最高の建築家たちを召し抱えていた。秘密であるはずのそうした墳墓には、古代ギリシア・ローマ時代にまでさかのぼる落書きが存在する。2000年前の観光客たちが遠くアテネやローマから、当時からしても「大昔」のモニュメントを見に訪れていたのだろう。現在では、かつて人里離れていた墳墓群のすぐ近くまで、ルクソール近郊の新興住宅地が広がっている。

▲ **現世の宝**　地下に隠された王墓の多くは、壁や天井が色とりどりの絵画や精巧な碑銘で飾られている。

カルナックのアメン大神殿

- 前1530年
- エジプト、カルナック
- トトメス1世
- 宗教施設

巨大でドラマチック、そして——ピラミッドを除けば——古代エジプトの不朽のイメージにもっともふさわしいアメン大神殿は、まさに見る者を魅了する建築物だ。中心にある列柱室は、134本を超える巨大な自立式の柱が16列にずらりと並び、そのすべてに華麗な装飾が施されている。中央部の柱は高さ21m、直径3.6mに及ぶ。現在の大神殿は建築上の驚異の宝庫であり、現地の観光ガイドとかくれんぼをしたくなるような場所だ。カルナックのなかでもとくに印象的なこの大神殿は、エジプト最大で、歴代の王や建築家、職人たちが1200年をかけて仕上げた共同作品ということができる。巨大な壁の内側では、初期の小規模な神殿が後期の神殿に取りこまれているため、神殿全体がマトリョーシカのような構造になっている。聖なる池のほとりに立つ神殿の敷地は、366m×110mという圧倒的な広さを誇り、暑い日には見学者をひるませる。現在もスフィンクス参道でルクソールの神殿とおおむねつながっているが、かつては少なくとも6つの塔門があり、神殿のいくつもの広い中庭、かたわらに立つ副神殿、多柱式の中庭、無数の聖所に通じていた。

畏怖を呼ぶ荘厳さ アメン神殿の巨大な列柱室では、あざやかな色のレリーフと碑文により、神殿に祀られた王や神々が称えられている。

古代エジプト | 27

カルナックのコンス神殿

- 前1198年
- エジプト、カルナック
- 不詳
- 宗教施設

ピラミッドと葬祭殿は王を崇めるためのものだが、神殿は神々を祀るためのものだった。エジプト神話には多くの神々がいるため、神殿の数もきわめて多い。その原型とされるのが、現在のルクソール近郊、カルナックの壮大な神殿複合体のなかにあるコンス神殿だ。スフィンクスの立ち並ぶ参道がオベリスクへと続き、その先の巨大な塔門をくぐると神殿の本殿に至る。神殿内には回廊のような中庭があり、堂々たる二重の列柱に囲まれていた。一般の民衆はここまでしか入れなかった。その先にある多柱室は高窓から差しこむ光に照らされ、聖なる場所の雰囲気をただよわせていた。さらに奥には、いくつもの礼拝所と別の多柱室が控えていた。ここは神殿の主神と、それに仕える神官の領域だ。ジッグラトやピラミッドとはちがい、この種の神殿は聖なる山ではなく、実際になかに入って務めを果たすためのものだった。エジプトの神々は風変わりで、しばしば理解しがたい性質をもつが、彼らを祀る神殿は、現代の私たちにもなじみのある形で使われていた。

▸ **ドラマチックな入口** そびえ立つ塔門の中央を通る狭い入口は、はじめて訪れた者に畏怖の念を抱かせる。

ハトシェプスト女王の葬祭殿

- 前15世紀
- エジプト、デイル・アル=バハリ
- センムト
- 宗教施設

ハトシェプスト女王の埋葬室は、壮麗な葬祭殿から遠く離れた山あいにある。断崖に沿うように露出した岩壁に掘りこまれたこの葬祭殿は、現代人の目には驚くほどモダンに映るだろう。19世紀の新古典主義の博物館や美術館を思わせる。

葬祭殿を設計したのは女王付きの建築家センムトだ。葬祭殿へと至る進入路は、水平にのびる3層の基壇で構成されている。基壇の前面には列柱が二重に並んで影をなし、各壇が巨大な傾斜路でつながれている。一番上の基壇には、列柱のある壁に囲まれた中庭があり、女王の葬祭殿と太陽神ラーを祀る巨大な祭壇が設けられている。中庭の奥の断崖に掘りこまれた聖所では、神官たちが神聖なる務めを果たしていた。ハトシェプストは女王としては異例なほどの権力を握っていたといわれ、この葬祭殿は、まさにその女王への崇拝から生まれた作品といえる。上段の基壇には女王をかたどった像やスフィンクスが並び、多柱室に刻まれたレリーフには女王の生涯が生き生きと描かれている。

▸ **不朽の遺産** 豪華な装飾が施された葬祭殿の壁には、アメン・ラー神を父にもつと伝えられるハトシェプストの神聖なる血筋がこと細かに描写されている。

アブ・シンベル大神殿

● 前1257年ごろ　🏛 エジプト、アブ・シンベル　✎ ラムセス2世　🏛 宗教施設

まさに壮大としかいいようのない、岩壁から切り出されたこの巨大な神殿は、ラムセス2世が自身の名声を称えるためにつくらせた2つの神殿のうちの1つで、幸運にもいまに残されている。もともとはナイルの川岸に立っていたが、そこはいまではアスワン・ハイ・ダムの水底深くに沈んでいる。神殿建設からおよそ3200年後の1960年代に築かれたアスワン・ハイ・ダムは、ロシア（当時ソ連）の設計をもとにしたもので、それ自体も記憶に残るすばらしい建造物だ。

△ 至聖所

　2つの神殿の移動にあたっては、職人たちが古代の石を苦労して切り分け、少しずつ解体したのち、当初の場所からさほど遠くない場所で、神殿が元通りに組み立て直された。岩壁に刻まれた大神殿の堂々たるファサードは、巨大な塔門のような形をとり、もともとは中庭を通って入るようになっていた。このファサードは、4体の巨大なラムセス2世座像として名高い。これを見れば、ラムセス2世の自己顕示欲のほどがうかがえる。ラムセス像の足もとには、王妃ネフェルタリと王母ムト・トゥイア、そして王の子どもたちの小像が並んでいる。王の頭上では、笑うヒヒたちの彫刻が1列に並んで日の出を出迎える。ひと目見たら忘れられないこの神殿のファサードは、幅36m、高さ32mもあり、彫像の高さは20mを超える。その背後では、見事な装飾を施した8本の柱が高さ9mの広間を支えている。その先には小さめの列柱室があり、両脇には祀堂が非対称に配されている。さらに奥には、入り組んだ至聖所がある。もっとも神聖とされる至聖所では、神々の彫像とともに、神格化されたファラオ（左上の写真参照）が鎮座している。ラムセス2世は遠く離れた山あいに葬られているが、ここアブ・シンベル大神殿とテーベにあるラムセウムこそ、王が神と崇められていた場所だ。

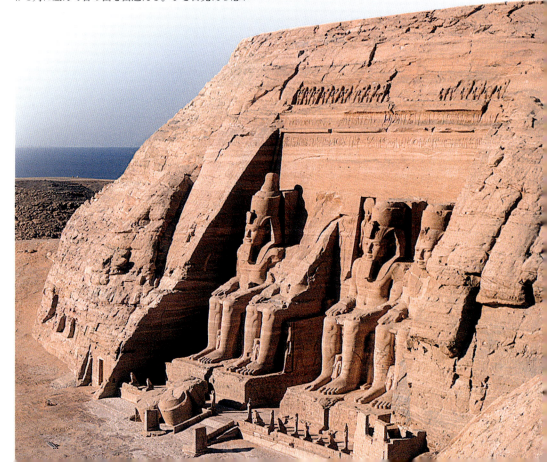

▶ **傷ついたファサード**　4体の彫像のうち2体目が地震で壊れたが、ユネスコによる移転では、その状態のまま再建された。

フィラエ島のイシス神殿

- 前247年
- エジプト、アギルキア島
- 不詳
- 宗教施設

　このイシス神殿はもともとフィラエ島に立っていたが、20世紀後半に近くのアギルキア島に移された。アスワン・ハイ・ダムの建設により、フィラエ島が完全に水没したためだ。

　フィラエ島にイシス神殿が建てられたころ、エジプトの時代は終わりに近づいていたが、神殿の建築者たちは、偉大なる先達たちに劣らぬ大胆さを変わらずもち続けていた。とはいえ、その1000年前に打ち立てられた高い水準からすると、この神殿は細部にも出来映えにもやや粗いところがある。素人目には、紀元前1300年の神殿と、このような紀元前3世紀の神殿のちがいを見わけることはできないだろう。だが、塔門や多柱式の中庭、クリアストーリのある広間、至聖所といった点は共通していても、明らかにちがいがある。たとえば、柱頭は彫刻こそ粗いが、デザインは初期のものより装飾的になっている。おもしろいことに、この神殿複合体には、「ファラオのベッド」と呼ばれる仕切り壁のあるキョシュクがある。これは紀元後96年にローマ人が建てたものだ。クレオパトラとユリウス・カエサルが恋仲になって以降、ローマ人はエジプトのデザインを熱心に採り入れた。フィラエ島を優美に飾っていたエジプト建築の影響は、遠くティヴォリはハドリアヌスの別荘（p.73）の野心的な庭園にも見てとれる。

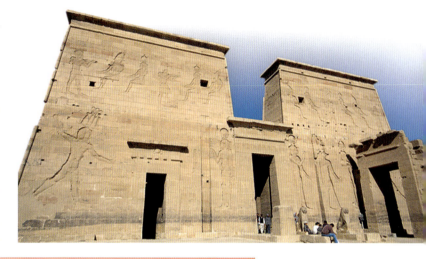

▽ **完璧な背景**　イシス神殿のすばらしさは、その建築様式だけでなく、美しいナイルの島という絵のような舞台背景のおかげでもある。

ブヘンの要塞

- 前2130年
- エジプト、ブヘン
- セソストリス3世
- 要塞

　エジプト支配下にあったヌビアの首都ブヘンの要塞は、エジプトの南側の国々にとってはおそろしげな光景だったにちがいない。その力強い煉瓦と石の壁は、厚さが5m近くあり、1.3haもの面積を囲っていた。要塞の周囲に張りめぐらされた空堀は、稜堡で補強され、特別にしつらえた弩（投石器）の砲台で守られたうえ、はね橋で隔てられていた。ブヘンは実際のところ、鎖のように連なる砦のひとつにすぎなかった。エジプトがそうした砦を築いたのは、戦争のためだけでなく、南部との交易路を守るためでもあった。とはいえ、ブヘン要塞の遺跡が強烈に思い起こさせるのは、洗練された文化と宗教建築をもつ古代エジプト人が、一方では何千年にもわたり敵を粉砕し、その名をとどろかせてきた戦士集団でもあったという事実だ。ブヘン要塞をはじめとするナイル川沿いの軍事建造物は、1964年のアスワン・ハイ・ダムの建設により、いまでは平和なナセル湖の水底に沈んでいる。

ホルス神殿

- 前57年
- エジプト、エドフ
- プトレマイオス3世
- 宗教施設

　ハヤブサの神ホルスを祀るこの後期エジプトの神殿は、保存状態の良さで知られている。この神殿は何世紀にもわたり、塔門の先端だけを見せながら、砂漠の砂の下に埋もれていたからだ。ようやく発掘されて姿を現したときには、2000年前の輝きをそのままとどめていた。カルナックの神殿群などのようなドラマ性と芸術性には欠けるものの、それがこの神殿の価値を下げるものではない。そうした比較は、中世の優れた教区教会と大聖堂を比べるようなものだ。

◁ **完璧な形状**　全体が砂岩でできたホルス神殿には、巨大なホルスの彫像が収められ、花崗岩の聖所がある。

アメリカ大陸

The Americas

アメリカ大陸

古代アメリカ文明は、現代人の目にはあまりにも奇妙に映る。そのせいか、それらの文明の建造物は、失われたアトランティスの都市の遺物だと考えられてきた。スペイン人がメキシコとペルーを征服した16世紀に、そうした先住民族の人工遺物が徹底的に破壊されたことも、この地の魅力的な民族や文化の解明を妨げている。

ヨーロッパ人が「新世界」の所有権を主張する何千年も前から、中央アメリカと南アメリカの各地では、豊かで洗練された大規模な文明が発達していた。なかでもマヤ、アステカ、インカが規模の大きさで有名だが、オルメカ、ザポテク、テオティワカン、トルテカ、モチェ、ナスカといった文明も、独自性の高い文化を築き、新たな技術や建築様式を発達させていた。たとえば、紀元前1500～800年にメキシコ南部の沿岸で隆盛を極めたオルメカ文明は、西半球ではじめて暦と象形文字を生み出した。紀元前300年ごろから紀元後500年ごろまで栄え、メソアメリカの大部分を支配していたテオティワカン文明は、現在のメキシコ・シティの近くに、息をのむほど見事な都市テオティワカン（p.36）を築いた。紀元前1500年ごろにその歴史が始まり、紀元後300～900年に絶頂を迎えたマヤ文明の権勢の大きさは、マヤの中心地に立つ巨大な石のピラミッド

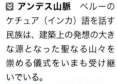

アンデス山脈 ペルーのケチュア（インカ）語を話す民族は、建築上の発想の大きな源となった聖なる山々を崇める儀式をいまも受け継いでいる。

おもな出来事

- **前100ごろ** 偉大な都市テオティワカンがメキシコ盆地に築かれ、繁栄する
- **前1ごろ** 初期マヤ文明で最大の都市、エル・ミラドール（現在のグアテマラ付近）が最盛期を迎える
- **50ごろ** ナスカ文明がペルー沿岸で栄え、空から見なければわからない巨大で神秘的な地上絵を描く
- **150ごろ** 現在の米国南西部でモゴヨン文化が発達し、興味深い彩色土器を生み出す
- **250ごろ** 現在のグアテマラ、ホンジュラス、メキシコ南部でマヤ文明の古典期が始まる
- **378ごろ** マヤの主要都市ティカルとワシャクトンが対立し、ティカルの勝利に終わる
- **500ごろ** 現在の米国北部で生まれたホーポウェル文化が埋葬塚、土器、鉄の武器をつくる
- **750ごろ** メキシコでテオティワカン文明が滅びる

や神殿、そして象形文字で記された数学や天文学の優れた知識が証明している。

　メキシコのアステカ文明やペルーを中心とするインカ帝国については、ほかの文明より多くのことがわかっている。とはいえ、アステカとインカも、灌漑施設の整備された壮麗な都市もろとも、スペインの侵略者により荒らされ、ほぼ完全に破壊された。アステカ帝国を征服したスペイン人のエルナン・コルテス（1485-1547）は、銃や大砲、鎧のみならず、異端審問や金銀への飽くなき欲望、それまで知られていなかった病気もメソアメリカにもちこんだ。1521年にアステカの首都テノチティトランが陥落してから70年のうちに、アステカの人口は1500万人から300万人にまで減少した。インカの人々も同じ運命をたどった。

◀ **神への供物**　アステカの芸術では、しばしば宗教が表現されている。このアステカの古写本（コデックス）には、神殿の階段で執りおこなわれる人身御供の儀式が描かれている。

アステカの偉業

1430年ごろからスペイン人に征服される1521年までの絶頂期のアステカ帝国は、現在のメキシコにあたる地域の大半を支配していた。アステカの社会は厳格な構造をもっていた。社会を導く宗教はあらゆる分野に浸透し、建築様式にも影響を与えた。偉大な都市テノチティトラン（現在のメキシコ・シティに位置する）には、広大な神殿複合体、王宮、無数の運河があった。

▶ **アステカの太陽暦**　もともとはテノチティトランの神殿に置かれていたこの太陽暦は、天文学と数学に関するアステカの知識の高さを裏づけている。

1000ごろ　ヴァイキングの探検家レイフ・エリクソンが北アメリカに到達し、ヨーロッパ人の目がアメリカ大陸に向けられる

1250ごろ　マヤの復興。チチェン・イッツァの滅亡後、新たな首都がマヤパンに築かれる

1440ごろ　インカがクスコに巨大な城塞を築き、権力と技術を誇示する

15世紀ごろ　インカ帝国が領土の拡大を始め、中央アンデス全域に進出する

900ごろ　メキシコ南部のマヤ文明が滅び、多くの都市が放棄される

1100ごろ　ペルー高地のインカの農民たちが戦士たちの長に率いられて蜂起する

1325ごろ　アステカがテスココ湖の2つの小島にテノチティトラン（現在のメキシコ・シティ）の街を築く

1468ごろ　メキシコ東部の大部分を征服したアステカ皇帝、モクテスマ1世が没する

1521　スペインの軍人で探検家のエルナン・コルテスがメキシコのアステカ帝国を滅ぼす

1531　スペインの傭兵、フランシスコ・ピサロがペルーのインカ帝国を侵略し、破壊する

中米と北米

前300〜後1550年ごろ

現在のメキシコや中米にあった文明の建築規模は、現代の基準に照らしても圧倒的だ。征服者のスペイン人たちは、その地で発見した光り輝く都市に驚嘆した。アステカの首都テノチティトランに至っては、当時の世界を見まわしても屈指の人口を誇り、これを上回るのはイスタンブールだけだった。

古代アメリカ文明のなかでも、ひときわ建築に優れていたのがテオティワカンの人々だ。テオティワカンは、現在のメキシコ・シティの北東60kmのところに位置していた。紀元前300年ごろに築かれたこの都市は、紀元後200〜400年に絶頂期を迎え、当時の人口は推定20万人にのぼった。テオティワカンは当時としては広大な都市だった。「死者の大通り」と呼ばれるメインストリートが、少なくとも2kmにわたって街の中心を貫いていた。幅45〜90mに及ぶ死者の大通りを見下ろしていたのが、石の基壇の上に立ち並ぶ家々と、太陽と月を祀った2基の巨大なピラミッド（p.36）だ。この街を訪れたアステカの人々は「テオティワカン」、すなわち「神々の都」と呼んだ。この都市は900年ごろのトルテカ侵攻の際に放棄された。

巨大なモニュメント

ジャングルの開拓地から山の峰のようにそびえる階段ピラミッドは、中米の文明に見られる普遍的なモニュメントだ。その頂点に立つチチェン・イッツァの戦士の神殿やウシュマルの総督の宮殿（p.38）は規模が大きく、デザインも構造も印象的である。だが、そうした建造物についてわかっていることはあまりにも少ない。現在のメキシコ国境よりも北には、恒久的な建築物はほとんどなかった。岩壁につくられたプエブロ（集団住居）のわずかな例を除けば、現在米国となっている地域の建築の発展は、ピルグリム・ファーザーズをはじめとするヨーロッパからの移民の到着を待たなければならない。

《 階段ピラミッド マヤの都市ティカル（グアテマラ）にある高さ51mの神殿。中米の文明でつくられた階段ピラミッドの典型的な構造だ。

基礎知識

階段ピラミッドは、植民地時代以前のアメリカ大陸の巨大建造物に広く見られる形式だ。内部に部屋はほとんどなかった。というのも、儀式の場となる堂々たる建造物の存在と、そこで執りおこなわれる公的な儀式に比べると、内部空間の重要性は低かったからだ。一方、基壇や祭壇、儀式用階段、彫像、彫刻はどれも重要なものだった。

▲ **列柱室** 多柱式の広間(列柱室)は、ほとんど現存しないと見られている。とはいえ、チチェン・イッツァの戦士の神殿には、その見事な例が残されている。マヤのデザインは、古代エジプトのどんな列柱室にも匹敵する。

▲ **蛇の柱** 多くの神殿の壁や柱からは、蛇などの怪物の頭部が突き出ている。らんらんとした目と獰猛な牙をもつものも少なくない。写真はチチェン・イッツァの戦士の神殿に見られる守護の蛇。

▲ **幾何学的ならせん模様の壁面装飾** ウシュマルにある総督の宮殿の主ファサードの上部では、贅沢な彫刻の施されたモザイクが生き生きと躍動している。この装飾には、幾何学的ならせん模様のレリーフが使われている。

▶ **階段ピラミッドの形状** ティカルの神殿に見られる勾配のきつい多層式の階段ピラミッドは、この形態のマヤの宗教建築物としてはきわめて保存状態が良く、きれいに修復された一例だ。

▶ **石の仮面** 神殿や宮殿の壁でにらみをきかせるしかめ面の石の仮面は、恐怖を呼び起こすためにつくられたものだ。カバー遺跡のコズ・ポープで見つかったこの「雨の神」の仮面は、確かに鎮静を求めているようだ。

— 特徴的な彫刻のある石の屋根飾り

— 狭く急な階段が劇的効果を高めている

— 単純な幾何学窓

▲ **四角い窓** 古代アメリカの階段ピラミッドの頂上にある室は、多くの場合、窓としても機能する大きな戸口が唯一の採光源だった。こうした室の多くはきわめて単純なつくりで、ヴォールトのあるものはごくわずかだ。

太陽のピラミッド

- 50年ごろ
- メキシコ、テオティワカン
- 不詳
- 宗教施設

太陽のピラミッドは、メソアメリカ最古の都市テオティワカンの風景を支配している。ピラミッドの右側には、全長2kmの「死者の大通り」が走っている。この名は、12世紀にこの都市を引き継いだアステカ人がつけたものだ。彼らはこのピラミッドを埋葬の場と考えたのだが、実際は神殿だった。

▲ テオティワカンの石のレリーフ

▽ 神殿の山脈 太陽のピラミッド（写真奥）と月のピラミッドは、より小さな神殿建築群（手前）とともに、沿岸の山脈の形を表している。

テオティワカンの大ピラミッドは、この地域の建築物の例に漏れず、地元産のアドベ（泥）と荒石を混ぜて建てられ、表面は石で仕上げられている。また、漆喰やレリーフで飾られ、彩色されていた。ピラミッド内に部屋はないが、頂上には神殿があり、傾斜路と階段が神殿に通じている。古い時代の構造物に重ねて築かれたこのピラミッドは、基盤の面積が217m×217mで、高さは57mに及ぶ。

この種の神殿は、広大な区域につくられたさまざまな聖なる山の一部だった。テオティワカンのピラミッドは、月のピラミッド、ケツァルコアトル神殿、農業神殿、宮殿とともに複合体を構成している。神殿群は、磨かれた白い石や血のように赤い漆喰で仕上げられていたのだろう。アステカ以前の文化では、神殿は宗教儀式の中心で、そこでは毎日かかさず人身御供を捧げなければならなかった。陽光あふれる神殿の階段には、血が流れていたにちがいない。

ケツァルコアトル

ケツァルコアトルとは「翼のある蛇」を意味し、アステカよりもずっと昔の文化で崇められていた古代の神と結びついている。また、950～1000年ごろに近隣の民族を次々と征服した偉大な戦士の王に与えられた名前でもある。神話のなかでは、その両者が混同されている。言い伝えでは、ケツァルコアトル神は死後、明けの明星になったとされる。また、この神が地上によみがえり、王国を復興するとも予言されている。

大ジャガーの神殿

- 730年
- グアテマラ北部、ティカル
- 不詳
- 宗教施設

　ペテン熱帯雨林の奥深くに位置する大ジャガーの神殿は、おそらく現存するマヤ文明の神殿のなかでもっとも見事なものだろう。このピラミッドははるか昔に死んだ王の墓で、美しい彫刻の施された石が急勾配で9層に積み上げられている。層の数は、マヤの冥界を司る9柱の神々を表している。この石の層をのぼっていくと、ヴォールトのある神殿室へと至る。神殿室の頂上には屋根飾りが施されている。この飾りはマヤの宗教建築によく見られるもので、立てた櫛もしくは雄鶏の鶏冠に似た形をしている。

　大ジャガーの神殿は、メソポタミアやエジプトのピラミッドとはちがって、背が高く幅が狭い。基部は34m×29.8mあり、高さは51mに達する。石の層は垂直に近い壁をなしており、建物の際立った高さをさらに強調している。神殿室の中心となる聖所には、屋根とヴォールトのある3つの小室があり、その1つには羽をもつ蛇の神ククルカンが描かれている。ピラミッドの6層目までは補助階段があるが、神殿室へ至るには、一枚岩でできた急勾配の儀式用階段をのぼらなければならない。

🔼 **壮大なマヤ遺跡**　大ジャガーの神殿（左上）は、広大な広場にそびえている。

碑文の神殿

- 700〜800年ごろ
- メキシコ南部、パレンケ
- ハナーブ・パカル
- 宗教施設

　メキシコの鬱蒼としたジャングルに隠された碑文の神殿は、1773年にはじめて発見された。その後は再び忘れ去られるが、1841年に米国の探検家スティーヴンスとキャザウッドが再発見した。神殿は大部分が修復されたものだが、マヤ文明の広大な都市パレンケで発見された遺跡のなかでも屈指の美しさを誇る。高さは35m、基部は56m×40mだ。

　1950年代には、神殿頂上のヴォールトのある小室を発掘している際に、メキシコの考古学者アルベルト・ルス・ルイリエールが、三角形の石の扉に通じる秘密のトンネルを発見した。扉の先には地下室があり、神殿をつくらせたハナーブ・パカル王の石棺が収められていた。神殿の1室には、雨神チャックにまつわる碑銘やフリーズも見られる。石細工はきわめて精巧なもので、かつてはオークル（黄土）で赤く塗られていたのかもしれない。その赤い色は、当時の神殿を現在の姿よりもいっそうドラマチックに見せていたにちがいない。

🔽 **大規模な修復**　当初は巨大な石の長方形の建造物だったが、のちにテラスと階段が付け加えられ、古代マヤの神殿でおなじみのピラミッドの形が再現された。

総督の宮殿

- 900年
- メキシコ、ウシュマル
- 不詳
- 宮殿

この美しい宮殿は、土と石と砕石でできた180m×150mの基壇の上に立っている。この基壇には、かつては数多くの小規模な建築物も立ち並んでいた。基壇のもっとも高いところには、低くて幅の広い3棟の建物が立ち、それぞれの棟が石造りの急傾斜のヴォールト・アーチでつながっている。建物内部にはヴォールトのある部屋が数多く並んでいるが、もっとも目を引くのは、建物の外側を端から端まで覆う精巧な石の彫刻だろう。張り出したコーニスの下の彫刻では、マヤ文明の特徴である四角いらせん模様——おそらくは永遠を象徴するもの——などの優美なモチーフが見てとれる。

戸口、コーニス、一貫性のある装飾がリズミカルに配された宮殿は、「これぞマヤ文明の古典建築」ともいうべきもので、同じマヤ文明でも階段ピラミッド式の神殿とは性質が異なる。古代アメリカ建築の例に漏れず、この宮殿も室内は暗く、近づきがたい雰囲気がある。この地域の文化では、太陽と月に照らされる建物の外側が何よりも重視されていたからだ。とはいえ、質量感と装飾の施し方という点で、総督の宮殿は米国の建築家フランク・ロイド・ライトの手がけた20世紀はじめの作品に大きな影響を与えた。

大規模な再建 この宮殿は、マヤの都市ウシュマルの最後期に建てられたとされる。ウシュマルは「三たび建てられた」という意味であり、大規模な再建がおこなわれたことを示唆している。

チチェン・イッツァの戦士の神殿

- 1100年ごろ
- メキシコ、ユカタン
- 不詳
- 宗教施設

この神殿の遺跡は、4辺のうち2辺の側面に数十の列柱が立ち並び、見る者に深い印象を与えている。一方、2つの大列柱室は木材に石をかぶせただけの弱々しいもので、あまり印象的とはいえない。というのも、大列柱室はとうの昔に崩れ去ってしまったからだ。それでも、建造当時は人目を引いていたにちがいない。古代アメリカの建築で、骨組みだけとはいえ、こうした堂々たる列柱室が残されているのは珍しい。

この神殿は、階段状になった石の基壇の上にある。ヴォールトのある石造りの部屋を2つ備えているが、もっとも有名なのは西面の戸口を支える蛇の列柱だ。だが、そうした建築上の魅力とは裏腹に、この神殿はマヤ時代には血なまぐさい生贄の儀式の中心であった。若い生贄から切り出され、まだ鼓動のやまない心臓が、日の出の見返りとして毎日、神々に捧げられていたのだ。

孤高の輝き この神殿は単独で完結しているように見えるが、実際には繁栄するマヤの都市の一部だった。

カホキアの階段ピラミッド

- 1100年ごろ
- 米国、イリノイ
- 不詳
- 宗教施設

ヨーロッパから移民が来る前の北米では、建築物は珍しいものだった。というのも、ネイティヴ・アメリカンの部族は平原で半遊牧生活を営み、定住用の建物をつくることはめったになかったからだ。カホキアの神殿とピラミッドの複合体は、それだけにいっそう魅力的といえる。土でつくられたマウンド（土塁）は、頂上が平らなものや円錐形のものなど、さまざまな形をとっている。もっとも大きいモンクス・マウンドは高さ30mで、おそらく頂上には、草葺きの木造建築など、なんらかの建築物があったのだろう。カホキアは厳密には都市ではないが、15世紀に放棄されるまで重要な宗教施設だったことはまちがいない。

▲ **信仰の中心** カホキアのピラミッドは、広場や集会場だったと思われる平坦なエリアの周囲に配されている。

メサ・ヴェルデのプエブロ

- 1000年ごろ
- 米国、コロラド
- 不詳
- 都市

北米の遺跡のなかでもとりわけ印象的なのが、渓谷の岩壁から削り出されたプエブロ（集合住宅）だ。こうした遺跡は、米国南西部の各地に数多く点在している。この地域では、人々が渓谷の安全な側壁に大規模な建物群をつくり、風雨や野生動物、ほかの部族から身を守っていた。それぞれの建物がどう使われていたかは不明だが、ほかの古代文明と同様、建物の多くは礼拝や儀式のためのものだった。大神殿はないが、それでもプエブロの建築物はきわめて印象的だ。数階建てのものもあれば、丸い壁のものもある。自然の風景に溶けこんでいることも、この建物群に特別な性格を与えている。建築は往々にして自然に挑み、それを超越しようとするものだが、このプエブロはそうした姿勢とは対照的だ。

◀ **岩窟住居** 古代アメリカのプエブロははるか昔に放棄されたが、岩窟住居はスペインやチュニジアなど世界各地でいまも使われている。

南米

前600〜後1550年ごろ

インカ帝国はペルーからチリまでの南北4000kmにわたって広がり、東はアマゾンの熱帯雨林まで達していた。スペインの征服者たちによるすさまじい破壊にもかかわらず、インカの人々は中世の土木工学のなかでも屈指のすばらしい所産を、とくに道路、段丘形成、水道といった分野で残している。

インカの人々は、単純で血に飢えた野蛮人ではなかった。そうしたインカ像は、征服者たちが彼らを貶めて描いたものだ。ヨーロッパの同時代人とはちがい、インカの人々はきれい好きで、都市ではごみや汚水を清潔に処理していた。しかし、インカの人々については、その文明が絶頂を迎えたのがわずか500年前だったにもかかわらず、あまり詳しいことはわかっていない。なぜなら文書が存在しないからだ。インカの人々は文字をもっていなかった。縄の結び目の連なりを使った「キープ」と呼ばれる記録法はあったが、これはまだ解読されていない。インカ文明の人々は、文学はもちろん、歴史や日々の暮らしに関する実務的な記録も残していない。それゆえに、ストーンヘンジをつくった青銅器時代の伝説の「ドルイド」や、遠い昔に忘れ去られたテオティワカン（p.34、p.36）の民と同じように、はるか遠い存在に思えるのだ。文字による遺産がないため、インカの文化を深く知るには、種々の工芸品のほか、壮大な都市、石造建築、道路、造園技術といった一度見たら忘れられない遺跡を手がかりにするしかない。

インカ建築

現代の私たちが訪ねるインカの遺跡は乾燥した土地にあるが、当時のインカの都市はそうではなかった。乾燥しているどころか、水は石の樋から水盤へ注がれ、階段の脇を流れ落ちて、その音がにぎやかに響くほどだった。残念ながら、その建築がまさに本領を発揮しはじめたときに、インカ帝国は病気やそのほかの抗いがたい力の前に滅んでしまった。それでも、未完に終わった珠玉の建築物がいまに残されている。そのうちのひとつ、マチュ・ピチュ（p.43）近郊のオリャンタイタンボにある赤い斑岩の神殿では、巨大な壁がモルタルを使わずに垂直のジグソーパズルのようにつなぎ合わされている。現在のクスコの街の土台となっている礎石群や、ペルーの農民たちがいまも生活の糧にしている段畑も、インカの人々が残したものだ。

◁ **マチュ・ピチュ** 標高2400mの山中にあるインカの要塞。スペイン人に発見されることはなかったが、征服と同時期に放棄された。

基礎知識

インカ建築の力の源は、堂々たる石の構造物にある。それが数々の段丘や庭園、噴水を支えていた。インカ建築にとっての悲劇は、スペインの侵略者により破壊されたり建て直されたりしたことだろう。マチュ・ピチュは征服者たちに見つからなかったが、この都市もやがて放棄され、廃墟と化した。

» **壁の仮面** 生き生きとした彫刻が、ティアワナコの石造りの太陽の門を飾っている。建造当初は、アドベ（泥）の壁の合間に多くの石門が立っていたが、とうの昔に消え去ってしまった。

» **台形状の戸口** インカの建築物には、きわめて幾何学的な戸口や窓が数多く見られる。おそらく、必要なまぐさ石のサイズを縮小する意図があったのだろう。驚くほど頑丈で、多くは時の試練に耐え、いまに残されている。

» **壁のレリーフ** チムー王国の首都、チャン・チャンの長いアドベの壁は、ずれのない平行な溝と、様式化された抽象的な反復模様の帯で飾られている。反復模様は丁寧に刻まれ、ほとんど寸分の狂いもない。

« **段丘形成** 段丘は山腹や集落の輪郭を形成し、テラス用の棚になった。灌漑の行き届いた段丘は農業に使われ、都市と田園が一体化していた。

« **モルタルを使わない石組み** このマチュ・ピチュにあるインカ時代の石組みは、非常に高度な技術でつくられたものだ。壁はモルタルを使わずに組まれている。きわめて精密に切られた石を組み合わせることで、地震にも耐えられる高い強度と耐久性を備えた壁がつくられた。

石の形が整えられ、組み合わせたときに強度が出るような角度になっている

壁が高くなるにつれ、荷重を減らすために、ひとつひとつの石のサイズが小さくなっている

太陽の神殿

- 200〜600年ごろ
- ペルー、モチェ
- 不詳
- 宗教施設

インカ文明以前の南米の建築物はめったに見つからない。アドベ煉瓦や荒石や、ほとんど未加工の素材でつくられていたため、侵食されて消え去ってしまったからだ。古代のモニュメントの多くは、地面が隆起してできた天然の露出部と大差ないもので、建築物であると見抜くのはむずかしい。その大部分は、いまも発見されるときを待っている。

ペルー太平洋岸のモチェにある太陽の神殿の遺跡は、侵食がかなり進んでいるものの、基部の広さ228m×136m、高さ41mに届かんばかりの巨大な階段ピラミッドだ。建造当時の上部構造は、壁段のある5層のテラスと、頂上部の7段のピラミッドで構成されていた。当時の外観や仕上げ、装飾がどのようなものであったにせよ、その時代の重要な宗教的モニュメントだったことはまちがいない。

侵食されたモニュメント　ペルー沿岸にあるこの巨大なテラス状の土塁は、メソポタミアのジッグラトの設計に似たピラミッド型の古代神殿だったことがわかっている。

チャン・チャン

- 1200〜1470年ごろ
- ペルー、チャン・チャン
- 不詳
- 都市

チャン・チャンは、インカ以前に栄えたチムー王国の首都だ。広さ21km²にわたり、儀式センターだけで6km²を占めていた。この都市は、9つの巨大な四角い区画、もしくは要塞で構成されていたようである。各区画は、海風を防ぐためにつくられた9mのアドベ煉瓦の壁で囲まれていた。

9つの区画のそれぞれには、おおむね同じ形をした数百の建物が並んでいた。建物はアドベでコーティングした泥煉瓦でできており、装飾の模様が刻まれていた。この都市には水が十分に供給されていたようだ。灌漑システムの痕跡が残されているだけでなく、街の中心部には、複数の井戸を備えた貯水場があった。井戸は人が歩いて入れる広さで、おそらく浄化された水をたたえていたのだろう。

儀式センターに立つ左右対称の宮殿と神殿は、煉瓦のモザイクやレリーフで飾られていた。「破れた三角形のパターン」とも称されるこの都市の角ばって整然とした設計は、南米の帝国の建築物によく見られるもので、その伝統は16世紀にインカ帝国が滅亡するまで続いた。

インカ以前の精密さ　チャン・チャンに見られるような左右対称性と細密な装飾は、この文明にとってきわめて重要な要素だった。

マチュ・ピチュ

◯ 1500年ごろ　📍 ペルー　✍ 不詳　🏛 都市

ペルーのアンデス山脈の高地に位置するインカ帝国の都市マチュ・ピチュの遺跡は、世界でもひときわ多くの旅行者を引きつけている観光地だ。この山あいにある天空都市を訪れるには、地元ガイドに導かれ、心臓破りの長い山道を歩かなければならなかったが、現在では空調のきいた心地よいバスに揺られて気軽に行けるようになった。

スペイン人の入植、高度なインカ文化の崩壊、雨風、自然災害といったさまざまな要因が、このペルーの歴史的な建造物をあらん限りの力で地図上から消し去ろうとしてきた。それでも、人里離れた魅力的なマチュ・ピチュの遺跡は、全盛期の圧倒的なインカ建築の偉大なる不屈の力を垣間見せてくれる。

力強い壁に囲まれたこの都市遺跡は、2つの峰のあいだ、ウルバンバ川の上流およそ900mの場所に位置している。1400年ごろにインカの人々が本格的に建造に乗り出すはるか前から、この地は聖なる場所とされていた。精密に切られた灰色の花崗岩でできた壁の内側には、宮殿、浴場、神殿、倉庫、墓地といったさまざまな公共建築物の遺跡がある。公共広場のまわりには150ほどの住宅が寄り集まり、何段ものテラスの上に立ち並んでいる。複雑に連なるテラスに配された都市の各区画は、大きな石の階段で結ばれていた。

マチュ・ピチュで発見された重要な遺跡のひとつが、インティワタナ・ストーンだ。この石は、春分と秋分の正午に太陽を地球に「つなぎとめる」ための天文儀式に使われていた。インカの人々は、「太陽が空を動く速度を遅らせたい」という永遠にかなわぬ望みを抱いていたのだ。

⚠ マチュ・ピチュの太陽の神殿

🔽 **魔法の都市**　日が暮れて、観光客を乗せた車が走り去ると、マチュ・ピチュに残されるのは、風、散策する人たち、空高く舞うコンドル、そしてインカ人たちの魂だけだ。

古典世界

The Classical world

46 古典世界

古典の時代を境に、西洋人にとって親しみ深い古代の歴史と、なじみのある建築の物語が登場するようになる。ギリシアとローマの勃興により、現代の私たちにも共感・理解できる神々や英雄、伝説、建築、都市、言葉、歴史の世界が幕を開けることになった。

» **イッソスの戦い** ある古典文化が別の古典文化に敬意を払うこともある。このローマのモザイク画では、アレクサンドロス大王が勝利し、ペルシアがギリシアに屈した戦いが描かれている。

おもな出来事

- **前753** 神話上の歴史によれば、この年にロムルスとレムスが七丘にローマを建国する
- **前509** ローマの最後の王が追放され、都市国家ローマが共和国となる
- **前347** 著名なギリシアの哲学者で『国家』の著者、プラトンが死去する
- **前146** コリントスの戦いでローマがギリシアを征服し、コリントスを破壊する

前750 — **前500** — **前250**

- **前776** ギリシア人が最初のオリンピックを開催。1週間にわたり競技と宗教儀式がおこなわれる
- **前600** 最初のローマのフォルム（公共広場）が建設され、初期のラテン語の碑文が刻まれる
- **前447** アテネのアクロポリスの建設が始まる
- **前332ごろ** マケドニアのアレクサンドロス大王がペルシアを征服する
- **前213** ギリシアの数学者アルキメデスの設計した兵器がシラクサをローマの攻撃から救う

古代のローマ——帝国全土から人が集まり、200年ごろまでには推定人口125万人の巨大都市になっていた——は、数々の欠点はありつつも、まさに魅力的としかいいようのない街だ。それはひとつには、当時のローマの人々がじかに語ったローマの姿を、私たちがよく知っているからだろう。建造物の碑文や法律、文学、詩を通してだけでなく、個人の手紙やジョーク、落書きといった親密な記録からも、当時のローマをうかがい知ることができる。たとえば、夜明け前に市の中心部に商品を運びこむ荷車の騒音のせいでユリウス・カエサルが眠れなかったことも、ローマの母親たちがハドリアヌスの長城を守る息子たちに靴下を贈ったことも、いまに伝えられている。ローマの人々がどんな服を身につけ、何を食べ、どんな習慣を守っていたかも、細かなところまではっきりわかっている。ローマの偉大な公共建築物には、嫉妬さえ覚えることがある。とりわけ公衆浴場は、当時の人々にとって、さらにほかのどんな時代の人にとっても、まさに驚異的と呼ぶべきものだったにちがいない。

古典文化は時代を超えてその価値が認められ、ゴート族、東ゴート族、西ゴート族をはじめ、神聖ローマ

古代のアテネ

現代人が抱く理想の都市のイメージの大部分は、もとをたどれば紀元前450年ごろのアテネに行き着く。当時のアテネは権力と芸術の絶頂にあった。民主的な都市国家の成功例として昔から世界じゅうで評価されてきたアテネは、コンパクトで活気に満ちた都市のなかに、左右対称の壮麗な建築物、にぎやかな市場、威厳のある学究の場、密集する住宅が入り混じっていた。そのすべての基盤となっていたのが、ペリクレス（前495-429ごろ）の率いるアテネの強大な軍事力だった。

> **アテネのアクロポリス** ペリクレスは対ペルシア戦争のために集めた資金を使って、要塞化されたアテネの丘——アクロポリスに比類のない建築群を築いたという。ただし、この説には異論も多い。

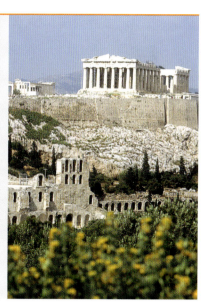

| 前50ごろ ガリア人がユリウス・カエサル率いるローマ軍に敗れる | 79 ヴェスヴィオ山が噴火し、ポンペイの街が火山灰に埋もれる | 395 ローマ帝国が東西に分裂する | 476 西ローマ帝国が滅亡し、最後の皇帝ロムルス・アウグストゥルスが退位する | 1071 ロベール・ギスカール率いるノルマン人が東ローマ帝国からイタリア南部を奪う |

1 — 500 — 1000 — 1500

| 前44 ユリウス・カエサル暗殺によりローマ共和国が終焉し、ローマ帝国が誕生する | 216 豪華なカラカラ浴場がローマに建設される | 393 テオドシウスが異教の祭典であるオリンピックを禁じ、オリンピアのゼウス神殿を閉鎖する | 812 東ローマ帝国の皇帝がカール大帝をローマ皇帝と認める | 1453 メフメト2世いるオスマン・トルコがコンスタンティノープルを攻め落とし、東ローマ帝国が滅亡する |

▲ **ラファエロの『アテネの学堂』** 後世に大きな影響を残したギリシアの哲学者プラトンは紀元前387年、アテネ郊外のアカデメイアに名高い学校を創立した。この学校は529年、ユスティニアヌスにより閉鎖された。

帝国の皇帝やアングロサクソンの王たちに高く評価されてきた。そのため、とくにローマの文化——そしてローマを介したギリシアの文化——は、アテネ創建からローマ滅亡を経て現在に至るまでの西洋文化を形づくるかなめとなってきた。ちょっとまわりを見わたすだけで、現代のどれほど多くの建築物が、どれほど大きな影響をギリシアやローマの建築から受けているかがわかるだろう。書物の活字書体にも、ローマのデザインがよく使われる。

脈々たる流れ

多くの歴史書では、いまだにルネサンスが中世と近代を隔てる断層のように扱われているが、それは真実ではない。暗黒時代と呼ばれる闇に覆われた時代にも、ローマの光は輝き続けていた。いずれにしても、ローマが滅亡したあとも、ローマの建築、ギリシアの哲学、古典の学問はコンスタンティノープルとビザンティウムで長らく繁栄し、その形を変えていった。東ゴート王テオドリック（493-526）はローマに石工を派遣し、古代のモニュメントを修復した。東ゴート王国の首都ラヴェンナは、ビザンティウムの建築を糧に育った。10世紀と11世紀のアングロサクソンの建築家たちは、ローマで修業を積み、イングランドに戻って「ローマ」様式の建築物をつくった。それはやがて、征服王ウィリアム（在位1066-87）の時代に流行となり、軍服から聖堂のアーチに至るまで、あらゆるものの様式が明

古典世界 | 49

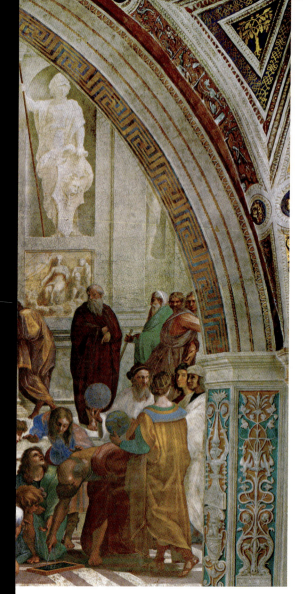

西洋建築の「見果てぬ夢」となった。その均整のとれた設計は、何を足しても引いても壊れてしまうであろうと思わせるほど完璧なものだった。ギリシアの不運は、何世紀にもわたってオスマン帝国の支配下に置かれたことだろう。そのせいで、建築は荒れ果て、西欧の発展からいっそう取り残されることになってしまった。にわかには信じがたいが、パルテノンはかつて屋根からモスクの玉ねぎ形のドームを生やし、トルコ人が火薬庫として使っていた。当然のように、パルテノンは火薬に吹き飛ばされる。西欧の旅人に再発見されたパルテノンが廃墟と化していたのは、そのためだ。

とはいえ、ギリシアを再発見した18世紀の冒険家たちにしても、未知の歴史の深奥にまで達していたわけではなかった。古代ギリシアの知識は、ローマと教会を通じて継承されていた。プラトンやアリストテレスにしても、偉大な劇作家たちにしても、一度たりとも忘れ去られたことはなかった。彼らはいまでも、私たちに力強く語りかけている──あまりにも見慣れてしまったとはいえ、パルテノンもまた同じだ。

らかにローマを踏襲するようになった。初期キリスト教会に関していえば、ローマ神殿を継承しただけでなく、ローマのバシリカ(集会堂)を手本とし、よりいっそう豪華な礼拝の場を生み出していった。1930年代にロンドン郊外に建てられたカトリック教会にも、ディオクレティアヌス時代の煉瓦のバシリカを模したものがいくつもある。

ギリシアの古典主義

一方で、ギリシアの建築は、ローマのものよりも禁欲的で慎み深く、より完璧に近いように見える。その証拠に、ギリシアの建築は長らく理想的なものとされてきた。パルテノンは、おそらくは完成した当初から、

》 ローマの硬貨

ローマは都市国家からイタリアを支配下に収める共和国となり、やがて世界屈指の広さと強さと存続期間を誇る帝国となった。その急速な成長にともなって、ローマで鋳造される貨幣も急増した。初代ローマ皇帝アウグストゥス(在位前27-後14)の時代には、ローマの硬貨は、現在世界じゅうで使われているものと同じ形に発達していた。英語の「マネー」という言葉もローマが発祥で、ユーノー・モネータ女神を祀った神殿が貨幣の鋳造所になったことが語源となっている。

硬貨のデザイン 初期のローマの硬貨には古代の神々の顔が描かれたが、紀元前1世紀後半以降は、皇帝の肖像が描かれるようになった。

古代ギリシア

前1500〜前350年ごろ

黄金時代といわれるペリクレス時代のアテネは、紀元前460年から370年ごろまで続いた。この時期には民主政治と法規範が確立され、パルテノン（p.54-55）をはじめとする、圧倒的な魅力を放つアクロポリスのモニュメント群が築かれた。

ペリクレス（前495-429ごろ）はおもに、500年後のプルタルコスの著作を通じていまに知られている。そのため、このアテネのキーパーソンは、実在というよりもむしろ伝説の人に近い。とはいえ、ペリクレスはどうやら、民に選ばれた不朽の指導者として人気を集めていたようだ。彼は40年をかけ、アテネの中心部を他に類を見ない様式と精密さで再建し、堂々たる都市国家アテネの礎となった強大なギリシア海軍も築き上げた。

血の通った建築

完璧に均整がとれたこの時代のギリシア建築は、しばしば冷たいと評される。が、それはまちがっている。古代ギリシア時代のアテネについて、「理想的なドイツ軍事国家に太陽とオリーブを足したようなものだ」という見方を広めたのは、18世紀のプロシアの学者たちだった。彼らの著作がヨーロッパと米国の学者や何世代もの教師たちに影響を与えたことで、ペリクレス時代のアテネは高潔な学究の地といわれるようになった。確かに、アテネは偉大なる頭脳を生み出したし、おそるべき戦闘組織でありながら、決して感受性の鈍い国家ではなかった。そうした理想的な純粋性が、アテネの建築物によりいっそう強められたといえるかもしれない。

アテネの建築物のほとんどは、まぐさ式（支柱と横木）構造の単純な原理に則っていた。その結果として生まれたのが、厳格な水平性が目につく建築だ。また木造にルーツをもつ建築でもあった（「大理石の大工仕事」とも呼ばれている）。博物館で目にするギリシアの神殿や彫像の冷たい断片のことはひとまず忘れ、そうした建築物が、豊かな色と歌とおおらかなセックス、そして活気あふれる会話に彩られた世界に存在したことを想像してみてほしい。また残忍な戦争、にぎやかな市場、神秘的な宗教儀式に満ちた世界に存在したことを。さらに、神々しい山々に囲まれた風景のなかに存在したことを。すると、真の姿が見えてくるだろう——そこにあるのは、熱い血の通った独自の文化を形づくる、きわめて洗練された骨組みだ。

◁ **アテナ神殿**　現在のトルコにあるプリエネのギリシア式アテナ神殿。ハリカルナッソスのマウソレウムを手がけた建築家ピュテオスにより、紀元前4世紀に建てられた。柱身に縦溝がある66本のイオニア式列柱のうち、いまも立つのは5本だけだ。

基礎知識

古代ギリシアは、まさに西洋建築のゆりかごといえる。ここで挙げるギリシア建築の要素は、何世紀にもわたって西洋のデザインの基本的要素をなしてきた。ギリシアの建築は、すっかりなじみ深いものになっているとはいえ、絶頂期から2500年以上を経たいまでも、その力強さや存在感、気品ある美しさ、特有の簡潔さを保ち続けている。

ドリス式の柱頭（柱の最上部）は、2つの単純な要素で構成されている

🔼 **ドリス式オーダー** アテネのパルテノンに見られるドリス式は、ギリシアの3つのオーダーのうち最古のものだ。オーダーとは、円柱や柱頭上部のエンタブラチュアのデザインを決定づける様式のこと。初期の柱は細めだったが、やがて力強くて簡潔な、がっしりした男性的なデザインに発展した。

柱頭の両側に渦を巻くような装飾がある

柱身は縦溝で飾られている

🔼 **イオニア式オーダー** アテネのエレクテイオンに見られるイオニア式は、柱頭の両側にある1対の渦巻き形の装飾が特徴だ。柱身には通常、24本の凹形の縦溝が彫られている。

装飾の際立つ柱頭から、様式化されたアカンサスの葉が曲線を描いて広がっている

🔼 **コリント式オーダー** コリント式（写真はゼウス神殿）は、紀元前5世紀にイオニア式の装飾版として登場した。当初は、屋内の列柱廊でしか用いられていなかった。柱頭の装飾は、かごに入ったアカンサスの葉を模したものとされる。

🔼 **柱のエンタシス** エンタシスとは、柱に膨らみをつけ、遠くから見たときに完璧な直線に見えるようにする技法のことだ。

🔼 **カリアティード** 柱の役割を果たす聖なる乙女の像。もっとも有名なエレクテイオン（アテネ）のカリアティードは、主役として建物を支えている。

🔽 **フリーズ** フリーズはメトープ（彫刻パネル）とトリグリフ（2つのV字形の溝で縦に3分割されたパネル）で構成される。

戦いの場面が描かれた彫刻パネル

ミノス王の宮殿

- 前1375年に破壊
- ギリシア、クレタ島、クノッソス
- ダイダロス（神話上）
- 宮殿

ミノス王の宮殿は、半人半牛のおそろしい人食い怪物、ミノタウロスの住む迷宮として、ギリシア神話にその姿を永遠にとどめている。最後には、ミノス王の娘アリアドネと発明家ダイダロスの助けを得て、ギリシアの英雄テセウスがミノタウロスを退治した。ダイダロスは、王の命で迷宮を設計した工匠だ。

吹き放ちの広い中庭を囲むように立つ2階建ての宮殿には、途方に暮れるほどさまざまな部屋があった。列柱室や儀式用の部屋もあれば、倉庫や各種の工房として設計されていたものもある。玉座の間と呼ばれる、窓のない部屋もあった。ピアノ・ノビーレ（主要な応接室のある2階）には、日当たりと風通しのよい部屋が数多く並んでいる。

ミノス王の宮殿は、ギリシア神話で描かれる陰惨な場所とはほど遠く、清潔で排水設備も行き届いており、日光を避けられるシェルターや庭園、眺めのよい広間もあった。その一部は、1920年代にイギリスの考古学者アーサー・エヴァンズの手で復元された。明らかに古典建築とは異なる、雑然とした宮殿の平面設計は、ミノス王の策謀というよりは、むしろ数世代にわたってなりゆきまかせに建て増した結果として生まれたものだ。

地震の生き残り クレタ島にあった主要な宮殿は、紀元前1625年と紀元前1375年の大地震で破壊され、いまに残されているのはクノッソスの古代宮殿の遺跡だけだ。

迷宮の伝説

広大なクノッソス宮殿の入り組んだ平面構成は、長く語り継がれてきたこの伝説のルーツを解き明かす大きな手がかりになる。おそらく、この迷宮然とした宮殿を軸に、古代ギリシア人たちが物語を紡いでいったのだろう。ミノタウロスは、自らの権力の基礎を牡牛の彫像で飾ったミノス王とも考えられる。この宮殿を建てたとされるダイダロスは、息子のイカロスとともに、人工の翼でクレタからシチリアへと逃れた。

ギリシアの都市

古代ギリシア人は現代人とはちがい、国ではなく、自分たちの住む都市に忠誠を誓っていた（都市は都市国家にもなった）。ヒッポダモスが活躍した古代ギリシアの古典期には、数々の名高い神殿で飾られたギリシアの都市アテネが絶頂を極めていた——そこでは民主政治とヒューマニズムと芸術が育まれ、都市計画がいままさに生まれようとしていた。

「古代ギリシア」という語は、古代のギリシア語圏全体を指すもので、ギリシア半島に限らず、キプロス、トルコのエーゲ海沿岸、シチリア、イタリア南部、さらには東欧や北アフリカの全域にあった植民地にもあてはまる。主要都市アテネは、パルテノン（p.54-55）のある城塞アクロポリスに守られていた。そして、ソクラテス、プラトン、アイスキュロス、ソフォクレス、エウリピデスといった数々の偉大な師や哲学者が活躍した都市でもある。

ミレトスのヒッポダモス（前498-408）は、史上初めて都市計画に携わったとされる人物だ。彼が設計したミレトス、プリエネ、オリュントスといった都市は、合理的な格子状の配置に基づいており、平行に走るまっすぐな街路と直角の交差点で構成されていた。こうした配置は風が効率的に流れるため、居住空間は冬には暖かく、夏には涼しく保たれた。

ヒッポダモスが関心をもっていたのは、交易と平和のための都市をつくることだった。だが、スタゲイロス出身のアリストテレス（前384-322）は、ヒッポダモスの設計した格子状の都市配置に懸念を抱いていた。なぜなら、侵略軍に簡単に攻略されることが予見できたからだ。そのためアリストテレスは、敵軍の兵士を迷わせる自然発生的なパターンをもつ都市計画を推奨した。

芸術のなかの殺戮 芸術でも都市計画でも、戦争は最大の関心事だった。

古代アテネのアクロポリス 建造当初のアクロポリスは要塞であり、おそらく宮殿を擁していたのだろう。現在の形になったのは紀元前5世紀。数々の神殿や偉大なるパルテノンは、このころに建設された。

パルテノン

- 前438年
- ギリシア、アテネ
- イクティノスとカリクラテス
- 宗教施設

古代ギリシアの権力の絶頂期にあったペリクレスが建設を命じ、建築家のイクティノスとカリクラテス、彫刻家のフェイディアスが手がけたパルテノンは、完璧なギリシア神殿であると久しく考えられてきた。見事に均整のとれたこの神殿は、アクロポリスの中心にそびえている。彩色して金箔を貼った屋根を頂く神殿内の主室には、堂々たる女神アテナ・パルテノス像が収められていた。神殿内の光源は、巨大な青銅の扉の隙間を介してのみ得られる。神殿内の2つの部屋を取り囲むのは、縦溝のついた高さ10.4mのドリス式列柱だ。柱には膨らみがあり、その錯覚の効果で遠目には完璧な直線に見える。「エンタシス」と呼ばれるこの技法は、柱などに微妙な変形を加えて完璧な直線に見せるというもので、神殿全体に採り入れられている。その列柱の上に目をやると、かつては美しいレリーフの刻まれた大理石のフリーズが神殿をぐるりと囲んでいた。パルテノンは6世紀後半にキリスト教会に改造され、1458年にはモスクに変わった。1687年、ヴェネツィアの攻撃により、内部に保管されていた火薬が爆発し、崇高なる神殿は廃墟と化した。

▲ パルテノンの外観

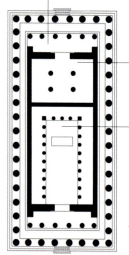

両端のポルティコの外側に6本の柱がある

4本の柱がある西側の小さなケラ

列柱廊と彫像のある東側のケラ

◀ 平面図　パルテノンは外から見ると左右対称だ。西端の小さなケラ（室）には、西側のポルティコからしか入れず、東側の大きなケラとはつながっていない。

◀ 武器をもつアテナ　金と象牙でできた巨大な勝利の女神アテナの彫像（フェイディアス作）が神殿の東のケラを見下ろしていた。

フリーズにはトリグリフとレリーフが交互に並ぶ

アクロテリオン──ペディメントの上の彫像を支える台座

ペディメントには優れた彫刻が並び、その多くは戦争を称えるものだった

実際の戦争や神話上の戦争を描いたメトープ

神殿内の光源は、ほぼ青銅の門から差しこむ光だけだ

古代ギリシア | 55

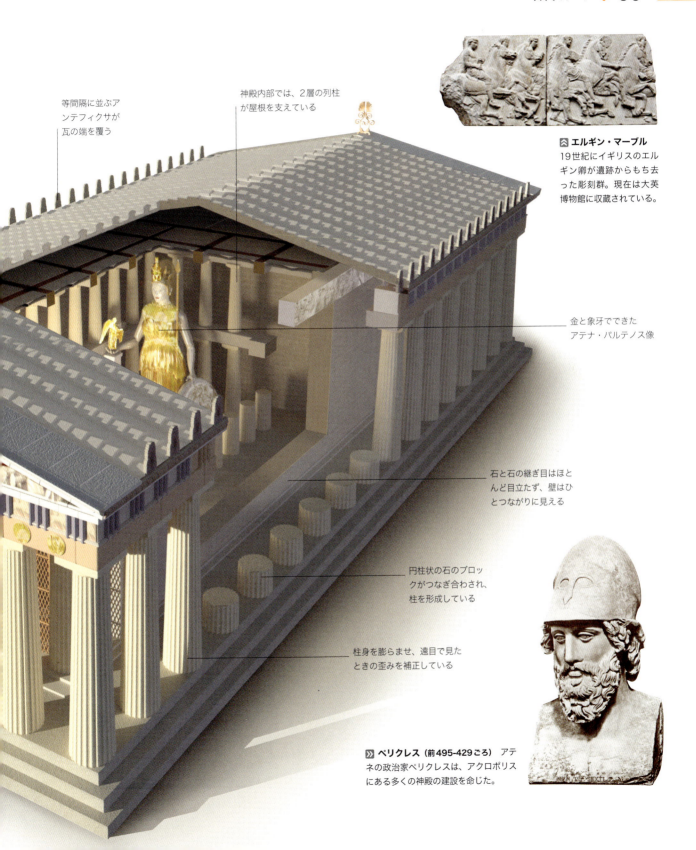

等間隔に並ぶアンテフィクサが瓦の端を覆う

神殿内部では、2層の列柱が屋根を支えている

エルギン・マーブル
19世紀にイギリスのエルギン卿が遺跡からもち去った彫刻群。現在は大英博物館に収蔵されている。

金と象牙でできたアテナ・パルテノス像

石と石の継ぎ目はほとんど目立たず、壁はひとつながりに見える

円柱状の石のブロックがつなぎ合わされ、柱を形成している

柱身を膨らませ、遠目で見たときの歪みを補正している

ペリクレス（前495-429ごろ） アテネの政治家ペリクレスは、アクロポリスにある多くの神殿の建設を命じた。

アファイア神殿

- 前490年ごろ
- ギリシア、アイギナ
- 不詳
- 宗教施設

> **不滅の作品** 神殿外側の柱は、3本を除き、いずれも1つの石から切り出したものだ。

アファイア神殿は、アテネ近郊のアイギナ島に立っている。そもそもは狩りの女神アファイアに捧げられたものだが、のちに知恵の女神アテナを祀る神殿になった。この神殿は、古代ギリシア建築の黄金時代初期に建てられたドリス式神殿の好例だ。幅は長さの半分で、ペディメントのある神殿の正面には、縦溝彫りを施したドリス式柱が6本、側面には12本並んでいる。神殿内部には、中央の部屋（ケラ）の長さに沿って、多層のドリス式列柱廊が配されていた。この部屋には、神殿に祀られた巨大な神像が立っていた。この単純だが幾何学的に申し分のない建築物は、地元産の石灰石、大理石、テラコッタでつくられている。

19世紀の博物館員が見たとすれば、この神殿のもっとも重要な特徴は西側のペディメントだということになるだろう。そこには、トロイ戦争で命を賭けて戦う戦士たちのなかに、穏やかで超然とした女神アテナが神々しい審判さながらに立つ場面が生き生きと描かれている。このペディメントは、現在はグリュプトテーク美術館（ミュンヘン）の新古典展示室に置かれている。

パエストゥムのポセイドン神殿

- 前460年ごろ
- イタリア、カンパーニア
- 不詳
- 宗教施設

ポセイドン神殿として知られるこの端正なドリス式神殿は、じつはポセイドンではなく女神ヘラに捧げられたものだ。ギリシア神殿のなかでもとくに保存状態の良いものだが、所在地はイタリア本土のナポリ南部である。パエストゥムはギリシアの植民地だった。美しい風景のなかに立つこの神殿は、バイロン的な悲壮感のあるロマンを味わいたい旅行者たちがよく訪れる場所だ。神殿の正面と後面には、6本のドリス式柱で支えられたペディメントが配されている。エンタシスが目立つ柱は、象を思わせる重々しい形になっているものの、神殿のすばらしさを損ねてはいない。側面には14本の柱が並ぶ。神殿内部は、多層の列柱が長く連なっているのが特徴だ。

多くの歴史書では、ローマ人はギリシア征服後にローマ風のギリシア建築をつくりはじめたとされているが、このパエストゥムの神殿の存在は、ローマ人がローマ帝国誕生の数百年前からドリス式神殿の美観になじんでいたことを示唆している。パエストゥムで力強く表現されているドリス式オーダーは、ギリシアの3つのオーダーのなかでも最初に登場したもので、その歴史は木造神殿がこうした石造神殿に道を譲った紀元前7世紀にまでさかのぼる。

> **神殿を支える柱** 縦溝彫りのある太いドリス式柱が、神殿両端の巨大なペディメントを支えている。

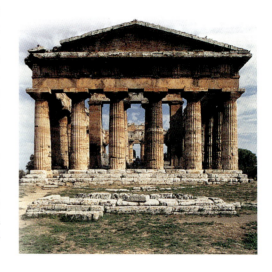

テセイオン(ヘファイストス神殿)

- 前449年ごろ
- ギリシア、アテネ
- 不詳
- 宗教施設

アクロポリスの丘の麓に立つこのドリス式神殿は、パルテノン(p.54-55)の建設が始まる直前に完成したもので、見るからに保存状態が良い。外観がこれほど良好に保たれているのは、13世紀にギリシア正教の教会によって改造されたからである。ただし、正教の儀式に合わせて、神殿内部はアプスを加えて改築された。

もともとの神殿は、ギリシア神話の火と鍛冶の神ヘファイストスに捧げられたもので、かつては鋳造所や工房に囲まれていた。この神殿がテセイオンと呼ばれているのは、クノッソスの迷宮でミノタウロスを倒したテセウスの生涯を描いたメトープが、いまも残されているためだ。ペディメントとコーニスを支えるドリス式柱は、パエストゥムのものよりもずっと細い。このちがいは、ドリス式オーダーが発達を続け、紀元前

5世紀のギリシア建築の黄金時代に突入したことを物語っている。もっとも初期のドリス式神殿は、デルフィとコルフにある紀元前600年ごろのものだ。そこから進化を遂げたドリス式オーダーは、テセイオンの優美なデザインでほぼ完成の域に達した。

◁ **列柱の変化** この優美な列柱は、初期の木造神殿のものとは大きく異なるが、基本的には木の幹を様式化したものである。

エレクテイオン

- 前406年ごろ
- ギリシア、アテネ
- 不詳
- 宗教施設

カリアティード——北側のポルティコの列柱を形成する石の女性像——のポーチがよく知られるエレクテイオンは、アクロポリスでもひときわ異彩を放つ優美な建築物だ。ギリシア建築はおおむね左右対称で、数学的な完全性が目立つが、エレクテイオンはそれとは異なる変則的な設計になっている。これは、建物が3つの役割を果たすためであり、意図的につくられた多目的建築物の初期の例といえる。1つ目の役割は、ポセイドンがアクロポリスの岩に三叉の矛の跡を残したとされる場所を示すこと。2つ目は、神殿の名の由来となった伝説のギリシア王エレクテウスの聖堂を設置すること。そして3つ目は、大切な崇拝の対象だったアテネの守護女神アテナの古い木像を祀ることだ。この木像は、神殿建築以前のペルシア侵攻時にアテネから避難させていたものだ。

19世紀に入って、少なくとも2回は建て直されているため、現在のエレクテイオンは当初の姿からはほど遠い。ポルティコを支える6体のカリアティードはいずれもレプリカだ。オリジナルのうちの1体は、19世紀はじめにイギリスのエルギン卿が「保存」の名目でロンドンにもち出した。残りの5体は、アテネのアクロポリス博物館に収蔵されている。カリアティードのレプリカは、19世紀はじめに建てられた新古典様式のセントパンクラス教会(ロンドン、ユーストン・ロード)でも、北東のポルティコを優美に支えている。

▷ **2つの機能** カリアティードには、支柱としての実用的な機能と象徴的な機能とがあった。男性像の支柱はアトランテス(アトラスの複数形)と呼ばれる。

光り輝く神殿 アルテミス神殿の柱の多くは、金で飾られていたとされる。

アルテミス神殿

● 前356年ごろ　🏛 トルコ西部、エフェソス　✎ エフェソスのデメトリオスとパイオニオス　🏛 宗教施設

エフェソスのアルテミス神殿は、古代世界の七不思議のひとつに数えられている。この栄誉を与えられたのは、おそらく圧倒的な規模をもつからだろう。とはいえ、芸術的な価値も決して小さくはなく、神殿の贅沢な装飾は、スコパスをはじめとする名高い彫刻家が手がけている。伝説によれば、神殿の豪華な室内には、銀の彫刻や格調高い絵画がところ狭しと並んでいたという。

アルテミス神殿は、彫刻と117本ものイオニア式柱で飾られ、アマゾン族の戦士の銅像が居並ぶ階段の先にそびえる絢爛豪華な建物である。そのスピリットという点でも手法という点でも、80年以上前に完成したパルテノン（p.54-55）とは大きく異なっている。生真面目な19世紀ヨーロッパの学者の目には、パルテノンをはじめとする紀元前5世紀のギリシア神殿でさえ派手すぎると映るかもしれないが、これ見よがしでけばけばしささえ感じるアルテミス神殿と比べれば、はるかに控えめである。やや公正を欠く意見かもしれないが、アルテミス神殿は、芸術的才能や想像力の低下を象徴するものといえるだろう。そしてそれは、ギリシア全体の権勢、とくにアテネの権力の衰退を反映していた。

アルテミス神殿は、この場所に建てられた5番目の神殿である。この驚くべき建築物の復元模型や復元図は、ごくわずかな明白な証拠をもとに、願望まじりの見解と創意工夫をふんだんに盛りこんでつくられたものだ。とはいえ、神殿正面に8本のイオニア式柱からなる見事なポルティコがあったことは、確かなようである。柱の間隔は、中央に行くほど広くなっていた。建物中央の差し渡しは、ギリシア神殿としては大きく、80mを超えていた可能性もある。また、柱礎の多くに贅沢な彫刻が施され、建物全体が高い基壇の上に立っていたこともわかっている。実際のところ、アルテミス神殿は多くの点で、200～300年後に登場する壮大なローマ神殿の、事実上ではないにしても精神上の原型になったといえる。

エピダウロスの劇場

- 前350年 ギリシア、アルゴリス 小ポリュクレイトス 劇場

アスクレピオスの聖地エピダウロスにあるこの壮麗な劇場は、当時からその美しさ、対称性、音響、立地環境をほめ称えられていた。この劇場では、アイスキュロス、ソフォクレス、アリストファネスをはじめ、いまもお人気のある有名劇作家の芝居が上演されていた。直径118mという壮大な規模を誇り、最大1万3000人の観客を収容できる。

屋根がなく風雨にさらされている点——この地域の天候は比較的穏やかではあるが——を除けば、エピダウロス劇場の設計は改良の余地がないといってよい。それどころか、この劇場は、現代の数々の優れた劇場の手本になっている。総石造りのギリシア劇場としてはもっとも初期の例だ。劇場の設計はオーディトリアム（観客席）、オルケストラ（「舞踏の場」：舞台）、スケネ（舞台背後の建物：「シーン（風景、場面）」の語源である）という3つの部分からなる。20.4mの円形のオルケストラの4分の3を、半円形の観客席が取り巻いている。石灰石のベンチからなる観客席は、21列と34列の2層に並んでいる。2つの層は通路で隔てられ、11の階段で区分けされている。ベンチの多くには、寄付者の名が刻まれている。

その設計はまったく古びていない。劇を観るにしても音楽を聴くにしても、この劇場はいまもほぼ完璧な場所といえる。欠けているものといえば、舞台のうしろにあった建物だけだ。もともとは、2本の傾斜路が舞台うしろのスケネにつながり、正面にはイオニア式列柱廊があったと見られている。列柱廊は角柱と対になった14本の半柱からなり、両翼がこの劇的なファサードの両側に突き出ていた。スケネには、中軸に沿って並ぶ4本の柱で支えられた主室があり、その両側に四角い部屋が配されていた。

劇場は何世紀にもわたって、厚い土の層に埋もれており、1881年にP・カヴァディアスの指揮で組織的な発掘が始まった。この劇場はいまでも、あらゆる様式や党派に属する建築家を引きつけるだけでなく、世界でも指折りの見事な環境を誇る壮大な演劇空間として使われている。

人間の小ささを強調 層をなしてそびえる観客席と背景をなす山々が、俳優たちを小さく見せたことだろう。

風の塔

- 前48年
- ギリシア、アテネ
- アンドロニコス
- 観測台

この八角形の大理石の塔は、シリアの天文学者アンドロニコスが計時のために設計した観測台である。アテネのローマ式フォルム（広場）に建てられ、日時計、風向計、水時計、コンパスの機能も兼ねていた。往時には、高さ12mの構造物が青銅のトリトンの形をした屋上の風向計を支えていた。日時計はファサードに刻みこまれている。各ファサードのレリーフは、ギリシアの風神の8つの姿を表すとともに、コンパスの方位も示している。観測台へは、大きさの異なる2つのコリント式ポルティコを通って入るようになっていた。

△ **現存する塔** 風の塔は、時間を計るだけでなく、風向きの測定にも使われていた。

アッタロスのストア

- 前150年
- ギリシア、アテネ
- 不詳
- 公共施設

アッタロスのストアは、列柱廊のある長い2階建ての建物だ。多くのストアと同じく、古代ギリシアの都市生活の中心だったアゴラ（広場）を囲む四角形の一辺を形づくっていた。建物の大きさは116m×20mで、1階と2階の両方に2列の柱廊がある。1階外部の列柱はドリス式で、内部のイオニア式の柱と対になっている。2階の列柱はイオニア式だ。列柱廊に面して、各階に21の部屋がある。これらの部屋は、店や事務所や公的機関として使われたのだろう。

▽ **万人の憩いの場** 列柱廊は、何千もの人を日差しや雨から守ると同時に、屋内に光と新鮮な空気をたっぷり取り入れられるつくりになっている。

ハリカルナッソスのマウソレウム

- 前350年　トルコ、ミレトス
- ピュテオス　墓所

この墓は、カリアの支配者マウソロス王を悼むために、残された王妃アルテミシアが建てたものだ。「マウソレウム（霊廟）」という語は、この影響力の大きい有名な墓に由来している。

古代世界の七不思議のひとつでもあった。紀元前1世紀のローマの建築家ウィトルウィウスの記録によれば、このマウソレウムを手がけた建築家は、プリエネのアテナ神殿の設計者でもあるピュテオスのようだ。この墓は、マウソロスがギリシア様式で再建した首都ハリカルナッソスの全景を見下ろす丘に、威風堂々と立っていた。きわめて高いポディウム（基壇）と、イオニア式柱で囲まれた神殿風の上部構造からなる。その上にそびえていたのが、全体の高さ40mの3分の1を占める堂々たる階段ピラミッドだ。頂上に据えられた「4頭の馬が引く戦車」の像は、愛する都のはるか上空を駆けるマウソロスとアルテミシアを象徴している。また、ブリュアクシス、レオカレス、スコパス、ティモテウスといった錚々たる彫刻家の手がけたレリーフと彫刻が、霊廟を飾っていた。

マウソレウムは15世紀まで存在し、称賛の的になっていたが、地震により崩壊した。19世紀はじめに、この古代の驚異があった場所をヨーロッパの探検家や考古学者が突き止め、発掘した。

往時の姿をとどめる　マウソレウムは崩壊したが、その姿をかたどった高さ3mの見事な大理石像は、ロンドンの大英博物館でいまも見ることができる。

プリエネ

- 前350年　トルコ、アナトリア中部
- 不詳　都市

現在のトルコにあったプリエネは紀元前4世紀に建造された都市で、築いたのはマウソロス王ともアレクサンドロス大王ともいわれている。起源はどうあれ、プリエネは古代ギリシア都市のなかでもとくに大々的に発掘され、平面構成、建築、生活様式が詳細に解明されている。

この都市は、山々を背にした沿岸の傾斜地に段丘を設け、できるだけ平坦になるようにつくられた。そのため、全体が狭く窮屈な場所につめこまれている。当然、街の配置も規則的にならざるをえず、格子状に走る大通りが街を80ほどのインスラ（区画）に分けていた。中心部にはアゴラ（広場）があり、紀元前2世紀半ばごろまでには、ストアと呼ばれる独立した列柱廊に囲まれる形になっていた（p.60も参照）。3つのストアが三方を囲み、1つの連続した建築物を構成していた。大通りが突っ切るこのアゴラは、人々が忙しく行き交う活気に満ちた場所だったのだろう——現代の退屈な歩行者天国とはほど遠かったにちがいない。神殿や劇場などの公共施設は、格子のパターンからはずれることを許されていた。

ギリシアの都市は、多くの点で規格化されていた。建物はどれも似通っており、都市のリズムや儀式もほとんど同じだった。一方でプリエネをはじめとする都市が特別な存在になったのは、それぞれ大きく異なる美しい風景に応じて、おなじみのパターンと秩序に少しずつ手を加えていたからだ。

アテナ・ポリアス神殿　プリエネにあるこの神殿は、ハリカルナッソスのマウソレウムを手がけた建築家ピュテオスの作だ。長さは幅のほぼ2倍で、それぞれの側面に11本の柱が並んでいた。

ローマ建築

前753～後476年

ローマ建築の特徴は、そのとどまるところを知らないエネルギーだ。神話でロムルスとレムスがローマを建国したとされる紀元前753年から紀元後300年ごろまで、ローマの勢力と影響力はひたすら大きくなっていった。ローマの建築と土木技術も、ローマ帝国が地中海地域を手中に収めていくのに歩みを合わせて、各地へ広がっていった。

ローマはギリシアを併合した紀元前146年に、ギリシア文化を取りこんだ。アウグストゥスの支配下（前27-後14）で共和制から帝政へ移行しようともがいていた時期でさえ、ローマはギリシアの影響を受けた文化の傑作を生み出した。ホラティウスの著作、ウェルギリウスやオウィディウスの詩、リウィウスの歴史書が誕生し、偉大なる建築が芽吹いていた。のちに黄金時代と呼ばれるアウグストゥスの治世には、皇帝が自慢したように、ローマそのものが煉瓦の街から大理石の都市へと変貌した。それは必ずしも真実ではなかったが、この時期にローマ建築が壮大なものに飛躍したことは確かだ。とはいえ、街ではつねに秩序と混沌が奇妙に混ざり合っていた。パンテオン（p.66-67）のような最高の質を誇る建築物が数ある一方で、崩壊の運命をたどる粗悪な建物も至るところにあった。広大な通りは迷路さながらの小路に通じ、想像するような秩序だった姿にはほど遠かった。

興隆と没落

ローマの果てしないエネルギーは、恵みであると同時に呪いでもあった。帝国の拡大にともない、資源と兵力のやりくりは次第に苦しくなっていった。移民がローマに流れこみ、無償の食糧と娯楽（いわゆる「パンとサーカス」）を提供することでしか市民の統制を保てなくなっていた。建築家たちも限界まで追いつめられていた。強大な帝国軍が進軍し、新たな土地と民族がローマの支配下に入ると、過酷なペースで設計と建築を進めなければならなかったからだ。想像力とアーチ構造と大量のコンクリートを駆使したローマの建築家たちは、数々の神殿や闘技場、劇場、浴場、水道橋を生み出した。西ローマ帝国は476年に滅びるが、同じころ、ギリシア語圏の東ローマ帝国にあるコンスタンティノープル（現在のイスタンブール）では、建築家たちが独自の驚くべき形で、いままさに本領を発揮しようとしていた。

◁ **コロッセオ（ローマ）** コンクリートを主材料とし、トラバーチンや凝灰岩を適宜組み入れてつくられた巨大な円形競技場。中央の楕円形のアリーナを、5万人収容の観客席が取り巻いていた。

ローマ建築

基礎知識

　ローマ建築は、のちに世界最強の帝国となった共和国の表向きの顔として、東欧や西欧、北アフリカ、中東の植民地全域にローマのイメージを刻みつける役割を果たした。ローマは軍隊の向かう先々に、特徴的で適応力のある建築を携えていった。鍵となる建築要素のひとつがアーチだ。ローマ人は帝国全土でアーチを駆使し、実用的にも美的にも効果の高い橋や水道橋、凱旋門を築いた。アーチは、ローマのコロッセオに代表される巨大な競技場の建造も可能にした。

◀ コンポジット式オーダー　ローマ人はギリシアの3つのオーダー（ドリス式、イオニア式、コリント式）に加え、コンポジット式を新たに生み出した。これは複数のオーダーを組み合わせたもので、イオニア式柱頭の渦巻きのような装飾に、コリント式のアカンサスの葉の装飾が重ね合わされている。写真はエフェソスのケルスス図書館のもの。

▲ メダイヨン　コイン状のメダイヨンは、帝国のプロパガンダに広く使われた。彫刻には、近い過去の出来事の神話的解釈が描かれている。

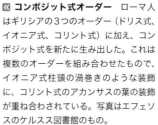

◀ 床下暖房　炉から出る熱気が床下の導管網（ハイポコースト）を循環するセントラル・ヒーティングは、公私両方の建物で使われていた。

▲ モザイクの床　モザイクの床は多くのローマ建築で用いられた。写真の海の騎士は、3世紀に建てられたカラカラ浴場（ローマ）の精細な装飾の一部だ。

▲ 水道橋と橋　アーチは川に架ける橋や、民に水を届ける水道橋といった堅固な構造物の建築を可能にした。フランスのニームに水を運んだ、3段のアーケードからなる壮大な水道橋（写真）は、ローマの構造物設計の規模と野心の大きさを表している。

◀ 凱旋門　ローマの代々の皇帝は、征服の成果を誇り、その勝利を記念するものをローマや征服地に築いた。ローマのコンスタンティヌス凱旋門（写真）をはじめとする凱旋門は、巨大な建造物の大理石に皇帝たちの物語を彫りこむことで、見る者を圧倒するとともに、後世にも残そうとしている。

▽ 円形を使った設計　ローマの皇帝たちは、古典的な直線よりも、円形や楕円形などの劇的な曲線を使った設計を好んだ。写真は2世紀に建てられたハドリアヌスの霊廟（ローマ）。

ユピテル神殿

- 前509年
- イタリア、ローマ
- 不詳
- 宗教施設

　ユピテル神殿は、ローマの七丘のうちでもっとも低い、岩がちなカピトリヌス丘陵に立っていた。ルキウス・タルクィニウス・スペルブス王の命により建てられ、紀元前6世紀の共和政時代の最初期に完成した。エトルリア式神殿としては最大のもので、ローマの正統派建築に先行する様式をとっている。同時代のギリシア神殿に比べると様式は未熟であり、大部分に木材が用いられてはいるが、古典の原理に則って設計されており、紀元前1世紀ごろの建築家ウィトルウィウスも、西洋建築の批評と理論と実践を扱った草分け的な著作のなかで、そのように語っている。石造りのポディウムは、長さが62m、幅が53m、高さが4mあり、一部はいまに残されている。紀元前83年に焼失したが、ギリシアから運んだ大理石の柱を再利用して再建され、黄金とモザイクの装飾が施された。その黄金とモザイクはおそらく、ユリウス・カエサルの死後に帝国となったローマの東の地域にあった神殿から略奪したものと思われる。

△ **コリント式の半柱**　メゾン・カレのケラの外側には、コリント式の半柱が配されている。これはおもに装飾のためのもので、構造的な要素ではない。

ウェスタ神殿

- 前100年ごろ
- イタリア、ローマ
- マルクス・オクタウィウス・ヘレヌス
- 宗教施設

▽ **円形の神殿**　ウェスタ神殿は、ギリシアの一般的な建材であるペンテリコン産の大理石で建てられており、ギリシア東部の建築家が手がけたと考えられている。

　豪商マルクス・オクタウィウス・ヘレヌスが建てたウェスタ神殿は、テヴェレ川に近いボッカ・デラ・ヴェリタ広場にある美しい円形神殿だ。ローマに現存する最古の大理石建築で、精巧に形づくられた20本のコリント式柱のうち、1本を除いたすべてが建造当時のものである。かまどの女神ウェスタの名を冠してはいるが、このコリント式神殿はオリーブ油商人の守護神ヘルクレス・オリウァリウスに捧げられたと考えられている。12世紀に改造され、サントステファノ・デラ・カロッツェ教会となった15世紀からは、サンタマリア・デラ・ソーレ教会とも呼ばれるようになった。長らく一般には公開されていない。

メゾン・カレ

- 前19年ごろ
- フランス、ニーム
- マルクス・ウィプサニウス・アグリッパ
- 宗教施設

　フランス語で「四角い家」を意味するメゾン・カレは、アウグストゥスの治世にマルクス・ウィプサニウス・アグリッパ（前63-12）の命で建てられ、息子のカイウスとルキウスに捧げられた。ローマ神殿のなかでも、群を抜いて保存状態が良い。神殿は3m近いポディウムの上にそびえ、西向きの唯一の入口に通じる階段は、高さ10mのコリント式柱6本が並ぶポルティコまでつながっている。列柱上部のアーキトレーヴには、ロゼット模様とアカンサスの葉の模様のレリーフを施した豪華なエンタブラチュアが配されている。

　地元産の石灰石を使い、ローマの建築家と職人の手で建てられたメゾン・カレは、現在は博物館になっている。隣接するノーマン・フォスター（1935-）作のメディアテーク（カレ・ダール）は、1993年以降の現代のミューズを祀る洗練された神殿だ。19世紀の古典復興期には、メゾン・カレを模した建築物が市庁舎や公立美術館として、ヨーロッパや米国でたびたびつくられた。

マルス・ウルトル神殿

- 2年
- イタリア、ローマ
- アウグストゥス
- 宗教施設

ローマの戦いの神マルスに捧げられたこの神殿は、ローマの初代皇帝アウグストゥス（前63-後14）の命により、大伯父であるユリウス・カエサル暗殺に対する復讐を誓って建てられたものだ。この神殿は、列柱廊を備えた真新しいアウグストゥスのフォルム（公共広場）の中心に立ち、外装はカラーラの採石場から切り出されたまばゆい純白の大理石で覆われていた。

いま、ローマに散在するフォルムの遺跡のなかに立っても、マルス・ウルトル神殿を計画して建設したアウグストゥスがローマの都市計画に果たした貢献のほどをうかがい知るのはむずかしいだろう。皇帝お抱えの建築家たちは、古いカエサルのフォルムと向かい合う不規則な用地だったにもかかわらず、完璧な左右対称に見える舞台設定をつくり出した。

この大きなコリント式神殿は、その正面に配された柱廊のあるフォルムから見える細長い景色の終点に立っていた。フォルムの柱廊は、舗道の高さにあるものはコリント式だが、2階の柱廊では、フォルムの建物の長い屋根を数十のカリアティード（女性の立像）が支えていた。神殿本体の正面には、高さ17mのコリント式柱が並んでいた。大理石で覆われた広大な内部には、ケラと呼ばれるひとつながりの空間があった。ケラは2列の柱で身廊と側廊に分けられ、端はアプス状の壁になっていた。アプスはのちに初期キリスト教会の多くを形づくる特徴となるが、この神殿はアプスが用いられたもっとも初期の例として知られている。アプスは幅の広い5段の階段の先にあり、全身を鎧で固めた復讐神マルス、ウェヌスとクピド、ユリウス・カエサルの像が祀られていた。いまに残されているのは、かつては壮大だった神殿の廃墟だけだ。

△ アウグストゥス帝

》皇帝アウグストゥス

帝王然とした豪勢なマルス・ウルトル神殿は、「煉瓦の町だったローマを大理石の都市に変えた」という初代皇帝アウグストゥスの有名な主張を強烈に裏づけている。アウグストゥスが壮大な建築計画に注いだ熱意は伝説となった。たった1年で82の神殿を再建したほか、アポロ劇場などの壮大な新建造物、さらには自らの霊廟も建設させたといわれている。

☑ **壮麗な遺跡** 神殿はポディウムの上に立ち、大理石の階段から入る構造になっていた。階段の大部分はいまも残っている。マルスを祀る中央の祭壇の跡は、崩れた柱の基部のなかに見てとれる。

パンテオン

- 128年ごろ
- イタリア、ローマ
- 不詳
- 宗教施設／公共施設

パンテオンは、世界を代表する偉大な公共宗教施設だ。ローマ神殿として建立され、再建を経たのち、カトリック教会として奉献された。コリント式柱が8本ずつ、3列に並ぶ壮大なポルティコは、もともとは柱廊のある長方形の神殿中庭に面していた。準貴石の紫の斑岩、花崗岩、大理石を敷きつめた巨大なドラム形の室内は、正方形の格間を施した壮麗なドームに覆われ、完璧な半球を描いている。青銅の扉を閉めると、オクルス（眼窓）と呼ばれる、ドーム中央の開口部から差しこむ唯一の光が明るく輝く。オクルスから差しこむ太陽と月の光は、さながら天上の時計の針のように神殿内をめぐる。オクルスからは雨も降り注ぐが、それも美しい光景だ。

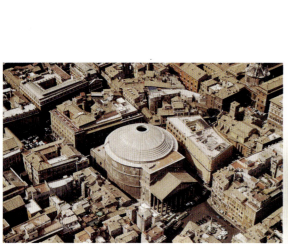

空からの眺め パンテオンの巨大なドームは直径が43.2mあり、15世紀にブルネレスキがフィレンツェ大聖堂のドームを建造するまでは世界最大だった。

平面図 巨大なポルティコの奥にあるケラ（室）は、この時代にしては異例の円形になっている。それ以前のケラは、たいてい長方形だった。

円形の平面は、球形の宇宙を象徴している

完全な対称になるように各要素が配置されている

オクルスから風雨が入りこむため、排水設備が必要だった

当初は内装にも外装にも大理石がふんだんに使われていた。外装と室内の床は修復されたもの

建造当初の壁龕（へきがん）には、歴代皇帝や英雄、神々の彫像が置かれていた

ローマ建築 | 67

オクルスは自然光の唯一の光源だ

天上の格間はオクルスに近づくにつれて小さくなる

頑丈なコンクリートでできた階段状のリングは、ドームの頂上へ向かうにつれて細くなる

重ねられたペディメントには、古典建築の正式な入口という役割がある

24本のエジプト産花崗岩の柱は、14mの高さがある

特徴的なコリント式の柱頭には、アカンサスの葉の模様があしらわれている

🔼 **ロトンダ広場に面した建物正面**

🔼 **ハドリアヌス帝**（在位117-138）
ハドリアヌスはパンテオンの設計に関わっていた可能性がある。在位中には、ティヴォリの離宮（p.73）をはじめ、印象的な建築物がつくられた。

▶ **内部** 建造当初のパンテオン内部の豪華な装飾はいまに残されているが、建物外部の装飾はとうの昔にすべてはぎとられてしまった。

ローマの街

ローマの軍隊は、征服したありとあらゆる場所で、ローマ帝国の理想と特色を根づかせた。「理路整然とした秩序ある街」も、そうした理想のひとつである。ローマ支配下のギリシアやブリタニアを含め、帝国の各都市はそれぞれに地元の建材を使いながらも、建物の配置や種類はどこもほぼ同じだったと考えられている。

△ **トラヤヌスの記念柱** この巨大な石の柱（p.72）は戦争好きなローマ人の生活の描写で埋め尽くされている。

ローマの街は、交差する2本の主要道路を中心に碁盤目状に配置されていた。主要道路の1本は南北、もう1本は東西に走る。交差地点には、バシリカ、フォルム、市場、円形劇場、浴場、神殿などの重要な公共建築物や広場がつくられた。主要道路からのびる直線の街路沿いには、集合住宅や中庭のある民家の区画が広がっていた。街には兵舎もあり、壁に囲まれた街も多かった。可能な場合には、水道やなんらかの形の下水処理施設も設けられた。

だが、現実がその理想ほど整然としていることは稀だった。帝国全土から集まる膨大な人口を抱えるローマは、ひときわ活気のある都市だっただろう。そして、部分的にはうまく計画されていたものの、大部分では「スプロール現象」（都市が無秩序に広がること）が起きていた。騒々しくて不潔なローマの街は、牛の曳く荷車、商人たちの叫び声、仕事や遊びにいそしむ市民や兵士のざわめきに満ちていただろう。いまに残されたローマの遺跡は、はるか昔に放棄された街や都市から色が抜け落ちた廃墟にすぎず、生活の活気は失われている。そのあふれんばかりの活気は、絶えず変わり続けるせわしない帝都を、しばしば窒息寸前に陥れたことだろう。

▽ **廃墟の都市** リビアのこの遺跡からは、ローマ建築の対称性と壮大さがはっきり見てとれるが、帝国の都市の活力はほとんど感じられない。

ポンペイ

- 前200年
- イタリア南部
- 不詳
- 都市

79年、ヴェスヴィオ山が噴火し、ポンペイの街と約2万人の住民は、溶岩と火山灰でできた死の毛布に埋もれてしまった。1860年になってようやく、考古学者ジュゼッペ・フィオレッリの指揮する発掘調査により、古代のポンペイがその全貌を現す。街だけではない。人間や犬までもが、息を引き取ったまさにその場所、そのときの姿勢のまま、ミイラ化した姿で発見されたのだ。

▲ ポンペイの円形劇場

ポンペイはローマ式の碁盤目状に配された都市ではなく、山あいの土地に曲がりくねるようにして広がっていた。美しく、ときにユーモラスで退廃的な都市だった。住宅には贅沢かつ肉感的な装飾が施されていた。多くの豪邸には外向きの窓があり、張り出したバルコニーからは、伝統的な中庭式の邸宅――優美で整然としたつくりではあるが――に住む者には味わえない眺めを楽しめた。

ポンペイの中庭式住宅はおもしろい構造をとっており、豪奢に仕上げられた居住部分は、立ち並ぶ店や高い壁のうしろに隠れている。「パンサの家」(前2世紀)には狭い入口があり、その両側に3軒ずつ店が並んでいる。入口の奥にある家屋は、住居であると同時に事務所や工房でもある。その先にある柱廊式のペリスタイル(邸内にある回廊のような中庭)は、花々や流水や彫像に満ち、モザイクやフレスコ画で飾られた私邸につながっている。そのさらに奥には、壁で囲まれた広い庭がある。こうした住宅にはガラス窓がなかったため、ローマの著述家の多くが証言しているように、冬はひどく寒かったにちがいない。

ポンペイの滅亡

ヴェスヴィオ山の噴火をめぐる記述は、小プリニウス(61-112)の書簡に残されている。噴火発生当時、伯父の大プリニウス(23-79)はナポリ湾に展開するローマ艦隊を指揮していた。大プリニウスは戦艦を走らせて詳しい状況を検分し、避難に手を貸そうとしたが、すさまじい熱に阻まれ、逃げてきた市民をただのひとりも救出することができなかった。死者は膨大な数にのぼり、ポンペイの街が再建されることはついになかった。

▼ **破壊された守護神** ポンペイでは、広いフォルム(広場)や劇場に加えて、「ラレースの聖所」と呼ばれる神殿の遺跡も発見された。ここにはポンペイの守護神が祀られていた。

オスティアのインスラ

- 前79年
- イタリア、オスティア
- 不詳
- 住居

テヴェレ川の河口に位置するオスティアは、古代ローマの主要港であり、商業と軍事の要となる基地だった。ローマが滅亡した直後に放棄されたが、何層もの沈泥と砂のおかげで良好な状態で保存されていた。ここで発見された興味深いローマ建築のひとつに、労働者の住宅団地がある。団地を構成する煉瓦とコンクリートの建物は、8階建ての高さがあったと見られている。この遺跡からは、有名な別荘や大邸宅の外で営まれた、日々のローマの暮らしを垣間見ることができる。

「インスラ」(島の意)と呼ばれていた集合住宅は、現代の多くの団地とよく似て、共用階段、規則正しく並ぶ窓、広い中庭が備わっていたと考えられる。ガラス窓はあったとしてもごくわずかで、窓はシャッターやカーテンで覆われていた。団地はあまり衛生的ではなく、とりわけ1つの部屋に数家族が暮らしている場合はひどかった。水は井戸から汲んでこなければならないため、1階の部屋は家賃が高く、最上階がもっとも安かった。2000年後のいまとは正反対だ。

▶ **ローマの安全対策** こうした質素な住居が部分的に残っているのは、ローマの広大な地域が火災で焼失したあと、市街の建物を耐火性のコンクリートでつくることが義務づけられたからだ。

ハドリアヌスの浴場

- 127年
- リビア、トリポリ近郊、レプティス・マグナ
- 不詳
- 浴場

現代のリビアにあるレプティス・マグナは、かつては北アフリカ最大の都市で、ローマ帝国の交易地として栄えていた。その廃墟は、古代ローマの遺跡のなかでもひときわ印象深い。

ここにあるハドリアヌスの浴場は、複数の建物からなる複合施設だ。どうやらほぼすべてが大理石造りで、緑、ピンク、黒、白の大理石が使われていたようだ。壮麗な建築物だったことはまちがいなく、あらゆる細部がローマの浴場に劣らず複雑かつ官能的につくられていた。ローマ建築らしい技巧もふんだんに使われ、モザイクや彫像で彩られていた。

ハドリアヌス帝がこの浴場をつくらせたのは、レプティス・マグナに水が引かれた直後のことである。水は水道橋ではなく運河で運ばれた。200年から216年にかけて、レプティス・マグナ生まれの皇帝ルキウス・セプティミウス・セウェルスにより増築されたが、ベルベル人がレプティス・マグナに最終攻撃をしかけた523年に、街もろとも浴場も放棄され、長い歴史に終止符が打たれた。

◀ **都市の娯楽** 浴場は単なる衛生のための施設ではなく、市民生活の一部だった。政治や商売のことを話し合う場所でもあったため、豪奢なデザインになっていた。

カラカラの浴場

- 216年
- イタリア、ローマ
- 不詳
- 浴場

　この壮大な浴場は、カラカラ帝として知られるマルクス・アウレリウス・アントニヌス帝の時代に建てられたものだ。富裕階級だけでなく、ローマの全市民のための娯楽施設であり、広大な敷地に水泳用プール、スチームバス、ジムが対称的に配置されていた。その外側を壁のように取り巻く巨大な複合施設には、庭園、貯水所、食堂、図書館、講堂、画廊、会議場なども併設されていた。2層にわたる地下の貯水所、炉、熱風道で浴場を温め、入り組んだ給水管には、マルキア水道橋から引いた水が絶えず流れていた。大理石のベンチや噴水、彫像が贅沢に配置され、モザイクの壁や床もふんだんに使われた（その多くはのちにローマのファルネーゼ家邸宅に移された）。カラカラ浴場は、のちにニューヨークの鉄道駅舎のモデルにもなっている（p.358）。

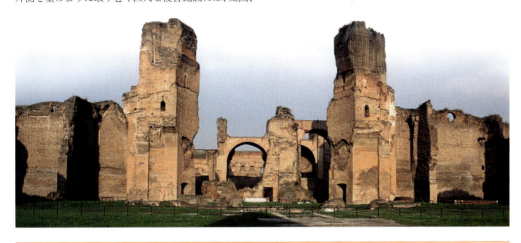

◀ **古代の娯楽センター**　入場料が安かったのは、プレブス（平民）を楽しませて手なずけるためだ。

ディオクレティアヌスの浴場

- 306年
- イタリア、ローマ
- 不詳
- 浴場

　古代ローマの浴場で最大の規模と豪華さを誇るディオクレティアヌスの浴場は、広さ13haに及び、3000人以上を収容することができた。設備や提供されるサービスについては、先行するカラカラ浴場とよく似ていた。ローマ帝国では「良いものはいくらあってもいい」のである。この浴場の豪華な装飾と壮大なスケールに比べれば、現代のスパは見劣りするだろう。

　建物の大部分は、キリスト教時代の初期に放棄された。娯楽のために入浴することは罪深いと考えられたためだが、ゴート族により導水路が絶たれる537年まで、浴場は引き続き使われていた。その後、中世やルネサンス時代の建築者たちに荒らされ、あげくの果てには、ミケランジェロが1563年に、巨大な複合施設の断片をサンタマリア・デッリ・アンジェリ教会に転用した。教会の翼廊に使われている舞い上がるような3つのヴォールトは、ローマ当時の浴場の壮麗さの一端をいまに伝えている。

アクアエ・スリスのローマ浴場

- 217年
- イングランド、バース
- 不詳
- 浴場

　アクアエ・スリスはイギリスの街バースのローマ時代の呼び名で、女神スリス・ミネルヴァにちなんだものだ。この街の浴場は天然温泉が利用され、今日に至るまで伝説的な癒しの効能を保っている。5つあった浴場のうち、鉛管と石像を備えた最大の浴場——グレート・バスは、いまももくもくと湯気を立てている。この浴場は18世紀に大流行して全盛期を迎えたが、その後の観光客の減少を食い止めるため、1860年代に大々的な修復がおこなわれた。

▼ **神の奇蹟**　バースの聖なる温泉は神々がつくったものだと、ローマ人は信じていた。

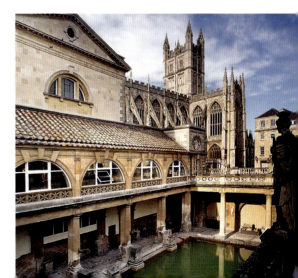

トラヤヌスの記念柱

● 112年　🏛 イタリア、ローマ　✎ 不詳　🏛 モニュメント

後世に大きな影響を与えたこの壮大な35mの記念柱は、ダキア戦争でのトラヤヌス帝の勝利を祝して築かれたものだ。様式化された直径3.7mのドリス式柱をらせん状に取り巻くフリーズ（帯状彫刻）には、猛々しいゲルマン民族との戦いの場面が刻みこまれている。等身大の3分の2ほどの大きさで彫られた彫刻は、全部で2000を超える。

　この記念柱には、きわめて優美なローマ字体も刻まれている。この字体は、ルネサンス以降、多くの標準的な活字書体のモデルとなり、現在でも書籍やコンピュータで用いられている。有名なエドワード・ジョンストンのロンドン地下鉄書体（1916）も、トラヤヌスの柱に刻まれた文字に着想を得ている。

　柱身内部には、展望台までつながる石のらせん階段があり、小さな三角形の窓から差す光がほの暗い階段を照らしていた。建造当初は、柱の頂上に青銅のローマの鷲が据えられていたが、のちにトラヤヌスの銅像に置きかえられ、16世紀には聖ペテロ像に取って代わられた。

　ルネサンス以降、ウィーンのカールス教会（p.247）をはじめ、ヨーロッパ全土でトラヤヌスの記念柱のレプリカがつくられた。この記念柱は、陸軍の最高位を象徴する陸軍元帥の杖のモデルにもなっており、古代ローマがもつスケールの壮大さと強力な軍事力というイメージをいまに伝えている。

》トラヤヌス帝

ローマ貴族の血を引くスペイン生まれのトラヤヌス（53-117）は、ネルヴァ帝の養子となり、イタリア以外で生まれた者としてはじめてローマ皇帝の座についた。ダキアとパルティアの征服という並はずれた戦功により、ローマ帝国はトラヤヌス帝の時代に版図を最大に広げた。

⇧ トラヤヌス帝

》多目的のモニュメント
記念柱とそこに刻まれた祝勝の彫刻は不変だが、柱が頂く彫像はローマの街の雰囲気に合わせて変わっている。

ハドリアヌスの別荘
（ヴィッラ・アドリアーナ）

- 134年
- イタリア、ティヴォリ
- 不詳
- 宮殿

広大でときに幻惑的な雰囲気をたたえる皇帝ハドリアヌスの離宮は、30を超える建物群からなり、果てしなく続くかに見える傾斜のある庭園の風景のなかに配置されている。この別荘のあるティヴォリは、古代ローマの道、アッピア街道でローマと結ばれていた。池や湖、柱廊のある人工島のまわりに、娯楽のための建物の数々が絵のような美しさで散りばめられている。ハドリアヌス帝は建築に並々ならぬ情熱を注ぎ、ドームと曲線を基礎とする新たな建築スタイルの発達に大きく貢献した。それをもっともよく表しているのが、パンテオン（p.66-67）の設計だ。

ハドリアヌスの別荘は、古代ローマ神殿の形式的な厳格さとはちがい、広大な敷地のなかを曲がりくねるようにして建てられているため、思いがけない景色にそこかしこで遭遇する。穏やかな風景のなかで楽しむ、燦然たる建築散歩といったおもむきだ。建築面でもっとも重要な特徴は、目新しい設計や配置を誇示する建物が多い点だ。例としては、八角堂からのびるアプス、冒険的なヴォールト、バロック建築を思わせる劇的な複雑さをもった部屋の数々が挙げられる。

▲ **カノープス池** 略奪により荒らされ、大部分が崩壊したが、この柱廊のある池をはじめ、別荘の遺跡はいまだに見る者を楽しませている。

ハドリアヌスの霊廟

- 139年
- イタリア、ローマ
- 不詳
- 墓所

ハドリアヌスの霊廟は、古代エジプトのピラミッドのローマ版にもっとも近いものだ。テヴェレ河畔に立つこの壮麗な円形霊廟には、神なる皇帝の遺骸が眠る荘厳な斑岩の石棺が収められていた。巨大な長方形の基壇の上には、霊廟の中心となるドラムがそびえている。柱廊のあるこのドラムは直径62m、高さ21mの総コンクリート造りで、表面は輝きを放つパロス島産大理石で仕上げられていた。このドラムを縁どるように、彫像が環状に配されている。ドラムの上には、やはり柱廊のある第2のドラムが重なり、頂上には青銅のクァドリガ（4頭立て戦車）を頂いていた。

この霊廟は6世紀に要塞となり、頂上部に置かれた青銅の大天使像にちなんでサンタンジェロ城と改名された。1277年にはヴァチカンに組みこまれ、サン・ピエトロ大聖堂と秘密の通路でつながれた。

▽ **街を守る** この霊廟は川から街への進入路を見わたす場所に立ち、要塞サンタンジェロ城としては絶好の位置にあった。

ケルスス図書館

- 120年　トルコ、エフェソス
- 不詳　図書館

学問の誇示　この華々しいファサードは、ローマ人の望むであろう姿をしている。彼らは学問に重きを置き、蔵書の豊富な図書館を誇りにしていた。

この美しい図書館には、回廊を備えたフロア3階分の写本が収められていた。建物正面の幅17mの堂々たるファサードは、そのうしろにある奥行き11mの図書館そのものよりも、はるかに野心的なつくりになっていた。

この図書館でとくに興味深いのは、写本を収蔵する壁が外壁から独立していて、2つの壁のあいだに空洞があることだ。この空洞には、3階分の書架を利用しやすくするだけでなく、建物内の空気の流れを維持するはたらきもあった。そのおかげで、書物の長期保管に求められる温度と湿度がおおむね保たれていた。実際のところ、この図書館は、現在知られている空洞壁のある建物のなかでは、もっとも古いもののひとつである。写本は、内壁につくりつけられた深い棚に保管されていた。

建物内部は、等間隔に並ぶ付け柱や彫像で飾られていたのだろう。ヴォールト室の上にあるアプスには、大理石の石棺が置かれている。図書館の創立者の棺と思われるが、残念ながら、それが何者かを物語る写本は残されていない。

ポン・デュ・ガール

- 前19年　フランス、ニーム
- 不詳　水道橋

ローマ人のつくったもっとも高い水道橋、ポン・デュ・ガールは、ガール川をまたいでユゼス近郊からニームまで水を運んでいた。3層のアーチで構成される橋は驚くほど傷みが少なく、圧倒的な印象と深い感動を呼び起こす。装飾を排し、あらかじめ寸法どおりに切られた石のブロックでつくられているが、その壮大なスケールと構造の美しさは、全市民にきれいな水を無償で提供するという崇高な目的とあいまって、パクス・ロマーナ──ローマ人が軍隊のうしろに引き連れてきた文明──をいまもあざやかに象徴している。

技術の粋　やわらかい黄色砂岩でつくられたポン・デュ・ガールは、高さ50mの3層構造の水道橋だ。この技術の粋を尽くした傑作は、ローマ建築とその創意工夫を示す見事な例となっている。

アルカンタラのトラヤヌス橋

- 105年　スペイン、アルカンタラ
- カイウス・ユリウス・ラケル　橋

96年にドミティアヌス帝が暗殺されると、世襲による支配は終わりを迎え、ローマ皇帝は前任者に任命され、元老院に承認される形をとるようなった。トラヤヌス（p.72参照）をはじめとする歴代の非イタリア系皇帝のおかげで、属州もいくつかの壮大な建築計画の恩恵を受けた。

いまでも使われているアルカンタラのトラヤヌス橋は、幅の広い6つのアーチを連ね、タホ川の深い谷を威風堂々とまたぐ美しい石橋である。中央の2つのアーチは、補強された橋脚に支えられ、川床から空高くそびえている。アーチの幅はおよそ28mにわたり、川から48mの高さで道路を支えている。

橋の中央には簡素な凱旋門のような構造があり、建築家の名が刻まれている。確かに、これほど壮大でありながら、虚飾のない永続的なスタイルで大河に橋をかけるという偉業は、土木技術と建築の勝利にほかならない。こうした内なる美しさをたたえた雄大な橋の建設が再び試みられるのは、ローマ滅亡から数世紀が経ってからのことだ。

ペトラの宝物庫

● 25年ごろ　🏛 ヨルダン、ペトラ　✎ 不詳　⚱ 墓所

ヨルダン南部のバラ色の岸壁を縫うように走る長さ2kmのシーク渓谷をたどっていくと、やがて背筋がぞくぞくするような、建築史上屈指の見事な光景が立ち現れる。そこにあるのは、数百年にわたって外界から隠されてきたナバテア王国の神秘の都、ペトラに通じる魅惑的な入口だ。

ペトラは昔から秘されていたわけではない。最盛期や106年以降のローマ占領時代には、豊かな交易都市だった。だが、砂漠で長い没落の眠りについているあいだに、ペトラは神秘の存在となり、数々の神話が育っていった。

ここペトラは、モーセを追跡したファラオが、軍の携えていた莫大な宝物を残したとされる場所だ。同地の部族民たちの伝承によれば、宝物は砂岩の壺に収められ、壮麗な墓のファサードを飾るブロークン・ペディメントの中央に置かれたという。そのため、この建物は宝物殿と呼ばれるようになった。宝物殿には、壺を割り開いて古代エジプトの略奪品を手に入れようと、部族民が撃った弾の痕がいまでも残っている。だが、これまでにわかっているかぎりでは、高さ40mのファサードには何も隠されていない。

》ペトラの再発見

ペトラとその見事な宝物殿は、中世の旅人たちにその存在を知られており、18世紀の地図にも記されている。だが、広く注目を浴びるのは、スイスの探検家ヨハン・ルートヴィヒ・ブルクハルトが1812年に「再発見」してからのことだ。メディナに来た最初のキリスト教徒でもあるブルクハルトは、部族民に扮してシーク渓谷を通り抜けた。

◁ **バラ色の街**　この宝物殿は、建築に情熱を注いでいたアレタス4世に仕える職人たちの手で、岩壁から彫り出されたといわれている。アレタス4世のあとを継いだラベル・ソテルの時代に、ナバテア王国はローマ皇帝トラヤヌスにより併合された。

ディオクレティアヌス宮殿

● 300年　🏛 クロアチア、スプリト　⚔ ディオクレティアヌス　🏛 宮殿

現在のクロアチアの沿岸、アドリア海の絶景を望む場所に立つディオクレティアヌス宮殿は、壮麗な宮殿というよりは、むしろいかめしい要塞のようだ。この宮殿は、ディオクレティアヌス帝の退位後の住居として建設された。とはいえ、退位後の皇帝がここで実際に何をしていたのか、知る者はいない。

▲ ペリスタイルと門

▽ **古代と現代**　建造当初は周囲から隔絶していた石とコンクリートの宮殿だが、いまでは現代のスプリト（ローマ時代のスパラタム）の建物と混ざり合っている。

　ディオクレティアヌスは、すでに世界最大となっていたローマ帝国の資源を駆使できる立場にいた。この大規模な宮殿は、建築そのものも風変わりだが、周囲と隔絶した尊大な雰囲気をただよわせ、ローマ共和国や初期の帝国の美的感覚からは遠く隔たっているように見える。

　壁と塔を備えたこの巨大な宮殿は、それ自体がひとつの都市のようなものだが、都市の伝統ではなく軍の伝統を模範としている。基本的には、ローマの主要な軍駐留地の平面構成が採用されており、片端に宮殿が追加されている。南向きの皇帝の居住区は壁の奥深くにあり、「ペリスタイル」と呼ばれる広い構内路とドラマチックな門を通って入るようになっている。門のペディメントはアーチに区切られている。これは、アーケードが重要な役割を果たす建物によく見られる特徴だ。門の先にはドームを頂く中央の間があり、その両端は帝王然とした大広間へと続いている。

　ペリスタイルを反対方向に歩いていけば、左右に立ち並ぶ神殿や霊廟などの円形建築物が見えたことだろう。その先には1対の広い中庭があり、おそらくは兵営として使われていた建物が、その両脇を固めていた。建物群が一体となったこの野心的な宮殿へは、八角形の塔にはさまれた3つの堂々たる門から入ることができた。

≫ ディオクレティアヌス帝

ディオクレティアヌス（在位284-305）は建築に情熱を注ぎ、贅沢なうえに極端なほど厳密な建築物を好んだ。ニコメディアでディオクレティアヌスにより文学教授に任命されたラクタンティウスは、次のように書き残している。「建物が完成し、その過程で属州が荒廃すると、皇帝は『きちんと建てられていない。別の方法で建てねばならない』と言ったものだ。そうなると、取り壊して建て直さなければならない――それも結局は、また取り壊されることになるのだが」

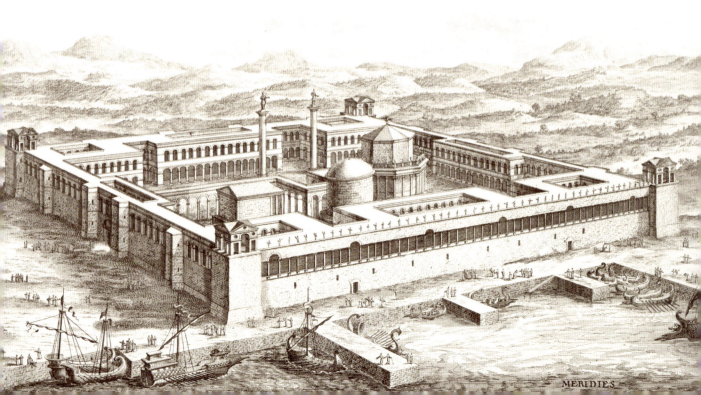

コンスタンティヌスのバシリカ

- 307年
- イタリア、ローマ
- 不詳
- 宗教施設

　この堂々たる集会所は、その規模の大きさに劣らぬ多大な影響を、その後1500年にわたる建築に及ぼした。現在ではいくつかの雄大な遺跡が残るだけだが、その勇壮華麗な構造は、コンスタンティノープル（現イスタンブール）のハギア・ソフィアをはじめ、はるか後世のロマネスクやゴシックの大聖堂の設計にも影響を与えることとなった。長さ80m、幅25mの中央の大きな身廊は、35mもの高さに達するコンクリート製の交差ヴォールトを頂いている。この身廊と、格間のある円筒ヴォールトを頂く6つの柱間で構成されるバシリカは、息をのむほど美しかったはずだ。内部は豪華な大理石、巨大なコリント式列柱、壁龕の彫像、全面ガラス張りの窓で贅沢に飾られていたのだろう。身廊の両側の柱からヴォールトがのびるさまは、中世の大聖堂の構造を思い起こさせる。バシリカの平面構成と全体的な設計は、帝国の公衆浴場にある中央大広間を踏襲している。この初期キリスト教徒の至高の礼拝所は、ある意味では古代の公衆浴場を再現したものなのだ。それを思うと、彼らの多くがそうした入浴の習慣に批判的だったのは、奇妙といえるかもしれない。

△ **壮大なスケール**　身廊の両側に、こうした柱間が3つずつ配されている。

コンスタンティヌスの凱旋門

- 312年
- イタリア、ローマ
- 不詳
- モニュメント

　コンスタンティヌスの凱旋門は、ローマで数世紀にわたって築かれた数々の凱旋門の最後を飾るものだ。コロセウムの陰にほとんど隠れているものの、この種の構造物としては後世にきわめて大きな影響を及ぼし、勝利を祝うのみならず、古代ローマの混み合う街路に秩序をもたらす役割も果たしていた——当時、ローマの人口は125万人に達していた。

　この凱旋門は312年、コンスタンティヌス帝がミルウィウス橋の戦いでマクセンティウスに勝利したことを祝して建てられた。その翌年、コンスタンティヌスはキリスト教に改宗した。右側のアーチの上部の装飾帯には、やや粗い彫刻で戦いの場面が描かれている。ほかの装飾パネルは、それ以前につくられたモニュメントから流用したものだ。コンスタンティヌスの凱旋門は、印象的で一度見たら忘れられないものだが、その一方で、「帝政ローマ文化の失墜」とはいわないまでも、緩やかな衰退を象徴するものでもある。

▽ **威厳のあるフォルム**　コンスタンティヌスの凱旋門は、高さ21m、幅25.7m、奥行き7.4mで、19世紀に建てられたいくつかの新古典主義の凱旋門のモデルになった。

初期キリスト教と
ビザンティンの建築

400〜1500年ごろ

もっとも初期のキリスト教徒たちは、建築にはあまり興味がなかったようだ。神の王国が間近に迫っていると信じる彼らにとって、現世の建物は教会もふくめて無意味なものだったからだ。だが、330年に「新ローマ」たるコンスタンティノープルを築くと、建築を取り巻く状況はがらりと変わることになった。

　ローマとイタリア半島にあった初期の主要なキリスト教会は、バシリカ式で建てられていた。なかでも傑出していたのは、コンスタンティヌス1世その人が330年に建立した聖ペテロ教会だったにちがいない。この教会は、のちに現在のバシリカ（サン・ピエトロ大聖堂）に取って代わられた。幸い、5世紀に建てられたローマのサンタ・サビーナやサンタ・マリア・マッジョーレをはじめ、バシリカ式教会の多くはいまに残されている。これに対し、コンスタンティノープルでは、新たな建築はなかなか進歩しなかった。ようやく飛躍的な進展が見られたのは、ユスティニアヌス1世の時代(527-565)になり、皇帝の命でハギア・ソフィア大聖堂（p.80-81）が建てられたときのことだ。

ハギア・ソフィアの影響

　ハギア・ソフィア大聖堂は、東洋と西洋の影響が融合する過程で生まれた、世界屈指の偉大な建築物だ。この教会が特別視されるゆえんは、柱を中心とする建築から脱皮したことにある。当時の建築技術の制約のなかで途切れなく続く内部空間が、可能な限りの高さでそびえる皿状ドームに覆われている。このドームは、537年の教会献堂後に崩壊したが、563年に再建された。ハギア・ソフィアを手がけた建築家、ミレトス出身のイシドロスとトラレス出身のアンテミオスは、荘厳な新しい建築様式を生み出したといえる。その影響はイタリアに逆流し、ギリシアやトルコ、さらにはロシアにまで広がった。コンスタンティノープルがトルコの手に落ちると、ハギア・ソフィアはミナレットに囲まれたモスクに改造され、その後、シナンが16世紀に設計した優れたモスク群の模範となった。

◁ **ビザンティンとゴシック様式の融合**　ヴェネツィア（イタリア）のサン・マルコ大聖堂は、コンスタンティノープルにあったハギア・ソフィアと聖使徒教会の一部を模している。

基礎知識

ローマ帝国が東へ移動してキリスト教に改宗し、コンスタンティノープルに新たな首都を置くと、建築はこれまでになく審美的かつ野心的なものになった。このビザンティン様式は、ドームの奇抜さやモザイクの豪華さの度合いを増しながら、ラヴェンナやヴェネツィア、さらには遠く北のモスクワにまで広がっていった。

多数のドーム ドームの数はしだいに増え、ヴェネツィアのサン・マルコ大聖堂（写真）で頂点に達した。この聖堂では、平面を構成するギリシア十字形（4本の腕の長さが等しい十字）の各腕の上と、中央の交差点にドームが配されている。

装飾されたドームの天井 高くそびえるビザンティン様式のドームは、教会中央に広大な空間を生み出し、恩寵と光の感覚を高めている。写真はヴェネツィアにあるサン・マルコ大聖堂のドーム。

高い丸アーチ 丸いアーチはビザンティン様式の基本要素だ。写真のアーチは、トルチェッロ（イタリア）のサンタ・フォスカ教会にある八角形のポルティコのもので、同時代のイスラム教とキリスト教のデザインをつないでいる。

渦巻くような葉の形は、風に吹かれているかのようだ

自然を模した柱の装飾 ビザンティン様式の柱頭は、ギリシアやローマの古典主義の伝統から決別している。曲がりくねった線と自然を模した形は、ゴシック様式の先駆けとなるものだ。

色あざやかな煉瓦細工の装飾

光と影の効果を高める切子面

広く見られる聖母子のモチーフ

モザイクで埋め尽くされたアプス 壮麗な金のモザイクは、そのシンプルな図案と限りない力によって、ビザンティン教会の中心部に光と温かみ、神秘性を与えている。

玉ねぎ形のドーム モスクワの聖ワシリイ大聖堂に見られる玉ねぎ形のドームは、ロシアのビザンティン様式の大きな特徴だ。その影響は数世紀にわたり、バロック期のヨーロッパに広まることとなる。

ハギア・ソフィア大聖堂

- 537年
- トルコ、イスタンブール
- イシドロスとアンテミオス
- 宗教施設

キリスト教の信奉者であるローマ帝国の支配者、ユスティニアヌス帝（482-565ごろ）が建造を命じたハギア・ソフィア（聖なる叡智の意）大聖堂は、その後に続くビザンティン建築の先駆けとなった。建物中央にある礼拝のための巨大な空間には、光がふんだんに差しこむ大きな皿状ドームが採用されている。ドームを支える4つのペンデンティヴ・ヴォールトは、きわめて高い4つのアーチからのび、それがドーム下の空間の輪郭を形づくっている。贅沢な装飾が施されたハギア・ソフィアは、多くの点でローマの古典主義から脱却している。その一例が、蛇のように曲がりくねる葉模様で飾られた柱頭である。ハギア・ソフィアは5年をかけて建造されたが、最初のドームは地震で崩れ、563年に建て替えられた。1453年にはモスクになり、現在は博物館となっている。

アーケードのある長い入口ポーチ（ナルテックス）は、もともとは懺悔（告解）者のために設けられたものだ

平面図　ドーム下に広大な内部空間がつくられ、両側に1つずつ側廊が配されている。

古代建築によく見られるアトリウムを、アーチのある壁が囲んでいる

中央エリアの上方に回廊がかけられている

ハギア・ソフィアの外観

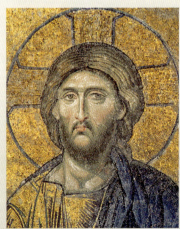

ビザンティンのモザイク　キリストのモザイク画の細部からは、ビザンティンの工芸品の特徴である豊かな色彩が見てとれる。

初期キリスト教とビザンティンの建築 | 81

» **内部の様子** 内側から見ると、一連のアーチに支えられた皿状ドームが、魔法のようなバランスで中央空間に浮かんでいる。

中央の内部空間を覆う巨大な皿状ドームは、高さ56mに達する

聖堂に寄り添う4本の尖塔は煉瓦造りのミナレットで、石造りの尖頂部と回廊を備えている

主ドームと同じ直径をもつ1対の半円ドームがのちに付け足された

脇にあるドームは、16世紀に建設されたイスラム霊廟のものだ

サント・ステファノ・ロトンド教会

- 483年　イタリア、ローマ
- 不詳　宗教施設

円形の教会であるサント・ステファノ・ロトンド教会は、エルサレムの聖墳墓教会をモデルにしており、殉教者の聖ステパノに捧げられた。聖シンプリキウス教皇の時代に建てられ、おそろしい拷問を描いた陰惨なルネサンスのフレスコ画で知られている。

教会は2つの円形の柱廊で構成されている。外側の輪は34本のイオニア式柱、内側の輪は22本のコリント式柱からなる。木造の屋根を支えるこの2つの柱廊は、煉瓦造りの円筒形の壁の高窓から差す光に照らされる。かつては第3の柱廊もあったが、1450年、円形の中央にギリシア十字を配した教会の当初の設計が改められた際、ニコラウス5世により破壊された。

アギオス・ゲオルギオス教会

- 390年ごろ　ギリシア、サロニカ
- 不詳　宗教施設

アギオス・ゲオルギオス教会はもともとは3世紀にマウソレウム（霊廟）として、ローマのパンテオンを模してつくられたが、テオドシウス帝（395没）の時代に改築され、アプス、廊下、アーケードのある長い入口のポルティコが建て増された。直径24.5mのドームの下側は、初期キリスト教の殉教者たちの生と死を描いたビザンティンのモザイク（450ごろ）で飾られていた。

この教会はサロニカの大聖堂として使われていたが、オスマン帝国時代にモスクに転用され、1912年以降はふたたび教会に戻った。1978年の地震で壊れたが、2005年に修復された。

サンタポリナーレ・イン・クラッセ聖堂

- 549年　イタリア、ラヴェンナ
- 不詳　宗教施設

この端正なバシリカ式教会は、ラヴェンナから8kmほどの郊外にある。美しく均整のとれたシンプルなローマ様式の煉瓦構造は、もとは大理石の壁とモザイクの床で飾られていたが、それらは中世やルネサンス期の地元の裕福な地主たちにはぎとられて再利用された。それでも、アプスは色あざやかなすばらしいモザイクで彩られている。なかには、幸せそうな12頭の羊となった使徒たちが、陽気に跳びはねながらベツレヘムとエルサレムの街から主の御許へ向かう喜びの場面を描いたものもある。56mの身廊は、両側に位置する側廊の2倍の高さがある。この光に満ちた空間は、2列の壮麗な列柱廊に区切られている。列柱廊をなすギリシア産大理石の柱は、優美なアカンサスの葉を頂いている。

▶ **絶え間ない変化**　美しい円形の鐘楼は、10世紀か11世紀に増築されたもの。この教会が経た数々の劇的な変化のひとつだ。

初期キリスト教とビザンティンの建築

ラヴラ修道院主聖堂

- 963年ごろ
- ギリシア、アトス山
- 不詳
- 修道院

現在もギリシア正教の修道僧が300人ほど暮らしている荘厳なラヴラ修道院は、アトス山に数ある宗教財団のなかでも最大にして最古のものだ。そうした宗教団体のうちの20団体ほどは、いまでも当初の機能を保ち、儀式を執りおこなっている。ラヴラ修道院の高くそびえる壁の内側には37もの礼拝堂が点在し、中央にある赤く美しいカトリコン（主聖堂）の周囲を静かに舞っているかのようだ。ドームを頂く主聖堂は、創設者の聖アタナシオスの墓にあたる。数世紀をかけて十字に近い形に変わっていったが、そのアプスとドーム式礼拝堂は、アトス山にある多くのカトリコンの原型となった。

オシオス・ルカス修道院 テオトコス聖堂

- 960年ごろ
- ギリシア中部、フォキス
- 不詳
- 修道院

奇蹟を起こす預言者と伝えられるオシオス・ルカス（896-953）は、長年の黙想のすえに、ヘリコン山の西斜面に自身の修道院を創設した。現在は世界遺産に登録されている。隣接する2つの聖堂のうち、小さいほうは創設者の死後すぐに建てられたものだ。これはテオトコス（聖母に捧げられた聖堂）で、この修道院を皮切りに、以後、四角形に十字を配した平面をもつ、特徴的なビザンティン教会が次々と建てられた。聖堂は巨大な石のブロックでつくられ、煉瓦の装飾が施されている。内部は大理石やモザイク、11〜12世紀のあざやかな壁画で飾られている。

トルチェッロ島のサンタ・マリア・アッスンタ大聖堂

- 1008年
- イタリア、ヴェネツィア
- 不詳
- 宗教施設

この神々しいまでに素朴な教会は、トルチェッロ島全体の風景を支配している。この島はかつてヴェネツィアの潟の要所であり、本土へのたび重なる攻撃を受けたヴェネツィア人たちが定住した場所だ。6世紀には、トルチェッロの人口は3万人に達していた。現在は20人ほどしかいない島に、これほど堂々たる聖母被昇天聖堂があるのはそのためだ。建物の基礎がつくられたのは639年だが、現在残っているのは、824年ごろに建てられたがっしりした身廊と、1008年完成の独立したカンパニーレ（鐘楼）だけである。

むき出しの切り立った壁のなかには、深い感動を呼び起こす力強い内装が隠れている。なかでも目を引くのが、畏怖の念さえ覚える12〜13世紀のモザイクだ。アプスを埋め尽くす聖母マリアの金のモザイクは、神々しい美しさをたたえた芸術作品で、ビザンティンのモザイクのなかでも屈指の優美さを誇る。西側の壁では、最後の審判の様子と想像力豊かに表現された天国と地獄の光景を通じて、恩寵と悪行の報いが描き出されている。ジョン・ラスキンが『ヴェネツィアの石』（1851）を著した時代からこのかた、ガイドブックで「荒涼とした」と形容されることの多いトルチェッロだが、実際は、この印象的で虚飾のない教会に美しく彩られた、深く胸を打つ島だ。

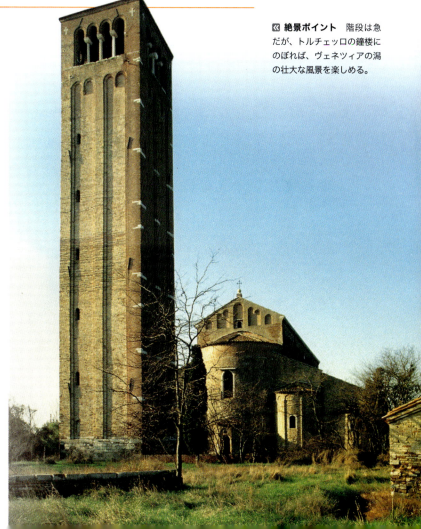

絶景ポイント 階段は急だが、トルチェッロの鐘楼にのぼれば、ヴェネツィアの潟の壮大な風景を楽しめる。

サン・マルコ大聖堂

● 1096年ごろ　📍 イタリア、ヴェネツィア　✍ ドメニコ・コンタリーニ　🏛 宗教施設

おとぎ話のような建築物のきらびやかな波に乗り、ヴェネツィアのラグーン（潟）から魔法のように打ち上げられ、サン・マルコ広場の正面に着地したサン・マルコ大聖堂は、何世紀にもわたり「静謐このうえない都市」の礼拝者や訪問者の目をくらませてきた。多くのドームを頂き、ビザンティンと初期ゴシックのデザインが見事に融合しており、世界屈指の人気を誇るのもうなずける。

▽ 栄光の頂点 ファサードのもっとも高い尖塔の上では、2頭のライオンの支える精巧な台座に聖マルコ像が立ち、天使たちに囲まれている。

この壮麗な大聖堂は、ヴェネツィアの富と野心と勢力範囲が増すのにともない、何世紀にもわたって改築と増築を繰り返してきた。そもそもは、4人の福音書記者のひとりである聖マルコの遺骸を収めるために建てられたものだ。言い伝えによれば、聖マルコの遺骸は、エジプトのアレクサンドリアにあった最初の埋葬地からヴェネツィアのキリスト教徒の手で掘り出され、828年にヴェネツィアに運ばれたという。

大聖堂はギリシア十字の平面をもとに配置され、ラグーンの湿地に打ちこまれた無数の木杭に支えられている。木杭が数百年のあいだ浮き沈みを繰り返したために、木杭の支える艶やかな大理石の床はいまや波打った状態になり、陸だけではなく海の一部でもあるかのような姿をさらしている。ギリシア十字の中央と4本の各腕の上には、それぞれドームが据えられている。バシリカ内から見える創建当初の皿型ドームは、背の高い木材と鉛の上部構造で覆われ、そのさらに上には、13世紀半ばに付け加えられた玉ねぎ形のドームが重なっている。外壁は大理石で贅沢に飾られ、扉を囲む列柱は、色のちがう大理石から切り出されている。なかには、ビザンティン帝国全土の古い教会や古典期の神殿から略奪したものもある。

聖堂内部では、金を背景にした装飾的なモザイクが、何世代にもわたって増設された。高窓から差しこむ日光が堂内に満ち、蝋燭と灯油ランプに照らされると、モザイクは背筋がぞくぞくするほどの神秘的な雰囲気を醸し出す。

△ モザイクで覆われたドームの内側

≫ 総督ドメニコ・コンタリーニ

聖マルコの遺骸は、当初はヴェネツィアにある9世紀のロマネスク様式のバシリカに収められたが、このバシリカは976年に火災で焼失した。1043年にヴェネツィア総督（行政長官）となったドメニコ・コンタリーニは、ヴェネツィアにはそれまでよりも荘厳なバシリカが必要だと強く感じ、総督就任から20年が経った1063年に新バシリカの建設を命じたが、1071年にこの世を去る。見事な大聖堂が完成したのは、それから25年後のことだった。

ノヴゴロドの聖ソフィア大聖堂

- 1052年ごろ
- ロシア北西部、ノヴゴロド
- ウラジーミル2世
- 宗教施設

　純白の壁と玉ねぎ型のドーム群が特徴的な聖ソフィア大聖堂、別名ハギア・ソフィア(「聖なる叡智」の意)大聖堂は、典型的なロシア正教教会だ。要塞のようで絢爛豪華でもあるこの見事な教会は、やや大きいキエフのハギア・ソフィア聖堂の姉妹教会として、ウラジーミル2世(1020-52)により建造された。キエフの聖堂は、その父であるヤロスラフが建てたものだ。ヤロスラフの父にあたるウラジーミル1世は、かつてトールとオーディンに捧げる神殿を建造したが、のちにキリスト教に改宗した。キエフの聖堂とはちがい、ノヴゴロドの大聖堂は、後世に大々的に増築されたりバロック装飾に覆われたりすることなく、昔からの姿をいまにとどめている。

　聖ソフィア大聖堂は、四角形にギリシア十字を配した平面構成で建てられ、丸みのある3つのアプスを備え、5つのドームを頂く。全体は石造りで、細部には煉瓦が使われている。ロシア建築は、国外の政治的事件や戦争、宗教運動の影響を大きく受けてきた。聖ソフィア大聖堂にも、国外の要素が数多く採り入れられている。たとえば、バシリカ内部のフレスコの銘文は、ロシア語ではなくギリシア語で記されている。ドームを支えるドラムのコーニスまわりの装飾はロマネスク様式で、12世紀の青銅の大扉は、スウェーデンのシグトゥーナから運ばれたといわれる。

◀ **ロシアの遺産** 聖ソフィア大聖堂は、ロシアに現存する石造りの教会のなかでももっとも古いもののひとつだ。ドームは5つあり、一番高いドームは金箔で飾られている。

キジ島の変容教会

- 1714年
- ロシア北部、キジ
- 不詳
- 宗教施設

　この目を疑うような教会は、オネガ湖に浮かぶキジ島に立っている。初期ビザンティン様式の伝統の名残りをとどめているが、18世紀ロシアの職人技が生み出した傑作だ。全体が木造建築で、斧やのみなどのごく基本的な工具だけを使ってつくられた。言い伝えによれば、教会が完成したとき、大工の棟梁ネストルは、使っていた斧をオネガ湖に投げ入れ、これほどの建物はだれであろうと——自分自身でさえ——二度と建てられない、と叫んだという。

　ロシア北部のカレリア地方は、木造建築の豊かな歴史に彩られた地域である。とくに、オネガ湖に浮かぶ1650もの島々には、数多くの木造建築が見られる。なかでも有名なのがキジ島だ。キジとは「遊び場」の意味で、この島では、古くから異教の祭りがおこなわれていた。キジ島がキリスト教の信仰の場となったのは、18世紀に入り、ピョートル大帝がスウェーデンを破ったあとのことである。キジ島にはもっと古い教会もあるが、ひときわ壮観で目を引くのは、まちがいなくこの変容教会だろう。22ものドームを頂くこの教会は、1960年以降、キジ島保全区歴史建築民族国立野外博物館の目玉となり、1990年には世界遺産に登録された。

◀ **木造の驚異** この教会の驚くべき木造構造は、厳密に組み合わせた木材と木釘でできており、金属の釘は1本も使われていない。

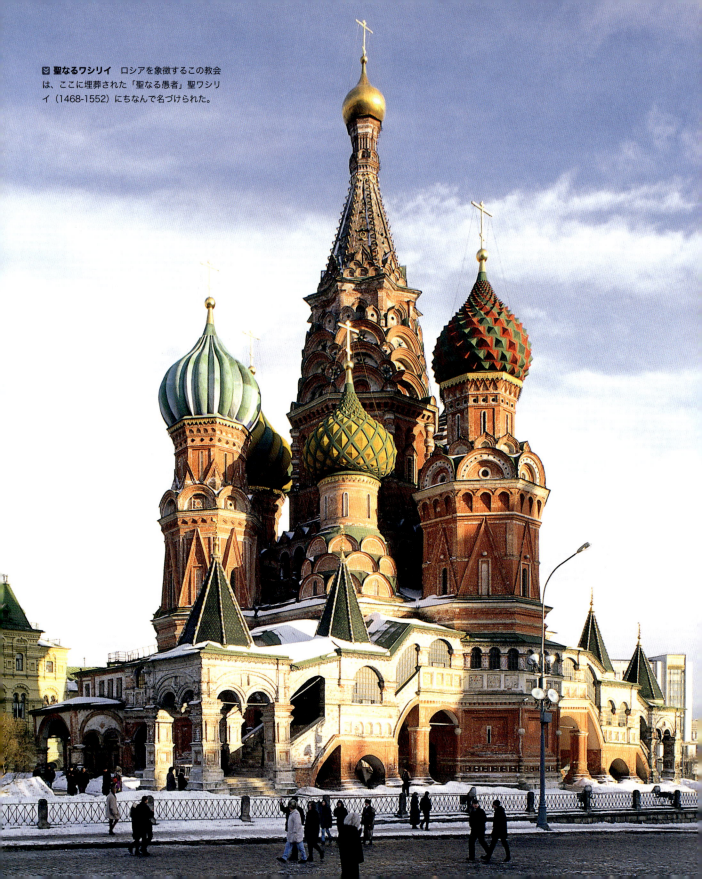

▼ **聖なるワシリイ** ロシアを象徴するこの教会は、ここに埋葬された「聖なる愚者」聖ワシリイ（1468-1552）にちなんで名づけられた。

初期キリスト教とビザンティンの建築 | 87

聖ワシリイ大聖堂

- 1561年　ロシア、モスクワ
- ポスニク・ヤコブレフ　宗教施設

野菜のような形のドームを頂く聖ワシリイ大聖堂は、聖ヨハネの黙示録のなかで預言された神の都を多彩色で表現したかのような風貌をしている。この大聖堂は、1552年のカザンの戦いでモンゴルを破ったイヴァン雷帝の命で建設された。8つの礼拝堂が、中央にある9つ目の礼拝堂を囲むように、星形に配置されている。砂糖菓子さながらの風変わりな建物全体は、モスクワ中心部の赤の広場を見下ろすように設けられた階段状の基壇の上にそびえている。

その突飛な外観のみならず、ロシア史において重要な役割を演じたことでも愛されてきた聖ワシリイ大聖堂は、1812年にナポレオンの手であやうく破壊されそうになった。さらに1930年代には、正教の神学校生から無神論の共産主義の独裁者に変貌したヨシフ・スターリンが、聖ワシリイ大聖堂のない赤の広場のスケッチを建築家たちに描かせたこともあった。

各礼拝堂はそれぞれ異なる奇妙な塔を頂き、そのさらに上には玉ねぎ形のドームが載っている。ドームのひとつひとつに独自の個性があり、ジグザグ模様が目を引くものもあれば、深い切子面のある煉瓦細工が空を突き刺すものもある。迷路のような通路で結ばれた礼拝堂に入ると、閉所恐怖症になりそうだ。暗い通路は、その先にある壮麗な中央身廊を期待させるが、その期待は裏切られる。それどころか、聖堂内があまりにも狭いので、大規模な祝祭日には、屋外の赤の広場で礼拝が執りおこなわれるほどだ。

》イヴァン雷帝

雷帝の異名をとる1530年生まれのイヴァン4世は3歳にして大公に即位し、16歳のときにロシア最初のツァー（皇帝）として戴冠した。敬虔なキリスト教徒を自認したが、多くの囚人に自ら拷問を加えて楽しんでいたという。聖ワシリイ大聖堂を手がけた建築家たちの目をくり抜き、それに匹敵する建物を二度とつくれないようにしたというおそろしい伝説もあるが、これは根拠のないつくり話だ。設計者ポスニク・ヤコブレフは、その後もヴラディーミルの聖堂を建てている。

▲ 聖ワシリイ大聖堂の内部

ベト・ギョルギス教会

- 1300年ごろ　エチオピア、ラリベラ
- 不詳　宗教施設

エチオピアの辺境の村ラリベラには、数多くの岩窟教会がある。この教会群を建造し、村の名の由来となったザグウェ朝のラリベラ王（1181-1221）は、その功労により聖人に認定された。地元のコプト教会の熱心な信者によれば、この教会群は、聖ゲオルギスの指揮のもと、大天使ガブリエルと、位こそ低いが能力では劣らない大勢の下級天使たちの助力によって建てられたという。一部が岩壁に掘りこまれたこの教会群は、エチオピア建築の輝かしい傑作のひとつに数えられる。訪れる人はほとんどいないが、現在は修復が進められている。

12ある教会はどれも非凡だが、なかでも風変わりなのがベト・ギョルギス教会（エチオピア・コプト教会の聖ゲオルギス教会）だ。赤い火山岩の堅い塊を掘り下げ、地下深くに削り出されたこの教会は、洞窟のような溝のなかに立ち、修道士や隠修士のための洞穴や壁龕に取り囲まれている。建物の大きさは12m×12m×13mで、岩に掘られた狭いトンネルから入るようになっている。上階には、おそらくはキリスト教の使徒の数を表す12の窓がある。1階の9つの窓ははめ殺しだが、美しい花模様の彫刻が施されている。教会内部は4本の三面柱とドームのある聖所が特徴的で、非常に神秘的な空間になっている。

▽ 地下の教会　三重のギリシア十字が刻まれた「屋根」は、単なる構造物にとどまらず、教会へ向かう訪問者が最初に見る目印となっている。

インドと東南アジア

India and Southeast Asia

インドと東南アジア

インド亜大陸の最古の文明が生まれたインダス川流域は、西洋文明誕生の地である肥沃な三日月地帯の東の延長線上にあたる。したがって、この地域のモヘンジョダロやハラッパの古代都市で生まれた文化が、シュメールの文化とつながりがあり、多くの点で似通っていたことは、それほど意外なことではない。

理由ははっきりわからないが、インダス文明は紀元前1500年ごろに滅亡した。インダス文字の例はいくつか残っているが、その意味は解読されていない。この地はのちに活気あふれる寺院で名を馳せるようになるが、はじめて文明を築いた人々がどのような宗教をもち、どのような儀式をおこなっていたのかはわからない。確かにわかっているのは、アーリア人の侵略者たちが中央アジアからインド全土に攻め入るよりも前に、インダス文明の人々が姿を消したことだ。

新たな文化

遊牧民のインダス川流域への定住は、1500年もの歳月をかけてゆっくりと進行し、紀元前200年ごろになってようやく、いまに知られている形のインド文化が姿を現した。それ以降、インド建築はさまざまな影響を受けて発達していった。紀元前4世紀に北部で生まれた仏教国のマウリヤ朝には、遠くギリシアの文化や、マケドニアからはるばる攻めこんできたアレクサンドロス大王のほのかな影響が感じられる。中央アジアの遊牧民が興し、ペシャワールを都としたクシャーナ朝は、ギリシア文化と中国文化の要素を融合させた。そしてもちろん、ムガル帝国と大英帝国の影響もある。インドにもちこまれた帝国の文化はやがて変容を遂げ、タージ・マハル（p.160-161）やニューデリーのインド総督府（p.360）といった壮麗な建築物で頂点に達した。

一方、パッラヴァ朝、チョーラ朝、初期パーンディヤ朝、ヴィジャヤナガル王国、後期パーンディヤ朝と

仏陀

ゴータマ・シッダールタは、紀元前6世紀ごろに現在のネパールで王子として生まれたが、その恵まれた地位を捨て去り、長年の瞑想と節制を経て、「涅槃」と呼ばれる悟りの境地に達した。弟子たちは彼を仏陀（「目覚めた人」の意）と呼んだ。仏陀はその後も死ぬまで教えを説き続けた。神でも預言者でも聖人でもない、仏陀の名状しがたい影響力は、やがてインド亜大陸全土と東南アジアへ広がり、その過程で独特の建築を形づくることになる。

≫ 悟りを開く　仏陀は、過去から未来まで連綿とつらなる多くの仏陀のひとりであるとされる。

おもな出来事

- 前700ごろ　インドで司祭階級バラモンを頂点とするカースト制が生まれる
- 前400ごろ　パーニニがヴェーダ語から発展したサンスクリット語のスートラ（経典）を編纂する
- 前326　マケドニアのアレクサンドロス大王が一時的にインダス川流域に攻め入る
- 50ごろ　イエスの使徒トマスがインドを訪れ、キリスト教徒の入植地を築く
- 499　ヒンドゥーの数学者アーリヤバタが最初の代数の教本『アールヤバティーヤ』を著す
- 602ごろ　チベットの戦闘的な遊牧民族がナムリ・ソンツェンにより統一される
- 657　ジャヴァルマン1世がカンボジアにクメール王朝を築く

インドと東南アジア | 91

聖なるガンジス 聖なるガンジス川は、蛇のように身をくねらせながら、インド北部とヒンドゥー文化圏を流れている。ガンジスをめぐる神話は、多くの寺院の彫刻に描かれている。

- **800ごろ** ラージプートの武将により、インド中部とラジャスタンに王国が築かれる
- **1192** ゴール朝のムハンマド率いるアフガニスタンのイスラム部族の族長たちが、デリーにイスラム教のスルタン国を樹立する
- **1363** スルタンのムハンマド・シャーがボルネオにブルネイ国を樹立する
- **1526** バーブルがデリーのスルタン、イブラヒムからデリーを奪い、インドにムガル帝国を樹立する

1000 — 1500

- **711** 現在のパキスタンにあたるシンドとムルタンがアラビア人に征服される
- **1150ごろ** クメール帝国のスーリヤヴァルマン2世がカンボジアにアンコール・ワット寺院複合体を築く
- **1300ごろ** タミル人がセイロンに王国を樹立する。この王国は1619年にポルトガル人に倒される
- **1431** シャムがアンコールに侵攻し、クメール帝国を滅ぼす
- **1565** この地域の帝国の複雑な勢力争いに乗じ、スペインがフィリピンを占領する
- **1600** 英国東インド会社が設立され、大英帝国の種がまかれる

≫ **タイの大仏** 大仏は強力なメッセージを伝えている。神は次元のちがう存在ではなく、だれもが至高の悟りを開く可能性があるというメッセージだ。

悪魔を退治するクリシュナ
ヒンドゥーの神話では、神々があらゆるレベルで、インドの社会や自然界と楽しげに関わり合う。この絵では、蛇身の悪魔に飲みこまれた羊飼いの若者たちを助けるために、神の化身であるクリシュナが少年たちに加勢している。

いったインド南部のヒンドゥー王朝の文化は、いずれも外部の影響を受けていなかったようだ。これらの文化から生まれたのが、私たちがインドと聞いて真っ先に思い浮かべるような寺院——巨大で複雑なシカラ（塔）が目を引く、生身の人間には到底入れそうもない寺院だ。実際、宗教儀式は寺院のなかではなく、その周囲で執りおこなわれていた。

そうした特徴は、仏教寺院にもあてはまる。その影響はインドから東南アジア全域に広がり、そこでシカラはドラマチックな顔を見せるようになる。建築上のアイディアが山脈を越えたのは、口承や交易、武力のおかげもあるが、何よりも宗教の力が大きかった。マウリヤ朝のアショーカ王が中国やビルマ、タイ、カンボジアに派遣した仏教僧たちは、寺院の運営に関する知識だけでなく、おそらく寺院の設計も携えていたのだろう。

様式の融合

これほど多くの言語と民族が存在する地域であれば、豊富な建築のアイディアが生まれたのも当然といえるだろう。そうしたアイディアが融合する様子には、興味深いものがある。仏教建築やヒンドゥー建築、あるいはムガル建築に固有の様式を指摘することはできるが、その境界はぼやけて曖昧になっている。ムガル帝国の偉大な建築物の多くは、ヒンドゥー建築の要素に満ち満ちている。同じように、インドに進出したイギリスも自国の建築をもちこんだ。エドウィン・ラッチェンス率いるチームがニューデリーの都市計画に携わった20世紀初頭には、イギリス人たちもようやく——先行するムガル人たちと同じく——ヒンドゥー教や仏教の要素を自分たちの建築に融合させる意義に気づいた。だが、インドや東南アジアの文化には、侵略者たちの建築に決して吸収されなかった面もある。その最たるものが、自然に対する愛情の表現だ。そうした自然への愛は、植物や動物や人間の恋人たちの描写、リンガ（男根）や果実をかたどった建物、そして彫刻をふんだんに施した感覚的で官能的なデザインで表現された。

》ヒンドゥー寺院の芸術

初期ヒンドゥー芸術のなかでもとりわけ感動的な例は、洞窟寺院や石窟寺院の壁の装飾に見られるものだ。それらには、シヴァをはじめとするヒンドゥーの神々をかたどった彫像や岩壁彫刻のほか、心揺さぶる日々の暮らしの光景を表現したものもあり、すべての生き物が神聖であるという考え方が強調されている。そのもっとも見事な例は、ベンガル湾岸のマハーバリプラムにあるパッラヴァ朝の海岸寺院群だろう。ここでは、岩壁に彫りこまれた祠堂から本格的な寺院まで、さまざまな建造物を見ることができる。

石窟に刻まれたシヴァ シヴァは複雑な顔をもつヒンドゥーの神で、しばしば描かれるシヴァの「歓喜の踊り」は、誕生〜人生〜死〜再生のサイクルを象徴している。

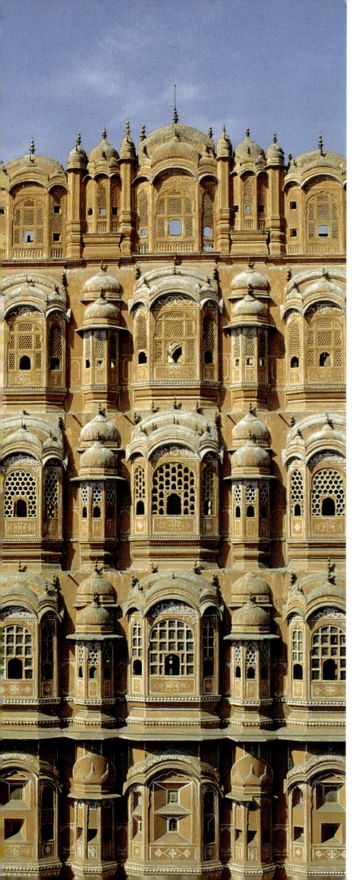

インド建築

前1700〜後1800年ごろ

初期のインド建築は、民衆に浸透した強大な宗教が、途方もない意匠を通じてその信仰を称えてきた歴史をいまに伝えている。仏教、ジャイナ教、ヒンドゥー教は、いずれも建築の発展に大きく貢献したが、そこで称えられているのは、動物の世界、人間の現世の快楽と来世の営み、そして複雑な神々の領域だ。

物質世界と精神世界への愛を表現するインドの建築、とりわけヒンドゥー教の寺院は、温かで官能的、かつ複雑で興味深い構造をとることが多い。なかでも感動的で美しいのは、ベンガル湾岸のマハーバリプラムにある、7〜8世紀に建てられた寺院群だ。とはいえ、この自然に対する愛を表現したヒンドゥー彫刻は、インドの中部と南部の寺院に広く見られる特徴である。

もっとも初期の寺院は、先住民族の世界に穏やかな敬意を表したものが多く、家畜の愛らしい描写が見られる。その後、時代を超えてヒンドゥー寺院は、さながら「彫刻の祭典」の様相を呈するようになる。彫刻のモチーフは農業から遠ざかり、エネルギーに満ちた、ときにエロティックでさえある人間の愛の賛歌へと移っていった。そうした人間の愛欲は、見方によっては、神なる力に鼓舞されたものととらえることができる。これほどの熱がみなぎる官能的な建築は、インドを訪れる外国人を挑発し、そして楽しませる。

ヒンドゥー寺院の解釈

西洋からの訪問者は、ヒンドゥー寺院の複合建築を前にして混乱を来すかもしれない。まずはどこを見ればいいのだろうか？　外側にこれほどの装飾が施されているのはなぜか？　背景となる宗教文化を理解しなければ、その答えは見出せないだろう。ヒンドゥー教はバラモン教から生まれた。ヒンドゥー教には数多の神々が存在し、あらゆるもの——あらゆる生物、あらゆる無生物——が神々と分かちがたく結びついている。すべてが神聖というわけだ。したがって、寺院のシカラ（階段状の高い尖塔）は、牝牛から神々、恋人たち、王に至るまで、聖なる万物を称えるものといえる。そうした建築物は、建築であると同時に彫刻でもあり、ひとつひとつが複雑に絡み合う無数の要素からなっている。

◀ **ハワ・マハル**　ラジャスタン州ジャイプールにあるハワ・マハル（風の宮殿）は、1799年に建てられた。ファサードにしつらえられた目隠しのあるバルコニーのおかげで、王族の女性たちは姿を見られずに眼下の街を眺めることができた。

インド建築

基礎知識

古代インドの建築は、仏教、バラモン教、ヒンドゥー教といった、強力で深遠な宗教運動の影響を受けていた。それらの宗教が一体となってこの世に生み出されたのが、地上のものと神なるものとのあいだで揺れ動く、豊かで官能的な建築だった。自然への愛や建築への情熱は、動物の彫刻からエロティックな彫像に至るまで、あらゆるものから見てとれる。

凹所のある層が頂点へ向かって立ちのぼる

何層もの石の台座には多くの彫刻が置かれている

シカラ シカラは、ヒンドゥー寺院の中心から立ちのぼる「ヴィマーナ」（塔）の頂上部にあたる。形はインド各地でさまざまだ。タンジャーヴールのブリハディーシュワラ寺院（写真）に代表されるこうした塔には、例外なく贅沢な装飾が施されている。

天高くそびえる彫像と抽象的な彫刻

象徴的な多層構造 ヒンドゥー寺院の塔は、空へと立ちのぼりながら物語を語っている。それぞれの塔に固有の「筆跡」があり、普遍的なテーマや各地の教義的な関心事を表現している。

吹き放ちのあずまや 吹き放ちのあずまやは、ヒンドゥーの城塞や宮殿のスカイラインに活気を与えるために用いられている。小型のものもあれば、モンスーンの雨や夏の日差しを避けるバルコニーとして使えるほど大きいものもある。

動物の彫像 ヒンドゥー教徒にとって、あらゆる生命は神聖で、表現する価値のあるものだ。マハーバリプラムの海岸に立つ寺院群では、ひときわ見事で愛情のこもった動物の彫刻を見ることができる。

ストゥーパの頂上に神聖な傘蓋が置かれている

ドームは頑丈な煉瓦でできている

祠堂に通じる儀式用の門

ストゥーパ ストゥーパは、聖なるメル山（須弥山）を表現した祠堂で、仏舎利を収める聖所にもなっている。もっとも有名なものがサーンチーの大ストゥーパ（写真）だ。

モヘンジョダロ

- 前1700年ごろ パキスタン、シンド
- 不詳 都市

モヘンジョダロは、肥沃なインダス川流域にあったインドでもっとも初期の都市だ。この都市の富は、穀物の交易によってもたらされた。集落の中核をなす煉瓦造りの巨大な城塞から見つかったもののなかで、穀物倉は最大級の建物に属する。

城塞そのものは15mの高さがあり、大浴場や用途不明の公共施設を擁していた。城塞と都市のほかの部分とは、人造湖らしきもので隔てられていた。湖の向こうには、幅14mの街路に面した住宅が碁盤目状に並んでいた。飾り気のない壁に面した中庭の井戸のまわりには、平屋根のある2階建ての家々が寄り集まっていた。このいかにも心地よさそうな文明化された都市では、多くの家に浴室があり、主要下水道につながる排水設備も備わっていた。

>> **都市生活** この古代都市では、きわめて厳密な設計に基づき、規則正しく建物が配置されていた。

ハラッパ

- 前2550年ごろ パキスタン
- 不詳 都市

ハラッパはモヘンジョダロと並び、古代インダス文明のもっとも初期の都市と考えられている。1920年代にイギリス人考古学者によって発掘されたが、そのころまでには、ヴィクトリア朝の鉄道技師たちが再利用の目的で大昔の焼成煉瓦を奪い去ってしまっていた。とはいえ、何世紀にもわたって繰り返し起きた壊滅的な洪水により、このゴーストシティがすでに甚大な被害を受けていたことはまちがいない。

モヘンジョダロと同じく、ハラッパも城塞と居住区に分けられていた。2つの区画のあいだには、兵舎らしき建物があったようだ。穀物交易に携わる労働者たちが使っていたのかもしれない。この地の文化についてはほとんどわかっておらず、個々の建物の装飾や用途についても同様だ。インダス川流域では、美術品はおもに石とテラコッタでできた少数の像が発見されただけで、青銅の彫刻はごく稀にしか見つからない。

ハラッパはなぜ衰退したのか？ アーリア人の侵略で都市が破壊された、あるいは自然災害の犠牲になったなど、さまざまに憶測されているが、真実は闇のなかである。この街の住民たちはもとからそこにいたのか、それとも別の文明からの移住者だったのかさえもわかっていない。

▽ **氾濫源に建設** この都市の人々の暮らしについては、ほとんど手がかりが残っていないが、頑丈な煉瓦は数千年の歳月を生きのびてきた。

サーンチーの大ストゥーパ

- 100年
- インド、マディヤ・プラデーシュ
- 不詳
- 宗教施設

　硬い煉瓦でできたこの巨大な半円の構造物は、仏陀の記念碑として直径40mの基壇の上に建てられた。これは、マウリヤ朝のアショーカ王が建てた古い構造をもとに、1世紀に建て直されたものだ。建造当時はなめらかな漆喰の層で厚く覆われ、宗教儀式の際には、点在する壁龕(へきがん)に置かれた松明(たいまつ)に火が灯されていたのだろう。このモニュメントは、巨大な石の垣柵でぐるりと囲まれている。垣柵を区切るように立つ立派な門には、彫刻がふんだんに施されている。門の先にある階段をのぼると、ストゥーパの周囲にめぐらされた祭壇へと至る。

▶ **守られた空間** 頂上の箱型の構造物のなかには、仏陀が座ったとされる三重の傘の模型がある。

ルワンウェリセーヤ仏塔

- 前137年
- スリランカ、アヌラーダプラ
- ドゥッタガーマニー王
- 宗教施設

　直径約90m、高さ100mに及ぶアヌラーダプラの壮大なダーガバ(仏塔)は、シンハラ族最初の偉大なる英雄、ドゥッタガーマニー王(前167-137)が建てたものだ。アヌラーダプラはスリランカの最初の首都である。王は当初、現在の2倍の大きさにするつもりだったが、それでは完成を生きて目にすることができないと廷臣たちに説得された。建物の基礎は、兵士たちの運んだ岩石でつくられ、象にしっかりと踏み固められた。煉瓦造りのストゥーパ本体は粗いセメントで覆われ、その上に硫化水銀を塗ったのち、厚い砂利の層でしっかり包まれた。さらにその上には、銅、ココナツ果汁に溶かした樹脂、ごま油に溶かした砒素、そして銀箔の層が重なっている。遺物室には、宝石でできた五枝の菩提樹が収められた。菩提樹の根は珊瑚とサファイア、幹は純銀でできており、金製の葉と果実で飾られていた。これほど高価なモニュメントはそうそうないだろう。

◁ **驚異のドーム** 半球形の構造物は1930年代はじめに修復されたもの。修復の際、太陽にきらめく新たな宝石が尖塔部に据えられた。

宗教的な彫刻 岩壁には、インド仏教の象徴が数多く彫刻されている。巨大な柱と彫像は、人間の存在の小ささを思わせる。

カールリーのチャイティヤ窟

- 70年
- インド西部、マハラシュトラ
- 不詳
- 宗教施設

チャイティヤ窟とは、岩壁に掘りこまれ、ストゥーパを備えた仏教寺院を指す。インド最大とされるカールリーのチャイティヤ窟は、そのひときわ見事な一例だ。岩壁に掘られた馬蹄形の入口は、獅子を頂く15mの柱で飾られ、象の彫像が脇を固めている。その入口をくぐり、やわらかな光の差す控えの間を抜けると、神秘的としかいいようのない身廊が現れる。身廊の通路に並ぶ柱は球根を思わせる形状で、鐘形の柱頭を頂いている。その柱が支える台座を踏みつけているのは、獰猛な石の獣たちだ。その上では、円筒ヴォールト状の木造屋根が石窟の薄暗がりへとそびえる。身廊奥の後陣には、見事なストゥーパがそそり立っている。

こうした石窟寺院は仏教に限らず、マウリヤ朝（前322-188）時代の文化の特徴のひとつで、その後の時代にも受け継がれた。岩壁を削ってつくる寺院や墳墓はペルシアから広まった伝統で、ペトラ（p.75）などにも見られる。だが、カールリーの岩窟寺院は、動物的とも植物的ともいえる雰囲気をただよわせている。その豊かで有機的なデザインは、西洋で重視された直線や直角の探求とはまったく異なる。カールリーのチャイティヤ窟は、宗教目的だけでなく、世俗的な目的でも使われていた。

ブバネシュワルの
パラシュラメシュワラ寺院

- 600年ごろ
- インド北部、オリッサ、ブバネシュワル
- 不詳
- 宗教施設

この寺院は、インド北部東岸のオリッサにある華々しいヒンドゥー寺院群のなかでも、もっとも古く、もっとも保存状態の良いものだ。そのデザインは、野菜に似た形の塔を幾重にも連なるエキゾチックな石の彫刻で覆うという、ヒンドゥー寺院の長い伝統の始まりを告げている。構造と装飾が一体化した複雑な建築は、宗教上の象徴的な意味合いを記号化したものだ。この寺院では、抽象的なデザインに混じって、象や馬列の彫刻も見られる。おそらくあとになって塔に付設された長方形の堂は、石彫りの窓で飾られている。

シヴァの神殿 この寺院は、ヒンドゥー教の三大神の一柱であるシヴァに捧げられている。

ブリハディーシュワラ寺院

● 1010年　🏛 インド南部、タンジャーヴール　✎ ラージャラージャ・チョーラ　🏛 宗教施設

ブリハディーシュワラ寺院は、チョーラ朝時代にインド南部タミル・ナードゥ州に建てられた傑作建築物である。巨人たちが発案し、宝石職人たちにより仕上げられたと伝えられるこの花崗岩の寺院は、高さ66mに達する13層の塔を頂いている。その側面には、ラージャラージャ・チョーラと姉のクンダヴァイの功績が、巨大な107節の碑文として記録されている。

この堂々たるドラヴィダ様式（インド南部と中部の先住民族が建てたもの）の寺院は、砦内にある広い四角形の囲い地に立っている。砦は、もっとも最近では16世紀に建て直された。インドの美術史家B・ヴァンカタマランは、この寺院を「彫刻家の夢、歴史家の富源、舞踏家の幻影、画家の喜び、社会学者の特ダネをひとつにまとめたもの」と描写している。

寺院へ至る門を守るのは、シヴァの乗る聖なる牡牛ナンディの、重さ25tにもなる巨大な彫刻だ。寺院内でも、彫刻やフレスコ画などにナンディの描写が数多く見られる。煉瓦と石が敷かれた奥庭は広さ約150m×75mに及び、シヴァやリンガ（シヴァ神の男根像）の見事な彫刻で飾られている。これらの彫刻は、寺院創建当時はあざやかに彩色されていたのだろう。

80tの石を頂く塔は、この寺院でもひときわドラマチックな構造物だ。とはいえ、寺院全体のデザインは、彫刻や彫像、碑文により統一されている。どれも驚くほど精緻で、この寺院が単なる礼拝の場にとどまらず、天高くそびえる塔を擁する、王都の中心でもあることを示している。

▽ **都市の中心**　この巨大な寺院は、かつては帝国の中枢であり、宝物庫、公文書館、集会堂、礼拝所の役割を担っていた。

チェンナケーシャヴァ寺院

- 1117年
- インド南部、カルナータカ、ベルール
- ジャッカマ・アチャリ
- 宗教施設

　ホイサラ朝の建築の頂点をなすベルールのチェンナケーシャヴァ寺院は、表面全体を飾る、目を見張るような彫刻で知られている。その彫刻の細かさは並はずれており、乙女の洗いたての髪から絞られた水滴ひとつひとつを描くという、極端なまでの精細さだ。ヴィシュヌ神を祀る主神殿は、広々とした中庭に立っている。中庭には壁に囲まれた池があり、主神殿よりは小さいものの、彫刻の見事さでは劣らない4つの神殿が寄り添っている。虎と戦士が戦っている像は石鹸石でできており、戦士はホイサラ朝のヴィシュヌヴァルダーナ王を表している。タラカドでの大勝利でチョーラ朝を破ったあと、王はこのヒンドゥー寺院の建設に着手した。緑灰色の巨大な石の寺院が完成したのは、無理もない話だが、その103年後のことだった。

▶ **数々のイメージ**　寺院を彩る彫刻には、650近くに及ぶ堂々たる動物——象、馬、獅子、虎、鳥——のほか、戦士や官能的な「天上の踊り手」も登場する。

ラーナクプルのジャイナ教寺院

- 1439年
- インド、ラーナクプル
- ラナ・クンバ、ダルナ・サー
- 宗教施設

　辺境にあるこの3層構造の白大理石の寺院は、ジャイナ教建築のなかでもとりわけ野心的なもので、その規模だけでなく、複雑なデザインでも有名だ。立ち並ぶ小さな祠堂や魅惑的な彫刻のほかに、まさに柱の宝庫と呼べるほどの柱がある。彫刻の施された1444本もの柱は、バロック期の都市も及ばないほど多数のドームを支えているが、ジャイナ教の最初の祖師ティールタンカラと真理の啓示者アディナートの像は、どの方向からでも見えるように配されている。高い尖塔のある寺院複合体は、高さ61mの壁に囲まれている。

▶ **石の驚異**　この寺院には、複雑で繊細な石の彫刻が数多くある。

マウント・アブーのジャイナ教寺院

- 11～13世紀
- インド、ラジャスタン
- 不詳
- 宗教施設

　ラジャスタン唯一のヒル・ステーション（イギリスが植民地時代に山岳地域につくった都市）の丘に、5つの美しいジャイナ教寺院がマンゴーの木々の合間を縫うようにそびえている。大理石でできたこれらの寺院は、単純明快な形と優美な彫刻で知られている。なかでも傑出しているのがヴィマラ・ヴァシ寺院（1031）とルナ・ヴァシ寺院（1230）だ。ヴィマラ・ヴァシ寺院は開けた中庭に立ち、中庭を取り囲む回廊には、神聖な像を祀った小さい祠堂が随所に配されている。美しいドームを頂く本堂は12本の柱で支えられ、それぞれの柱には楽器を演奏する女性像が刻まれている。ルナ・ヴァシ寺院は200年ほどあとに建てられたものだが、様式は驚くほどよく似ている。本堂は装飾のある柱がドームを支え、その周囲を360体ものジャイナ僧の小像が取り巻いている。とくに親しまれているハーティシャラ（象の部屋）には、きわめてリアルで美しい象の石像10体が置かれている。どちらの寺院も光にあふれ、そのまばゆい大理石の構造と相まって、この世とは思えない雰囲気をただよわせている。

インド建築 | 101

ベナレスの沐浴場（もくよく）

- 14世紀
- インド、ウッタル・プラデシュ、ヴァラナシ
- 不詳
- 浴場

　おびただしい数の沐浴者、巡礼者、観光客が訪れるガンジス川は、インドの精神的な中心ともいえる場所で、人生、魂、儀式、歴史が溶け合う小宇宙だ。ベナレス（現在のヴァラナシ）では、この川の聖なる水へと至るためのガート（沐浴のための幅の広い公共の階段）が、川岸に沿って5kmにわたって続いている。このガートは何世紀ものあいだ、ヒンドゥー教徒の火葬の儀式を見守ってきた。ヒンドゥー教徒は、この地で生涯を終えれば、いや、この水に身を浸すだけでも、輪廻転生から逃れ、天国での永遠の安らぎが約束されると信じている。ガンジス河畔で生き、そして死にたいという願いが、きわめて特殊な川岸の光景を生み出すのだろう。この川岸は、建築的な性格をもちながら、ひどく混雑したこの街の水辺に力強さと個性を与えている。ところどころで、古い宮殿が大きな石段の上にせり出し、この魅惑的な街におとぎ話のような風景を添えている。

バーミヤンの大仏

- 700年ごろ
- アフガニスタン北部、バーミヤン
- 不詳
- モニュメント

　かつて世界でもっとも大きく美しい仏像に数えられたバーミヤンの大仏群は、いまでは歴史のなかにしか存在しない。2001年にタリバンによって破壊されたため、残されているのは、岩に掘りこまれた2つの巨大な彫像の残骸だけだ。インドの伝統の影響を受けたこの大仏は、バーミヤンの渓谷を見下ろす断崖から彫り出されたもので、高さは35mと57mである。バーミヤンは、文化と宗教と芸術の王国だったクシャーナの中心都市カブールの北西に位置している。この大仏群はおそらく、光り輝く金色に塗られて装飾で覆われ、10の僧院から集まったサフラン色の衣の僧侶たちにかしずかれていたにちがいない。

▷▷ **過去の遺物**　バーミヤンの大仏は、中央アジアのガンダーラ仏教美術を代表する傑作だった。

ポタラ宮

- 1695年
- チベット、ラサ
- 不詳
- 宮殿

　山々を背に立つこの巨大な舞台装置のような宮殿は、中世の山岳都市に築かれた驚くほど奇抜な城塞の姿をいまに呼びさまします。ポタラ宮は、伝統的なチベット建築がインドと中国の美意識と調和した稀有な例で、あたかもラサ平原を見下ろす高さ190mの丘陵から自然に生えてきたかのようだ。木造と石造を組み合わせた13階建ての宮殿は、白宮と紅宮の2つの部分からなる。宮殿内にはダライ・ラマ（1959年から亡命）の旧居のほか、礼拝所や僧房、庫裏、蔵を備えた僧院だった領域がある。傾斜のついた壮大な壁、金色の屋根、鐘楼、物見やぐらなど、堂々たる外観を誇る宮殿の内側には、装飾をふんだんに施した聖所や儀式室があり、なかには50本の柱に支えられた部屋もある。

▽ **圧倒的な眺め**　1000の部屋を備えるポタラ宮は、36万km²という途方もない広さを誇り、丘の斜面に抱かれて200mの高さにそびえ立っている。

東南アジア
500〜1500年ごろ

インド建築の伝統は、仏教とヒンドゥー教を介して東南アジアに伝わった。その普及は急速に進み、13世紀までには、ストゥーパや階段状のシカラ、蓮華のつぼみを模した塔などの建築が、ビルマ、カンボジア、タイからインドネシアにまで広がった。その後、そうした建築の多くは荒廃し、修復されたのは19〜20世紀になってからのことだった。

東南アジアの建築史における最大の偉業が、カンボジアのアンコール・ワット（p.105）とインドネシアのジャワ島にあるボロブドゥール遺跡のストゥーパ（p.104）であることは疑いようがないだろう。このまったく異なる2つの寺院は、どちらも仏教の宇宙観で描かれるメル山（須弥山）を表している。アンコール・ワットには数多くの広間や室があるが、ボロブドゥールは全体が吹きさらしで、メソポタミアの階段ピラミッドのように、人工の山がもつ壮大で黙想的な存在感をたたえている。また、アンコール・ワットが堅固な構造物を称えるものであるのに対し、ボロブドゥールはほとんど別世界のおもむきで、ストゥーパには幾重にも意味がこめられている。そのひとつは仏教の五大元素に関連するもので、ストゥーパの四角い基壇は地、丸いドームは水、ドーム頂上の円錐は火、その上の天蓋は風、ストゥーパ全体の量感は空を表している。こうして生まれた建築作品は、人生の主要な要素を提示して人々を導くものとなった。密林の開拓地から天高くそびえるこの壮麗な建築物は、愉快きわまりない矛盾を内包している。というのも、民を精神世界の高みへ引き上げようと力を尽くす一方で、贅沢な細工を施した実体のある肉感的な硬い石の物体でもあるからだ。

寺院建立の奔流

ビルマ（現在のミャンマー）では建築活動の大半を寺院建立が占め、首都パガンだけでも5000を下らないストゥーパと寺院があったといわれている。規模の大小を問わず、そのすべてに、現地の職人芸の粋を極めた装飾がふんだんに施されていた。寺院熱はタイやインドネシアにも広がった。こうした建築物とその盛衰は、勢いを失う仏教になりかわってヒンドゥー教が徐々に台頭し、やがて勝利する経緯を物語っている。

◄ **アンコール・ワット**　アンコール・ワットは、スーリヤヴァルマン2世（1113-50）の墓所として建てられた寺院で、クメール帝国の滅亡後に廃墟となった。その後、数百年にわたって密林に覆われ、1856年に偶然のなりゆきから再発見された。

東南アジア | 103

基礎知識

東南アジアに仏教が伝わるのと同時に、中国建築の影響も広まった。その結果、まったく異なるデザインの伝統があたかも長い求愛期間を経て結婚したかのように、多種多様な建築様式——ビルマのストゥーパ、カンボジアの寺院都市、バンコクの宮殿など——が生まれたのである。

▲ **金箔** 神殿内部だけでなく、外装にもふんだんに使われている金箔は、陽光にきらめき、雨に濡れて輝く。

官能性と精神性の融合

▲ **精巧なレリーフ** レリーフの彫像は、東南アジア全域の神殿や宮殿に見られる要素だ。ほとんどはきわめて写実的だが、見る者を瞑想に誘い、この世のものではない高次元の存在について考えさせるものもある。

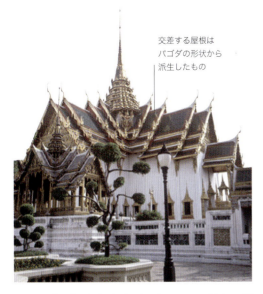

交差する屋根はパゴダの形状から派生したもの

▲ **周囲を飾る小さな尖頂** 宮殿もストゥーパのデザインの影響を受けている。バンコクにある王宮の玉座の間に見られる複雑な十字交差部からは、初期の仏教やヒンドゥー教、中国の影響がうかがえる。

円盤のようなうねのある構造

▽ **鐘形のストゥーパ** この地域で登場した大きな鐘形のストゥーパは、タイのアユタヤの王墓や寺院の頂上部に見られる、円錐形の帽子のようなデザインの影響を強く受けている。

ドーム構造は中空ではないものが多く、部分的に内部が埋め尽くされている

柱廊のあるドラムの上に尖塔がそびえる

▲ **ミニチュアのパゴダ** ビルマのシュエダゴン・パゴダのストゥーパを取り囲む、豪華な装飾の施された小さいパゴダは、中心となる祠堂の巨大さを強調している。中心の尖塔は、高さ113mに達する。

ボロブドゥール

- 842年ごろ
- インドネシア、ジャワ島、ジョグジャカルタ
- 不詳
- 宗教施設

ため息が出るほど美しいこの溶岩石造りのストゥーパは、神話上の聖なる須弥山を中心にらせんを描く、仏教の宇宙像を表している。信心深い者たちを俗世の不安から救い出し、涅槃——このうえなく純粋な、超越した無の境地——へと導くための建築物だ。

この高さ31.5mの寺院は3つの部分からなり、全体で9層の構造になっている。そのなかには、1460もの浅浮き彫りの物語絵で飾られた野外回廊や、かつては仏像が置かれていた432の壁龕がある。

基壇を形づくる四角い層は、仏陀の人生の物語にジャワの日常の風景を組み入れた絵で飾られている。その上にある3段の円形の層には、72の小さな鐘形のストゥーパが置かれ、それぞれに仏像が収められている。頂上の巨大なストゥーパは、おそらく昔から空だったのだろう。

この3つの層は、仏教の宇宙論の三界を表している。一番下の欲界では、人間の精神は欲に縛られている。その上の色界では、人間の精神はまだ物質界を超越していない。一番上の無色界に至ると、精神は俗世の苦悩から解脱する。

繰り返されるストゥーパの形 ボロブドゥールは多くのストゥーパからなるが、それ自体がひとつの巨大なストゥーパでもあり、多くの宇宙を内包するひとつの宇宙を表している。

上空から見たボロブドゥール

アンコール・ワット

● 1150年ごろ　🏛 カンボジア、シェムリアップ　✎ ディヴァカラパンディタ　🏛 宗教施設

500年にわたって見捨てられ、ほとんど忘れ去られていたアンコール・ワットは、思わず息をのむような遺跡で、まさに驚異の建築物といえる。この野心的な寺院複合体は、エジプトのピラミッドの規模に匹敵し、パルテノン並みの精巧な彫刻と、中世の大聖堂のような精細な装飾を備えている。

クメール帝国の王たちは、城塞アンコールを拠点として、北はベトナム南部から中国の雲南、西はベンガル湾に至るまでの広大な領土を、神の名のもとに支配していた。木造の宮殿や公共建築物、住宅はとうの昔に朽ち果てたが、巨大な石造の寺院の遺跡はいまに残されている。

アンコール・ワットはクメール帝国のスーリヤヴァルマン2世(1113-50)の墓所として建てられた寺院で、1431年のタイ人による征服と略奪後に放棄されたが、現在ではカメラを手にした観光客でにぎわっている。この威厳に満ちたヒンドゥー寺院は、列柱廊のあるひとつながりの基壇の上にそびえ、蓮のつぼみを模した5つの塔を王冠のように頂いている。寺院は拱廊のある数層の壁に囲まれ、壁は長さ4kmの濠に面している。寺院群へは、濠にかけられた橋を渡って入ることになる。橋の両側の巨大な欄干は、ヒンドゥー教の創世神話に登場する蛇の形をしている。下段のテラスの壁にはレリーフがふんだんに施され、全長800mに及

▲ 橋に並ぶ石の頭像

ぶ彫刻により、インドの叙事詩『マハーバーラタ』と『ラーマーヤナ』の物語が描かれている。その上にそびえる5つの塔には、王の墓所が設けられている。アンコール・ワットは、いわば天地万物を模したものだ。その魅力は、いまも確かに万人を引きつけている。

▽ **王にふさわしい寺院**
1550m×1400mの面積を占めるアンコール・ワットは建造に30年を要した。

プレ・ループ寺院

● 961年　🏛 カンボジア、シェムリアップ
✎ 不詳　🏛 宗教施設

▶ **聖なる対称性**　写真は5つの塔の中心にあたるもの。それぞれの塔の入口は東面にあり、ほかの面には砂岩に彫られた偽の扉がある。

暗赤色の「寺院の山」ことプレ・ループ寺院は、ヒンドゥー教の神々が住むメル山（須弥山）を象徴するもので、クメール帝国の王ラージェンドラヴァルマン2世の国家寺院として10世紀後半に築かれた。建材にはおもに煉瓦と石が使われている。3層の階段ピラミッド構造の上に、5つの塔がそびえている。一番下の段には、東を向いた10あまりの小さな祠堂の塔があり、それぞれにリンガ（宇宙の火柱を象徴する聖なる男根像）が収められている。リンガ崇拝はクメール帝国の国教で、リンガはシヴァ神と一体とされる王の権力に結びつく。砂岩でできた第3の段には、入り組んだ彫刻が施されている。ピラミッドへつながる2つの階段も彫刻で飾られている。階段の脇には獅子の石像が控える。

この寺院は昔から、カンボジア人に葬儀の場ととらえられてきた。「プレ・ループ」という名は「体の変化」を意味し、寺院の境内で執りおこなわれたとされる火葬の儀式を指している。プレ・ループは広さ400km²にわたるアンコール世界遺産のなかにある。

バンテアイ・スレイ寺院

● 967年　🏛 カンボジア、シェムリアップ
✎ 不詳　🏛 宗教施設

「女の砦」を意味するバンテアイ・スレイは、アンコールから20kmほどの山岳地域に位置する小さな寺院で、この地域でひときわ愛されている建築の至宝のひとつだ。この寺院が評価されているのは、ほかでは見られない小ささ——中央の塔は高さ9m、祠堂の面積は1.7m×1.9mしかない——に加えて、やはりほかでは見られないピンクの砂岩（石英質アレナイト）の壁があるためだ。その壁にはすばらしく複雑な彫刻が施され、花模様や宗教神話、ヒンドゥーの神々の見事な像が刻まれている。

寺院はシンプルな壁で区切られた3つの区画からなり、彫刻の装飾で縁どられた参道から入る構造になっている。全体的に驚くほど保存状態が良く、装飾の質も極上だ。この寺院を建てたヤジュニャヴァラーハは王族のバラモン僧で、クメール王ジャーヤヴァルマン5世の精神的な師でもあった。この寺院はアンコール地区にある100前後のクメール寺院のひとつで、プレ・ループ寺院と同じく、アンコール・ワットよりもやや早い時代のものだ。この寺院にあった、彫刻が施されたペディメントは、プノンペンのカンボジア国立博物館とパリの国立東洋美術館で見ることができる。

▶ **クメール美術**　この時代の彫刻には、高浮き彫りのものが多い。彫刻では、人と聖なるものが融合した神話上の人物が描かれている。

東南アジア | 107

シュエダゴン・パゴダ

- 1700年ごろ
- ミャンマー、ヤンゴン(旧ラングーン)
- 不詳
- 宗教施設

　忘れられた世界の驚異としばしば称されるシュエダゴンの黄金のパゴダとストゥーパは、113mの高さでシングッタヤの丘にそびえ立ち、ヤンゴンのスカイラインを支配している。建立後、何世紀にもわたって再建が繰り返され、中国とインドの建築や宗教的伝統の影響を受けたこのパゴダは、仏舎利を収めるために仏陀に献じられたものだ。

　ストゥーパは中空ではなく、内部に部屋はない。ただし4つの戸口があり、その扉は、どこかにある秘密の通路の暗闇でひらめく災いの剣にいまも守られているという。そんなわけで、何があっても外にとどまり、すばらしい光景を楽しむのが吉だろう。金箔と宝石に包まれてそびえるストゥーパを取り囲むのは、64基の小さなパゴダだ。そのうち、大きめの4基は、東西南北を示している。パゴダ内の聖所は、獅子、象、ヨガ行者、蛇、鬼、天女の像で飾られている。建築全体は、目を疑うほど豪華で壮麗だ。

⚠ **堅固な構造**　このストゥーパは8回の大地震に耐え、惨事にもなりえた1938年の火災も生きのびた。

アーナンダ寺院

- 1105年ごろ
- ミャンマー、パガン
- 不詳
- 宗教施設

　煉瓦の白壁と優美な層状の屋根、黄金の尖塔をもつ絢爛豪華なアーナンダ寺院は、古典ビルマ建築の頂点を極めた建築物だ。平面構成はギリシア十字の形をとっており、十字の各腕から、切妻屋根のある大きな入口が立ち上がっている。十字の中心の上には6段の基壇がそびえ、ストゥーパを経て金箔を施した高さ52mの「シカラ」(涙のしずくの形をした尖塔)へと至る。内部には2つの暗い回廊があり、その片方では、壁の奥深くに掘りこまれた壁龕に座す高さ9mの仏像4体が待ち受けている。寺院は豊かな緑が影をなす中庭に立ち、周囲には長い壁がめぐらされている。

プランバナンのシヴァ神殿

- 855年
- インドネシア、プランバナン
- 不詳
- 宗教施設

　このシヴァ神殿は、プランバナンで発見された150を超える神殿からなる複合体の一部で、9世紀のジャワにおける仏教の衰退とヒンドゥー教の復興を示している。神殿は四角い基壇の上に十字形に配置され、形式に則った幅の広い4つの階段と34m平方の主室を備えている。高さは47mに達する。神殿には見事な彫刻があり、なかでも有名なのは、ヒンドゥー教の聖典『ラーマーヤナ』の教訓を描いた42の浅浮き彫りのある回廊だ。『ラーマーヤナ』は、ヴィシュヌ神が人の形をとった化身、ラーマが登場する叙事詩である。

東アジア
East Asia

東アジア

2000年の歴史をもつ中国の万里の長城は、西洋から見た東洋文化の象徴になっている。北京の北の山あいを蛇のように走る全長6000kmの巨大な長城は、敵の侵攻を防ぐために築かれたものだが、同時に中国を孤立させることにもなった。同じように、日本も鎖国により何世紀にもわたって外の世界から切り離されていた。

中国では、1911年になってようやく皇帝支配が終わった。したがって、過去2000年の中国の歴史は王朝の物語でもある。皇帝の法規により厳しく統制され、膨大な労働者によって万里の長城（p.114）や紫禁城（p.118-119）といった圧倒的な建造物を現出させた中国は、ほとんどの時代を通じて、西洋人にとっては謎に包まれた世界だった。自ら選んだ孤立主義に加え、美しいが独特な文字システムに囲いこまれてもいる中国文化は、外部の影響から切り離され、おおむね自己完結的な建築の伝統を生んだ。とはいえ、外部の影響とまったく無縁だったわけではない。

早い時期にインドから、仏教とともに建築様式も入

中国の書 4000年にわたって使われている中国の文字は、過去2000年のあいだほとんど変化せず、中国社会をひとつにまとめる役割を果たしてきた。

おもな出来事

- **50** 仏教が中国に伝わり、最初のストゥーパが建てられる
- **105** 蔡倫が紙を発明し、情報の掲示や保存、伝達の方法に革命をもたらす
- **220** 漢王朝の終焉により、中国が戦いと分断の時代に突入する。それにともない、芸術文化が枝分かれして豊かになる
- **500** 日本が漢字を取り入れる
- **581-618** 隋が南北中国を統一する
- **538** 朝鮮の百済国が日本の天皇に使節を派遣し、仏教を伝える
- **607** 法隆寺が建設される。中国から日本へ仏教が伝播してから、もっとも早い時期に建てられた寺院だ
- **725** 長安が同時代のヨーロッパの都市をしのぎ、世界最大の人口を擁する都市になる
- **1045** 畢昇が活版印刷を発明する。ヨーロッパでこの技術が登場する400年も前のことだ

ってきた。また、中央アジアを経由してイスタンブールまでを結ぶ有名な交易路、シルクロードを通じて、ペルシアや遠くギリシアのデザインも伝わった。逆に、中国の意匠も西洋に浸透するようになった。

同様に、東方では中国の様式が韓国（朝鮮）を経由して日本へと伝わり、中国のデザインは、そこで封建的な日本社会と融合した。日本は近代になるまで、鎖国により世界から隔絶されていた。中国の芸術と学識が西洋で称賛されるようになる一方、日本は謎に包まれた存在のままだった。西洋で広く知られる俗説では、日本の武将たちの戦いを止められるのは、宗教儀式だけだったとされている。だが、日本建築のほとんど超自然的な静謐さは、やがては西洋に大きな影響を与えるようになる。

◁ **素焼きの兵士たち**　1万体もの等身大の兵士像からなる「兵馬俑」は、万里の長城を完成させた中国の初代皇帝、秦の始皇帝（前259-210）の墓を守っている。

》江戸時代の日本

日本の鎖国主義が頂点に達したのが、江戸時代（1603-1868）だ。その始まりは、徳川家康が武力によって、現代の東京にあたる江戸に幕府を開いたことだった。1633年には、3代将軍家光が海外渡航と外国の書物を禁止し、外国との交易を大幅に制限した。日本社会は、武士を頂点とし、穢多・非人を最下層に置く5つの階級に厳密に分けられていた。だが、そうした厳しい制約にもかかわらず、芸術と文化はそれまでになく豊かで庶民的なものになった。

▷ **武士**　1850年代のこの版画は、武士が豪胆な町人に闘いを挑まれる場面を描いている。

1103　建築家の李明仲が『営造方式』を著し、中国建築の手法と基準を明示する

1264　蒙古が中国を征服。フビライ・ハンが元朝を興し、首都を北京に置く

1368　元仏僧の朱元璋が300年続く明朝を打ち立てる

1467　応仁の乱により幕府が弱体化し、多くの戦国大名が争うようになる

1200 — **1400** — **1600**

1227　道元が中国から帰国。のちに日本における曹洞宗の開祖となる

1274　蒙古のフビライ・ハンが日本への侵攻を試みるが、「神風」に撃退される

1394　李成桂の朝鮮王朝が首都をソウルに定める

1549　カトリックの宣教師、フランシスコ・ザビエルが日本に到着する

1603　徳川家康が征夷大将軍に任じられ、江戸幕府が開かれる

中国

前215～後1700年ごろ

中国では、宗教や土地の背景による地域的な差はあるものの、一定の建築様式が早い時期に生まれ、全土に広まっていった。1103年には、『営造法式』と呼ばれる国家刊行の建築書が全国に普及し、様式の統一が確立された。

　中国の建築は、『営造法式』を頼らずには理解できない。中国建築の手法と規格をまとめたこの図版入りの法典は、建築家の李明仲が3年をかけて編んだものだ。このなかで推奨されている木造建築の設計、構造、装飾の要点は、その後の数百年にわたって広く取り入れられることになる。
　この本ではたとえば、本質からそれた付け足しの装飾は避けるべきだとされている。建物に耐震性をもたせるために、建物の左右の揺れにともなって動く「ほぞ継手」を使わなければならないとも述べられている。また、建物を基礎なしで建てることが良しとされた。これも、地震の際に地面の揺れとともに動くようにし、建物が傾くのを防ぐためだ。規格化された建築部品も推奨された。つまり、どこの現場でも再現できる木材の長さと比率を用いよ、ということだ。厳密な色の決まりもあった。宮殿や寺院の壁、柱、扉、窓枠は赤、屋根は黄、軒や天井の下側は青と緑で塗らなければならない。また、複数の建物を集合して建てる場合は、軸方向に対称に配置することとされた。

規格のなかの多様性

　驚くことに、中国の寺院、僧院、宮殿の複合体を訪れると、12世紀はじめの『営造方式』で定められた要件がいまでも歴然と見てとれる。北京の紫禁城（p.118-119）にも、渾源県の懸空寺（p.116）にも、同じ要素、同じ色づかいが見られるのだ。時間を超越したかのような静謐さも共通している。その一方で、中国式の仏塔のような単独で立つ建築物の意匠には、建築様式のちがいがよりはっきりと表れている。

◀ **北京の天壇祈年殿**　明朝時代（1368-1644）に建てられた。丸い形をしているのは、天が丸いと考えられていたからだ。その下の四角い基壇は地を象徴している。

基礎知識

伝統的な中国建築では、設計や構造のみならず、色や装飾の使い方にも驚くほどの一貫性が見られる。そこに反映されているのは、中国の朝廷が古くから抱いていた「統一された文化には共通の基準がなくてはならない」という考え方だ。それに背く者は身の危険を冒すことになった。

◁ 屋根の上の彫像 中国の建築物の装飾は、構造部の形状に従うことが多いが、曲線を描く軒に座るこの風変わりな陶製の竜たちは、自由気ままで楽しげに見える。

△ 装飾的な鴟尾(しび) 屋根の棟の終端を飾る鴟尾は、構造的な理にかなっているだけでなく、見た目の美しさを添えている。多くは精巧な彫刻が施され、蛇や竜など猛々しい獣の装飾が建物を守っている。

▷ 象徴的な竜 寺院や宮殿の至るところに見られる竜は、中国皇帝の象徴だった。彩色された木、翡翠、石、土の素焼きなどでつくられた。

△ 獅子像 門を守る獅子は多くの宮殿や寺院で見られ、北京の紫禁城でも目を引く存在だ。たいていは巻き毛のたてがみで、例外なく猛々しい姿をしている。

△ あざやかな屋根瓦 あざやかに彩釉された屋根瓦は、中国建築全体に見られる強烈な色づかいの典型的な例だ。建物は通常、その目的や性質に応じ、一定の決まりに従って色分けされた。

屋根の上の獣たちが建物を守る　　黄色い瓦屋根は宮殿を意味する　　赤い塗装は権力者専用の入口であることを示す　　抽象的な花の装飾

◁ 精巧な門 中国建築はきわめて高度に規格化されていた。この紫禁城の正門は、魅力的な装飾が施されながらも、厳密に定められた比率に従って建てられている。しきたりどおりの色づかいは、建物の目的とならわしを表現している。

🔼 **権力の象徴** 万里の長城は、北の野蛮な民族の侵略を阻むために築かれた。現在は世界遺産となっている。

万里の長城

● 前214年以降　🏛 中国　✎ 不詳　🏯 要塞

中国の北の国境に沿って蛇のように連なる万里の長城は、東の山海関から西の嘉峪関（かよくかん）まで続いている。この世界最大の軍事建築物は、20を超える国と王朝に属していた古い壁を一体化したものだ。秦の始皇帝の時代にあたる紀元前214年に、統一されたひとつの防衛システムとなった。

長城の最古の遺跡は黄河の南岸で見つかったもので、紀元前680年のものと考えられている。そうした古い構造は土でできていたが、紀元前3世紀の秦の時代に石材を使って建て直された。長城の再建は、地元のさまざまな建材を用いて1500年にわたって続いたが、1210年、難攻不落とされていた壁を破ってチンギス・ハン率いる蒙古人がなだれこみ、中国を征服した。1368年の明朝樹立後に新たな工事が開始され、1500年ごろに長城が完成した。

長城の壁の高さは6〜10mで、場所によって異なる。壁の厚さは基部が平均6.5m、上部は5.8mで、上部のほうが狭くなっている。全部で2万にのぼる物見台が、100mおきに設けられている。頑丈な胸壁は火薬や砲弾、小銃弾にも耐えられる。もとは6000kmの長さがあったが、現在残っているのはそのうちの2600kmだけだ。

🔼 物見台

≫ 建設と破壊

長城の建設と再建では、おびただしい数の囚人や奴隷、兵士、地元住民が命を落とし、多くは長城のなかに埋められた。そのため中国では、長きにわたり、長城は非道な圧政の象徴と見られていた。また、貧困にあえぐ農民が長城を石切り場として使っていたため、長城は何世紀にもわたって損傷を受けることになった。最近では、膨大な数の観光客の足が長城をすり減らしている。

雲崗石窟

- 500年ごろ
- 中国、山西省、大同市
- 不詳
- 石窟

大昔の隊商路づたいにインドから東に広まった仏教は、中国文化に永続的な影響を与えた。山西省北部、武州山の砂岩壁に掘られた雲崗石窟は、初期の中国仏教芸術の粋を集めた傑作だ。

▲ 彩色された仏像

5世紀の北魏時代につくられた53の石窟は、それぞれ設計が大きく異なり、5万1000体もの彫像や、神々、鬼、動物の多彩な彫刻が刻まれている。雲崗石窟の建造は、高僧・曇曜の力添えで453年に始まり、およそ50年をかけて20の大石窟と無数の小石窟が砂岩の断崖に穿たれた。建造当初、大石窟への入口は、奥行き1間の数階建ての木造建築物で覆われていた。現存するのは、そのうちの2つだけだ。これらの石窟は、宿泊所や礼拝所、文書や経典や美術品の保管庫として、巡礼中の仏教僧たちに利用されていた。11世紀と17世紀には、石窟の大規模な修復工事がおこなわれた。

この地域を訪れた旅行者によれば、20世紀はじめごろには、石窟は荒廃していたという。石窟のある大同が中国有数の炭鉱地区であるため、石窟寺院の内部は環境汚染による大きな損傷も受けている。

》はるか彼方の影響

中国は交易を通して多様な文化の影響を受けている。石窟のなかには、整然としたギリシア風の列柱や石のポルティコを備えたもの、あるいはインドのチャトリ（小さなあずまや）やローマのバシリカを思わせるものもある。一方、重厚な装飾——竜と鳳凰、曲線状の屋根、蛇のように曲がりくねった彫刻——は、イランとビザンティンの影響を受けている。

▽ 彫像のある仏龕　石窟の大きさは、深さ21mに及ぶものから、彫刻を置く壁龕程度のものまで、さまざまだ。

懸空寺
けんくうじ

- 586年
- 中国、山西省、渾源県
- 不詳
- 僧院

　恒山の麓、金龍峡の急流の地上50mに危なっかしくとまっている懸空寺は、まるでファンタジーに出てくる鳥の巣のようだ。その優れた職人芸、冒険的な構造、巧みな土木工事、そしてたぐい稀な美しさを称えられるこの寺へ行くには、橋を渡り、岩壁に刻まれた石の階段をのぼらなければならない。もともとは北魏時代に建てられたものだが、明（1368-1644）と清（1644-1911）の時代に大幅に建て直された。懸空寺が立つ恒山は、中国の道教で聖なる山とされる「五岳」のひとつであるが、この寺はじつは仏陀、孔子、老子（道教の始祖）の像が並ぶ三教殿で知られている。数ある石窟のなかには、銅や鉄、テラコッタ、石でできた仏像があり、そのほとんどは建物と同じようにあざやかに彩色されている。風から守られた寺は、観光客が来ない真冬には静寂に包まれる。

危険なとまり木 40を超える木造の棟と石窟が集まっている。色あざやかな瓦屋根を頂く6つの本堂は、岩壁に打ちこまれた梁が支える曲がりくねった回廊と橋で結ばれている。

嵩山少林寺
すうざん

- 479年
- 中国、河南省、洛陽
- 不詳
- 宗教施設

　数々の中国のカンフー映画に登場するこの少林寺は、デイヴィッド・キャラダインが主演した1970年代のロングラン・ドラマシリーズ『燃えよ！　カンフー』（米国）の舞台にもなっている。だが、もっと重要なのは、この場所で仏典がはじめて中国語に翻訳されたことだ。

　北京の南西に位置する洛陽郊外の山あいの小さな町にあるこの寺は、1900～01年の義和団の乱で大きく損傷したが、1970年代半ばに中国政府により修復された。現在は武術ファンの聖地になっており、寺に住む「僧侶」の多くがじつは俳優だが、長きにわたった最盛期には、少林寺派の高僧が暮らしていた。

　この寺は、北魏の時代に孝文帝の命により建てられたものだ。壁に囲まれた寺院複合体は、山門、回廊、ひとつながりの堂、仏殿で構成される。仏殿では、仏像の周囲に僧たちの座が設けられている。その奥には、社務所、庫裏、広大な書庫、数々の美術品や彫刻を収めた部屋があり、そのすべてが風水の伝統に則って配置され、優美で劇的な屋根を頂いている。建立当時の寺には、12にのぼる上庭と下庭があった。寺はほぼ完全に山に取り囲まれている。山々は竹や桂皮や杉で飾られ、滝の流れがレースのようであった。

臥佛寺
がぶつじ

- 629年　中国、北京
- 不詳　宗教施設

　香山の東側に位置する美しい寺院、臥佛寺は唐 (618-907) の最盛期にあたる7世紀に建てられ、その後何度も建て直された。堂々たる山を背にして、北京植物園のなかに立つこの寺は、4つの堂と中庭で構成される。境内への入口となるのが、彫刻をあしらった大理石の3つのアーチだ。アーチを仕切る朱色の漆喰壁は、黄、緑、青のほうろうで彩られたパネルで飾られている。

　その奥には、中国の伝統に則った3つの美しい建物——山門殿、天王殿、三世佛殿が寄り集まっている。いずれの建物も、重厚な瓦屋根を頂く深い軒に守られている。4棟目の臥佛殿は寺最大の建物で、1321年につくられた丈5.3m、重さ54tの青銅の涅槃仏が安置されている。

▲ **釈迦牟尼**　仏陀の入滅の様子をかたどったこの仏像は、12体の陶製の弟子像に教えを説いている。

鎮海楼
ちんかいろう

- 1380年　中国、広州
- 不詳　要塞

　明朝の永嘉侯、朱亮祖により越秀山の上に建てられた鎮海楼は、地元では五層楼とも呼ばれるあざやかな赤い塔である。幅が広くて背の高い塔は緑の釉薬瓦を頂き、獅子の石像が門を守っている。のちに、広州市の城壁に北端の望楼として組みこまれた。

　鎮海楼は、銃眼付きの胸壁を備えた石の基壇にそびえている。大気汚染がそれほどひどくないときには広州の壮大な眺めを楽しめるが、街の姿は建造当時とはまったく様変わりしている。市の城壁がなくなったいまでは、鎮海楼は美しい越秀公園にぽつんと立っている。この公園は1952年に広州中心部の北につくられたもので、湖、橋、塔、鳥、魚、樹木が織りなす都会のオアシスだ。

　鎮海楼は過去600年のあいだに5回破壊され、5回再建された。いちばん最近の再建は1928年だ。現在は広州博物館として使われており、2000年にわたる広州市の多彩な歴史にまつわる遺物や文書を収蔵している。

拙政園
せっせいえん

- 1513年　中国、蘇州
- 不詳　庭園

　中国でも名の知られた私有庭園のひとつが、この拙政園だ。正徳帝 (在位1506-21) の時代に退職した廷臣のためにつくられたもので、広さは4haに及ぶ。

　回廊が大きな池をジグザグに渡り、あずまややテラスの足もとまでのびているため、あたかも庭園全体が水に浮かんでいるように見える。さまざまな建築技術を駆使し、あずまやの窓を風景の額縁に仕立てたり、遠くの塔が垣間見えるように小道を幾何学的に正確に配置したりしている。

◀ **自然界の小宇宙**　この庭園は、中国の伝統家屋と自然が調和した見事な例だ。

紫禁城

- 1420年
- 中国、北京
- 不詳
- 宮殿

天安門広場の北に立つ紫禁城は、500年以上にわたり皇帝の宮城として使われていた。深さ6mの濠と高さ10mの壁で囲まれた宮城は、8kmにわたる南北の軸に沿って配置されている。広さは73haに及び、9999室をとれるように設計されている。着工は1407年。外壁は煉瓦だが、建物のほとんどは木造だ。紫禁城は2つの部分に分かれている。南側の外朝は政治の中枢、北側の内廷は皇帝一家の住居だった。宮城の中心にあたる建物が外朝の太和殿（図を参照）だ。ここには皇帝の玉座があり、皇族を象徴する黄色が全体に使われている。1420年から20世紀にかけ、24代の皇帝がここで暮らした。1924年に最後の皇帝が追放されて、中国は共和国となった。

太和殿

小さな玉座　乾清宮の皇帝の私室にある玉座は、日々の執務や謁見に使われた。

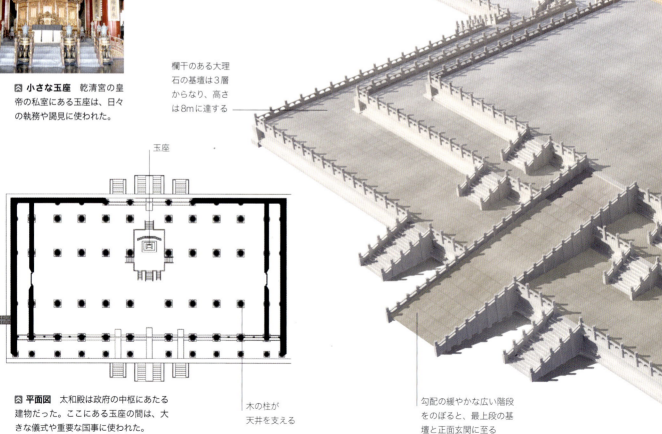

欄干のある大理石の基壇は3層からなり、高さは8mに達する

平面図　太和殿は政府の中枢にあたる建物だった。ここにある玉座の間は、大きな儀式や重要な国事に使われた。

木の柱が天井を支える

勾配の緩やかな広い階段をのぼると、最上段の基壇と正面玄関に至る

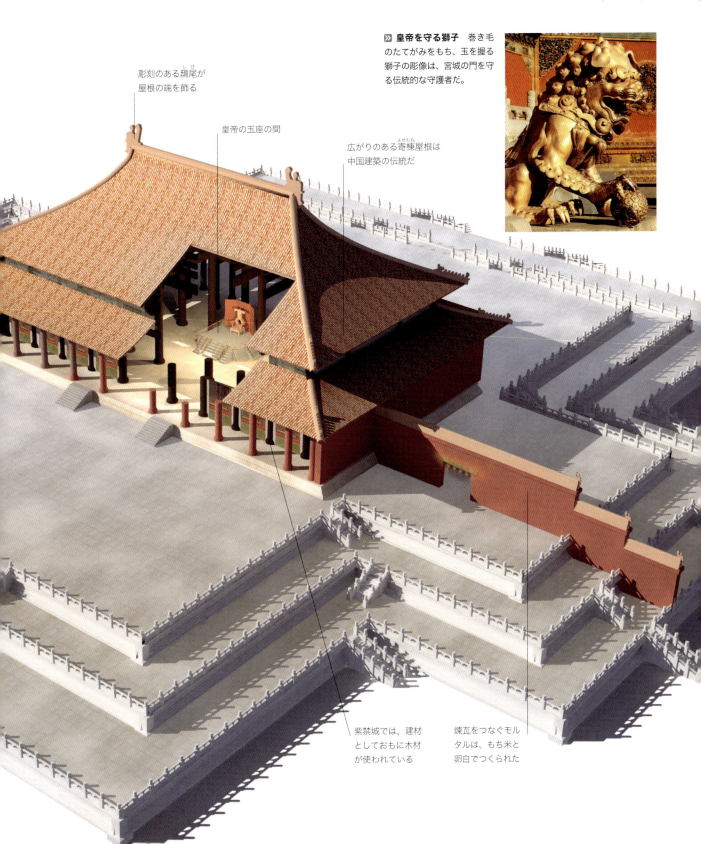

中国 119

▶ **皇帝を守る獅子** 巻き毛のたてがみをもち、玉を握る獅子の彫像は、宮城の門を守る伝統的な守護者だ。

彫刻のある鴟尾（しび）が屋根の端を飾る

皇帝の玉座の間

広がりのある寄棟（よせむね）屋根は中国建築の伝統だ

紫禁城では、建材としておもに木材が使われている

煉瓦をつなぐモルタルは、もち米と卵白でつくられた

頤和園
い わ えん

- 1200年ごろ
- 中国、北京
- 不詳
- 宮殿

無数の橋、楼閣、庭園、湖、小川からなる広さ294haのこの宮殿は、金朝（1115-1234）時代に建設が始まり、当初は清漪園と呼ばれていた。中国皇帝の離宮としては最大の規模を誇る。世間の目からは長らく隠されてきたが、1924年、一般に開放された。

この宮殿は18世紀後半に現在の形になったが、第二次アヘン戦争中の1860年に英仏軍により破壊された。その後、西太后が海軍の予算を流用して再建し、名を頤和園と改めたが、義和団の乱のさなかの1900年に再び外国軍により荒らされた。完全に修復された現在では、北京中心部の喧騒を逃れる美しい憩いの場となっている。売店や喫茶店やボート乗り場もあり、のどかな山を背景にした神秘的な景色を楽しめる。

仏香閣を中心とする宮殿は、数々のあずまやや楼閣、橋、回廊、排雲殿、智慧海、徳暉殿といった3000を超える構造物で構成される。建物の配置は、霧に包まれた海に蓬莱の島があるという道教の神仙伝説に着想を得たものだ。庭園の4分の3を湖や小川が占めるため、建物や橋の形が水に幾重にも反射される。あずまやの多くは、絵画で飾られた全長700mの歩廊で結ばれている。

のどかな環境 北京中心部から北西に11kmほどの海淀区にあるこの見事な宮殿は、1998年に世界遺産に登録された。

昆明湖にかかる橋
こんめいこ

霊隠寺
れいいんじ

- 326年
- 中国、杭州
- 慧理
- 宗教施設

　霊隠寺は、中国屈指の豊かで規模の大きな寺だ。絶頂期を迎えた10世紀には、18の仏閣と77の殿堂を擁し、1300を超える僧房に3000人前後の僧侶が暮らしていた。創建されたのは4世紀はじめだが、以後、少なくとも16回は建て直されている。文化大革命中の1968年に紅衛兵によって一部壊されたものの、霊隠寺とその境内は、周恩来首相の直接介入により、ほかの中国の宗教建造物が被ったような全面的な破壊はおおむね免れた。都市のように配置された殿堂は、きわめて広い。大雄宝殿は三重の軒のある屋根を頂き、およそ35mの高さを誇る。五百羅漢堂には、その名のとおり、500体の等身大の銅像が収められている。霊隠寺は、英語では一般に「Temple of the Soul's Retreat（霊魂が隠棲する寺）」と呼ばれる。

西安の鼓楼

- 1380年
- 中国、西安
- 不詳
- 公共施設

　1380年に建てられた西安の鼓楼は、三重の軒がある高さ34mの四角い楼閣で、中国内陸の城塞都市、西安のイスラム地区にある鐘楼と対をなしている。巨大な太鼓を備え、時を告げるだけでなく、危険を知らせる警報としても使われていた。現在、2階は骨董店になっているが、1階は色彩豊かな太鼓に囲まれ、魅力的な太鼓博物館になっている。煉瓦と木材でできた巨大な鼓楼は、街路の通るアーチ道に貫かれている。この力強い建築物は、いまでは世紀金花デパートなどの美しくない現代の建物に取り囲まれ、まさに孤高の存在になっている。

▲ **印象的な建物**　高い煉瓦の基台に立つ鼓楼は、三重の軒のある寄棟屋根を頂いている。
よせむね

仏山祖廟

- 1085年
- 中国、仏山
- 不詳
- 宗教施設

　数世紀にわたって絶えず増築されてきたこの寺院複合体は、もともとの寺院が大きく改造された結果、魅力的ではあるものの、奇妙な混合建築の様相を呈している。中国の古建築の例に漏れず、色彩にあふれている。1911年からは孔子廟が加わった。ここでは、売店やレストランが、断片的に残る古い美術品や工芸品と渾然一体となっている。見どころは、慶真楼、劇的な鼓楼や鐘楼などだ。また、色彩豊かな屋根付きの大舞台が目を引く南の中庭は、かつては仏山発祥の伝統芸術、広東オペラに使われていた。そのほか、ヨーロッパ人を戯画化した清朝時代の石の彫刻もある。

太廟

- 1420年
- 中国、北京
- 不詳
- 宗教施設

　明清代の皇帝の祖廟である太廟は、紫禁城の南北の軸と平行に広がっている。伝統的な中国帝国建築の堂々たる傑作で、おもに3つの主殿、2つの門、2つの祠廟で構成される。中心となる2層構造の太廟正殿は、建造は1420年だが、以後しばしば修復されている。建物群は、高い壁と樹齢を重ねた高木に囲まれている。正殿よりもかなり幅の狭い両脇の2つの堂は、遠目にはほとんど質素に映るが、近くで見ると、想像力豊かな装飾がふんだんに施されているのがわかる。

中国 | 123

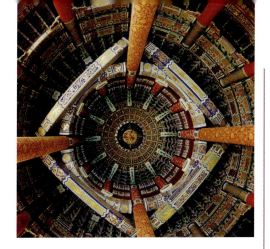

🔼 **祈年殿の天井** 建物内部から屋根を支える柱は、四季、月、十二辰刻を表している。彩釉は天と地と地上の万物を象徴している。

天壇祈年殿

- 1530年
- 中国、北京
- 不詳
- 宗教施設

　明の時代に建てられた天壇祈年殿は、2.6km²という圧倒的な広さを誇り、現在は北京の天壇公園内にある。寺院をなす複合体は壁に囲まれ、全体的な建築と配置は複雑な象徴と数秘術に基づいている。儒教以前の時代の定石どおりに建てられた天壇祈年殿の建築群は、天空を思わせる丸い形をしている。寺院複合体の基壇と軸は、大地を表す直線だ。壁の北側は半円（天）、南側は四角（地）になっている。

　この複合体の数ある美しい建物のなかでも、とくにすばらしいのが圜丘壇、皇穹宇、祈年殿の3つだ。圜丘壇は3段の白大理石の基壇をもち、冬至にはここで皇帝が天への供物を捧げていた。皇穹宇は青と金の巨大なパラソルのような姿をしている。祈年殿は3層の軒のある丸い屋根を頂き、天井には象徴を用いた装飾が施されている。

　建物群は、丹陛橋と呼ばれる幅の広い橋で結ばれている。皇帝が橋を渡ったり別の建物へ行ったりする際には、専用の道が使われた。

五仙観

- 1378年
- 中国、広州
- 不詳
- 宗教施設

　道教寺院の五仙観は、広州市の創建にまつわる伝説では、5人の仙人が訪れた場所とされている。言い伝えによれば、その昔、5人の仙人が5頭の羊に乗ってこの地を訪れたという。仙人たちは携えていた五穀の稲穂を人々に与え、米作の秘訣を授けた。この伝説から、広州はいまでも「羊城」や「穂城」と呼ばれている。仙人たちが天に帰ると、羊は石に変わったという。その伝説の石は、この魅力的な赤い寺で見ることができる。

　寺院には明の時代に建てられた巨大な鐘楼があり、その鐘楼の正面には、明朝の様式で建てられた本堂が立っている。本堂の東の池にある巨大なくぼみは、仙人のひとりが残した足跡だと伝えられている。

先農壇

- 1420年
- 中国、北京
- 不詳
- 宗教施設

　この寺院は複数の祭壇からなる複合体で、広さは3km²に及ぶ。20世紀に工場として使われて荒廃したが、のちに修復された。農作業の始まる季節になると、明朝から清朝の皇帝が、農業神の先農に豊作を祈る儀式を執りおこなった。美しい赤と青の先農壇では、皇帝自らが新しい衣に身を包み、具服殿で農作業着に着替えてから、鋤で耕す儀式をおこなって神に敬意を表すならわしだった。

🔼 **具服殿** 先農壇の一部をなすこの具服殿には5つの部屋があり、緑の釉薬瓦の屋根を頂いている。建物は竜の絵で飾られ、外部には煉瓦構造の基壇が設けられている。

日本と韓国

500～1900年ごろ

韓国（朝鮮）は中国建築と日本建築をつなぐかけ橋だ。高麗時代（918-1392）の木造建築は、基本的には中国のデザインを踏襲したもので、それがそのまま朝鮮半島全体に広がっていった。だが、海を渡って日本に伝わると、そうしたデザインは微妙な変貌を遂げ、華々しく誇張された屋根のように、創造的な冒険心が翼を広げて飛び立っていった。

　伝統的な日本建築は、その繊細さや静けさ、洗練されたバランス、そして建物と庭が完璧に調和するさまが称賛されている。そうした建築が発展したのには、様式のほかにもさまざまな理由がある。日本は中国に比べて地震が多いため、地面が揺れると倒壊するような重い構造物を建てるのは賢明ではない。また日本の国土は狭く、山がちで、人々のほとんどは周縁部に住まざるをえなかった。それゆえに、土地を控えめに使って、小さな場所──たとえば小さな寺や家や庭──を黙想（静思）の場として活用する術を編み出すことができたのである。

　意外なのは、いま目にする「昔ながら」の建物の多くが、じつはそれほど「古くない」という事実だろう。設計や配置という点では昔ながらのものかもしれないが、使用されている木材は何度も取り替えられている。代表例は伊勢神宮の社殿で、20年ごとに儀式として全面的に建て替えられる。これは、ひとつには神道の神々の性質を反映している。ごく短い期間しか地上にとどまらない神道の神々は、恒久的な住まいを必要としないのだ。

不朽の伝統

　建築の伝統は、仏教の伝来にともなって進化した。寺院は精巧かつ大規模なものになっていったが、やがて江戸時代（1603-1868）に足並みをそろえるようになる。寺社や家、その内装の規模を定める厳密な基準が敷かれたからだ。その結果、きわめて特徴的な日本の建築様式が生まれることになる。日本が開国して西洋の文化を受け入れる19世紀までは、そうした様式が変化の圧力にさらされることはほとんどなかった。韓国の建築が近代まで中国の特徴を保っていたのとは好対照である。

◀ **清水寺（京都）** 三重塔に見られる構造とあざやかな色は、仏教とともに日本に伝わった中国の建築様式を反映している。

基礎知識

伝統的な日本建築は木造建築の極致だ。耐火性はなくとも、地震に耐えられるように設計された寺院や宮殿などの建物は、構造の面でもデザインの面でも静謐の境地に達している。ルーツは中国のデザインにあるものの、日本建築はまたたくまに独自の個性をもつようになった。

手入れの行き届いた庭園 日本建築の多くは、綿密に設計され、手入れの行き届いた庭園と分かちがたく結びついている。そこでは自然と人工物が見事に調和を保っている。

障子は戸としても窓としても機能する

茶室 茶の湯は古くから伝わる禅の儀式だ。静かな瞑想の感覚を高めるために、その時代のもっとも簡素な茶道具と作法が用いられた。この儀式には専用の建物、すなわち茶室が必要とされた。

精巧な木組み 寺院や宮殿は、黄金の調度や宝石ではなく、きわめて精緻で洗練された木組みにより、その重要性が示されている。

軒を守る破風板が棟の上までのびている

彫刻の施された千木は、木工技術の高さを示している

神明鳥居 初期の「神明鳥居」は単純な形をした神社の門で、地面からまっすぐ立つ2本の簡素な柱と、2本の水平の横木からなる。横木のうち、1本は構造を補強し、もう1本はまぐさとして機能する。

千木 千木は、古い日本の神殿の構造（丸太や枝でできた単純な構造）を意図的に真似たものだ。実際には、精巧な彫刻の施された破風板が、萱葺き屋根の上までのびて交叉している。

曲線を描く横木は、後期の鳥居の特徴だ

明神鳥居 「明神鳥居」は、「神明鳥居」（左上参照）をさらに様式化して洗練させたものだ。写真の厳島神社では、二重の横木の曲線が、神社本殿の軒の曲線に呼応している。

▲ 法隆寺五重塔

▽ **力強さと美しさ** 法隆寺金堂は現存する最古の木造建築物ともいわれている。

法隆寺伽藍(がらん)

● 607年　🏯 日本、奈良　✍ 不詳　🏛 宗教施設

法隆寺伽藍は、仏教伝来により生まれた初期の建築物のなかでもとくに重要な寺院だ。中国から広まった仏教は、文化的なつながりの深かった朝鮮の百済王朝を経由して日本に伝わった。病の平癒を願って法隆寺の建立に着手した用明天皇は、その完成を見ずにこの世を去った。

　法隆寺伽藍は670年に火災で焼失したが、すぐに再建された。現存する4つの古い木造建築物——中央の五重塔、金堂(下の写真)、木造の中門、中央の伽藍を取り巻く木造の回廊——は、日本の歴史が文書として記録される以前の時代にさかのぼる。

　これらの建物の設計、繊細な構造、細部の装飾は、おそらく百済から来た建築家や職人が手がけたものと思われるが、上品な秩序感覚を備えた古典的な日本建築の萌芽も見てとれる。

　法隆寺伽藍には、そのほかに新しい時代の建築物もある。なかでも有名な聖徳太子の夢殿は、8世紀に建てられた八角形の建物だ。鐘楼と大講堂は10世紀に再建された。そのほかの建物群は、13世紀から19世紀の時代のものだ。1933年から1953年にかけては、保存性を高めるために全体が解体され、修理されたのち組み立て直された。

》日本の寺院建築

7世紀の日本では、寺院の主要な建築物は塔だった。日本の塔は朝鮮や中国の伝統から派生したもので、さらにルーツをさかのぼれば、インドの初期の仏教ストゥーパ——仏舎利を収めるためのドームのような土塁——にたどり着く。中国の塔の多くは煉瓦造りであざやかに彩色されているが、日本の塔は木造で、落ち着いた色に統一されており、多くは地味な灰色をしている。

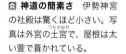
▲ **神道の簡素さ** 伊勢神宮の社殿は驚くほど小さい。写真は外宮の土宮(つちのみや)で、屋根は太い萱で葺かれている。

伊勢神宮

● 690年　🏳 日本、三重、宇治山田　✎ 不詳　🏛 宗教施設

伊勢神宮は内宮(ないくう)と外宮(げくう)からなる美しい神社で、内宮には日本の皇室の祖先とされる天照大神(あまてらすおおみかみ)が、外宮には穀物や収穫を司る女神の豊受大神(とようけのおおみかみ)が祀られている。7世紀以降、「式年遷宮」と呼ばれる再生の儀式により、社殿はほぼ20年ごとに建て替えられている。

　遷宮の儀式は、神道建築の本質を体現するとともに、日本人に深く根づいた信仰を表している。きらびやかな金属の手すりの装飾、正殿を飾る色あざやかなガラス玉や金色の扉などに中国の影響が見られるものの、伊勢神宮は基本的には単純な構造で、古典的な形をとっている。その一方で、仰々しさはまったくなく、多くのほかの建築物とはちがって、自然の延長のように見える。その意味では、西洋における古代ギリシア神殿の東洋版といえるだろう。

　中心となる正殿は神明造りと呼ばれており、日本産の檜でつくられている。もっとも目を引く特徴である破風板は、交差する2本の剣のように屋根の端から突き出ているが、これは収穫に使われる熊手などの道具を表しているとも解釈できる。

　伊勢神宮はいまに至るまで聖域として守られ、商業本位の観光地になることなく、現代日本の熱気を帯びた日常生活から遠く離れた場所に隠されている。2013年には、62回目の遷宮がおこなわれた。

》神道建築

神道では、神の力（聖なる力）が重く扱われる。神は祖先信仰や自然のなかに見出されるが、偶像崇拝や手のこんだ神殿建築は必要とされない。とはいえ、日本の初期の神社のデザインからは、多くの象徴が見てとれる。屋根の上にどっしりと載った、様式化された大きな丸木は、原始的な日本家屋、とりわけ伝統的な穀物倉の構造的特徴を思い起こさせる。

▲ **正殿へ至る鳥居**

平等院

- 1053年
- 日本、京都、宇治
- 不詳
- 宗教施設

宇治川の西岸にたたずみ、庭園の池に倒影を映すこの優美な仏教寺院は、もともとは藤原道長の広大な別荘だったが、のちに息子の頼通によって仏寺に改められた。現存するのは中央の鳳凰堂だけで、ほかの建物は1336年に内乱で焼失した。

この時代の寺院の多くは、まだ中国的な外観をはっきり残しており、平等院でも精巧な細部と色づかいにそれが見てとれる。その一方で、この寺院は純日本建築の発達の初期段階も示している。1053年に完成した鳳凰堂は、屋根に飾られた2羽の鳳凰が命名の由来だ。優れた仏師だった定朝が手がけ、見事な金箔が貼られた阿弥陀如来の木像も、この寺に収められている。

おなじみの硬貨 鳳凰堂は、10円硬貨の表側に刻まれているため、日本ではよく知られている。

清水寺金堂

- 1633年
- 日本、京都
- 不詳
- 宗教施設

流麗な屋根のライン 本堂は寄棟造りと切妻造りの屋根を組み合わせた3つの檜皮葺き屋根を頂いている。

8世紀に創建された清水寺は、宗教と都市の複合建築の頂点をなす建築物だ。その本堂は、格子状に組まれた木材に支えられ、京都・東山の鬱蒼とした山腹に立っている。岩だらけの急な斜面に位置するこの寺は、地面のはるか上に浮かんでいるように見える。この構造は、現実的であると同時に、象徴としても理にかなっている。というのも、この寺は慈悲深い観音菩薩を祀っているからだ。日本では古来、観音菩薩は岩がちの風景と結びつけられ、11の顔や1000本の温かい手をもつ姿でも描かれる。

外陣は簡素だが、1633年の火災後の再建時に商人から寄贈された絵画で飾られている。内陣には、黒漆の壇にまばゆい金箔を貼った仏像が並んでいる。本尊は延鎮の彫った十一面千手観音像だ。観音像は33年に1度しか公開されないため、拝観したければ、訪れる時期を慎重に選ばなくてはならない。次の御開帳は2030年となる。本堂のうしろにある地主神社は、縁結びのご利益があるとされている。

金閣寺

● 1397年　🗾 日本、京都　✍ 不詳　🏛 別荘

漆塗りに最上級の金箔を施した金閣寺がその美しい姿を池に映し出すさまは、京都でも指折りの神秘的な光景だ。正式には鹿苑寺という。もともとは隠居した将軍の別荘として建てられたが、将軍が死んだあとの1408年に禅宗の寺となった。1950年には、精神を病んだ僧侶に放火された。宝石のように美しい現在の建物は、1955年に再建されたものだ。

室町幕府（1336-1573）の3代将軍・足利義満は、息子に将軍の位を譲って仏門に入った。おそらく、建てたばかりの美しい金色の別荘で、仏道の修行に励んでいたのだろう。金閣寺はもともと、2つの塔をふくむ大きな建築複合体の一部だった。建物群は応仁の乱（1467-77）で焼失し、のちに再建されたものの、90年後に再び破壊された。破壊を免れたのは、金閣寺と小さな離れだけだった。

日本建築の歴史と文化を遊び心たっぷりに引き継ぐ金閣寺は、3層構造の四角い建物で、総重量48kgにのぼるごく薄い金箔で覆われている。それぞれの層には仏像が収められている。屋根はこけら葺きで、金の鳳凰を頂く。

1987年には、それまでよりも大幅に厚い漆塗りが施され、全面的に修復された。伝統的な茶室、夕佳亭がある庭園は、14世紀の面影をとどめている。金閣寺から少し歩いた場所には、日本でもっとも有名な枯山水、龍安寺の石庭がある。この石庭は、15世紀に瞑想のためにつくられたものだ。

⬆ **結跏趺坐をとる銅の仏像**

》日本の建築様式

おもしろいことに、金閣寺では各層の意匠が大きく異なる。1層目の「法水院」と2層目の「潮音洞」は寝殿造り風、3層目の「究竟頂」は禅宗仏殿風である。これとは別に、1層目を住宅風、2層目を仏堂風、3層目を禅宗様の意匠とする解釈もある。はっきりしているのは、3層目の様式だけが明確に異なるということだ。2層目と3層目の周囲には金箔が貼られている。

⬇ **金と緑**　金閣寺の壁と欄干に貼られたまばゆい金箔が、手入れの行き届いた青々とした庭園の背景によって、その輝きをいっそう引き立てられている。

姫路城

- 1614年
- 日本、兵庫、姫路
- 不詳
- 城郭

「白鷺城」の別名をもつ姫路城は、きわめて保存状態の良い城郭で、際立って美しい建物でもある。1931年には国宝に指定された。白い壁と翼を広げたような屋根は、いままさに飛び立とうとする白鷺の姿を思わせる。だが実際は、武士階級が戦いのための構造物としてつくったものだ。

△ 装飾的な軒瓦

丘の上に立つ広さ23haの姫路城は、日本全土が統一された時代に、池田輝政（1564-1613）の指揮のもと、兵士や農民、強制労働者により拡張された。当時の日本は、弓矢と槍の時代から、火縄銃をはじめとする新しい武器の時代へと移行しつつあった。そのため、城は強固につくられた。濠に囲まれ、3つの小天守を従えた大天守は、複雑な平面構成をとっている。それぞれの天守は多数の秘密の通路で結ばれ、防御が破られても城を内側から守れるようになっている。通路はあえて迷路のようにつくられており、兵士が隠れる場所もある。とはいえ、平時の城は、壮麗で美しい邸宅ともなった。姫路城は内濠と外濠に守られ、高さ15mの傾斜した石垣の上にそびえている。建材には石と木材と瓦が使われている。

劇的な上部構造の壁には漆喰が塗られている。迷路のような城内には、美しい木の廊下と、幾何学的に並ぶ畳や襖を備えた部屋がある。内庭からそびえる7階構造の大天守は、高さ47mに達する。南東の端には、武士の切腹の儀式を連想させる「腹切丸」と呼ばれるエリアがある。おそらく、この壮麗な城をめぐるもっとも奇妙な事実は、これほどの巧みな仕掛けを盛りこみ、苦労して建てられたにもかかわらず、一度たりとも攻撃を受けなかったことだろう。

》武士

12世紀末から19世紀にかけての日本は、武士が支配していた。将軍を頂点としてその下に大名を組み入れた、武力による独裁体制が確立されたのである。江戸時代に入ると、武士は特権を与えられた忠実なエリートとなり、武士道として知られる厳格な礼儀作法に従っていたが、しだいに武士の軍務はほとんど儀式的なものになっていった。そうして1867年、最後の将軍が退位し、武士階級は廃止された。

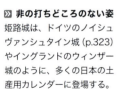

》 非の打ちどころのない姿
姫路城は、ドイツのノイシュヴァンシュタイン城（p.323）やイングランドのウィンザー城のように、多くの日本の土産用カレンダーに登場する。

◀ **堂々たる瞑想** この荘厳な仏像は、海を見据える位置に坐している。仏陀の左手は瞑想を示す定印を結び、右手は地面に触れる触地印をとっている。

石窟庵

- 751年
- 韓国、仏国寺
- 金大城
- 宗教施設

　この花崗岩の石窟庵（ソックラム）は、もともとは新羅の景徳王の時代につくられたもので、宰相の金大城かその命を受けた者が設計したとされている。穏やかな仏像で知られ、像は神々や門弟の浅浮き彫りや高浮き彫りに囲まれている。入口の広間の先には小さな控えの間があり、その端には蓮華の柱礎に載った2本の太い柱が立っている。その奥には、花崗岩から掘り出した丸屋根の円形構造物がある。

　この石窟庵は仏教の衰退とともに見捨てられ、1913年から15年にかけて、韓国を植民地支配していた日本の統治当局により解体された。その作業中、岩に巧妙に組みこまれていた、自然の力を利用した換気システムが誤解により遮断されたことで、石が結露を起こし、彫像が危機にさらされる事態となった。この問題は最近になって解決され、ユネスコの援助を受けて最新の空調設備が導入された。

修学院離宮

- 1659年
- 日本、京都
- 不詳
- 住居

　京都最大の離宮である修学院離宮は、比叡山の麓にあり、京都の街を一望する見事な眺めを誇る。なかでも、上離宮の隣雲亭と呼ばれる茶室からの眺めはすばらしい。この離宮は、天皇位を退いた後水尾上皇（1596-1680）――文化と学問を愛したが、将軍の権力にがんじがらめにされていた天皇――のために設計されたもので、すばらしい庭園のなかにある。簡素で落ち着いた美しさをたたえる3つの離宮からなり、均整と礼節を重んじた厳格な規則に従って設計されている。築後300年以上を経てもなお、この離宮は驚くほど現代的な印象を与え、ヨーロッパの初期モダニズムのデザインにも大きな影響を及ぼした。

イスラム世界

The Islamic world

イスラム世界

イスラム教はおそらく、どの宗教よりも世界に広く浸透し、多様な文化の影響を吸収してきた。神秘主義から禁欲主義に至るまで、さまざまな宗派のイスラム思想に刺激されて生まれた芸術と建築は――宗教的、世俗的を問わず――厳格なものから官能的なものまで多岐にわたり、安易な分類を拒んでいる。

イスラムの伝統は、アラビア半島にルーツをもつ。アラビア半島は、メッカの豪商だった預言者ムハンマドの生地だ。7世紀以降、ムハンマドの教えに鼓舞されたアラビアの勢力は、イスラムの影響力を中東から北アフリカ、インド、中央アジア、スペイン、さらにその先にまで拡大した。アラビア半島の建築の伝統は、そうした各地の気候や建材に適応する形で変化していった。

累々たる伝統

初期イスラム建築は、ビザンティン様式、とくにハギア・ソフィア（p.80-81）に体現される様式や、イスラム以前のササン朝ペルシアの芸術の影響を強く受けていた。その後はアフガニスタンや北アフリカ、中国の影響が混ざり、ヨーロッパ北部の影響も見られるようになる。そして、こうしたさまざまな様式が吸収され、なじんでいくにつれて、一部の要素はイスラム世界全体で普遍的に見られるものになった。たとえば、アラビア文字の優美さや文学の豊かさ――とりわけコーランの主要テキスト――は、イスラム建築の豪華な装飾のなかで表現された。特定の形態をとる宗教建築や世俗建築も広く普及した。

イスラム建築のなかでも、とくに目を引くのがモスクだ。モスクの基本的な平面設計は、初期の信者が祈りのために集まったムハンマドの邸宅をもとにしている。この設計は、壁と回廊に囲まれた中庭と、その奥にある祈りのための建物または日陰のエリアで構成される。もうひとつの重要な宗教建築の形態が、マドラサ（イスラム神学校）だ。これはササン朝建築から派生している。マドラサでは、モスクと同様の中庭を取り巻く回廊の両側に、イワーンと呼ばれる2階建てのホールが加わる。

おそらく、イスラム建築のもっとも大きな特徴はドームだろう。現存する最古のドームの例は岩のドーム（p.140）で、これは初期キリスト教の伝統から発展したものだ。その後のオスマン帝国の建築家たちは、そうした単体のドームをさらに進化させ、中央の大ドームを取り囲むように、多数の小さいドームや半ドーム

▽「ホスローとシーリーン」
ペルシアの詩人ニザーミー（1141-1209）による叙事詩『ハサム』をもとに、16世紀にムガル絵画としてよみがえった緻密な彩色画は、色彩豊かな世俗建築装飾のひな型といえる。

▽文字による装飾　岩のドーム（p.140）はコーランの銘文で飾られている。大理石とガラスでできたなめらかな立方体のモザイクが、陶製タイルを取り囲んでいる。

おもな出来事

- **570** イスラム教の創始者で預言者のムハンマドがアラビアのメッカで生まれる
- **630** ムハンマド率いる軍隊がメッカを征服し、イスラム教の聖地とする
- **632** ムハンマドの死。6年後、イスラム教徒がエルサレムを陥落
- **655ごろ** ムハンマドが神から啓示されたイスラム教の聖典コーランを弟子たちが完成させる
- **696ごろ** アラビア語がイスラム世界の公用語になる
- **711** ターリク・イブン・ジヤードが西ゴートのロドリゴ王からスペイン南部を奪取し、コルドバを首都とする
- **825** ペルシアの数学者フワーリズミーが代数学の基礎をつくり、アラビア数字を改良する
- **848** サーマッラーの大モスクが完成。当時世界最大のイスラム教モスクとなる

イスラム世界 | 135

◁ **祈りのための聖龕(せいがん)** まばゆい金箔の花模様で飾られたこの聖龕(ミフラーブ)は、礼拝者にメッカの方角を示すためのもので、モスクの壁にしつらえられている。

1187 エジプトのスルタン、サラディンがキリスト教徒からエルサレムを奪い返す

1453 メフメト2世率いるオスマン・トルコがコンスタンティノープル(ビザンティウム)を奪取し、イスティンポリンと改名する

1492 フェルナンドとイサベラの率いるキリスト教諸国がスペイン全土を奪還する

1571 レパントの海戦でオスマン海軍がキリスト教勢力に敗れ、イスラム圏の拡大が止まる

1200 — 1400 — 1600

1100 イスラムの交易商人たちが、北アフリカ・サハラ砂漠のオアシス、ティンブクトゥを築く

1258 モンゴル帝国がバグダッドのカリフ国アッバース王朝を滅ぼし、80万人を殺害する

1475 世界初のコーヒーショップ、「キヴァ・ハン」がイスタンブールにオープンする

1529 オスマン・トルコがウィーンを包囲し、ヨーロッパ全土を恐怖に陥れる

16世紀ごろ イエメンのシバームに泥煉瓦の「摩天楼」都市が建設される

を頂く回廊を配する様式を生み出した。その代表的な例が、イスタンブールのスレイマニエ・モスク（p.148）だ。東方のモスクでは、優美な尖塔（ミナレット）がよく見られる。そうした尖塔は、一対や一群の形をとることが多い。16世紀のペルシアで発達したものだが、イスラムの伝統に吸収され、完全に同化している。

　最高峰のイスラム建築は、ほかのどこにも見られないほど美しく官能的だ。とりわけ、色は建築装飾の重要な要素で、光り輝くガラスと黄金のモザイクという形をとることが多い。深い青、緑、赤、黄の陶製タイルが、建物の内外に使われている。宗教建築では、生物の三次元表現は偶像崇拝と見なされるため、おもに壮麗な幾何学模様が用いられる。こうした模様は、数学を発達させてきたアラビアの長い歴史を反映したものといえる。コーランの筆記文字と彩飾模様から発展した、丸みを帯びた流れるような書体は、塗装にも石細工にも採り入れられ、モスクやミナレット、世俗的な建物を飾っている。

世俗のデザイン

　世俗建築に関していえば、何世紀にもわたりイスラムの伝統の核となっていたのは、王の娯楽、商人の富、そして空間の贅沢な使用だった。たとえば、スペインのグラナダにある壮麗なアルハンブラ宮殿（p.146-147）では、特権と力をもつ者のために、地上の楽園を意図した建物が築かれた。長い歳月のあいだに、イスラム建築は水を採り入れた壮大な庭園を発達させ、そのなかに建物が配置されるようになった。アルハンブラ宮殿の場合は、庭園や中庭から水がそのまま室内へ流れこみ、さらに先へと流れていく——それがオアシスを表現し、乾燥した土地での水の重要性を反映していることは明らかだ。

　イスラムの宮殿は、単体の建物というよりは、むしろ小さな町のような様相を呈することが多かった。その点は、のちの西欧に見られる中世の城郭のコンセプトと似ている。とはいえ、ほぼ例外なく、イスラムの宮殿のほうがはるかに喜びに満ちた設計であった。陽光にあふれ、バラやアーモンド、レモン、オレンジの花の香りがただよい、水の遊ぶ音が響いていた。その設計の複雑さには、イスラム教の儀式と信仰が大きく関係していた。日常生活の要所要所で男女を隔てる慣習から、男女それぞれに専用の居住区画が必要とされた。その極端な例がハーレムだ。

　また、宮殿は学問の場であり、武器庫や兵営でもあった。イスラム建築の発達に宗教がきわめて大きな役割を果たしたがゆえに、宮殿や狩猟用の屋敷などの大邸宅でも、ドームやミナレットといったモスクの要素が採り入れられることが多かった。その一方で、モスクとは異なり、ときに官能的でさえある豊かなモザイクで内装されることもあった。

　イスラム初期の見事な宮殿の多くは、すでに崩れ去ってしまっている。というのも、それを建てた者たちよりも長もちするようにはつくられていなかったからだ。キリスト教の君主たちに守られたアルハンブラ宮殿は、偉大な例外のひとつである。

イスラムの影響

　中世ヨーロッパの建築家たちは、イスラムの建築家から多くのことを学んだ。イスラムの侵略者がギリシアとローマの輝かしい建築の遺産をコンスタンティノープルで消化したように、西欧の建築家たちは——聖

▶ ムハンマド

ムハンマド（570-632）は宗教を掲げる戦士だった。一代でアラビアを征服し、さまざまに異なるアラビアの部族を、1つの宗教をもつ1つの民族にまとめ上げた。ムハンマドの死後、イスラムは急速に世界の一大勢力になった。建築のすばらしさとは裏腹に弱体化するビザンティン帝国や、ギリシア正教会とローマ・カトリック教会の対立、ペルシアの勢力の衰退も、猪突猛進するイスラム勢力の追い風となった。

ムハンマドの昇天　ムハンマドを天へ運ぶ翼のある馬を描いた、16世紀のオスマン・トルコの絵画。豊かな色彩が際立っている。

地への十字軍派遣を通じて——尖頭アーチやゴシックのデザインの秘訣を習得した。イスラムの建築家の偉業は、古くから多くの学識者たちに高く評価されている。クリストファー・レン（p.250参照）は、『ウェストミンスター寺院の歴史』（1713）のなかで次のように述べている。

「いま、私たちがゴシック（ゴート風の）様式建築と呼んでいるものは……ゴート族は建築者ではなく、むしろ破壊者であったため、サラセン（イスラム教徒の）様式と呼ぶほうが理にかなっているだろう。イスラムの人々は、芸術にも学識にも欠けてはいなかったのだ」

ムーア人の楽園、アルハンブラ 静かな池、流れる水路、きらめく噴水の水は、生きた建築の一部として、灼熱の丘に立つこの宮殿に溶けこんでいる（p.146-147）。

初期のモスク

650〜1600年ごろ

モスクのなかには、建築の粋をきわめたものが数多くある。ミマール・コジャ・シナン（p.149）のような傑出した技をもつ建築家が設計したモスクは、しばしば感動を呼び起こすが、灼熱の砂漠や緑なすオアシスにそびえるごく初期のモスクには、別の意味で心を揺さぶるものがある。ミナレットの頂上へと目を走らせると、その先に太陽がぎらぎらと輝く空がある。

　その昔、イラク中部サーマッラーにあるミナレット頂上の不安定な足場に立った訪問者は、真下にある巨大なモスクの遺跡を、その向こうに広がる都市を、そしてゆらめく地平線まで続く砂漠を目にしたことだろう。らせんを描くこのミナレットは、建築家の想像力を絶えずかき立てている。その点では、イスラム教発祥の地から北アフリカ、スペイン、ペルシア、インド、中央アジアへと広がっていたイスラムの巨大建築物の多くも同じだ。

砂漠生まれの建築

　初期イスラム建築は、新たな宗教に特有の、感染力の高いエネルギーに満ちていた。先行する二大一神教であるユダヤ教とキリスト教の伝統を取り入れながらも、アラビアの砂漠から生まれたイスラム教は、戦闘的、勇ましさ、厳しい服従といったまったく異なる性質をあわせもっていた。そのため、初期の偉大なモスクの多くは、伝道と軍事に対する熱意を反映している。なかには、ローマの兵舎や閲兵場の設計をもとにしたものもある。また、ナツメヤシとオリーブの木が生い茂る（そして現在では観光ホテルも立ち並ぶ）チュニジアのオアシスの島、ジェルバにある美しい白いモスクのように、控えめで静けさに満ち、ギュスターヴ・フローベールによる夏のそよ風の描写――風がほとんど音もなく島を渡り、「あまりにも穏やかで、死を妨げる」という一節を思い起こさせるものさえある。人口わずか数十万人のこの島には、そうした繊細でシンプルなモスクが300近くも建ち、伝説によれば、ゲララの村はずれにある夜のモスク（ジャマー・エリル）は、翌日から工事にかかるはずだった大工たちが眠っているうちに、一夜にして奇跡のように現れたという。この伝説は、単に愉快なだけでなく、イスラム教が驚異的なスピードで北アフリカに伝わったことや、初期のモスクが急ピッチで建設されたことも想起させる。

◁ **スレイマニエ・モスク（トルコ、イスタンブール）**
光源となる窓から漏れる光がモザイクを照らし出すスレイマニエ・モスク。建築家シナンの傑作のひとつだ。

基礎知識

イスラム教の戒律では、神の顔はおろか、人の姿を描くことも禁じられているため、イスラムの芸術家や建築家は、きわめて独自性の高い美しい装飾様式を発達させた。その結果として生まれたのが、装飾と建築の深遠な一体感だ。

▲ **彩色タイル** ペルシアでもスペインでも、建築家は職人と協力して精巧なタイルをデザインした。建物全体がタイルで覆われることもあり、青、ターコイズ（トルコ色）、緑がよく使われた。

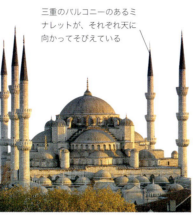

三重のバルコニーのあるミナレットが、それぞれ天に向かってそびえている

▲ **ロケットのようなミナレット** 16世紀の偉大な建築家シナンは、空を突き刺すミナレットを巨大なモスクの周囲に配し、見事な効果を生み出した。このスレイマニエ・モスクは、イスタンブールでもっとも標高の高い場所にある。

▲ **カリグラフィ** 文字が建築にこれほど大きな影響をもたらした例は、ほとんどない。イスラムの書家たちは、教師や哲学者の書物から文章を選んで建物に書きこんだ。

天に至る道は決して平坦ではない。ひとまわりするたびに、階段は狭くなる

窓の凝ったトレーサリーが、花模様や幾何学模様の刻まれた表面に複雑な効果をプラスしている

▲ **らせんを描くミナレット** サーマッラーではじめて登場したらせん状のミナレットは、イスラムの建築家たちの偉大な発明のひとつだ。写真はカイロにあるイブン・トゥールーン・モスクのミナレット。

▲ **馬蹄形のアーチ** 馬蹄形のヘッドドレスにも似たこの印象的なアーチは、きわめて個性的だが、各地で広く用いられた。

▲ **凝ったアーチ** 複数の中心点をもつトレーサリーは、モスクの窓によく見られる凝った装飾で、ヨーロッパのゴシック・デザインにも大きな影響を与えた。

▲ **尖頭アーチ** 尖頭アーチは、イスラム建築がヨーロッパのデザインに与えた大きな贈り物のひとつで、のちにゴシック建築の基盤となった。

クッバ・アッサフラ(岩のドーム)

- 691年
- エルサレム
- ウマイヤ朝カリフ アブドゥル・マリク
- 宗教施設

初期イスラム建築の代表例であるこの岩のドームは、一般にはモスクと呼ばれているものの、実際には「マシャド」——メッカの方角を向いていない礼拝堂だ。ムハンマドが昇天してアラーに語りかけたとされる岩の上に立っているが、そこはユダヤ教のソロモン神殿があった場所でもある。

岩のドームの構造はシリアのビザンティン様式で、八角形の平面構成をとる。建物内部の平面構成、ローマ式の列柱、贅沢なモザイクは、近くにある聖墳墓教会に倣ったと考えられている。金色の大ドームは直径23.7mで、「預言者の岩」から頂上までの高さは35mを超える。二重構造のドーム外殻は、交差筋交いの入った内枠と木造の外枠で構成され、金箔を貼った銅板で覆われている。ドームはドラムの上にそびえ、ドラムを支える拱廊には、古代ローマの遺跡から集めた柱が使われている。同心円状の2つのアンビュラトリー(周歩廊)が列柱により形成されている。これは礼拝の行列のためにつくられたもので、1つは円形、もう1つは八角形をしている。ドラムのすぐ下、八角形構造の外壁の最上部では、コーランの「ヤー・スィーン」章が群青のタイルに刻まれている。これは、オスマン・トルコのスルタンで「壮麗帝」の異名をとるスレイマン1世が16世紀につくらせたものだ。八角形構造の下半分は、窓の高さまで大理石に覆われている。アーチ型の窓では、大理石とセラミックスに採光用の穴が穿たれている。八角形構造の上半分は、青と金のタイルでできた優美なトルコ絨毯を思わせる。ドームは、建造当初の設計にできる限り忠実に再建されたものだ。

聖地 ここはイスラム教の巡礼者にとって大切な場所であり、ユダヤ教とキリスト教の聖地でもある。

ダマスカスの大モスク

● 715年　🏛 シリア、ダマスカス　✎ カリフ・アル・ワリード　🏛 宗教施設

ダマスカスはイスラム教創成期の7世紀に「黄金時代」を迎えた。生まれたばかりの新しい文化や政治、宗教の流れに乗ったダマスカスは、ウマイヤ朝の首都となり、壮麗な大モスクが建設された。モスクは焼失してたびたび再建されたが、基本的な設計は変わらずに保たれている。

△ 大礼拝堂の祠堂

　ダマスカスの大モスクにはこみ入った歴史がある。ビザンティンの洗礼者ヨハネ教会だった建物を取りこむ形で建てられているが、その教会自体もローマのユピテル神殿をもとにしており、さらにそのユピテル神殿は、アラム人の神ハダドに捧げられた神殿の跡地に立っていた。ローマ神殿の南側の壁の一部は現存しており、モスクの構造の一部として、側廊のある中庭に取り囲まれている。

　モスク本体は3つの優美な側廊を備え、広いバシリカのような空間が形づくられている。その空間をさえぎるのは、中央を横切る翼廊だけだ。下層の拱廊は、美しいコリント式柱で構成される。2層目の拱廊の上には、傾斜した木造の屋根が見えている。翼廊の交差部は、36mのニスル・ドーム（鷲のドーム）を頂いている。これはもともと木造だったが、のちに石造となり、1893年に現在の形に建て直された。大礼拝堂には祠堂も設けられており、言い伝えによれば、洗礼者ヨハネの父ザカリアの首か、ムハンマドの娘婿イマーム・アリの息子フセインの首のどちらかが収められているという。

◁ **安全な聖域**　ドームのある宝物庫を、モスク中庭のコリント式柱が支えている。

サーマッラーの大モスク

- 848年以後
- イラク、サーマッラー
- カリフ・アル・ムタワッキル
- 宗教施設

サーマッラーの大モスクは、かつては世界最大のイスラム教モスクであった。いくつもの半円形の塔で補強された焼成煉瓦の壁が、アーケードのある155m×240mの巨大な中庭を守っている。8万人の礼拝者を収容できるように設計されており、礼拝者は23ある門のどれかを通って中庭に入るようになっていた。

多くの側廊と泥煉瓦の支柱、木材の屋根で構成された内部の構造はとうの昔に消え去ってしまったが、もっとも劇的で想像力をかき立てるモスクの特徴は残されている——堂々たるらせん状のマルウィヤ・ミナレットだ。中庭の北壁側にある高さ3mの四角形の基壇から55mの高さにそびえるこのミナレットは、先細の塔を傾斜路が反時計まわりに5周するという、ほかに例のない珍しい構造をとっている。バビロン（p.15-16）にあったようなメソポタミアの階段ジッグラトから部分的に着想を得ているものの、円形の塔を用いる建築はイスラム圏ならではの特徴とされている。イラクの真昼の暑さのなか、ミナレットのらせん状の傾斜路をのぼるのは得がたい経験だが、その際には注意が必要だ。傾斜路の外側には、落ちそうになったときに受けとめてくれる手すりはない。また、内側の壁に取り付けられた鉄の手すりは、太陽に熱せられる時間帯にうっかり触れると手にやけどをすることで有名だ。

>> **マルウィヤ・ミナレット** この独特のミナレットは、イラクの数ある古代の宝のなかでもひときわ美しい。

ケルアンの大モスク

- 836年
- チュニジア、ケルアン
- カリフ・アル・ムタワッキル
- 宗教施設

アラブ人の北アフリカ侵攻や、イスラムの拡大から生まれた建築の例として、兵営スタイルの中庭を囲むようにレイアウトされた広大で荘厳なモスクが挙げられる。アフリカの地中海南岸に沿って建てられたこうしたモスクのもっとも初期の例が、ケルアンにある9世紀のモスクだ。

ケルアンのモスクは、大きな礼拝堂、ドーム、アーケードのある中庭、そして現存する世界最古のミナレットとされる3層の塔からなる。中庭の脇を固める馬蹄形のアーチはイスラム建築の特徴だ。アーチを支えるコリント式列柱の様式の起源は、古代ギリシアの神殿にまでさかのぼる。それどころか、建物の構造をなす柱や石の多くは、ケルアンやその周辺にある古代ローマの建築物から奪ってきたものだ。

その一方で、礼拝堂の内部は、まぎれもなくイスラムの起源をもつ細密でスタイリッシュな絵画や彫刻で飾られている。なかには、アカンサス、葡萄、椰子の葉といった自然界にあるデザインをモチーフにしたものもある。

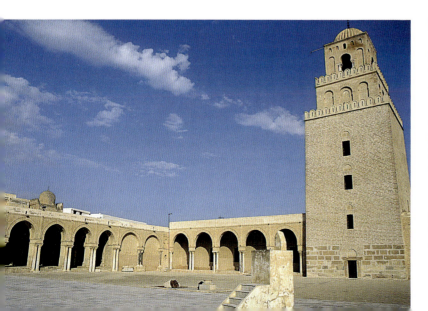

<< **世界最古のミナレット** 大きな四角いミナレットは、頂点に向かうにつれて段階的に細くなっている。南を向いているのは珍しい。

イブン・トゥールーン・モスク

● 879年　🏛 エジプト、カイロ　✎ 不詳　🏛 宗教施設

この大モスクは、アッバース朝カリフのアル・マアムーン（のちにカイロ総督、さらにエジプト総督となる）に仕えたトルコ人奴隷を父にもつ、アフマド・イブン・トゥールーンのために建てられたものだ。らせん状のミナレット、壮大なスケール、そして洗練された建築の意匠を備えたこのモスクは、現在のイラク北部にあるサーマッラーの大モスク（p.142）を明らかに踏襲している。

それどころか、イブン・トゥールーンがサーマッラー出身であることを考えれば、イブン・トゥールーン・モスクはサーマッラーの建築家や職人が手がけた可能性もある。2万6318m²の広さを誇るこのモスクは、しっかり焼いた赤煉瓦に化粧漆喰を塗ったつくりで、9世紀後半当時の姿をおおむねとどめている。ただし、一風変わったらせん状の石造ミナレットは、長年にわたって荒れるにまかせて放置されたすえ、1296年にスルタンのラージーンにより再建されたものだ。1999年には、物議を醸した大規模な修復が完了した。この修復では、中庭が舗装され、古い噴水の表面が黒大理石に取り替えられたほか、多くの場所で漆喰が塗り直された。このモスクは、広さ118m×138mの囲い地に立っている。壁の上部は軍隊風の銃眼付き胸壁になっているが、これは純粋に装飾目的でつくられたものだ。一見するとモスクのデザインは禁欲的に思えるが、実際のところは、さりげなくではあるものの、ふんだんに装飾が施されている。たとえば、胸壁下の内側の拱廊（きょうろう）は花模様のフリーズで飾られている。アーチの上には、優美なクーフィー体でコーランの章句が刻まれ、その全長は2kmにのぼるとされている。モスク外壁の128の窓には、それぞれ異なる形の複雑な漆喰模様の装飾が施されている。

▽ **修復まもない中庭** メダ（祈りの前に足を洗うための水場）が中庭中央に設けられている。

カイトベイのマドラサ

● 1474年　🏛 エジプト、カイロ　👤 スルタン・カイトベイ　🏛 宗教施設

カイロのイスラム旧市街、迷路のような中世の路地に立つカイトベイのマドラサは、いまでいう「多目的」ビルの初期の魅力的な一例だ。この建物は、モスクであり、霊廟であり、ミナレットであり、イスラム神学校でも共同井戸でもある。何世紀にもわたって修復されてきたが、マムルーク朝のデザインを示す好例として、いまでも昔の姿そのままに保たれている。

この優美で繊細でさえある建築物は、カイロ旧市街の迷路でもすぐに見つかる。ほっそりとした風変わりなミナレットが、周囲の屋根の上に高くそびえているからだ。彫刻がふんだんに施されたマドラサのデザインは、背の高い尖頭ドームにより、注意深くバランスがとられている。ほぼすべての小円窓、まぐさ、隅柱には、アラベスク模様、青と白の大理石、彫刻を施したモールディングが荘厳に配置されている。それに対して、内部の壁にはほとんど装飾がなく、建物内は涼しい安らぎの空間になっている。

この穏やかな美しさのなかにいると、マムルーク朝が残虐な嗜好で有名だったとは、にわかに信じがたい。トルコ系やクルド系の元奴隷兵の築いたマムルーク朝では、串刺しの刑が普通におこなわれ、市民に人気の娯楽でもあった。旅行作家で歴史家のデズモンド・スチュアートは『偉大なるカイロ──世界の母』(1968) のなかで、「残虐さと敬虔さ、粗野なふるまいと洗練された趣味の共存」と表現した。現在では、この宗教建築物に洗練された趣味と敬虔さだけが残されている。

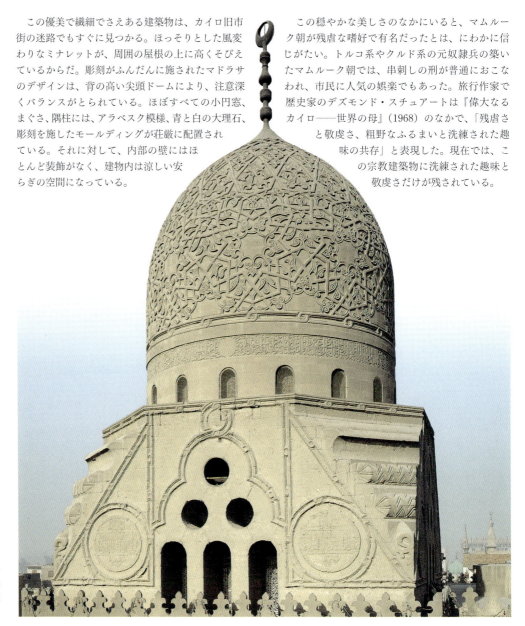

▶ **優美な細部**　マドラサのドームには、アラベスクの曲線的な模様がふんだんに刻まれている。

コルドバの大モスク(メスキータ)

● 987年　🏛 スペイン、コルドバ　✍ アブド・アッラフマーン　🏛 宗教施設

シリアの王子アブド・アッラフマーン（在位756-88）が支配していた8世紀に、コルドバは比較的小さな町から繁栄する都市へと変貌した。街の中心部には大モスクが築かれた。建造に200年を要したこのモスクは、その後もスペインでのウマイヤ朝の興亡にともなう多くの変化にさらされたが、内部の空間はいまも神秘的な雰囲気を保っている。

▲ 礼拝堂

　コルドバの大モスクは、扶壁のある巨大な石の壁の背後に隠されており、美麗な内部は外からではほとんどうかがい知れない。洞窟のような礼拝堂では、850本もの花崗岩や碧玉や大理石の柱がアーチを支えている。赤と白の煉瓦と石が縞模様を描く無数のアーチは、あたかもあらゆる方向に無限に連なっているように見える。窓から漏れる陽光は、絶えず移ろう宝石のような模様を広大な床に描き出す。建造当初、光源は膨大な数の小さな灯油ランプの揺らめく灯りだけだった。

　ここにいると、まるでシュールな建築パズルのなかにいるような気分になるが、それは忘れがたい体験だ。

優れた建築家と職人の手にかかれば、建物内部には家具調度はおろか、装飾など一切必要ないということが、ここでは実証されている。アーチのリズムが途切れるのは、ビザンティンのモザイクで飾られた大理石と金のミフラーブ（信者に祈りの方角を示すアーチ）に目を奪われるときだけだ。

　カトリックの君主たちがコルドバを征服した1236年、モスクは聖母マリア教会となり、不似合いな要素が次々と付け足された。なかでも大きくて不格好なのが、16世紀に中心部に建てられた巨大なゴシック聖堂だ。

◀ **異教の異物**　伝統的なイスラムの外観をもつ大モスクのなかに、目を疑うようなキリスト教の大聖堂がのちに増築された。

アルハンブラ宮殿の獅子の中庭

- 1390年ごろ
- スペイン、グラナダ
- 不詳
- 宮殿

アルハンブラ宮殿は、スペイン最後のイスラム王朝時代につくられた巨大な城塞で、世界でも指折りの偉大なる建築物である。宮殿を構成する建物群は、数多くの庭とも、そこを流れる水とも切り離せないつくりになっている。「獅子の中庭」にある、石の獅子像に囲まれた噴水からあふれ出る水は、さざ波立つ水に反射する陽光をきらめかせながら、石の水路を通って中庭を東西南北に流れ、ドームのある部屋へ入っていく。獅子の中庭をはじめ、数ある中庭の壁は装飾に覆われている。アーチの多くは「偽物」——つまり純粋に装飾だけを目的とするもので、これによりアーケードに対称性が生まれている。イスラム教では人物を表現することが禁じられているが、宮殿全体に用いられている幾何学形状や花やカリグラフィによる装飾は、きわめて想像力に富んでいる。

▲ 現在の「獅子の中庭」

▶ **豊かな色彩** 極彩色の幾何学模様タイルが、漆喰仕上げの装飾と相まって、中庭周辺を埋め尽くす。

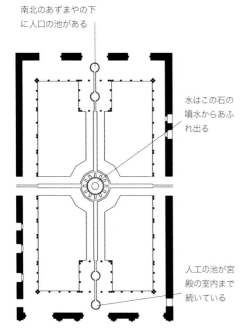

南北のあずまやの下に人口の池がある

水はこの石の噴水からあふれ出る

人工の池が宮殿の室内まで続いている

▲ **平面図** 中庭は直線的な平面構成をもとに配置され、馬蹄形のアーチに取り囲まれている。石の水路が東西南北へ水を運ぶ。

▲ **隙間なく飾られた表面** 贅沢な装飾が施されたアーチからこぼれる光が、宮殿の室内と、楽園のような庭との一体感を生んでいる。

▲ **レリーフの細部** 壁やアーチの彫刻は、多くが曲線を描く精巧なもので、職人技のすばらしさを示している。

初期のモスク | **147**

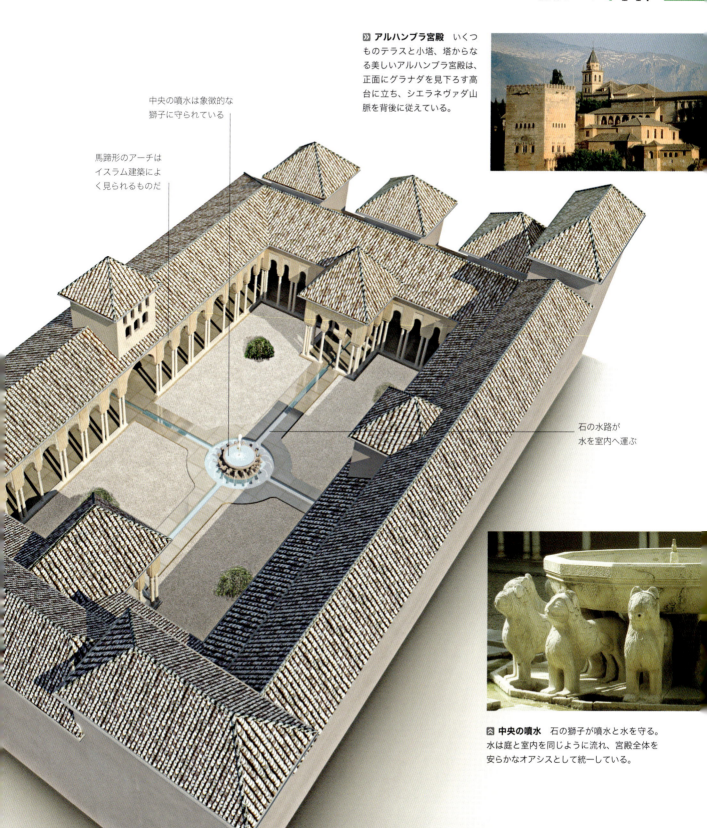

≫ **アルハンブラ宮殿** いくつものテラスと小塔、塔からなる美しいアルハンブラ宮殿は、正面にグラナダを見下ろす高台に立ち、シエラネヴァダ山脈を背後に従えている。

中央の噴水は象徴的な獅子に守られている

馬蹄形のアーチはイスラム建築によく見られるものだ

石の水路が水を室内へ運ぶ

△ **中央の噴水** 石の獅子が噴水と水を守る。水は庭と室内を同じように流れ、宮殿全体を安らかなオアシスとして統一している。

イスラム世界

▶▶ **魅力的な柱廊** 基本的に慎ましやかで背の低いこの建物には、世界的に有名なタイル細工がある。

トプカプ宮殿のチニリ・キョシュク

● 1473年　トルコ、イスタンブール
不詳　宮殿

　トプカプ宮殿内に立つこの優美なペルシア風あずまやは、1453年にイスタンブール（当時のコンスタンティノープル）を征服したスルタン・メフメト2世の命により建てられたもので、その後のオスマン建築に大きな影響を与えた。正方形内に十字を配した平面構成で、中央に浅いドームを頂き、十字の腕のあいだの空間には、それぞれ独立したひとつづきの部屋がある。どの部屋も美しい列柱のあるベランダに通じており、それが軽やかで繊細な雰囲気を生んでいる。すぐそばにあるマルマラ海の色——おもに緑とターコイズ——が精巧な装飾に使われていることも、そうした印象を強めている。

　トプカプ宮殿は、アブデュルメジト1世（1839-61）までのオスマン帝国の歴代スルタンのほとんどが暮らした場所だが、単一の巨大な構造物でも格別に印象的な建築物でもなく、いわば長年にわたり盛衰を繰り返した建築的生命体のようなものだ。1923年のトルコ共和国の樹立後に修復され、博物館として一般に公開された。「タイル貼りのあずまや」とも呼ばれるチニリ・キョシュクは、トプカプ宮殿のなかでももっとも初期の建物だ。現在は陶器の博物館となり、12世紀から現在までのトルコの見事な陶器を展示している。

スレイマニエ・モスク

● 1557年　トルコ、イスタンブール
シナン　宗教施設

　巨大なドームと鉛筆のように細いミナレットを擁するこの16世紀半ばのモスクは、イスタンブールを二分する三日月形の入り江、金角湾の西岸のスカイラインを支配している。平面構成はユスティニアヌスのハギア・ソフィア（p.80-81）をもとにしている。建物の内部はシンプルだ。モスクの訪問者が足を踏み入れるのは巨大な立方体の構造で、この立方体は半円形のドームを頂き、ステンドグラスから漏れる陽の光に照らされている。建築を手がけたシナンは、徹底して幾何学的に厳密な建築構造と、それに劣らず徹底した室内外の装飾を融合させた。装飾もやはり厳密な幾何学に基づいている。イズニック（旧ニケア）産のタイルがふんだんに使われており、なかでもすばらしいのが、壮麗帝スレイマンと妃ロクセラーナの八角形の霊廟と、彼らに仕え、このモスクで静謐さをたたえる壮大さを実現した名建築家シナンの霊廟にあるタイルだ。

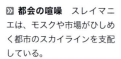

▶▶ **都会の喧噪** スレイマニエは、モスクや市場がひしめく都市のスカイラインを支配している。

初期のモスク | 149

◁ **堂々たる孤立** 人工の丘の頂上に立ち、空高くそびえるモスクは、エディルナの街のどこからでも見える。

セリミエ・モスク

● 1574年　🏛 トルコ、エディルナ　✎ シナン　🏛 宗教施設

シナンが自ら傑作と称した建築物の工事は、1569年、この建築家が80歳のときに始まった。直径30mを超えるドームを頂き、高さ83mのロケットのようなミナレットを従えたこの壮大な礼拝堂は、エディルナの街を王冠のように飾っている。かつてハドリアノポリスと呼ばれたエディルナは、1453年のコンスタンティノープル陥落以前はオスマン・トルコ帝国の首都だった。

　42mの高さにそびえるこのドームを下から見上げると、あたかもドームが建物のなかに浮かんでいるかのように見える。ドームは壁に組みこまれた8本の背の高い柱に支えられ、周囲に配された4つの半ドームにより内側から補強されている。この構造のおかげで、さえぎるもののない空間を極限まで広げることが可能となり、驚くほど軽やかで広々とした雰囲気が生まれている。

　建物へは、中庭に通じる質素な入口から入るようになっている。中庭は日陰になったロッジアに囲まれ、柱間には曲線状のオーバーハングに支えられた小さなドームが載っている。ここからだと、モスクのドーム本体は驚くほど控えめに見える。その壮大なスケールがあらわになるのは、建物の内部へ足を踏み入れたときだ。ドーム下の全面に描かれた抽象的な模様が、その模様に飾られた建築物の途方もない大きさを伝えている。

≫ シナン

ミマール・コジャ・シナン（1489-1588）は、ギリシア系のキリスト教徒としてアナトリアで生まれた。徴兵されて騎兵将校になったのち、軍隊付きの建築家となった。以後、壮麗帝スレイマンに仕えて、84のモスク、35の宮殿、48の隊商宿、ハーレム、病院、噴水、水道橋、橋など、360もの建築物を設計した。セリミエ・モスクについては、ハギア・ソフィア（p.80）を凌駕したと自負していた。

△ **白い文字が描かれた格子窓上方のタイル細工**

スルタン・アフメット・モスク

- 1616年
- トルコ、イスタンブール
- セデフカル・メフメット・アガ
- 宗教施設

スルタン・アフメット・モスクは、内装に使われた2万1043枚のイズニック産タイルが神秘的な青い輝きを放つことから、「ブルー・モスク」とも呼ばれる。ローマ競技場跡の脇にある小高い丘に、ハギア・ソフィア（p.80-81）と隣り合うように立っている。このモスクの建築様式は、オスマン建築古典期の終わりを告げるものだ。

6本のミナレットが印象的なこのモスクは、3辺を感動的な大理石の中庭で囲まれている。アフメット1世は建築家で詩人のセデフカルに命じて、ここに壮麗な宿舎や吹き抜けの商店、神学校をつくらせた。小さな半ドーム4つを従えたモスク中央のドームは、4本の巨大な柱からそびえている。ドームの直径は23.5m、高さは43mだ。建造当時はステンドグラスになっていた260個以上の窓から差す光が、モスクの内部を照らす。その光に加勢するのが、数百にのぼる手吹きガラス製の石油ランプだ。ランプは広大な屋内の至るところで、頭より少し高い位置に吊されている。

特定の角度から見ると、このモスクと付随する建築物は、巨大なドームの海のようだ。その海を区切るように、空高くそびえるミナレットが浮かんでいる。そして多数の小さい半ドームが、湾のような中庭を覆っている。海を背景にしたスルタン・アフメット・モスクは、美しいとしかいいようのない場所だ。

ドームの海 信仰の篤かったアフメット1世は、金に糸目をつけずに、ステンドグラス、大理石の舗装、優美なタイル細工に彩られた精巧なモスクを建造した。

アレッポの蜂の巣型集落

- 16世紀
- シリア北部
- 不詳
- 村

この風変わりで美しい円錐形の住居は、土地特有の建築のなかでもひときわ永続性に富み、魅力にあふれている。その形状と用途の起源は、石器時代の人類最古の集落にまでさかのぼる。1万年ほど前、アナトリア平原に住みついた人々は、柱状の火山岩の内部をくり抜き、そのなかに安全で驚くほど心地の良い住居をつくっていた。住居には「つくりつけ」の家具と倉庫も備わっていた。その伝統が、アレッポ周辺の村々に見られる泥煉瓦づくりの蜂の巣型（蜂窩状）住居に連綿と受け継がれている。石ではなく泥が使われているが、その選択は理にかなっている。というのも、酷暑の夏と寒い冬が同居する砂漠性気候に合っているうえ、土地の材料を使った単純な形の建物が何よりも求められていたからだ。建物を形づくる先細のずんぐりとした石灰岩の塊は、壁にも屋根にもなっており、日中照りつける日差しを吸収し、その熱とエネルギーを寒い夜間にゆっくり放出してくれる。

気候に順応 雨滴は蜂の巣型の住居をあっというまに流れ落ちるので、泥の壁が傷むおそれはほとんどない。

初期のモスク | 151

ジェンネの泥のモスク

- 1240年 マリ、ジェンネ
- 不詳、イスマエラ・トラオレ再建 宗教施設

　見る者を驚かせるこのモスクは、イスラム教の学問と巡礼の中心地にあたるジェンネにあり、人々の行き交う市場の広場を支配している。イスラム世界でよく見られる建築的要素を採り入れてはいるものの、大胆な泥の構造はきわめて独特だ。もともとは1240年につくられたものだが、フランスの資金提供により1907年に全面的に建て直された。建物の保守管理は継続されており、壁の漆喰の塗り直しは毎年の一大イベントとして楽しまれている。

　先端の尖った巨大な壁は分厚く、おかげで礼拝堂は涼しく保たれている。壁には椰子の枝の束が組みこまれており、頻繁かつ大幅に変化する湿度と温度によるひび割れを軽減している。枝の先端は壁から突き出していて、そのためにモスクの外観は風変わりなものになっている。巨大な土塊のような建物の外形は、特異な内部空間をつくり出す。内部では、漆喰仕上げの煉瓦の巨柱がアーチでつながっているが、その柱が堂内の空間のほとんどを占めている。

毛羽立った外観 突き出た椰子の枝は、修復が必要となった際の足場としても役立つ。

シバームの旧城壁都市

- 16世紀 イエメン、シバーム
- 不詳 都市

　「砂漠のマンハッタン」ことシバームは、『千夜一夜物語』に登場しそうな都市だ。背の高い泥煉瓦の高層建築が夢のように林立するその姿は、一見すると現実ではなく蜃気楼かと思わされる。門が1つしかない高さ7mの城壁で囲まれたこの都市は、2000年の歴史をもつ。16世紀に大部分が建て直されてはいるものの、初期の高層都市計画の注目すべき一例といえる。過酷な砂漠と不毛の山脈に囲まれた、狭いながらも肥沃なオアシスの定住地から進化し、最終的には裕福な街へと発展した都市だ。500棟前後の現存する泥煉瓦の建物の高さは、6階から10階までとさまざまだ。住宅のほとんどは族長の大家族のために設計されたもので、その大半にいまも人が暮らしている。

　この泥煉瓦の高層住宅には、イエメンの伝統的な建築技法が使われている。煉瓦の表面に石灰石や砕いた石膏の保護層を施し、水をはじくように加工しているのだ。それでも、5世紀にわたり同じ石の基盤に立ち続けている建物群は、泥の壁特有のもろさから、絶えず建て直さなければならない。現在では、住人が文明の利器をもちこんだために、高層住宅の多くが崩壊の危険にさらされている。とくに、水が壁に漏れ出す洗濯機と食洗機の影響は大きい。シバームは1982年に世界遺産に登録された。

砂漠の住宅 シバームの高層住宅は一見、高層アパートに似ているが、1つの建物には一家族しか住んでいない。

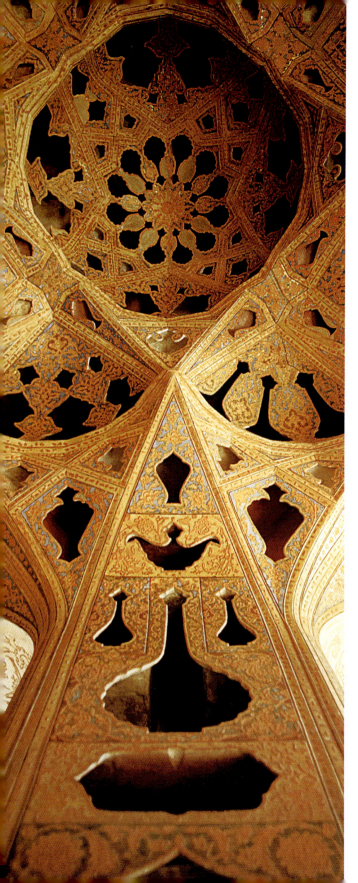

ペルシアとムガル朝インド

900～1650年ごろ

ペルシアは637年にイスラムの軍勢に征服された。その後、セルジュク・トルコとモンゴルの侵略を受けるが、1578年に即位したシャー・アッバース1世の時代に、ようやく文化的な主導権を取り戻した。アッバースはオアシス都市イスファハーンを首都に据え、世界有数の美しい都市をつくり出した。

　青とターコイズのタイルを使った絢爛豪華な建物が並ぶイスファハーンは、ヨーロッパと中央アジアの優美で官能的な建物や都市に微妙な影響を及ぼした。また、イスファハーンの体現する設計様式が現れたのとほぼ同時期に、インド北部ではイスラムのムガル帝国（モンゴルのペルシア語名）が創造性の頂点を極めていた。イスファハーンの様式は、シャー・ジャハーン帝（在位1628-58）のつくった偉大なモニュメント――レッド・フォート（赤い砦）やタージ・マハル（p.160-161）――や庭園にもはっきり見てとれる。

ムガル朝インド

　ムガル帝国が誕生したのは、バーブル（在位1526-30）（バーブルは「虎」の意）がトルキスタンからインドに侵入したときだ。火器で武装した1万2000人の小規模なバーブル軍の前に、ヒンドゥスタンは全滅した。だが、インド南部のゴアではすでにポルトガルが足場を固めており、ムガル帝国が支配を確立したあとも、ヨーロッパの侵略者たちが包囲を狭めていった。

　ムガルのデザインはペルシアの影響が大きく、したがってシルクロードとモンゴルによる征服を通じて中国の影響も受けているが、ごく短い最盛期には、ムガル芸術のパトロンたちが、まさに新たな世界秩序をつくり出しそうな勢いもあった。ムガル帝国のアクバル帝は、その長い治世のあいだに、まったく新しい都市ファテープル・シークリー（p.158）を築いただけでなく、イスラム教、ヒンドゥー教、ジャイナ教、ゾロアスター教を融合させた独自の宗教「ディーネ・イラーヒー（神聖宗教）」も創始した。ファテープル・シークリーは水不足のために放棄されたが、建築史上屈指の傑作であることに変わりはなく、絶頂期には人知を超える質の高さを誇っていた。

◀ **イスファハーンにあるアーリー・ガープー宮殿**　彫刻の施された壁龕、ラッカー仕上げの化粧漆喰天井、シェル構造のヴォールトは、この世のものとは思えぬ精妙さを誇る。ムガル朝インドとイスラム支配下のペルシアが生み出した傑作の典型だ。

ペルシアとムガル朝インド

基礎知識

ペルシア建築は複雑な歴史を歩んできた。中央アジアを渡り、イスラム教の影響を大きく受けながら、やがてムガル人による侵略の時代にインド亜大陸にたどり着いた。その後、ムガル建築もまた、ヒンドゥー建築と仏教建築がはるか昔に定着させた要素を採り入れはじめる。

🔹 **チャトリ** チャトリ（吹き放ちのキョシュク）はムガル建築のルーフラインに広く用いられた特徴で、明らかにインドの初期ヒンドゥー建築の先例に倣ったものだ。これはのちに、イギリス統治下のインド建築にも取り入れられた。写真はファテープル・シークリーのもの。

深い凹所のある大理石のファサードが建物の内側を隠している

🔺 **深く引っこんだ窓** デリーのフマユーン廟では、イスファハーンの建造物と同じように、ファサードに深い凹所が設けられ、涼しい日陰がつくられている。酷暑の地では願ってもない構造だ。

🔺 **ドームの内側** 美しいタイルで飾られたドーム下側とステンドグラスの窓（写真はイスファハーンのロトフォラー・モスクのもの）からは、ハギア・ソフィア（p.80-81）がペルシアの豊かな技巧に及ぼした影響がうかがえる。

🔺 **優美な大理石** 贅沢な大理石細工の伝統は、その技術をインドにもたらしたムガル帝国の建築により確立され、シャー・ジャハーンのタージ・マハルで頂点に達した。

🔹 **透かし模様の窓** 繊細な彫刻の施された透かし窓には、日差しを弱める効果がある。写真はフマユーン廟にあるもので、アラビアとペルシアのデザインが新時代のインド建築に与えた影響を見てとれる。

イスラムの三日月がドームの上に立つ

彩釉タイルが陽光にきらめく

🔻 **膨らんだドーム** 乳房のような形をした、青いタイルが美しいイスファハーンのマスジェデ・シャーのドームは、ムガル建築のデザインに大きな影響を与えた。

ゴンバデ・カーブース廟

- 1007年　イラン、ゴルガーン
- 不詳　墓所

　ゴンバデ・カーブース廟は、イラン北部のカスピ海沿岸にある。後世にもっとも大きな影響を与えた11世紀の墓塔とされ、中央アジアのトルコ民族の手によるイランの建築物としてはもっとも初期のものだ。

　高さ51mの円筒形の煉瓦造りの塔で、先端は細くなっている。肋材で補強され、完璧な円錐形をした屋根を頂いている。平面は十芒星の形をとり、外観は驚くほど質素だ。飾り気のない煉瓦のファサードを飾るのは、2段の帯状の碑文と、入口上の涙形の半ドームを支える2つのペンデンティヴ――三角形の表面が湾曲して張り出している――だけだ。

クッワトゥル・イスラム・モスク

- 1225年　インド、デリー
- クトゥブ・ウッディーン・アイバク　宗教施設

　インド北部に建てられた最初の大規模モスク。地域特有の建築技法がはっきり見てとれるドーム下の持ち送り構造のアーチとヴォールトは、突き出した石のブロックに支えられ、精巧な彫刻が施されているものが多い。だが、平面はペルシアのデザインを感じさせる。イスラムの特徴は、コーランから引いたアラビア文字を頂く優美な尖頭アーチに表れている。透かし彫りのある砂岩のファサードと装飾の施されたバルコニーは、帯状の浅浮き彫りで仕上げられている。礼拝堂は質素で、一風変わった低いドームがある。南東の門は赤い砂岩と白い大理石で飾られている。

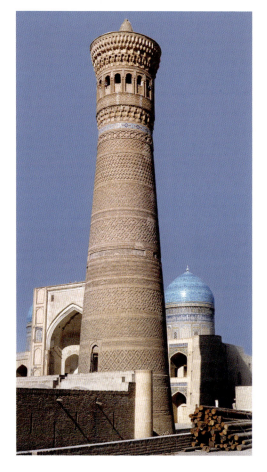

▶ **2度目の挑戦**　最初に建造されたミナレットは完成前に崩壊してしまったため、建て直しを余儀なくされた。

カリヤン・ミナレット

- 1127年　ウズベキスタン、ブハラ
- アルスラン・ハーン　宗教施設

　ブハラは宗教建築の歴史を誇る都市だ。中心部には1000近いモスクがあるが、25万の人口ではそのすべてを維持しきれないため、程度の差はあるものの、多くは荒廃状態に陥っている。

　高さ47mのカリヤン・ミナレット（カリヤンは「偉大な」の意）は、ブハラのモニュメントのなかでもひときわ印象的で、1220年のモンゴル侵略後にも無傷で残された唯一の重要建造物だ。このミナレットは、1万2000人の礼拝者を収容できる16世紀のカリヤン・モスク内に立ち、街のスカイラインを支配している。ミナレットは焼成煉瓦造りで、先細になった円筒形の塔身は、繰り返されることのない多様なパターンを描く細い帯状の煉瓦細工で飾られている。コーランの碑文が書かれた青い彩釉フリーズが、ミナレットをぐるりと一周している。

　頂上には16のアーチのついた円堂があり、そこからムアッジン（礼拝の時刻を告げる係）が信者に祈りを呼びかける。戦時中や街が包囲を受けたときは、兵士たちが円堂を物見やぐらとして使ったといわれる。モスクの基礎は深さが10m以上あり、葦を積み重ねた緩衝材によって、この地域に多い地震から守られている。

マスジェデ・シャー（イマーム・モスク）

● 1638年　🏛 イラン中部、イスファハーン　✎ 不詳　🏛 宗教施設

1598年、サファヴィー朝のシャー・アッバース1世は、ペルシアの首都をカズヴィーンからイスファハーンに移した。シャーは街を再編し、ひとつながりの広場を整備した。その最大のものが、広さ500m×160mを誇るマイダーンだ。その一辺に、絢爛豪華なマスジェデ・シャー・モスクが立っている。モスクへの入口となる広大な門は、高さ34mのミナレットを従えている。

高いドラムと膨らんだ形のドーム、青いタイルを貼ったミナレット、そして凝った門を備えるマスジェデ・シャー・モスクは、サファヴィー朝芸術の驚異だ。広場の正方形を完全に保ちながらも、メッカの方角を向くようにするため、モスクは正門に対して約45度という、意表をつく角度で立っている。建物はおおむね、マスジェデ・ジャーメで確立された4つのイワーンのある平面構成を踏襲している。各イワーンがドームを頂くホールにつながり、側面には尖頭状の壁龕(へきがん)のある2層の拱廊(きょうろう)が配されている。イワーンを抜けた中庭の東西には、それぞれマドラサがある。モスクへの入口と広場に面した入口には、それぞれ1対のミナレットが立っている。高さ54mのドームは、孔雀の羽の色を思わせる青とターコイズの陶製タイルで覆われている。そのほかの場所では、黄、ピンク、緑のタイルや花模様の装飾を、温かな色合いの煉瓦細工が美しく引き立てている。

▲ 2層の拱廊の細かいモザイク

野心的なプロジェクト
マスジェデ・シャー・モスクの建設は1612年に始まった。1800万個を超える煉瓦が使われたといわれている。

イスラム世界

▶ **堂々たる入口** アーリー・ガープー宮殿の吹き放ちのロッジアは、木の柱に支えられ、印象的な門の1階部分の上にそびえている。

アーリー・ガープー宮殿

- 1597年
- イラン、イスファハーン
- 不詳
- 宮殿

マイダーン（王のポロ競技場）を見下ろすアーリー・ガープー宮殿の印象的な楼門は、古い構造物の上に重ねてつくられたもので、「アーリー・ガープー（「至高の門」の意）の展望台」とも呼ばれる。その高いバルコニーは、中央に広い謁見の間がある複雑な8階建ての宮殿の正面に位置し、宮殿入口の象徴であると同時に、流れていく眼下の世界を宮廷人たちが眺める場所でもあった。建物の特徴は、美しいラッカー仕上げの漆喰天井と、精巧なシェル構造のヴォールトのある部屋だ。6階の音楽室がとりわけすばらしい。

チェヘル・ソトゥーン宮殿

- 1645年
- イラン、イスファハーン
- 不詳
- 宮殿

アッバース2世が築いた6階建ての宮殿は、イスファハーンの古い王宮複合体を形成する庭園離宮のひとつだ。長い池の端に位置し、幅と高さのあるベランダを20本の細い柱が支えている。その柱が池に映る様子から、「40柱の宮殿」を意味するチェヘル・ソトゥーンという名がつけられた。

アーリー・ガープー宮殿と同じく、建造当初の壁と柱はフレスコや絵画、鏡モザイクで覆われていた。大広間はドームを頂き、壁画がずらりと並んでいる。だが、首都がテヘランに移った1788年以降、長い年月をかけてイスファハーンが衰退していくのにともない、この宮殿も傷みが進み、いまやモザイクはポルティコ奥の壁龕に見られるだけとなっている。宮殿は接見と娯楽に使われていた。シャーはテラスか、複数ある荘厳な謁見室のいずれかで高官や大使を迎えた。謁見室は、見事な大理石や金箔、フレスコ、彫像で飾られていた。

バム要塞

- 1700年ごろ
- イラン、バム
- バフマン・エスファンディヤール
- 要塞

バム要塞は、現代のイランとパキスタンの国境近くにある。およそ2000年前の建造当時には、攻め落とすのはほぼ不可能だと考えられていた。このバム要塞は、シルクロードをはじめとする主要な交易路を見張る守備隊の駐屯地だった。2003年の地震で壊滅的な被害を受けた現代のバム市は、その南西に位置している。おもに泥煉瓦でできたバム要塞も、地震発生から数秒で大きく破壊された。

要塞はいくつかの区画に分けられており、ぐるりと壁に囲まれ、38の塔に陣どる守備兵たちが見張っていた。南側には4つの塁壁があり、北東にももう1つ、巨大な塁壁があった。要塞は1502年から1722年にかけて、サファヴィー朝により大幅に建て直されたため、リング状の防塁の内側は驚くほど文明的で行き届いた都市になっていた。イスファハーンには及ばないかもしれないが、2階建ての家屋の多くが専用の浴室を備えていたほか、宮殿や店、市場、隊商宿、モスク、軍事基地、公共浴場、体育館もそろっていた。

▼ **泥の砦** バム要塞は、おもに焼成煉瓦と羊毛、藁でできている。

フマユーン廟

- 1566年
- インド、デリー
- ミーラーク・ミールザー・ギヤース
- 墓所

インドに見られるムガル建築の最初の例が、ムガル帝国の第2代君主フマユーンの霊廟だ。フマユーンの父にあたる初代ムガル皇帝バーブルは、ティムール朝の王族の血を引き、1526年にパンジャブからデリーへと侵攻した。高い四角形の基壇に支えられたこの霊廟は、ペルシアのデザインに着想を得た美しい庭園の中央に立っている。

▲ ペルシア風の尖頭アーチ

霊廟の建設はフマユーンの妃により始められ、その工事は息子のアクバルの在位中も続いた。霊廟を手がけた建築家はペルシア人で、その故郷の影響は、尖頭状のアーチやドームだけでなく、庭園のレイアウトからもはっきりと見てとれる。庭園は、天上の楽園を地上に再現しようとしたもので、基本的には、正確な格子状の広い区画をまず4つに分けたのち、さらに9つに分けたつくりになっている。平坦な庭園は、装飾的な小川や舗道、並木道で区切られている。建物内では、壁で囲まれた聖所というヒンドゥーの考え方と、複数の部屋と廊をひとつながりに連結するイランの伝統が組み合わされている。拱廊のある巨大な赤い基盤から立ち上がる、見事に均整のとれた建物正面は、いくつものイワーン、アーチ、拱廊、尖塔、あずまやで構成されている。イスラムの伝統に従い、ドーム、ヴォールト、尖頭アーチ、アラベスクも取り入れられている。四角形の平面構成をとり、墓碑を収めた中央の八角形の室の周囲では、斜めの位置に八角形の部屋、側面にはアーチのあるロビーが配され、開口部は透かし彫りのある窓で守られている。

▽ **見事な対称性** フマユーン廟は、高さ42.5mの白大理石のドームを頂いている。

ファテープル・シークリー

- 1580年ごろ
- インド、ウッタル・プラデーシュ
- 不詳
- 都市

「勝利の都」を意味する都市ファテープル・シークリーは、ムガル建築のなかでもひときわ野心的な建造物だ。皇帝アクバルがもっとも建築に力を注いでいた時期に、息子ジャハーンギールの誕生を祝って築かれたが、それからわずか15年で放棄された。壮麗な都市ではあったものの、井戸を満たすだけの水がなかったのだ。現在では、街は完全に近い状態で保存されている。

▲ 玉座を支える木の柱

砂岩と大理石、そして職人集団が無尽蔵に供給されるムガル帝国では、皇帝の城塞都市ファテープル・シークリーを建造するのは、それほどむずかしいことではなかった。だがその立地は、アグラの西40kmに位置する岩がちの半島というありえないものだった。最初の住民が移住してからわずか15年後、おそらく水不足のために放棄されたファテープル・シークリーは、世界でもっとも壮麗なゴーストタウンと化した。

この街はどこを見ても、見事な職人芸を駆使した、想像力豊かなデザインの建築物が立っている。もちろん、大モスクもある。モスクの中庭の広さは110m×130mで、アーケードのある回廊で囲まれている。回廊のフリーズの上にはヒンドゥーのチャトリがずらりと並んでいる。だが、もっともすばらしいのは、目の覚めるような南門、ブランド・ダルワーザー（壮麗門）だろう。この門は、壮大な都への入口としてアクバルにより建て直されたものだ。ピラミッドのような急勾配の階段をのぼり、印象的なイワーンを抜けると、八角形を半分にした形のロビーに出る。ロビーの先は、モスク本体の中庭につながっている。門の階段からは、パンチ・マハル（五層閣）を筆頭に、街のすばらしい眺めを楽しめる。驚くほど複雑な形をした赤砂岩のあずまや風の建物がいくつもの橋で結ばれ、宝物庫やハーレム、浴場、謁見室、厩など、ムガル皇帝の日々の生活に欠かせない設備が完備されている。

▽ 壮大な失敗 風景を映し出す、美しい池が形式上は存在したが、肝心の水が不足しており、それはファテープル・シークリーの急激な衰退につながった。

ルクネ・アーラム廟

- 1324年　パキスタン、ムルタン
- トゥグルク1世　墓所

　パンジャブ南部のトルコ・モンゴル系中世都市、デパルプールの統治者トゥグルク1世が建てたこの霊廟は、ムガル帝国以前の建築を伝える魅力的な一例で、いまでもムルタンの中心的存在だ。青銅器時代に築かれたムルタンは、現代のパキスタン中部に位置し、まずアレクサンドロス大王に征服され、712年ごろにはイスラム教徒の侵略者の手に落ちた。

　磨き上げられた赤煉瓦でできた八角形のルクネ・アーラム廟は、直径17m、高さ45mの高い半円形ドームを頂いている。霊廟を支える巨大な控え壁は、次第に細くなりながら、砂にかすむムルタンの暑い空へとのぼっていく。ドームは2段目の八角形の上にそびえ、その周囲にはムアッジンが礼拝の時間を告げるための通路がめぐらされている。建材には煉瓦が使われ、ところどころ彫刻を施したシーシャムの木材でつなぎ合わされている。これは、古代インダス文明にまでさかのぼるこの地域独特の建築手法だ。建物表面はテラコッタと、青や空色や白の彩釉タイルで仕上げられている。霊廟は花やカリグラフィの模様で飾られている。

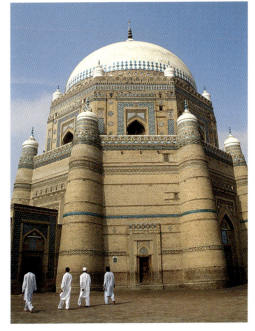

地元のランドマーク　人工の丘にそびえるドーム付きの霊廟は、40km遠方からでも見える。1977年に美しく修復された。

ジャハーンギール廟

- 1630年　パキスタン、ラホール
- 不詳　墓所

　この拱廊（アーケード）のある低く長い単層の建築物は、ラーヴィ川に面したラホールの北西に位置する美しい庭園内に立つ。ここには、1605年から1627年まで在位したムガル帝国第4代皇帝ジャハーンギールの霊廟がある。赤い砂岩と白い大理石の建物は、そのあとを継いだシャー・ジャハーン帝（在位1628-58）の「大理石の時代」に建てられた一連の建築的偉業の幕開けとなるものだ。抑制のきいた優美な霊廟の四隅には、八角形のミナレットが4つ立っている。これはインドでは目新しいものだったが、インドの伝統的な要素も織りこまれている。霊廟は楽園を表す幾何学式庭園に立ち、高い壁に囲まれた構内に配されている。建物はごくシンプルだが、彫刻や準貴石による象嵌の手法からは、数年後にタージ・マハル（p.160-161）で頂点を極める職人芸が垣間見える。ここでは、ラピスラズリ、オニキス、碧玉、トパーズ、紅玉髄、そしてさまざまな色あいの大理石を目にすることができる。霊廟への入口として庭園から4つの通廊がのびており、うち3つは精巧な大理石細工で飾られている。外側の入口は、ムガル時代に隊商宿として使われた中庭に通じている。

貴重なモニュメント　ジャハーンギール廟の姿は、パキスタンの最高額紙幣である1000ルピー札で見ることができる。

イスラム世界

▲ ムムターズ・マハルの空墓がある部屋

タージ・マハル

● 1653年　🏛 インド、アグラ　✍ シャー・ジャハーン　⚱ 墓所

まばゆい純白の大理石に覆われ、その姿を映し出す長い池のほとりに立つタージ・マハル（王冠宮殿）は、ムガル建築の絶頂を体現している。皇帝シャー・ジャハーンが愛妃ムムターズ・マハルの追悼のためにつくらせたこの美しい霊廟は、2万人にのぼる職人が22年をかけて建設したものだ。その美しさの源は、静謐な荘厳さと、移ろいゆく空を反映する大理石の微妙な色合いにある。

ヤムナ河畔の段丘に立つタージ・マハル建築群は、四隅に八角形の広い楼閣がある高い壁に囲まれ、アグラ城の皇帝の宮殿からその姿を見ることができる。霊廟そのものは、赤砂岩でできた一辺57mの正方形の高い基壇の上に立っている。基壇の四隅には高さ47mの細いミナレットが配され、涙形をした中央ドームの考え抜かれた均整を引き立てている。ドームは二重殻構造をとり、内側の殻は高さ24m、直径18mの大きさだ。大ドームの形状は、ヒンドゥー寺院のデザインとペルシアのティムール建築に由来し、小さめのドー

ムを頂く4つのチャトリ(屋上のあずまや)を脇に従えている。平面構成はデリーのフマユーン廟(p.157)を合理化したものだ。八角形の主室を一連の回廊が取り囲み、回廊の各連結部に八角形の副室が配されている。純粋ともいえる美しい正面部には、装飾はほとんどない。建物の内部は、繊細な大理石の格子窓から差しこむ光にほのかに照らされる。皇帝と妃の遺骸は、建物地下にある埋葬室にいまも収められている。

　タージ・マハルは、当時の慣例に従った庭園の中央ではなく、庭園の最奥に立ち、川を背にしている。ある言い伝えによれば、タージ・マハルがヤムナ川を見下ろしているのは、皇帝がタージ・マハルと対になる黒大理石の建物を自身の霊廟として対岸に建てるつもりだったからだという。

▽ **王冠の宝石**　タージ・マハルは、「巨人が設計し、宝石職人が仕上げた」と評されてきた。

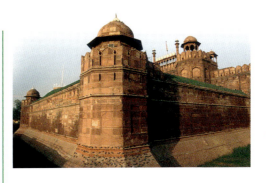

◁ **赤と白**　城塞の壁は赤砂岩でつくられているが、宮殿には大理石が使われている。

デリーのレッド・フォート

- 1648年　📍 インド、デリー
- 👤 シャー・ジャハーン　🏛 宮殿

　赤砂岩の巨大な周壁からレッド・フォートと呼ばれるこの城塞は、シャー・ジャハーンが首都をアグラからデリーに移した際に築いたものだ。正面入口にあたる堂々たるラホール門を抜けると、ハンマーム(皇帝の浴場)、シャーイ・ブルジ(シャーの私的な執務室)、モティ・マスジッド(真珠モスク)などの魅力的な建物が現れる。金箔を施した小塔を頂くラング・マハル(彩の宮殿)では、皇帝の妃や愛妾が暮らしていた。

エミン・ミナレット(蘇公塔)

- 1778年　📍 中国、新疆ウイグル自治区、トルファン
- 👤 イブラヒム　🏛 宗教施設

　古代シルクロード上にあるトルファン近くに立つ、高さ44mのこのミナレットは、中国にある唯一のイスラムの塔だ。トルファンの支配者、エミン・ホージャが1777年に建設を始め、翌年に息子のスレイマンが完成させた。設計を手がけたのはウイグルの建築家イブラヒムで、地元産の灰色の日干し煉瓦を用いている。先端が極端に細い円形のミナレットは、16種類の幾何学模様と花模様で飾られている。自信たっぷりに天高くそびえるミナレットと、隣の蘇公モスクとのシンプルな水平性の対比は見事だ。

▽ **生き生きした模様**　高い灰色の円筒形ミナレットは、波形、花模様、菱形などの模様で生き生きと彩られている。

中世ヨーロッパ
Medieval Europe

戦争の時代 ヨーロッパで新たに建設された大聖堂には、無数の戦争のなかでも、とくに十字軍と百年戦争の戦没者が埋葬された。写真はカンタベリー大聖堂にあるイングランドの「黒太子」ことエドワード（1330-76）の墓。

5世紀の西ローマ帝国の滅亡から1000年ごろまでの時期は、しばしば「暗黒時代」と呼ばれる。だが、そのようにくくられる数世紀は、知性と芸術すべてが薄暗がりにあった時代ではない。闇のなかにも創造の残り火は輝き、ついには勇壮華麗な中世建築が燃え立つような光を放って登場する。

ローマ帝国内に侵入し、西欧じゅうに移り住んだゴート人やフランク人などのゲルマン民族は、必ずしも「野蛮な異教の戦士」という通俗のイメージ通りの民族ではなかった。大半はキリスト教徒か、キリスト教に改宗した人々で、自らが浸食した大帝国ローマの偉業を賛美する者たちもいたほどである。だが、ゲルマン人は自分たちの慣習や生活様式、社会組織の多くを維持し続けた。彼らの襲来とともに、西欧では、文化

おもな出来事

800	900	1000	1100
800頃 フランク王国カール大帝がクリスマスに教皇より神聖ローマ帝国の帝冠を授けられる	**988** キエフ大公国のウラジミール1世が受洗。その後ロシアはキリスト教に改宗する	**1066** ノルマンディー公ウィリアムがイングランドを征服。ハロルド王率いるアングロサクソン軍は敗退	**1088** ヨーロッパ初の大学が創立される
851 ローマに大地震が起き、多くの建造物が壊れる	**976** ローマ数字よりも簡略なアラビア数字がヨーロッパに紹介される	**1096-99** ゴドフロワ・ド・ブイヨン率いる第1回十字軍がイスラム教徒からエルサレムを奪回	**1163** 教皇アレクサンドル3世がパリのノートルダム大聖堂の礎石を据える

中世ヨーロッパ

聖杯伝説

聖杯はキリストの伝説にまつわる聖遺物だ。中世のアーサー王物語に出てくる伝説の騎士たちが探し求めた杯で、キリストが最後の晩餐で用いたもの、十字架にかけられたキリストの流す血をアリマタヤのヨセフが受けた杯とされている。中世の詩人や物語作家は、生命を回復させる力があるとした。

▶ **パーシヴァルと聖杯**（1286） 初期の物語ではパーシヴァルが聖杯を探しているが、のちの物語ではサー・ガラハッドが聖杯を見つけた英雄として描かれている。

▲ **装飾写本** 『時祷書』のような宗教書には、僧たちが丹精こめて施した豪華な装飾が見られる。

や社会の変転と政情不安が長らく続くことになる。この時期、道路や水道など、ローマ人のつくり上げたインフラの多くが破壊された。

中世初期、ヨーロッパで唯一機能していた国際的な権力機構であるキリスト教会は、かつてのローマ帝国植民地に社会的な統一をもたらす役目だけはかろうじて果たしていた。この激動の時代に、学問の宝庫、芸術の天地として機能したのが修道院である（ゴシック以前の重要建築物のスケッチとしていまに残る稀少な例のひとつに、スイスのベネディクト会修道院ザンクト・ガレンの平面図がある）。この役割には見返りがあった。西欧の新しい支配者は、権力と学問への意欲をしだいに高め、その財力で教会を経済的にバックアップするようになったのである。

衝突の時代

西ローマ帝国の滅亡で統一権力の座に空白が生じると、地域や国家の支配者間で勢力争いが起こり、ヨーロッパは相次ぐ戦争の時代に突入していった。暗黒時代から15世紀にかけての中世ヨーロッパといえば、血なまぐさい戦争が延々続いた時代、というくらいにしか思えない。

中世の権力闘争は、世俗の世界に限ったことではなかった。13世紀、ローマ・カトリック教会はカタリ派（アルビ派）を異端と見なして無慈悲な大弾圧をおこない、西欧の宗教界を支配した。カタリ派は12世紀、南仏のアルビ近郊、ラングドック地方に生まれ、ローマ教会への脅威と見なされたキリスト教の一派である。最終的に彼らがローマ教会のくびきにつながれると、教皇の権威を強調するために巨大な要塞のような

- **1315** 遺体を用いた初の公開人体解剖がイタリアの外科医モンディーノ・デ・ルッツィによって実施される
- **1337-1453** 新興大国イングランドとフランスのあいだで百年戦争
- **1378-1417** ローマ・カトリック教会の大分裂。アヴィニョンの教皇とローマの教皇の対立はローマ側の勝利で終結
- **1271** 探検家、兵士、作家のマルコ・ポーロが中国滞在に向けてヴェネツィアを出発
- **1347-51** 黒死病（ペスト）によりヨーロッパの人口の3分の1が死亡
- **1386頃** ジェフリー・チョーサーがイギリス初の偉大な文学作品『カンタベリー物語』の執筆を開始
- **1402** 完成すれば世界最大となる巨大な後期ゴシック大聖堂がセビリヤで着工

大聖堂がアルビに築かれた。

西欧の政治状況に安定が戻りはじめ、中世も終わりに近づくと、イギリス、フランス、スペイン、スウェーデン、ポルトガルなどの主要国家がヨーロッパに登場した。ドイツ、イタリア、北海沿岸低地帯（現在のベルギー、オランダ、ルクセンブルクにあたる地域）にある公国、大公国のなかにも統一国家への動きが現れていた。

中世の芸術

政情が安定すると経済や文化が復興しはじめ、すばらしい建築の時代が花開いた。世界有数の美しさを誇る大聖堂や修道院が建造されたほか、各土地特有の魅惑的な建築様式をもつ教会区教会が、ヨーロッパ全域に何千と建設された。イングランドの宗教建築物も、世界じゅうで目にすることのできる偉大なヴァナキュラー（土地特有の）建築のひとつである。中世には、

◪ **パリ、サント・シャペルの大きなバラ窓**　ステンドグラスの技術が頂点を極めたのは13〜14世紀。ゴシック様式の大聖堂や聖堂を色彩と光で満たした。

十字軍

1095年、教皇ウルバヌス2世は、セルジュク朝にキリスト教の聖地エルサレムの返還を求める軍事行動を呼びかけた。これが、聖地奪回を目ざし中世に繰り返された「十字軍」の第1回目となる。十字軍が取り戻した土地は、やがて成長を遂げたイスラム国家に再び奪われた。十字軍は異教徒や異端派キリスト教徒とも戦った。

第5回十字軍 この装飾写本の挿絵には、1219年にエジプトのダミエッタを掌握した十字軍騎士たちの様子が描かれている。

偉大な建造物のみならず洗練された文学作品や書物、聖杯探求のようなすばらしい英雄物語、まばゆい武具、創造的な構造工学なども誕生し、プラトンやアリストテレスの著作を守り続けていたスペインのイスラム人学者たちとの交流によって、古代の学問も復興した。

挿絵入りの祈祷書や『時祷書』、ゴシック大聖堂のステンドグラス窓、騎士の戦旗や羽飾りのついた冑など、中世はじつに色彩豊かで美しい。

だが、その奥底にははかり知れない暗闇があった。戦いが続いたのみならず、中世ヨーロッパは大きな気候変動の時期を迎えてもいた。中世初期にはイギリスで柑橘類が栽培されるほど温暖であったというのに、14世紀初頭の10年まで時代が下ると、小氷河期ともいうべき気候に見舞われるようになる。その後、1315〜17年の大飢饉で、ヨーロッパの多くの都市や町が壊滅状態に陥った。

その直後の1347〜51年には、シルクロードで爆発的に発生した黒死病（ペスト）がヨーロッパを襲う。疫病で人口の3分の1を失ったヨーロッパは、経済的にも社会的にも大きな打撃を受け、その回復に150年もの歳月を要した。黒死病が収束に向かっても、混乱は収まらなかった。労働人口の減少で賃金が高騰し、農民の反乱が起こるようになったのである。封建制は崩壊し、西欧の農奴制は終焉を迎えた。黒死病は14世紀末まで小流行を繰り返した。

死と戦争、混沌と闘争のただなかで生まれた中世の建築物は、おそらく人びとの魂を鼓舞し、彼らを日常の泥沼から救い出したにちがいない。今日でも、それらは至上の輝きを放ち続ける建築作品である。

堂々たる中世の城 モン・サン・ミシェルは、フランスの小島を土台にするように、孤高を保ってそびえ立つ巨大な修道院だ。

ロマネスク

800〜1200年ごろ

ロマネスク教会は古代ローマのバシリカ（集会堂）の発展形である。建設をバックアップしたのは、古代ローマの栄光を再現したいと願う王や修道会であった。フランク王国カール大帝（在位768-814）のトレードマーク的様式となった初期ロマネスク建築は、やがて王が初代神聖ローマ皇帝の帝冠を授けられると各地に広まった。

　芸術と学問の擁護者カール大帝はローマを外敵から守った人物で、その偉業に対し、800年のクリスマスの日に帝冠を授与された。以後、ロマネスク建築は、シチリアを含むイタリア、フランス、ドイツ、北欧、イギリスへと着実に勢力を広げてゆく。建築様式は地域差があるにせよ驚くほど一貫しており、クリュニー修道会など拡張主義を謳う宗教勢力によっても精力的に広められた。この修道会は数々のすばらしい巡礼教会を建てており、フランスではトゥールの聖マルティヌス教会、トゥールーズの聖セルナン教会が、スペインのガリシア州ではサンティアゴ・デ・コンポステーラの大聖堂（p.263）が知られている。

ロマネスク教会の特徴

　平面で見たときにラテン十字となるよう設計されているのが、ロマネスク教会の特徴である。アプス（後陣）のまわりには周歩廊があり、信者がそこを歩いて聖遺物を参拝できるようになっている。天井は重々しい石造りヴォールト（アーチ形天井）で、太い柱ときわめて厚い壁によって支えられている。この時代の建築家と石工（当時、この2つの職は同義語であった）は、次のゴシック時代に見られる軽やかで天を仰ぐようなヴォールトのつくり方をまだ知らないため、建築物は重厚で、どちらかといえば暗い印象を受ける。丈夫で高さのあるものをつくるには壁を厚く、窓を小さくしなければならなかったのだ。9世紀のカール大帝や、1066年にイングランド征服を果たしたノルマンディー公ウィリアムのように、戦いに明け暮れた王たちが育んだ建築にはふさわしいといえるかもしれない。ウィリアム王は支配と統治の象徴たる建築の力を十分に心得ていた。だが、その強硬な統治体制の始まりは要塞建設であったというのに、やがてダラム大聖堂（p.176-177）の身廊のように驚くべきロマネスク建築が生まれるに至った。権力とは、そういったものかもしれない。

◀ **イタリアのピサ大聖堂（ドゥオーモ）**　内部はラテン十字形、五廊式の建物は御影石の柱68本で支えられている。上部から光が差しこむと、フレスコ画、有色の大理石が描く幾何学模様、格天井などが聖堂内に生気をもたらす。

基礎知識

城のような堅牢さが特徴のロマネスクは、キリスト教戦士たる王たちの様式であった。彼らは伝説のローマ皇帝たちの成功に肩を並べたいと願い、建築に古代ローマの要素を取り入れたが、一方でイスラム建築、キリスト教建築双方の伝統を受け継ぐ独自の様式を積極的に育んでいった。

ジグザグ形に彫られたアーチ

ティンパヌム中央には表象的な彫刻が施されている

束ねられた複数の柱

彫刻をあしらったティンパヌム ティンパヌムとは、扉や窓の天辺とアーチの間のスペースのこと。ローマの神殿のペディメントと同じく、ロマネスク教会のティンパヌムもレリーフで装飾されている。

高い半円アーチからなるアーケード

帯飾りが引き立つ石壁

彫刻が施された円柱 イギリスのダラム大聖堂のどっしりとした柱のなかには、荒石が詰めてある。ジグザグの彫刻が重々しい柱に軽みを与え、力にあふれた身廊中心部に明暗のコントラストをもたらしている。

自然を描写した彫刻 シチリアのモンレアーレ大聖堂の柱頭は、基本的には古代ギリシアの建築様式のひとつ、コリント式のデザインだが、盾を構えた騎士と独特な棕櫚の葉のような彫刻で生き生きとしている。

帯飾り 帯飾りとはひもが織りまざったような装飾のこと。石の帯飾りは、イギリス、バートンにあるオール・セインツ教会（写真）などのアングロサクソン教会によく見られる。

どこまでも続くアーケード 斜塔として有名なイタリアのピサ大聖堂の鐘塔は、アーケードが延々とまわりを取り巻いている。ロマネスク教会の多くに見られる特色で、ピサ大聖堂の身廊にも同様のデザインが見られる。

ブラインド・アーケード 無味乾燥な壁にならないように工夫された独特の装飾法。ガラスの窓をつくるよりもはるかに安価で簡単だ。

パルマの洗礼堂

- 1196年以降
- イタリア、パルマ
- ベネデット・アンテラミ
- 洗礼堂

ベネデット・アンテラミの手になるパルマの洗礼堂は贅沢なつくりだ。八角形の建物の角に頂塔を頂く角張った控え壁がのび、控え壁のあいだにはアーケードが5層重ねられている。下の4層は開口部が長方形のアーケード、一番上は半円アーチの優雅なアーケードだ。3か所ある入口には、当時のイタリアでは珍しいレリーフが施されている。これらの彫刻もアンテラミ作とされ、とくに題材の面で同時代のフランスの影響を受けており、聖母マリアと最後の審判を表現している。16面になった内部にもフランスの影響は明らかで、建物の高さにほぼ等しい半柱が立ち並び、その上に尖頭アーチが続く。しかもリブヴォールト様式である点が見逃せない。下部には確固たる半円アーチの続くアーケードが並んでいる。

▶ **中世の傑作** 繊細なピンク色の大理石でできたパルマの洗礼堂（右）は、イタリア・ロマネスク建築の華といわれる建物のひとつだ。左の建物は12世紀に建てられたドゥオーモ。

ガリゼンダの塔とアジネリの塔

- 1100年ごろ／1119年ごろ
- イタリア、ボローニャ
- ガリゼンダ家／アジネリ家
- 塔

かつてボローニャには、このような塔が180基あったという。それぞれ独立して立つこれら巨大な塔は、名目上は監視塔だが、実際は建てた一族の権力を誇示するものであった。煉瓦造りの四角い建物に小さな窓が少しあるだけで、建築物としては平凡だ。しかし、物理的な力や荷重などをおおむね推量で計算するしかなかった時代のものとしては、異例の技術力といってよい。アジネリの塔の高さは97m、一方のガリゼンダは倒壊を防ぐために1360年に削られて現在は47mだ。どちらの塔も沈下のために傾いており、ガリゼンダの塔はなんと中心から3.25mも傾斜している。

サンタンブロージョ教会

- 1080年以降
- イタリア、ミラノ
- 不詳
- 宗教施設

装飾のない煉瓦造り、回廊に囲まれたアトリウム（前庭）、2層になった切妻のファサード、重厚な半円アーチ——サンタンブロージョ教会の外観はいくぶん厳粛で、懐古的な印象だ。しかし、内部には画期的な技術を駆使した跡が見てとれる。身廊アーチとそれを支える柱は、繰形（くりがた）によって視覚的に一体化している。身廊の天井は、浅い横断アーチとその対角線のアーチをリブとしたヴォールトで、この構造を用いた建築のもっとも初期の例。結果として生じた、身廊を複数の区画に分ける柱間（はしらま）には、後期ロマネスクからゴシックにかけての雰囲気がただよっている。

モンレアーレ大聖堂

- 1182年
- イタリア、シチリア島、パレルモ近郊
- グリエルモ2世
- 宗教施設

モンレアーレ大聖堂はこのうえなく贅沢な建造物だ。12世紀の西洋教会建築とアラブの装飾模様が合体したノルマン＝アラブ建築の優れた一例である。ことに、身廊、側廊、アプスを飾るまばゆいモザイクは、ビザンティン様式の影響を色濃く反映している。

△ ムーア様式の影響を示す堂内

モンレアーレ大聖堂は平天井のバシリカで、幅広の身廊、ゆったりとした側廊、奥行きの浅い3つのアプスがある。高い祭壇の上はドームを半分に割った形状の天井になっており、ビザンティン様式で描かれたキリストのモザイク画がそこからおそろしげに見下ろしている。何より目を引くのは、堂内をくまなく彩るモザイクである。

モンレアーレ大聖堂の身廊にある尖頭アーチには、この時期、フランス北部で発展しつつあったゴシック様式との関連がうかがえる。外観でもっとも目立つのは中央アプスの外壁デザインだ。オーバーラップした尖頭アーチと円からなる凝ったデザインで、円やアーチには幾何学的な形の有色大理石が鋲のように散りばめられている。明らかにイスラムの影響とおぼしき精巧な装飾が印象的な外観だ。

名工の技術は主玄関にも発揮されており、ブロンズの扉には聖書のおもだった42の情景が刻まれている。もともとベネディクト会修道院の付属建築物であった回廊は、建設当時の姿をいまにとどめている。ムーア式のアーチを2本1組で支える柱は全部で228本あり、多くはらせん状にねじれていたり、人物や植物の繊細な彫刻が施されていたりする。また、ガラスモザイクで装飾された柱も多い。

》グリエルモ2世（ウィレルムス2世）

シチリアを支配するノルマン人王グリエルモ2世（在位1166-89）が絢爛豪華なモンレアーレ大聖堂を建設したのは信仰心というより、政治的な必要に迫られたからである。すでにパレルモにあった大聖堂と、イギリス生まれのパレルモ大司教ウォルター・オファミル――シチリアのノルマン人と長らく対抗していた教皇インノセント2世の忠実な支持者――の力を凌駕しようという周到な狙いがあった。

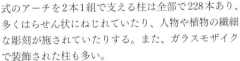

▽ **モンレアーレの中心** 大聖堂はパレルモの南西に位置するモンレアーレの町の中心的存在だ。この美しいキリスト教会に装飾を施したのは、イスラムの伝統様式を習得した職人たちであった。

中世ヨーロッパ

▶ **完璧な基本形** 先駆者の名にふさわしい佇まいを見せる聖ニコラ教会。この力強いロマネスク建築を皮切りとして、イタリア南部には同じ様式のものが次々と建てられていった。

バーリの聖ニコラ教会

- 1087年以降
- イタリア、バーリ
- 不詳
- 宗教施設

ノルマン人施主の力と富の証として、イタリア南東部、プーリア州バーリの町に建てられた聖ニコラ教会。その建築様式は、以後驚くほど長きにわたって、この土地独特のものとして存続していくことになる。

南側の塔が完成することはなかったが、教会の外観には静かな均整美がただよっている。力強く垂直にそびえる中央の切妻造りの柱間は、ポーチの部分がアクセント。そのポーチの輪郭を2本の片蓋柱(壁の一部を張り出させ角柱の形に見せた部分)が強調している。中央の柱間は、教会内部に広い身廊があることをうかがわせる。同様に、その両脇の柱間にあるアーチの入口をくぐれば、側廊に導かれることもわかる。勾配屋根のすぐ下にあるアーケードには、じつに繊細な彫刻が施されている。

陸屋根の身廊の内部には横断アーチが3つ。この部分は、アーケードの柱によってきちんと境界が定められている。上方にはかなり大きな通路、すなわちトリフォリウムがあり、その上のクリアストーリ(高窓)から漏れる光に照らされている。側廊は堂々たる広さで、その上に広がる大きなヴォールトは、2つの筒型ヴォールトが交差することによって生まれる鋭角的な対角線が特徴だ。平面構成は至ってシンプルな長方形で、祭壇後方のアプスとその両脇にある小さめのアプスが、そこに生気を添えている。

ピサ大聖堂

- 1063年以降
- イタリア、ピサ
- ブスケット・ディ・ジョヴァンニ、ライナールド他
- 宗教施設

イタリアのロマネスク建築とゴシック建築はヨーロッパ他地域のそれとは大きく異なるが、ピサの大聖堂ほどそのちがいを顕著に示すものはない。自国特有の建築の伝統を賛美し、また古代ギリシア・ローマの遺産を意識しているがゆえに、イタリアは他国由来の様式に対して冷たい反応を示したのだろう。

大聖堂は、ヨーロッパでもひときわ立派な建築が立ち並ぶ一角の中心に立っている。ほかにも、ほぼ同時代に建てられた洗礼堂、ピサの斜塔として知られる鐘塔がある。これら3つの建物の外壁は、まばゆい白の帯模様が入るように異なる色の大理石で仕上げられており、「これがピサの誇りだ」という、じつに考え抜かれた、抗しがたいまでの主張が感じられる。建設が始まったのは11世紀。その後、身廊の拡張、ファサードの増築など、13世紀を中心に大がかりな改築がおこなわれた。

ファサードはトスカーナの「プロト・ルネサンス」の好例である。1階部分には建物全体を取り巻くアーケード。その上には彫刻を施されたアーチが4層積み重ねられている。下の2層は建物の幅いっぱいにアーチをしつらえられ、上の2層には身廊の幅に相当するアーチがある。

◀ **伝統の影響** ルネサンス様式のアーチが、ペディメント(古代建築に見られる三角形の切妻壁)を2つ重ねた神殿のようなファサードをつくっている。

ノートルダム・ラ・グランド教会

- 1145年ごろ
- フランス、ポワティエ
- 不詳
- 宗教施設

　フランスでは、13世紀まで政治的な群雄割拠が続いたため、各地方独特の建築様式が発達した。ノートルダム・ラ・グランドはその印象的な一例で、あざやかな彫刻の装飾、ミツバチの巣のような風変わりな尖塔をもちながらも、頑強で男性的な雰囲気のある教会だ。ファサードは、北方の教会によく見られる垂直指向にとらわれていない。身廊にはトリフォリウムもクリアストーリもなく、アーケードの半円アーチが、シンプルな横断リブの支える石造ヴォールトにくっつきそうである。

◀ **印象的なファサード** ノートルダム・ラ・グランドの幅広なファサードを飾るのは、聖人や聖書の場面をモチーフにした彫刻だ。

サン・ミゲル・デ・エスカラーダ修道院聖堂

- 913年以降
- スペイン北西部、レオン近郊
- ガルシア1世
- 宗教施設

　モザラベ建築（ムーア様式の細部をもつキリスト教建築）はスペインの初期ロマネスクの主たる特徴である。10世紀にサン・ミゲル・デ・エスカラーダの建設をおもに担ったのは、スペイン北部からアラブが放逐されたあとに取り残されたムーア人の職人であった。聖堂はシンプルな長方形の平面構成で、側廊と身廊の幅は同じ。はっきりとした交差部はなく、東端のアプスにはアーチが3つある。ムーア様式の影響がもっとも顕著に見られるのは、身廊とポルティコを飾る馬蹄形アーチ、そして凝った木造屋根だ。

▽ **完全な均整美** サン・ミゲルのエレガントな外観とポルティコは、堂内の見事な大理石柱とバランスがとれている。

» 大胆かつ重厚 ドイツのロマネスクが繊細さよりも実質重視であることは明らかだ。

マリア・ラーハ修道院

● 1093年以降　🏠 ドイツ、ラインラント　✎ 不詳　🏛 宗教施設

ベネディクト会の修道院マリア・ラーハは、ラーハー湖南西の牧歌的な湖畔に堂々たる姿でそびえている。ラーハー湖はケルンの南、アンダーナッハ近郊の湖だ。マリア・ラーハ修道院は、シュパイアー、マインツ、ヴォルムスの大聖堂とともにドイツ・ロマネスク建築の最良の見本のひとつ。イタリア北部やカロリング朝の様式から影響を色濃く受けてはいるが、切り立つようにそびえる塔や身廊などが大胆に群れをなした構えには、勢力を盛り返したキリスト教会の声高な主張が表れている。

▲ **柱頭の細部装飾** 西側の扉の上部にある生き生きとした石の彫刻は、信者の罪を書きとめる悪魔だ。

おもに地元の安山岩で建設されたこの修道院でもっとも特徴的な外観は、東西にそれぞれ3基ずつそびえる塔であろう。西側の真ん中にある一番大きな四角形の塔は、切妻と切妻のあいだがダイヤモンド形をした「ヘルム屋根」を頂いている。東側の交差部上にある塔は八角形だ。

この建物では垂直性が強調されているが、水平方向には半円アーチのアーケードが連なっており、印象的なコントラストを生んでいる。対になった円頭アーチは視覚モチーフとして、おもに塔において同じパターンを繰り返す。西端で目を引くのは大きなアプスと、円形の双塔のなかにある翼廊だ。回廊に囲まれたアトリウムが西端にあるのは珍しく、このアトリウムは円形塔のなかの主玄関に続いている。東端にはアプスが3つある。

内部は驚くほど広々として音響も良く、どこを見てもこの建物の巨大さを実感できる。柱頭には、葉飾りのレリーフが施されているものもある。身廊と側廊の角柱に半柱を重ねている点は典型的なラインラント風で、ゴシック様式の芽生えを暗示している。身廊と側廊のヴォールトの柱間の幅が等しい点にも、ゴシックの兆しがうかがえる。

クラック・デ・シュヴァリエ

○ 1142年以降　🏛 シリア、ホムス　⚔ ホスピタル騎士団　🏰 要塞

聖地奪回をめぐって長く残忍な戦いが繰り広げられた十字軍の時代、近東に建設された城のなかで、ある意味、もっとも感動を与える城がクラック・デ・シェヴァリエだ。手に入れたイスラムの軍事建築物に、西洋がなんら手を加えなかった例としても重要である。

▲ ホスピタル騎士団の紋章

クラック・デ・シュヴァリエは、戦略上重要なシリアのホムス峡谷を守るために建設された、5つの城塞のうちのひとつである。軍事拠点にふさわしい地理条件をもともと備えていたこと、巨大で頑丈なつくりであること、天守のまわりに同心円状に守備塔を配した集中型の構造であることが特徴だ。

▶▶ ホスピタル騎士団

聖地での慈善活動が認められたホスピタル騎士団が、教皇パスカリス2世から騎士修道会として正式な承認を得たのは1113年のこと。彼らは近東で強大な軍事力を発揮するかたわら、本来の目的である医療奉仕活動も続けていた。1291年、アクレの陥落で聖地を去ったあとは、まずキプロス島に逃げ、1530年からはマルタ島に拠点を移した。

立地そのものからしていかめしく、城が立っているのは岩でできた支脈の上、足下は切り立った斜面になっている。外側の防御壁に設けられた門楼をくぐると、曲がった入口通路に出る。これは、敵が外壁を破って侵入した場合、曲がりくねった通路を進んでいくときに猛攻撃をしかけるためで、いかにも十字軍の城らしい構造である。内側の壁は、脆弱な南と西に巨大な斜堤を設けて守りを固めている。斜堤とは、よじ登れないほど急勾配の壁のことで、場所によっては厚さが25mを超える。

このような城は、征服した土地を守るほか、莫大な人数の駐屯兵を収容して敵の攻撃に備える役目も果たしていた。だが、12回の包囲を耐え抜いたクラック・デ・シュヴァリエも、1271年、たび重なる裏切りによってついに落城した。近年では、2013〜14年にシリア内戦で砲撃を受け、城の一部が破壊されている。

◀ **山頂の要塞**　クラック・デ・シュヴァリエの防衛は、濠によってさらに強固なものになった。濠を建設するために除去しなければならなかった岩は、数百トンにのぼる。

ダラム大聖堂

● 1093年以降　🏛 イングランド、ダラム　✎ 司教カリレフ　🏛 宗教施設

ノルマン人をイングランド征服に駆り立てた軍事と政治の容赦ないエネルギーは、めざましい勢いで建設されたノルマン様式建築物に表現された。そのようなエネルギーがもっとも直接的に表れるのは城であろうが、ノルマン人には教会建築の才があり、結果的に不朽の作品が世に残ることとなった。そのもっとも顕著な例が、ウィリアム2世（在位1087-1100）の治世に建設されたダラム大聖堂だ。禁欲的で大胆不敵、堂々たるノルマン人をそのまま具現化したような建造物である。

▲ 北の扉にあるブロンズのドア・ノッカー（1140ごろ）

ダラム大聖堂は、11世紀末のアングロ・ノルマン建築家の卓越した技術が頂点に達したことを示す記念碑的な建造物であろう。ほぼ半世紀にわたってヨーロッパ随一の技術者であったアングロ・ノルマンの建築家たちは、ヨーロッパ初となる尖頭アーチのリブヴォールトをこの大聖堂に用いた。リブヴォールトの使用例ならダラム以前にもあり、1082年以降ではシュパイアー大聖堂が有名だが、ここまでドラマチックな効果は出ていない。

巨大空間を壁で囲って石造りの屋根を載せただけでも十分に感動的な建築といえるだろうが、この大聖堂にはそれだけにとどまらないすばらしさがある。柱間1つおきにそびえる巨大な柱のぐいと押し上げるような感覚は、そのままいやおうなしに天井にまで向かってゆく。たぐい稀な統一感と力強さに満ちた内部空間、記念碑的なスケールの大きさには驚くばかりで、ゴシック様式のごく初期の例ともいえそうな雰囲気だが、やはりダラムは歴然たるロマネスク様式だ。どっしりとした身廊の柱には精巧な幾何学模様の彫刻が施されているし、安定感のある弧を描くアーチはリズミカルでダイナミックだ。外観も内部にひけをとらず印象的なのは、ウェア川を見下ろす丘の上という立地にもよるのだろう。いろいろな意味でアングロ・ノルマン建築の頂点を極めた建造物といえよう。

▶ **圧倒的な眺め**　大聖堂は付近にあるダラム城とともに高台から街を見下ろしている。そのむかし、ダラム城は、権勢を誇ったダラムの領主司教の邸宅であった。

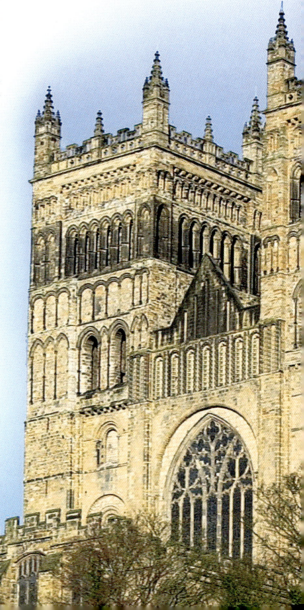

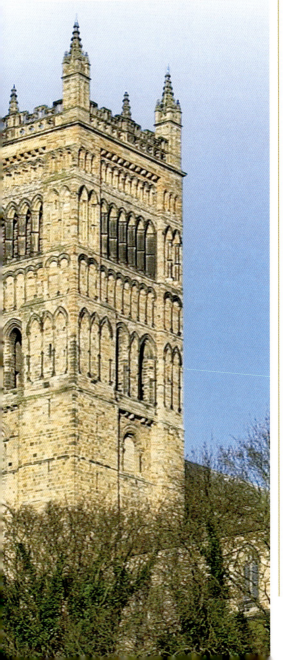

ウィリアム・ド・カリレフ

1081年、ダラム司教になったノルマン人のベネディクト会修道士カリレフは、1093年にアングロサクソンの大聖堂を取り壊し、ロマネスク様式の大聖堂とベネディクト会修道院の建設に着手した。スコットランド王ドナルド3世とつながりがあったためにウィリアム2世の不興を買ったカリレフは、1095年にウィンザー城に呼び寄せられたが、到着後まもなく病死した。

ロンドン塔

- 1078年以降
- イングランド、ロンドン
- 征服王ウィリアム
- 要塞

1066年にイングランドを征服したノルマン人は、70以上の城を主要な拠点に築き、ノルマンの征服を明確に示した。そのなかでも、ロンドン塔はとりわけ大規模な建造物のひとつだ。石で仕上げた長方形の建物の四隅には塔がそびえ、壁に沿って奥行きの浅い控え壁がある。そして、切りこんだように細く小さな窓が高所に配されたが、17世紀末、クリストファー・レンが窓の大半を拡大し、塔の上にエレガントな小塔を載せた。

力強さと優雅さ 4つの塔の1つには、ロマネスク様式の美しいセントジョン礼拝堂がある。

ブラッドフォード・オン・エイヴォンのセントローレンス教会

- 1050年ごろ
- イングランド、ウィルトシャー、ブラッドフォード・オン・エイヴォン
- 不詳
- 宗教施設

ノルマンの征服を生きのびたアングロサクソンの建築物はわずか50ほどだが、その稀有な例のひとつがセントローレンスだ。外観は簡素で、荒削りといってもいいほどの教会である。切妻屋根の小さな拝廊、身廊、内陣が連結され、大ざっぱな石の化粧仕上げがなされている。そこにいくぶん生気を与えているのが、外壁上部にある半円アーチのブラインド・アーケードだ。荒ごしらえの狭い堂内は、歳月の重みのおかげで、観る者の心を奇妙なまでに揺さぶってくる。

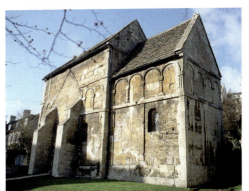

簡素な美 セントローレンス教会の外壁の装飾は、サクソン人の伝統的モチーフであるブラインド・アーケードと簡素な片蓋柱だ。

エスターラース教会

- 1150年ごろ
- デンマーク、ボーンホルム島
- 不詳
- 宗教施設

800年から1050年ごろにかけて、ヨーロッパ北部のほぼ全域はスカンジナビアの影響を受けた。バイキングや古代スカンジナビア人は、ロシアから地中海、イギリス東部の大半やフランス北部など、広範な地域を征服し、入植した。しかし、11世紀半ばからスカンジナビアがキリスト教化され、勢力の向かう方向が逆転したために、北欧特有の伝統とキリスト教の伝統が融合することとなった。

その影響がもっとも顕著に表れたのが教会建築である。たとえば、バルト海に浮かぶボーンホルム島の教会は、古くから石造りの円形で、テンプル騎士団の集中型教会堂に似た構造をしている。要塞を思わせる形は意図的なもので、礼拝の場としてはもちろん、バルト海を荒らす海賊に対抗すべく、強固な拠点を築く必要があったためだ。

◀ **様式の融合** エスターラース教会の傾斜した重々しい控え壁は、かなりあとの時代になって増築されたものだ。

ボルグンド教会

- 1180年以降
- ノルウェー、ソグン・オ・フィヨーラネ
- 不詳
- 宗教施設

ボルグンド教会はノルウェーの「樽板（スターヴ）」教会として有名である。エキゾチックな外観は塔のようにも見えるし、バイキングが火葬に使う薪の山のようにも見える。しかし、内部はビサンティウムの集中型教会の様式を受け継いでおり、バイキングの活動範囲がはるか遠くにまで及んでいたことがわかる。

教会の中央部は建てられた当初のままの構造で、四方がアーケードで区切られ、その上に高い塔を頂いている（東端のアプスはのちに増築されたもの）。高くそびえる木造の塔は、フランスのゴシック建築の影響を受けたものとわかる。樽板教会といわれるのは縦に割った丸太を使っているからで、その曲面を外側に、平面を内側に向けて連結させ、組み立てられている。スカンジナビアで長い歴史をもつ建築手法ながら、ここまで大がかりにこの技術を使ったのはボルグンド教会がはじめてであった。急な水切り勾配をつけた切妻屋根やその天辺を飾る竜頭の彫刻――この地域にかつてあった異教徒の伝統の形見――など、見た者の心にいつまでも残る外観をもつ教会である。

▶ **伝統の統合** この教会は、伝統的な建築手法とキリスト教信仰が出会って生まれたものだ。

ルンド大聖堂

- 1103年
- スウェーデン、ルンド
- ドナトゥス
- 宗教施設

エスターラースやボルグンドなど土地文化に根ざした教会があるスカンジナビアで、盛期ロマネスク様式の伝統、ことにドイツの建築様式を十二分に表しているのがルンドの大聖堂だ。西側アプスと2つの翼廊がない点を除けば、ドイツのラインラントにあってもおかしくない教会建築だといえよう。

西側ファサードには堂々たる四角い塔が2基そびえ、そこに3層以上にわたって設けられたアーチ形アーケードの複雑な連なりが生気を与えている。アーケードの上は尖塔を思わせる急勾配の屋根。切妻造りの中央柱間上部にも同様のアーケードがあり、その下にははるかに大きなアーチ形の窓が設けられている。主玄関上のティンパヌム（扉上の横架材とアーチのあいだの部分）を飾っているのは、力感あふれる彫刻だ。堂内には、身廊の柱間を2つずつ使ったアーケードが並んでいるが、これは少し前の時代にドイツ、シュパイアー地方で生まれた斬新なデザインである。内部も豊かな彫刻で飾られており、とくに身廊の柱頭に施されたものが見事である。聖堂の東端は、深く奥まった翼廊とアプスがひときわ目立っている。

大がかりな修復を経てはいるが、ロマネスク教会建築の本流にスカンジナビアが登場したことを強く印象づける大聖堂だ。

》**ロマネスクの表明** この大聖堂のなかでもいちばん強い印象を与えるのが、ダイナミックなファサード、ことに両脇にそびえる塔である。

ヘッダール・スターヴ教会

- 1250年
- ノルウェー、テレマルク
- 不詳
- 宗教施設

1000以上建設されたというノルウェーの樽板教会（スターヴ）で現存するのはわずか28。なかでも最大の、どういう尺度から見ても堂々たる構造の教会がヘッダール・スターヴである。力強いリズムを繰り返して積み重なる急勾配の木造屋根と切妻と塔。そのリズムは、天辺の四角い小塔に行きついたところでクライマックスに達する。

豊かな彫刻にあふれた内部は異教的な感覚の壮麗さが顕著で、その印象は樽板教会特有のほの暗さによってさらに強められている。窓はごく少ないうえに小さく、しかもはるか上方、庇のすぐ下に設けられている。堂内が暗いのはそのためだ。

建築遺産を守ろうとする意識がノルウェーで高まった19世紀半ば、ここでも大々的な修復工事がおこなわれたが、当時は建築物の歴史をさして理解せずに修復されることが多かった。そのため、1950年代初頭に再修復が実施され、ようやくこの教会は建設当初の状態に近いものになった。

《 **頂上をきわめる** 木造教会を維持するには、タールを定期的に塗布する必要がある。険しい屋根の天辺によじ登って作業を行うのは地元の登山家たちだ。

ゴシック

1150-1500年ごろ

中世における偉大なゴシック大聖堂の建築は、ヨーロッパ文明の栄華を表すものだ。石造りヴォールト、塔、尖塔などを当時の技術で可能な限り高く構築することにより、日常を天にまで高めようという試みが見られる。依頼主や建築家の壮大なビジョンもさることながら、高い技術力をもった石工や職人の手仕事にも負うところが大きかった。

　船のような構造をもつ身廊の上部、人の目がとても届きそうにないあたりに、天使や悪魔や葉模様の巧みな彫刻やフィニアル（切妻や尖塔の頂部にある装飾）を見つけることができる。万物を見通す父なる神に捧げるには、どんなにすばらしい装飾でも足りないということか。ゴシック建築が生まれたのは、血なまぐさい十字軍時代のフランスである。暗い起源をもつにせよ、やがてこの様式は、観る者の魂をこのうえなく鼓舞し、空前絶後の大胆さをもつ建築物を生み落としていく。

天国を目指す

　盛期ゴシックの粋は「フライング・バットレス」と呼ばれる飛梁（とびばり）だ。中世の石工たちは、この工夫によって壁にかかる荷重を軽減した。壁が高ければ高いほど、装飾されたバットレスの奥行きも深くなった。この新たな工法に熟達するにつれて、驚異的に高く精巧な石造りヴォールトや、かつてないほど大きな窓がつくられるようになった。シャルトル大聖堂（p.184）を見るとわかるように、聖堂の壁を窓が広く占有するようになる。窓を彩るステンドグラスが物語るのは、旧約聖書やキリスト、使徒、聖人、殉教者の生涯だ。フライング・バットレスのある教会の窓は、中世の民衆にとって映画館やテレビのようなものだったのだろう。この途方もなく野心的で贅沢な建築物と、当時の農民が暮らしていた掘っ立て小屋とでは、天と地ほどの開きがあった。教会が民衆に畏怖心を抱かせ続けることができたのも、驚くにはあたらない。フランス人が高い石造りヴォールトを目ざしたとすれば、イギリス人やドイツ人は尖塔の高さを競った。イギリスのソールズベリー大聖堂（p.190）は尖塔の高さが123m、ドイツのウルム大聖堂の尖塔は160mだ。後者は、中世の建築家マテウス・ボブリンガーのオリジナル設計に改修を加えて、1890年にようやく完成した

◁ **ゴシック・ヴォールト**　ウェルズ大聖堂チャプター・ハウスのゴシック・ヴォールトは、まるで棕櫚（しゅろ）の葉のよう。中央の柱から広がる32本のリブを存分に生かした構造だ。

基礎知識

　空を目ざしてそびえ立つゴシック様式の建造物は、建築史における偉大な冒険のひとつであった。尖頭アーチ、高いヴォールト、フライング・バットレスなど、創意に満ちた構造、磨き抜かれた石工技術によって、中世の教会や修道院は天の高みにまでのぼっていった。その創意や技術力に匹敵するほどすばらしかったのが、職人たちの豊かな想像力だ。彼らの闊達な想像力があればこそ、ゴシック建築物は高らかに神を賛美することができたのである。

バラ窓　ゴシック大聖堂の華であるバラ窓は、複雑な模様の石造トレーサリーにステンドグラスをはめこんだもので、陽光を一番取りこみやすい位置、通常は翼廊の南北壁と西正面の双塔のあいだに配された。写真はフランスのランス大聖堂のバラ窓。

小尖塔　垂直にそそり立つゴシックの塔の先端からのび、さらに高さを誇張しているのが小尖塔だ。写真は、イギリスのオックスフォード大学モードリン・カレッジの中庭を見下ろす15世紀末の鐘楼のもの。

小尖塔はクロケット（葉形のモチーフの彫刻）で装飾されていることが多い

ヴォールト　2つの筒型ヴォールトが直交してできたこのすばらしい交差ヴォールトはフランス、ノートルダム大聖堂（アミアン）のもの。ヴォールトが軽く、高く、細くなるにつれて、身廊の壁の窓はますます大きく、大胆になっていった。ヴォールトは最終的に、イギリスの扇形ヴォールトにまで発展する。

フライング・バットレス　スペインのパルマ・デ・マヨルカ大聖堂の身廊が44mの高さを実現できたのは、フライング・バットレス（飛梁）というアーチ状の支持構造物のおかげだ。

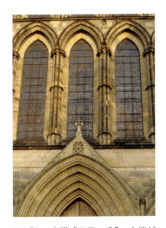

ゴシック様式のアーチ1　上端が尖ったシンプルなランセット窓は12世紀末のもの。ヨーク大司教のロジャー・オブ・ポント・レベックが建造したイギリス、ヨークシャーのリポン大聖堂の身廊を飾る窓だ。

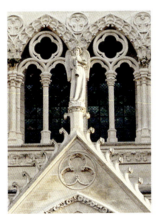

ゴシック様式のアーチ2　ノートルダム大聖堂（アミアン）にある13世紀末のトレーサリー窓。設計はトマ・ド・コルモン、ルノー・ド・コルモン、ロベール・ド・リュザルシュ。アーチ窓を2つに分割するデザインだ。

ゴシック様式のアーチ3　入れ子式になったアーチ。写真はベルギー、ロンセの聖エルメス教会にある14世紀の窓である。ゴシック様式の窓がしだいに複雑化し、トレーサリー模様が精巧になっているのがわかる。

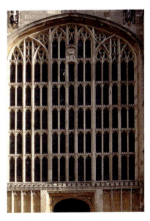

ゴシック様式のアーチ4　ウィンザー城の聖ジョージ礼拝堂にあるイギリスの垂直式ゴシックの4中心アーチ窓。1475年に完成したこの礼拝堂は、壁全体が巨大な1つの窓になったかのようである。

パリのサント・シャペル

- 1248年
- フランス、パリ
- ルイ9世
- 宗教施設

　中世キリスト教世界のどの教会にも負けない豪華さを誇るサント・シャペルは、フランス王室の敬虔さと威信を表明する建築物だ。ここは、ルイ9世が、コンスタンティノープルのラテン帝国皇帝ボルドワン2世から購入した荊冠や聖衣の断片を安置するために建てられた礼拝堂である。

　外観を見るだけでも、この教会が垂直方向を強調した建物であるとわかる。バットレスの天辺には手のこんだフィニアルがあり、西側では絶壁のようにそそり立つ双塔が急勾配の屋根の両脇を固めている。その屋根からは、繊細な尖塔が空に向かって先細にのびている。内部には礼拝堂が2つある。1つはいくぶん陰鬱な地下聖堂らしきもので、もう1つがその上に立つサント・シャペル本体だ。めまいを覚えるほど美しい堂内でとくに際立っているのは、はるか上のヴォールトまでのびたあざやかな色の柱である。柱と柱のあいだには巨大な窓があり、壁のすべてがガラスといっても過言ではない。完全なる統一空間のなかでゆらめく光の壁は、ゴシック建築が進化の頂点をきわめたことを示している。

▲ ノートルダムの西端にあるレイヨナン様式のバラ窓

パリのノートルダム大聖堂

- 1163年以降
- フランス、パリ
- シュリー司教
- 宗教施設

　威風堂々たる姿を誇るノートルダム大聖堂は、ゴシック様式という、この時代の新しい表現法による建築の好例であり、12世紀半ば以降、西洋キリスト教世界の津々浦々にインパクトを与えた。技術と資金がそろったという幸運にも恵まれたが、この大聖堂にはそれ以上のものがある。ノートルダムの様式は、ヨーロッパの新たな知性の中心地となったフランス北部、サンドニ、サンス、ラン、ノアヨンの大聖堂の流れを直接汲んでおり、それらの大聖堂と同じく、新たなキリスト教ヨーロッパの重要な規範に応えるものであった。すなわち、地上に実現された神の国としての建築物、文字どおり「新たなエルサレム」として建設されたものだったのである。

　ノートルダム大聖堂は当時の先進技術のほぼすべてを結集して建設された。身廊を覆うヴォールトは高さ30mを超え、構造上の必要性から石のリブが交差を繰り返しているが、それが視覚面でも強い統一感を与えてくる。外には、この地ではじめて用いられたといってもよいフライング・バットレスがある。その結果、高層にクリアストーリが実現できたので、堂内は光にあふれる空間となった。影像が点在するおごそかで理性的なファサードの中央には、巨大なバラ窓が華やかに陣取っている。それと釣り合いをとるように威厳あふれる塔が2つ、バラ窓の両脇に雄々しくそびえている。翼廊と、精巧なトレーサリーで装飾されたそのバラ窓は13世紀中ごろに、尖塔は19世紀に増築されたものだ。

▶ **きらめく礼拝堂**　ゴシック建築の大傑作、サント・シャペルは、現実のものとは思えない建築物だ。

>> **島の大聖堂** ノートルダムが印象深いのは、セーヌ川のシテ島というドラマチックな場所に立っているからでもある。

シャルトル大聖堂

- 1230年
- フランス、シャルトル
- 不詳
- 宗教施設

この最初の本格的ゴシック大聖堂の建設は、1020年の旧会堂の焼失後に始まった。しかし、1194年の火災で西側正面を除く聖堂の大半が焼失し、再着工される。こうしたいくたびかの火災を乗り越えて、すべてにおいて調和のとれた壮大な建築物が誕生した。広大な身廊、生き生きと豊かな彫刻で飾られたポーチ、壮麗なステンドグラス窓、床に象嵌された魅惑の迷路――参拝者はエルサレムへの巡礼の旅に導かれるような気分になる。だがそれらは、シャルトル大聖堂が成し遂げた建築的・精神的偉業のなかでは、ほんの一部の美的要素でしかない。聖堂が立っているのは、ドルイド教祭司やローマ人が崇めた聖なる泉の上である(泉は地下聖堂にある)。ここは聖母マリアに捧げられた最初の聖堂であり、キリスト出産時に着ていたといわれるチュニックを所蔵する目的で建設されたのだ。

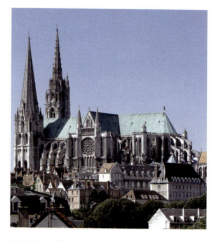

↑ 東方から望むシャルトル大聖堂

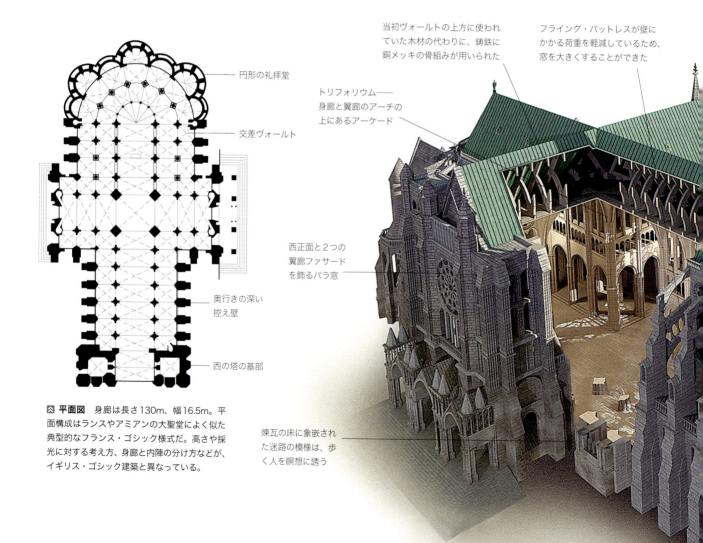

- 円形の礼拝堂
- 交差ヴォールト
- 奥行きの深い控え壁
- 西の塔の基部

↑ **平面図** 身廊は長さ130m、幅16.5m。平面構成はランスやアミアンの大聖堂によく似た典型的なフランス・ゴシック様式だ。高さや採光に対する考え方、身廊と内陣の分け方などが、イギリス・ゴシック建築と異なっている。

- 当初ヴォールトの上方に使われていた木材の代わりに、鋳鉄に銅メッキの骨組みが用いられた
- フライング・バットレスが壁にかかる荷重を軽減しているため、窓を大きくすることができた
- トリフォリウム——身廊と翼廊のアーチの上にあるアーケード
- 西正面と2つの翼廊ファサードを飾るバラ窓
- 煉瓦の床に象嵌された迷路の模様は、歩く人を瞑想に誘う

ゴシック | 185

南西側の高い尖塔は113m

建設は16世紀初頭まで続き、このフランボワイアン様式の尖塔が増築された

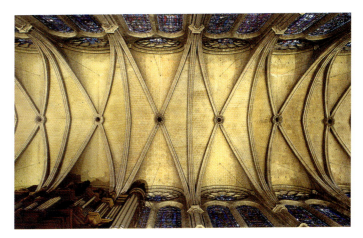

△ **ヴォールト**　フライング・バットレスという画期的な工法を採用したことにより、シャルトル大聖堂は34mという途方もない高さの天井を実現した。支えているのは、ほとんどステンドグラスのみの壁だ。

△ **ステンドグラスの細部**　総面積3000m²にもなる中世のステンドグラスが、大聖堂内を色とりどりの光で満たす。

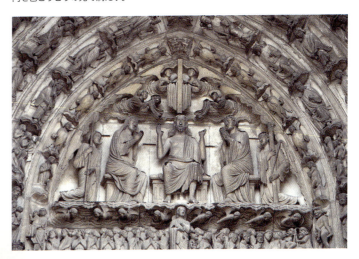

△ **彫刻**　ポーチ上部にあるペディメントの奥まった三角形の部分に、聖人や天使に囲まれて栄光に輝くキリストが彫刻されている。細部まで豊かに表現された立体感あふれる彫刻が、コーニス（外壁上端、天井と壁の境などに置かれる水平の細長い突出部）全体を装飾している。

ボーヴェ大聖堂

- 1247年以降
- フランス、ボーヴェ
- 不詳
- 宗教施設

　1225年着工のボーヴェ大聖堂は、1144年に完成したサン・ドニ大聖堂から連綿と続いてきたゴシック建築が最終段階にきたことを示すものだ。フランスの盛期ゴシック様式は、ここにきて頂点を極める。いや、極めるはずだった。というのも、工事が完結しなかったうえに、48mというフランス一の高さを誇った内陣が1284年に崩落したのである。その後、1337年までにはオリジナル案に沿って大規模な再建がおこなわれたものの、身廊の工事は、慎重に支柱を付け加えたにもかかわらず、開始されなかった。プロジェクトが大がかりすぎて、資金を調達できなかったからだ。それでも、内陣の目もくらむばかりの高さは特筆に値する。

▶ 大がかりなヴォールト
ボーヴェ大聖堂は、垂直方向にのびていこうとするフランス・ゴシック建築の最高の例である。

アルビ大聖堂

- 1282年以降
- フランス南西部、アルビ
- 不詳
- 宗教施設

　この時期、フランス北部に建てられた盛期ゴシックの大聖堂と、南西部にあったアルビ大聖堂は驚くほど異なっている。外観は教会というよりも、むしろ要塞だ。敵を追い払うためといわんばかりの基部のスロープ、ステンドグラスをふんだんに用いた、北フランスの聖堂とは正反対の細い窓。フライング・バットレス（飛梁）の代わりに赤煉瓦の壁から張り出しているのは、半円柱形の控え壁だ。じつは、この要塞のような外観は単なる地方色ではなく、かなり意図的につくられたものであった。王権の後ろ盾を得た教皇庁の支配がはじめて南仏のラングドック地方にまで及んだことを誇示したものだったのである。シンプルな外観とは対照的に、内部は大広間の趣きがあり、単廊の幅は18mとフランス一の広さを誇る。左右の壁に沿って並ぶ奥行きの深い22の礼拝堂は、内側に張り出した大きな控え壁によって形成されている。荘厳な内陣仕切りをはじめ、華やかなフレスコ画、壁画、彫像といった内装は、14世紀から15世紀のもの。フランス屈指の堂々たるパイプオルガンも設置されている。

▶ キリスト教の牙城　アルビ大聖堂はまさに「戦いの教会」であり、キリスト教の正統信仰を煉瓦で具現化したものといえる。

カルカソンヌ

- 1350年ごろ
- フランス、オード
- 不詳
- 都市

▶ **栄光を取り戻した街** 大がかりな再建工事を施したにせよ、カルカソンヌはフランスでもっともすばらしい中世の城塞都市だ。

フランス南西部のラングドック－ルシヨン地域にあってオード川を見下ろすカルカソンヌは、19世紀に大がかりな修復がおこなわれたとはいえ、ヨーロッパでひときわ保存状態が良い城塞都市である。何より目を引くのが街を取り囲む壁で、その壁のところどころに急勾配の屋根をもつ塔がそびえている。

1世紀にローマ人、5世紀に西ゴート族が建設した部分もあるが、カルカソンヌの大半は13世紀につくられたものだ。1247年、シモン・ド・モンフォールにより陥落したこの街がフランス王家の所領になったあと、ルイ9世とその後継者フィリップ3世が建設したのである。このため、カルカソンヌは南で勢力をのばしていたアラゴン連合王国に対する防衛拠点となった。しかし15世紀以降、軍事面での重要性が薄れてくると、この街はしだいに衰退していく。1835年、詩人プロスペル・メリメが史跡調査でここを訪れたとき、その荒廃ぶりはひどいものであった。「中世の繁栄を取り戻さねば」という思いに駆り立てられたメリメは、建築家のヴィオレ＝ル＝デュクに修復を依頼し、街はほぼ完全な形に再建された。

アラスの市庁舎

- 1502年以降
- フランス、アラス
- 不詳
- 公共施設

10世紀にはじまった大聖堂や教会の建設ブームが下火になると、次は宮殿や城の建設が一流プロジェクトと目されるようになった。中世末期にフランスは繁栄を見たが、イタリアや北海沿岸低地帯と比べて、この時期には目ぼしい公共建築物が少ない。その例外がアラスの市庁舎だ。アラスの街は、地理的に見て低地帯に近いだけではなく、市庁舎が建てられた16世紀初頭は低地帯と同じくスペインのハプスブルク家の支配下にあった。アラスの市庁舎は、低地帯のブルッヘ（ブルージュ）やイープルの繊維会館（p.188）に驚くほど似ている。手のこんだ装飾は市民の高い誇りを表現している。1階はすべてアーケードで、その上に並んだトレーサリー窓から1階のメインホールに光が差しこむ。急勾配の屋根には屋根窓が3段並ぶ。天に向かってそびえる巨大な鐘楼の高さは76mだ。

▶ **市民の誇り** 現在の市庁舎は第一次世界大戦で破壊されたあとに再建されたものだ。

イープルの繊維会館

- 1214年以降
- ベルギー、イープル
- 不詳
- 公共施設

　アントウェルペン（アントワープ）、ヘント、ブルッヘ、ルーヴェン、ブリュッセルといった北海沿岸低地帯の都市に建てられた中世の非宗教建築のうち、もっとも印象的で圧倒的な存在感をもつのがベルギー、イープルにある繊維会館だ。とにかく大きい。132mもの長さがあり、同時代に建てられたほとんどの大聖堂をしのぐ大きさなのである。ブルッヘの繊維会館と並んで、「商業の殿堂」と呼ぶにふさわしい壮麗な建物だ。

　鐘楼を頂くという点でも、ブルッヘの会館と似ている。鐘楼は急勾配の屋根棟から空に向かってのび、精巧な中央のランタンで頂点に達している。さらに、ファサードの両端にある小塔が、垂直指向をいちだんと強調している。しかし、際立っているのは水平方向ののびで、それがなければファサード自体は至ってシンプルだ。2層のアーチ窓の下に矩形の開口部を備える1階。1階の窓のアーチは円頭形で、やや大きめの2階のアーチは尖頭形だ。2種類のアーチが生み出す規則的な反復とリズムが、この建物に驚くべき安定感を与えている。

◁ **商業の殿堂**　イープルの繊維会館は、第一次世界大戦で破壊されたあと、1930年代に再建された。

ブルッヘの繊維会館

- 1282年以降
- ベルギー、ブルッヘ（ブルージュ）
- 不詳
- 公共施設

　中世末期の商業の力を明快に表しているのがブルッヘの繊維会館だ。ハンザ同盟で栄えたヨーロッパ屈指の豊かな都市ブルッヘにあって、この繊維会館は織物交易の拠点となっていた。ブルッヘは、1000年以降にヨーロッパ北部やイタリアに台頭した都市の典型である。交易で富を蓄えた商人には、市民としてのたぎるような思いがあり、彼らはその誇りを建築にも表現しようとした。交易を促進し、街をできるだけ立派に見せようと、市場、倉庫、市庁舎、ギルドホールなどに新しいタイプの建築物がつくられていった。

　繊維会館でひときわ目立つのは高さ80mの塔であり、がっしりした煉瓦造りの3階建てホールには不釣り合いなほど、のっそりと高くそびえている。その威容は、イープルの繊維会館や、アントウェルペン大聖堂のアプトに匹敵するほどだ。反宗教的な意図はなかったにせよ、中世の全盛期、交易で栄えたヨーロッパ北部の都市は、自らの新しい地位を意識し、確実に形にしていった。それらは華麗さにおいても規模においても、立派な大聖堂にひけを取らないものだった。塔の下半分は火災で焼失したあと、1282年以降に再建された。上半分にあたる八角形の頂塔は、1482年から1486年にかけて増築されたものだ。

ウェルズ大聖堂

- 1180年以降
- イングランド、サマセット、ウェルズ
- 不詳
- 宗教施設

フランスの影響を受けていない純イギリス的な大聖堂の初代代表作といえば、リンカン、ソールズベリー（p.190）、そしてウェルズの3つが挙げられる。ウェルズ大聖堂は、成熟したイギリス・ゴシック様式の第1段階（アーリー・イングリッシュ）におけるおもな特徴がことごとく見てとれる建築物だ。

修道院のように広々とした囲い地のなかに立つウェルズ大聖堂は、高さよりも長さに重きが置かれている。翼廊は2つで、東端は半円ではなく四角形、西正面の主玄関は小さい。さらに、西正面に彫刻が多いのが特徴だ。内部でもっとも目を引くのは、中央の塔を支えるために1338年に建設された交差部の逆アーチ、すなわちインバート・アーチ（迫持）である。

◁ **スクリーンのような眺め** 不思議な二次元的広がりをもつ西正面は、あたかも大聖堂の美しい彫刻を並べて見せるスクリーンのようだ。

イーリー大聖堂

- 1080年以降
- イングランド、ケンブリッジシャー、イーリー
- 不詳
- 宗教施設

イーリーがイギリスの大聖堂のなかでもとりわけ非凡で人目を引く存在であるのは、その大きさと多様な建築様式を取り入れていることによる。実際、11世紀のノルマン様式から14世紀の華飾式に至るまで、じつにさまざまな建築様式を目にすることができる。なかでも一番珍しくて印象的なのは、身廊と翼廊が出会う部分、1322年から1340年にかけて増築された八角形の交差部だ。その上には、これまた珍しい木造の八角塔がそびえている。ヨーロッパの他地域でこのようなゴシック建築は見当たらない。身廊と翼廊は、ダラム大聖堂にひけを取らない堂々たる風格の確固たるノルマン様式で、がっしりとした半円形アーチが、アーケード、トリフォリウム、クリアストーリを飾っている。それとは対照的に、華麗な内陣は14世紀のもので、イギリスでは珍しいフライング・バットレスが外壁を支える。1321年に着工、1349年に完成したレディ・チャペル（聖母マリアに捧げられた礼拝堂）は、息をのむほど華やかな彫刻に彩られている。

▽ **そびえ立つ存在感** 中央塔と西正面の塔が、巨大なイーリー大聖堂をさらに堂々たるものにしている。

ソールズベリー大聖堂

● 1258年　🏛 イングランド、ウィルトシャー、ソールズベリー　✎ イリアス・デ・デレアム　⛪ 宗教施設

イギリスでもっとも美しい囲い地のなかに、どっしりと落ち着き払った姿でそびえ立つソールズベリー大聖堂は、おそらくもっともイギリス的で、多くの人にとって、このうえなく魅力的な形でイギリスを具現化した大聖堂だ。尖塔、回廊、そして何よりも横長に大きく広がった構造は、13世紀イギリスのゴシック様式の典型といえるだろう。

▲ 身廊のヴォールト

　ソールズベリーがほかのおもだった大聖堂と異なるのは、もとからあった建造物の基礎の上に築かれたのではなくゼロから建設されたということ、しかもそれがわずか38年のうちに成し遂げられたということだ。ほぼ100年後に増築された尖塔を除けば、13世紀の竣工時からほとんど手を加えられていないため、アーリー・イングリッシュ式ゴシックのなかではもっとも完全な形で現存する、様式の見本ともいえる意味深い大聖堂だ。同時代のフランスで建造されたものと比較すると、それがよくわかる。フレンチ・ゴシックの代表、アミアン大聖堂は全体が統一された空間で、ファサードを見れば必然的に内部の構造がわかり、全体的に垂直方向が強調されている。一方のソールズベリーは、全体に統一感を出すというよりも個々の要素を連ねたようなつくりで、水平指向が強い。その典型たる部分が、聖堂よりも幅広なファサードだ。この大聖堂のなかでまちがいなく一番満足のいかない要素であるファサードに、修復された19世紀の彫刻がひしめき合っている。身廊に入ると視線は頭上のヴォールトではなく、東端にある聖母礼拝堂におのずと向かう。垂直に作用する力線があまり強調されておらず、たとえばヴォールトを支える小柱などはトリフォリウムのアーチで終結しており、床面まで届いていない。ソールズベリーはウェルズ大聖堂（p.189）と同じく二重翼廊なので、空間が分割されている感覚が強い。目を見はるほど美しいチャプター・ハウス（参事会員室）も、感動的というよりは抑制された美しさが魅力の建築物だ。

≫ イリアス・デ・デレアム

中世の「建築家」について語ってもあまり意味はない。名が知られているのはほんのひと握り、ほとんどが無名の人物だからだ。プロジェクトを指揮していたのはたいてい聖職者で、建設作業は石工チームが担当していた。ソールズベリーの場合、作業を監督していたのは大聖堂参事会員のイリアス・デ・デレアムだが、どの程度まで設計に関わっていたかは判然としない。デ・デレアムは大聖堂の完成を見ることなく、1245年に亡くなっている。

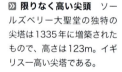

▶ **限りなく高い尖頭**　ソールズベリー大聖堂の独特の尖塔は1335年に増築されたもので、高さは123m。イギリス一高い尖塔である。

キングズ・カレッジ・チャペル

- 1515年
- イングランド、ケンブリッジ
- ヘンリー6世
- 宗教施設

　1446年着工のキングズ・カレッジ・チャペルは、イギリスで独自に花開いたゴシック末期の、垂直式建築の好例である。全長88m、幅12mの長方形で、平面構成はシンプルそのもの、高さは24mである。ひとことでいえば、側廊のない1つの空間だ。そこを区切るのは、初期ルネサンス様式の木製の精巧な内陣仕切りのみ。それとて、内部の圧倒的な統一感を損なってはいない。

　このチャペルで驚くのはまず窓である。同じ形のとても大きな窓が身廊の両側にそれぞれ12ずつ並んでおり、窓と窓のあいだには壁というよりも支柱があるだけといったつくりなのだ。装飾がきわめて精妙である点にも驚かされる。その最たるものが、天井の優美な扇形ヴォールトだ。チャペルは生き生きとした幾何学模様が美しく、壁や柱の下方をおびただしい数の紋章や動物の彫刻が飾っている。外観でひときわ目を引くのは、窓と窓のあいだにある幅の狭い控え壁で、小尖塔が空に向かって屹立する。そしてチャペルの四隅にそびえる、さらに大きく威厳のある小尖塔も見逃せない。

完璧な垂直式ゴシック　キングズ・カレッジ・チャペルの重厚な壮麗さの源は、シンプルな平面構成と手のこんだ細部の組み合わせによる。

ウェストミンスター・ホール

- 1399年
- イングランド、ロンドン
- ヘンリー・イェーヴェリ、ヒュー・ハーランド
- 宮殿

　中世のウェストミンスター宮殿のうち、1834年のロンドン大火で焼失を免れ現在に至っているのは、ウェストミンスター・ホールと、道を隔てて向かいにあるジュエル・タワーだけである（この大火のあとに現在のウェストミンスター宮殿、すなわち国会議事堂がお目見えする）。ホールの主要部をつくったのは、石工の棟梁であるヘンリー・イェーヴェリ。中世末期、職人の地位は変わりつつあったので、イェーヴェリはいまでいうところの建築家に近いといえよう。

　しかし、このホールでもっとも注目すべきはヒュー・ハーランドの手がけた部分、すなわち水平跳ね出し梁のついた木造屋根だ。中世イギリスはさまざまな木造屋根を生んだが、その複雑さ、装飾性は多岐にわたっている。大半は教会の屋根だが、ある意味で一番見事な作品は、この長さ70m、幅20mのウェストミンスター・ホールの屋根だろう。水平跳ね出し梁でオーク材のアーチを2段階に分けて支えるという妙技もさることながら、垂直式ゴシック装飾の偉業をも同時に成し遂げているのだ。どっしりとした木材に彫りこまれたトレーサリー模様は、繊細さと並はずれた豊かさをあわせもつ。そして、張り出し梁の両端にある巨大な天使像が、何にもまして記憶に残る。

中世の目覚ましい建築工学　ウェストミンスター・ホールは、屋根を柱で支えていない中世ヨーロッパのホールとしては最大級に属する。

コンウィ城

● 1289年　🏛 ウェールズ北部、アバーコンウィ・アンド・コルウィン、コンウィ　✎ エドワード1世　🏰 要塞

　コンウィ城は、ハーレフ、ボーマリス、カーナヴォンの3城と同じく、イングランドのウェールズ征服を声明するものとして、エドワード1世がウェールズに建てた城である。中世の城塞はこの近寄りがたい4城が頂点を極めるが、約1世紀後に火薬が登場すると時代に取り残されていく。

　これら13世紀の4城でまず目につくのは、城郭建設に起きた大きな変化である。12世紀の城は、外側から天守に向かうにつれて守りが強化されていたが、この時代になると城の防衛は外壁に集中している。コンウィ城の場合は、独立式の円形塔が8基、外壁に設けられており、さらに中庭を外郭と内郭に分けて守りを強化している。

▶ **戦略的な設計**　コンウィの塔はそれぞれ独立しているので、城の一部が制圧されたとしても、ほかの部分を守ることができる。

ストークシー城

● 1305年　🏛 イングランド、シュロプシャー、ストークシー　✎ ローレンス・ド・ラドロー　🏰 要塞

　国家権力を誇示するために建てられたコンウィ城に比べると、ストークシー城は至って質素である。国境近くにあるため、防衛拠点にならざるを得なかった領主の館といったおもむきだ。現在見ることができるもっとも明白な軍事的要素は南端の塔で、もともとこの城のまわりには濠がめぐらされていた。かつては外壁もあったが、17世紀初頭に再建された門楼を除き、いまではその大半が消失している。しかし長さ16m、幅9.5mのグレート・ホールを見れば、この城が建てられた第一の目的が明らかになる。ここは軍事拠点ではなく個人の邸宅として、兵士の駐屯地ではなく商人の屋敷として建てられた城なのだ。

▶ **防御のかなめ**　ストークシー城南端の塔からは国境付近の様子がすべて見わたせた。塔の左側にグレート・ホールの背面が見える。

マールブルクの聖エリーザベト教会

- 1283年ごろ
- ドイツ、マールブルク
- 不詳
- 宗教施設

　聖エリーザベト教会には、ドイツの教会建築の伝統と、ケルン大聖堂にすでに感じられるフランス盛期ゴシックの影響とが表れている。ゴシック期に建てられた多くのドイツ教会と同じく、ここもホール・チャーチ、つまり身廊と側廊の高さが同じ教会だ。このため堂内は、フランスのゴシックのように高さの極みまで身廊ヴォールトを立ち上げる垂直指向の空間ではなく、単一の広い空間となっている。また、同じくフランスのゴシックにある3層の立面構造（アーケード、トリフォリウム、クリアストーリ）がないため、フライング・バットレスを用いる必要がなくなっている。東端と翼廊の端にアプスを置いたデザインは、ドイツ・ロマネスク様式を彷彿とさせる。しかし、身廊の柱の繰形や、上に長くのびた柱が身廊と側廊のヴォールトにつながる様子、窓のトレーサリーなど、細部は明らかにフランス由来のものが多い。

◀ 対になった尖塔　聖エリーザベト教会の尖塔は、同時代のフランス・ゴシック建築にとても似ている。

マルボルク城

- 1276年以降
- ポーランド、マルボルク
- チュートン騎士団
- 要塞

　1233年、神聖ローマ帝国皇帝と教皇の支援を受けたチュートン（ドイツ）騎士団は、武力により中央ヨーロッパを広範にキリスト教化していった。マルボルク城は、もとをたどれば要塞として建てられた修道院で、やがてチュートン騎士団の手に渡り、中世ヨーロッパ最大の煉瓦造りの城となった。32.4haの敷地内には防御壁が幾重にも築かれ、門や塔がそこかしこにある。城が大幅に増築されたのは1309年、チュートン騎士団長がここを居城に定めたときで、その後、上部の城を手はじめに、中部の城、騎士団長の宮殿と、増築が数回重ねられていった。1382年から1399年にかけて建設された騎士団長の宮殿は、4階建ての贅沢な煉瓦造りだ。マルボルク城は第二次世界大戦でかなり破壊されたが、その後ていねいな再建工事を経て現在に至っている。

▷ チュートン人の要塞　左に見えるのが騎士団長の宮殿、右にあるのが厳重に防備を固めた上部の城である。

シエナ大聖堂

- 1226年以降
- イタリア、シエナ
- 不詳
- 宗教施設

フランス北部で生まれたゴシック様式に対し、イタリアははっきりと抵抗を示した。ギリシア・ローマ時代への共感と、ロマネスクの力強い伝統に影響されたイタリアは、ヨーロッパで他に類を見ない建築を生み出すことになる。中世イタリアの教会のなかで屈指の規模を誇るシエナ大聖堂は、その好例だ。3つの表玄関、彫刻、中央のバラ窓など、西側ファサードの意匠は表面的には同時代のフランス建築に似ているが、類似点でなく相違点のほうがはるかに目立つ。ことにその色づかい、そして、異なる色の大理石で仕上げた、明らかに水平方向に重点を置く横縞模様が印象的だ。その模様は内部にも続き、あとからつくられた床のはめこみ細工と相まって、じつに華やかな内部空間をつくり出している。しかし、何より珍しいのは、六角形の交差部が頂くきわめて非ゴシック的形状のもの――ドームである。南の翼廊の上部には四角い鐘楼がそびえ、帯模様の大理石張りになっている。ひとことでいえば、古典様式（古代ギリシア・ローマ様式）、ロマネスク様式、イタリア北部の伝統建築が混在するなかに、フランス・ゴシックの重要な要素が組みこまれた不思議な建築なのである。

フランスの影響 ファサードの下半分は1285～95年に建設されたもの、上半分は1376年に完成したものだ。

ランツフートの聖マルティン教会

- 1498年
- ドイツ、バイエルン、ランツフート
- ハンス・フォン・ブルクハウゼン
- 宗教施設

聖マルティン教会はホール・チャーチの典型だ。後期ゴシック時代、ドイツの中部や南部にはこの様式の教会が多く、有名な例だけでもフライブルク、ニュルンベルク、マインツ、マールブルク、ミュンヘンといった街の名が挙がる。

聖マルティン教会の堂内は身廊と側廊の高さが等しいために、柱の並んだ単一空間と化して、そこにクリアストーリからではなく、1層か2層になった側廊の窓から光が差しこむ。とはいえ、垂直指向が弱いわけではない。窓が細長く、翼廊がないため、内部は空高く舞い上がるような感覚が強い。外から見ると、西側に唯一そびえる高さ133mの塔がいかにも後期ゴシック的だが、身廊をできる限り高くして東西方向の細長さを強調する13世紀フランスの大聖堂とは異なり、この教会にはむしろ、西端に引き寄せられた視線が上方へとさまよっていく感覚がある。内陣の屋根は身廊よりもやや低く、そのため身廊との一体感がいくぶん削がれているが、それでも堂内のすばらしい開放感は損なわれていない。

堂々たる威厳 天井までのびる柱は視線を上方に誘い、軽やかさを与え、同時に畏敬の念を抱かせる。

△ **東方の影響** 細長い円柱の上に尖頭アーチが載ったビザンティン様式のアーケードが、ドームの下、聖堂の南側にのびている。

パドヴァのサンタントニオ教会

- ◯ 1307年　🏛 イタリア、ヴェネト、パドヴァ
- ✎ 不詳　🏛 宗教施設

　混沌として統一感がないとまではいわないが、イタリアのゴシック建築はじつに不可思議である。パドヴァのサンタントニオ教会ほど、その特色がはっきりと表れている建築物はないだろう。フランスのゴシック、ロンバルドのロマネスク、さらにはビザンティン様式まで合わさり、不思議なハイブリッド建築に仕上がっているのだ。パドヴァがヴェネツィアに近いことを考えれば、ビザンティン帝国の影響があることは驚くに値しない。驚くべきは平面構成が基本的にフランスのゴシック教会のものになっている点で、身廊、側廊、翼廊、内陣を備え、しかも内陣の東端が9つの礼拝堂をもつシュヴェになっているのである。

　外側から見ると、頂塔を頂く細長い円塔が身廊の屋根を中心に点在しており、さまざまな様式の混合が際立つ。また、身廊の両側面に切妻屋根があるのもめずらしく、その屋根を、側廊から直角に張り出した分厚い控え壁が分割している。

　同じく切妻屋根の繊細なファサードは、この建物の中でもっともロマネスク的な部分だ。中央の小さな半円形アーチの両脇に、大きな尖頭アーチが2つずつあり、その上にアーケードのギャラリーがのびている。

サンティ・ジョヴァンニ・エ・パオロ教会

- ◯ 1385年　🏛 イタリア、ヴェネツィア
- ✎ 不詳　🏛 宗教施設

　ヴェネツィア総督の埋葬場所であったサンティ・ジョヴァンニ・エ・パオロ教会は、大きさ、ラテン十字の平面構成、内部空間の高さという点で、明らかに北方ゴシックの伝統を受け継いでいる。尖頭アーチ、リブヴォールト、高いクリアストーリがあることを考えれば、なおさらである。だが、その他の点ではどこを見ても地元ヴェネツィアの伝統の産物である。がらんとした身廊には、巨大な円柱がかなり間隔をあけて立ち並んでおり、ともすれば身廊と側廊の区別がつかなくなる。天井が非常に高いにもかかわらず、縦と横の両方向を強調した単一空間が生まれているのだ。また、この建物はフライング・バットレスで外から支えるというよりも、つなぎ梁というい	くぶん粗野な方法で内側からまとめられている。名高い煉瓦造りのファサードは、中央に切妻屋根の柱間がすっくとそびえている。その両脇には、ゆるやかな勾配の切妻を頂く側廊がある。ファサードの完成は1430年。交差部の上にあるドームは、それよりかなりあとに完成したものだ。

▽ **内側から補強** 木製のつなぎ梁（横木）が内部に渡され、壁と柱を内側に引き寄せている。

シエナのプブリコ宮殿

● 1309年　🏛 イタリア、トスカーナ　✎ ドメニコ・ディ・アゴスティーノ他　🏛 公共施設

シエナの中心部、扇形に傾斜するカンポ広場の中心にそびえ立つ、簡素だが優雅なプブリコ宮殿。ここは、かつて都市国家シエナの政府が置かれていた場所である。典型的なゴシックの尖頭アーチをもつこの宮殿は、当時の都市宮殿の多くに比べると柔和で、軍事的な色合いは薄い。空を背景に生き生きとした輪郭線を描く銃眼付きの胸壁でさえ、防衛のためというより装飾のためといった印象だ。

もとは税関として使われていたこの宮殿は、シエナの刑務所を併合するなど、数回の工事を経て拡張された。2階から上は煉瓦造りだが、1階は美しいトラバーチン仕上げで、ずんぐりとした開口部と尖頭アーチの窓がある。主ファサードの左側には「マンジャの塔」と呼ばれる高さ102mの鐘楼がある。シエナの空に屹立する力強い街のシンボルだ。この鐘楼の基部には、主ファサード2階の窓の高さまである装飾性に富んだ大きなポルティコ、ドメニコ・ディ・アゴスティーノ設計の「広場の礼拝堂」がある。塔とポルティコのほかで注目に値するのは、その均整美だろう。4階からなる中央区画の両脇には、3階建ての区画がいずれも柱間3つ分ずつ広がっている。内部は、オフィス、応接室、居室などがネットワークのように広がり、その多くを当時最先端の画家によるフレスコ画が飾っている。現在、この宮殿には市立美術館が入っている。

▽ **高い塔**　カンポ広場を見下ろすマンジャの塔は、イタリアの都市にある塔のなかで一番の高さを誇る。

ドゥカーレ宮殿

- 1438年ごろ　イタリア、ヴェネツィア
- ジョヴァンニ&バルトロメオ・ボン　宮殿

　この優美でエキゾチックなゴシック様式の建物は、かつてのドージェ（ヴェネツィア共和国総督）が住まい、数々の政庁が置かれていたところだ。確かに優美ではあるが、いくぶん時代錯誤な建物である。ここが完成したころ、ヴェネツィア以外ではすでに古典様式の建築が見直され、ゴシック様式は衰退の一途をたどっていたからだ。それでも、ヴェネツィア以外の土地にこの種の建物が存在しないことを考えると、ドゥカーレ宮殿をゴシックと呼ぶのは的はずれに近いといえよう。1階アーケードのレースのようなトレーサリー、豊かな彫刻が施された主玄関（ポルタ・デッラ・カルタ）、そしてルーフラインに並んだティアラのように美しい石の頂飾り。そのどれもが典型的なゴシックではない。おそらくもっとも注目すべきは、華やかな1階と2階の上に広がる広大な壁だろう。そんなに壁を広げては上部が重く見えてしまいそうだが、実際に受ける印象は正反対。このうえなく優美で、公共の目的に供されるお堅い建物であるにもかかわらず、遊び心にあふれている。1階は軽快な尖頭アーチのアーケードが続き、2階にはヨーロッパでも指折りの美しさと広さを誇る「大評議の間」がある。

△ **華やかなファサード**　ドゥカーレ宮殿の幅50mのファサードはピンクと白の大理石仕上げだ。

カ・ドーロ

- 1440年　イタリア、ヴェネツィア
- ジョヴァンニ&バルトロメオ・ボン　住宅

　カナル・グランデに面するカ・ドーロは、ヴェネツィアに残る中世末期の邸宅のなかではもっとも壮麗といえるが、一方で、街のあらゆる大邸宅に共通する特徴も備えている。アーケードと中庭は単なる装飾ではなく、夏季に邸宅内に風を通すための工夫でもあった。1階のアーケードが大きいのは、住居のほかに倉庫や事務所も兼ねていたからで、その上のピアノ・ノビーレ（高貴な階）と呼ばれる階には豪奢なパブリック・ルームがある。とはいえ、この邸宅が特筆に値するのは、ビザンティンやアラブの影響を色濃く受けた幻想的ゴシックという、ヴェネツィア独特の味わいをこのうえなく巧みに表現しているからだ。とにかく、ここにはお金がかかっている。「黄金の館」と呼ばれるゆえんは、もともと外壁に金箔が貼られていたからだし、どの階のアーチもじつに手のこんだ細かいトレーサリーで装飾されている。ファサードの天辺を飾る一風変わった波形の尖頂は、アラビアの影響を明らかにうかがわせる。

◁ **偶然の産物**　カ・ドーロは意図的に非対称に建てたわけではない。右脇にある翼はもともとファサードの左側になる予定であった。

アヴィラの聖トマス教会

- 1493年
- スペイン、アヴィラ
- マルティン・デ・ソローザノ
- 宗教施設

王たちの避暑地 この教会は、アヴィラ城壁外の静かな場所を選んで、フェルナンド王とイサベラ女王が建設したものである。

ラテン十字の平面構成になったこの美しい修道院聖堂は、アヴィラの城壁を出てすぐのところにある。カスティーリャのフェルナンド王とイサベル女王が避暑のために滞在した場所であり、唯一の息子を埋葬した場所でもある。フェルナンドは教皇から、ここをスペインの異端審問所とする許しを得た。初代所長は同じくここに埋葬されている悪名高きトマス・デ・トルケマダ（1420-98）で、彼のもとで、ユダヤ人、魔女と疑われた者、キリスト教異端者など何千にも及ぶ人々が無残な殺され方をした。のちにここは、ムーア人やユダヤ人を追い出してスペイン本土の奪回を果たした1492年のレコンキスタ（国土回復運動）を記念するモニュメントとなった。

前庭の奥にある簡素な聖堂の西正面には、猛々しいライオンにはさまれたフェルナンドとイサベラの紋章が刻まれている。内陣に並ぶ73脚のクルミ材の椅子は、ムーア人の囚人が命と引きかえに彫刻を施したものだといわれる。その上方にある聖トマスの生涯の5場面を描いた絵画は、ペドロ・ベルゲーテの作である。幅の広い身廊で目を引くのは低い4心アーチだ。さらに、涼やかな日陰をつくる回廊が3つあり、それぞれ「修練者の回廊」、「沈黙の回廊」、「王の回廊」と名づけられている。

セビリヤ大聖堂

- 1520年
- スペイン、セビリヤ
- 不詳
- 宗教施設

圧倒的な規模 馬に乗ったままのぼれるよう、ヒラルダの塔の階段は幅広で段差を小さくしてある。

中世において、セビリヤ大聖堂は世界最大の聖堂であった。そうなった理由のひとつは、イスラム世界で最大級のモスクを破壊し、その土台の上に建設された聖堂であったからだ。また、イスラムのモスクにひけをとらない聖堂を建設し、キリスト教徒のスペイン奪回を断固として示す意味合いもあったにちがいない。

かくして、様式の不思議な融合が起こり、細部がゴシック、平面構成は長方形という聖堂ができ上がった。大きな身廊の両脇にはそれぞれ大きな側廊が2列ずつ並び、さらにその脇には同じく広い礼拝堂が並んでいる。外観でひときわ印象的なのは、3段構えのフライング・バットレスと高さ98mの「ヒラルダの塔」だ。この塔は、もともと建っていたモスクのミナレット（イスラム教の尖塔）をキリスト教の鐘楼に転用したものである。

セゴビア大聖堂

- 1525年以降　スペイン、セゴビア
- フアン・ヒル・デ・ホンタニョン　宗教施設

　セゴビアのゴシック大聖堂は16世紀初頭に着工されるが、イタリアの建築家たちはそれより100年ほど前から、すでに古代の再発見を開始していた。イタリアで復興した古典様式は、さらに300年間にわたってヨーロッパの建築界を支配することになる。一方で、12世紀半ばからヨーロッパを席巻し、さまざまな形で精巧さを増してきたゴシック建築は、すでに終焉に向かっており、この時期にはほとんどヨーロッパの僻地で生き残るのみとなっていた。

　スペインでは、地方の伝統と中世キリスト教世界の敬虔な信仰が相まって、相変わらずゴシックがキリスト教建築の「真の」様式と考えられていた。1492年にイスラム教徒のムーア人を完全に放逐し、キリスト教西欧の優越性を示すことが最優先事項とされたこの国では、16世紀になっても依然としてゴシック重視であった。

　セゴビア大聖堂は、スペインで最後に花開いたゴシック様式の好例である。広大かつ高貴な聖堂を飾る彫刻には、ムーアとゴシックの要素が等しく融け合っている。

幾何学的な精密さ　多角形や半円形の塔が立ち並び、積み上げた煉瓦が変化に富んだ模様を織りなすコカ城の壮麗さは群を抜いている。

コカ城

- 1453年以降　スペイン、セゴビア
- アロンソ・デ・フォンセカ　要塞

　セゴビアの北西45kmにある巨大な煉瓦造りのコカ城は、中世末期ヨーロッパの城のなかでもひときわ強い印象を与える城塞だ。平面構成は十字軍時代のキリスト教世界で発達した城塞建築の原則におおむね倣っており、中央には天守、そのまわりを堂々たる外郭が同心円状に取り囲み、外郭のところどころに塔や防衛拠点が設けられている。建設を担ったのはムーア人の名工たちで、西洋式の平面構成にムーア式の細部が宿っている。規模の大きさもさることながら、コカ城が非凡な城とされるのはそのためだ。

ブルゴス大聖堂

- 1221年以降　スペイン、ブルゴス
- 不詳　宗教施設

　ブルゴス大聖堂はスペイン・ゴシック建築のさまざまな段階を網羅した教科書的な建築物である。もっとも初期につくられた身廊、翼廊、内陣がどれもみなフランス・ゴシックに由来することは明白で、外部のフライング・バットレスと西正面の下部もフランス式に設計されている。

　しかし、交差部の巨大なランタン尖塔をはじめ、東端にある息をのむほど豊かな「元帥の礼拝堂」、西端にそびえる透かし細工の尖塔は、いずれも後世に建て増されたもので、スペイン後期ゴシックに特有の精巧さがある。

バリャドリードのサン・パブロ教会

- 1276〜1492年　スペイン、バリャドリード
- 不詳　宗教施設

　15世紀末に完成したサン・パブロのファサードを華麗と見るか装飾過剰と見るかは好みによるだろう。ドイツ人建築家シモン・デ・コロニアによって1486年以降に着手されたと思われるこのファサードの装飾は、スペイン後期ゴシックの「イサベル様式」——カスティーリャ女王イサベル（在位1474-1504）にちなんだ名称——の極端な例である。

　細長く高い中央の柱間には、人物、紋章、尖塔、アーチといった装飾がくねくねと彫りこまれ、それらがムーア様式に発想を得たにちがいない幾何学的な形のなかに収まっている。

ルネサンス

The Renaissance

ルネサンス

建築の流れの分岐点になったルネサンス期には、新しい思想が泉のように湧き上がり、西欧各地に広まっていった。そのようなかつてない動きを促したのは、活版印刷術という革命的な発明である。書物が宮廷や教会という閉じた世界の外へ知識や教養を広めた結果、教会の権威に挑む動きが生まれ、世俗の世界に偉大な芸術家、芸術支援者(パトロン)が登場した。

ルネサンスが始まった時期を特定することはむずかしい。古代ギリシア・ローマの学問は、ヨーロッパの暗黒時代にもイスラム人学者やキリスト教会修道士によって守り続けられていたが、早くも14世紀半ばには、学者であり詩人であるイタリア人、フランチェスコ・ペトラルカ(1304-74)が古代ギリシアとローマの作家を再発見しはじめていた。古典文明と自らの生きる時代——再び目覚めたヨーロッパ世界——のギャップを表現するのに「暗黒時代」という言葉を用いたのが彼であったのは、当然だったかもしれない。しかし、ペトラルカまで待たずとも、すでにダンテ・アリギエーリ(1265-1321)の作品中にルネサンスの片鱗

▶ バティカン、システィナ礼拝堂の天井画 (1508-12) 人間の尊厳に対して敬意が払われるようになり、ルネサンス芸術はますます迫真性を増していった。ミケランジェロのフレスコ画に描かれているのは、最初の人類アダムに生命を吹きこむ神の姿だ。

おもな出来事

- **1469** ドナテッロがダビデのブロンズ像を制作。独立して立つ彫像は古代ローマ以来はじめて
- **1485** レオン・バティスタ・アルベルティの『建築論』(全10書)が刊行される
- **1492** クリストファー・コロンブスがアジアに向けて出航するも、大西洋を横断してカリブ海に到達
- **1502** ドナト・ブラマンテがサン・ピエトロ・イン・モントリオ教会のテンピエットを完成させ、ルネサンス建築の基準をつくる
- **1517** マルティン・ルターがヴィッテンベルクの教会の扉に「95か条の論題」を貼りつけ、プロテスタンティズムに基づく運動が活発化する
- **1522** マゼランがはじめて世界周航を成し遂げ、世界交易の可能性を示す
- **1534** ヘンリー8世がカトリック教会からイングランド国教会を分離独立させ、イギリスにおける教皇の権力に終止符を打つ
- **1547** イヴァン雷帝がロシア初の皇帝(ツァー)に即位
- **1563** 教皇ピウス4世のもと、トリエント公会議が終了。ローマ・カトリック教会による対抗宗教改革を先導する

印刷革命

ドイツ、マインツのヨハネス・グーテンベルク（1398-1468）は、ヨーロッパで初めて活版印刷機の実用化に成功した。再利用が可能な可動性の金属活字を安く、速く、大量生産する方法を考案し、金属活字を用いた印刷術を可能にした。それまで本は手書きであったため、聖書1冊を書き写すのにまるまる1年かかっていたが、グーテンベルクの印刷機を使えば、年に数百冊の印刷が可能になった。

▷ **文学作品を印刷中** 枠のなかに活字をはめこみ、インクをつけ、スクリュープレスを回して押しつけると、紙の上に文字が印刷される。

はうかがえる。『神曲』の冒頭部分において、地獄でダンテの案内役を務めるのはローマの叙事詩人ヴェルギリウスだ。

ペトラルカのいう「暗黒時代」が悪魔の棲む領域で、中世末期の世界が神の国だとすれば、ルネサンス期のヨーロッパは人間の栄達、勝利の時代であった。ギリシアの哲学者プロタゴラス（紀元前485-420）の言葉を借りるなら、人間はいまや「万物の尺度」になったのである。これぞヒューマニズムの根底にある思想そのもので、独立した個人がそれぞれ胸を張って自分を表現するようになったのだった。

イタリアはルネサンスの中心地であった。最初にこの思想を表現した建築物が、フィリッポ・ブルネレスキ（p.208）によるフィレンツェのサンタ・マリア・デル・フィオーレ大聖堂（1436年献堂）だ。中世のデザインと明らかに決別する美学を示したブルネレスキは、透視図法を最初に用いた建築家でもあった。

活版印刷術と思想の伝播

実用的な印刷機が発明されると、書物が革新的なメディアとして思想を広げるようになった。フィレンツェの建築家レオン・バティスタ・アルベルティ（1404-72）が1452年に著し、1485年に出版された『建築論』はルネサンス期に生まれた初の重要な建築論だ。その翌年には紀元前1世紀のローマの建築家、ウィトルウィウスの著作が翻訳出版され、以後400年間、建築家のバイブルとして読みつがれていくことになる。

アルベルティの『建築論』は、四角、立方体、円、球といった建築の主要素を数学的に詳しく分析し、理想的な比率をもつ建築物について論じた、天啓とも呼べる書物であった。理想的な建築物は音楽や自然と一致するプロポーションをもっており、理想的な人体のプロポーションとも一致している。神の創造した人類は神の理想とするイメージを表しているのだから、アルベルティのいう比率に従えば、建物もまた創造主たる神のイメージを表現できるはず、というのがその考え方であった。

ルネサンスによってヒューマニズムが勃興し、宗教的権威への反発が高まったものの、ローマ教会はルネサンスが始まって少なくとも1世紀のあいだは全権を掌握し続けていた。ルネサンス初期に偉大な建築物の建設を依頼したのは、野心的な教皇や裕福な聖職者であった。

しかし、アルベルティの神聖なる幾何学論は、ルネ

▷ **ウィトルウィウス的人体図**
（1490ごろ）レオナルド・ダ・ヴィンチは、ウィトルウィウスの書物にある記述をもとに、人体（男性）のプロポーションのスケッチを描いた。

- **1570** アンドレーア・パッラーディオが『建築四書』を刊行
- **1588** フランシス・ドレイク率いるイギリス艦隊がスペインの無敵艦隊を破り、イギリスを侵略から守る
- **1591** ミケランジェロの設計に基づくローマのサン・ピエトロ大聖堂のドームが完成
- **1608** フランス人がカナダに植民し、彼らがヌーベル・フランスと呼ぶ土地にケベックを建設
- **1611** 欽定訳聖書刊行。いまなお世界じゅうで使用されている最良の翻訳聖書である
- **1618** ボヘミアのカトリックとプロテスタントのあいだに三十年戦争が勃発。やがてヨーロッパじゅうを巻きこむ戦争に発展する
- **1656** ジャン・ロレンツォ・ベルニーニの設計によるサン・ピエトロ広場とその列柱廊の建設が始まる

▲ 理想的都市のイメージ
イタリアはウルビノのドゥカーレ宮殿にあるルネサンス絵画。この絵に描かれた理想的な建築物は、人間と神を具現化したものと考えられた。

サンス精神の形成に大きな影響を与えた。人間はもはや、全能の神の前にひれ伏す無力な存在ではなく、芸術を通して世界をつくり、神の意志を実践していく独立した主体であった。建築家の役割と自己イメージは、このような思想によって大きく高まった。もはやゴシック期の建築家のように慎ましい無名の設計者兼石工ではなく、神に代わりその理想を表現する存在となったのである。以後、エゴのかたまりのような建築家があまた出てきたのも、当然のなりゆきといえよう。

このほかにも、セバスティアーノ・セルリオ（1475-1554）が1537年に、ジャコモ・バロッツィ・ダ・ヴィニョーラ（1507-73）が1562年に重要な建築書を刊行した。アルベルティの著作とウィトルウィウスの建築書の翻訳が出たあとに刊行されたもっとも意義深い建築書は、ひときわ偉大で多大な影響力を発揮した後期ルネサンスの建築家、アンドレーア・パッラーディオ（p.216）の『建築四書』だ。イギリスでも、ほぼ同時代に重要な建築書が出版された。ジョン・シュートが1563年に出した『最初にして主要なる建築の基礎 (First and Chief Groundes of Architecture)』である。

書物が出版されるようになると、建築物を縮小して描き、正確な平面図、断面図、立面図を出版したいという願望が芽生えてきた。いまや建築家の考えていることは、彼がどこにいようと書物によって伝えることができた。建築家はもはや、現場に縛られた奴隷ではなくなったのである。

都市計画

ルネサンスの建築物は、都市計画と密接な関係を保ちながら発展していった。イタリアのドゥカーレ宮殿にある絵画（上）を観ればわかるように、建築や都市計画が目ざしていたのは理性と人間性だ。この有名な

　絵は、理想的な環境に立つ新しい建築物のイメージ画で、おそらくピエロ・デラ・フランチェスカが描いたものと思われる。絵のなかには人物がまったく見当たらないのだが、以後、建築家が描くイメージ画はたいていこのような描き方をされるようになった。人物が景観を損ねるからというわけではなく、完璧なプロポーションをもつ建物自体が、人間と神、両者のイメージを象徴する、というのがアルベルティの持論だったからだ。

　このドゥカーレ宮殿の絵は、ヨーロッパの建築家が理性に基づく都市計画を考えはじめたことを示す点においても、重要な意味をもっていた。イタリアではごく早い時期から、格子状、放射状、星形の街路のある理想的なルネサンス都市が全国的に建設されていた。イタリア以外の西欧世界にも、印刷された書物や新しい学問を通して同様の街づくりが広まっていった。

≫ プロテスタンティズム

ローマ教会がヒューマニズムから受けた挑戦は芸術様式のみにとどまらず、聖職者や学者が唱える教会改革は思想面での脅威となった。マルティン・ルター（1483-1546）をはじめとする抗議者（プロテスタント）たちは、裕福すぎて腐敗した教会が聖書に記されたキリスト教の理想からはずれていると考え、簡素な儀式に回帰すること、聖職者の役割を過度に重視しないこと、ラテン語ではなく現地の言葉で礼拝をおこなうことなどの改革を唱えた。このようなプロテスタンティズムの発展を促したのが活版印刷術だ。教会の対処は遅れ、一部の王や統治者に支援されたプロテスタントが独自の宗教改革を実施、カトリックに代わるプロテスタント教会を創設した。

≫ **マルティン・ルター**　聖職者であり大学教授でもあったルターは、個人が聖書を読み解き、個々に信仰の道を見出すことを求めた。

イタリア・ルネサンス

1420〜1550年ごろ

15世紀のイタリアでは、金融業や資本家による新たな投機的事業で潤った都市国家が次々に勃興し（p.205）、個人、商業、公共のための贅沢な建築物が多数つくられていった。都市国家はライバルと競うべく、建物や堂々たる公共建築物を完成させ、天啓ともいうべき傑作も誕生した。

石と大理石でつくられたもっとも初期の理想的なルネサンス建築といえば、フランシスコ会のサンタ・クローチェ教会の回廊中庭にあるパッツィ家礼拝堂（フィレンツェ）や、ピッティ家、リッカルディ家（p.209）、ストロッツィ家といったフィレンツェの有力者が15世紀半ばに建てた大邸宅などが挙げられる。これらの途方もなく立派な私邸は、防備を固めて隠しだてをするといった、ある意味、中世をとどめたままの建築であった。たとえば、石造りファサードと空を分割するストロッツィ家の見事なコーニスのように、どの邸宅も古代ローマ建築から受け継いだ細部を有してはいるが、半世紀後にドナト・ブラマンテ（1444-1514）が設計したローマの建築物のように、「理性と光の様式」とはいいがたい。ブラマンテはイタリアの盛期ルネサンス――古代ローマ建築を自信たっぷりに再構成した堂々たる建築物の登場した時代――を代表する建築家であり、こうした建築家の多くは典型的なルネサンス人であったということができる。彫刻家であり、画家であり、詩人、技師、劇作家、兵士でもある、ひとりのダイナミックな人間だったのだ。

ブラマンテのテンピエット

この輝かしい時代の建築物のなかで影響力が一番大きかったのは、どういうわけか、ブラマンテのテンピエット（p.210）である。ローマのサン・ピエトロ・イン・モントリオ教会の中庭に押しこまれた質素な建物で、ローマのウェスタ神殿（p.64）をベースにしたとおぼしき礼拝堂であるにもかかわらず、創造性がほとばしり出ているのだ。テンピエットは、近くのサン・ピエトロ大聖堂（p.210）にあるミケランジェロ設計のドーム、レン設計のロンドンのセント・ポール大聖堂（p.250）のドーム、ワシントンの連邦議会議事堂（p.286-287）のドームにインスピレーションを与えた。陽光が降り注ぐなか、散歩ができるような柱廊をもったこの小さな建物は、宗教からの威圧や宗教への畏怖ではなく、理知と文明に訴えかけている。新たなタイプの教会や大邸宅が生まれるなか、これまでにはなかった市民のための建築が、長らく埋もれていた古代ローマの廃墟から生まれてきたかのようだ。

◁ **壮麗なドーム**　ローマ、サン・ピエトロ大聖堂のミケランジェロのドームは、聖ペテロの墓所の上にそびえる。72歳のミケランジェロは建築主任として建設を引き継いだ。

基礎知識

　ルネサンス期の建築家は、あふれるエネルギーと想像力で古代ローマのさまざまな要素を借用し、建築に古典様式の要素とオーダー（p.51、p.63）を採り入れた。依頼主の層が広がっていたこの時代、その要求に応えるべく、新しいスタイルの建築物が数多く誕生した。教会や宮廷だけではなく、富裕な市民層も華麗なデザインの建築物を建設できるようになったのである。

波のような形の渦巻き装飾がペディメントを支える

片蓋柱　ルネサンス期の教会のファサードや堂内には、迫力を増すために細長い長方形の柱が装飾として用いられた。ローマのサンタ・スザンナ教会のペディメント（写真）もそのひとつだ。

イオニア式オーダー　この高雅なイオニア式オーダーはカプラローラのファルネーゼ家邸宅のもの。柱の上には、繊細なローマ様式の彫刻が施されたエンタブラチュアが載っている。

粗面石積みの外壁　粗面仕上げの建物は力強く、いかつい印象を醸し出す。写真はフィレンツェにあるミケロッツォ設計のメディチ＝リッカルディ宮殿。

ペディメントを幾層か重ねた上にドーム、頂塔が載ったファサード

ドームの描く曲線が角張ったファサードとバランスをとっている

重層ペディメント　微妙な創意工夫をこらしたこのパッラーディオ作品はヴェネツィアのレデントーレ教会。古代ギリシア・ローマ様式で遊んでみせた見事な例であり、ペディメントの上にペディメントを重ねている。

対称形の平面構成　完全な対称形に設計された理想的なルネサンスのヴィラ。パッラーディオはヴィチェンツァのヴィラ・カプラで、これを成し遂げた。

噴水　ルネサンスの建築家や設計者は並はずれた水理工学的技量を誇示した。写真はティヴォリのエステ家別荘にあるオヴァートの泉。

▷ **後期ルネサンスの壮大な列柱廊**　ベルニーニが才能をフルに発揮して設計したサン・ピエトロ広場は、大きな弧を描く列柱廊が美しい。着工は1656年で、以後ヨーロッパ各地でこの柱廊のコピーが生まれた。

列柱廊は楕円形の広場を抱きかかえるようにしてカーブしている

バラスター付きの欄干に彫像を並べるやり方は、やがてありふれたものになった

力みなぎるドリス式オーダーが背後に控えるヴァチカンの権力を暗示する

サンタ・マリア・デル・フィオーレ大聖堂（ドゥオーモ）

● 1436年　🏛 イタリア、フィレンツェ　✎ フィリッポ・ブルネレスキ　🏛 宗教施設

サンタ・マリア・デル・フィオーレ大聖堂の魅惑的なドームは、建築界にルネサンスという大革命を起こした。ブルネレスキは、この神業のような設計によってゴシック建築の世界から大きく跳躍し、オリジナリティあふれるアーティストとしての建築家が誕生した。

> **最後の仕上げ**　頂塔の上に載った大きな銅球の設置にはレオナルド・ダ・ヴィンチも関わっていた。1474年に掲げられたその球は1600年に落雷にあい、新しいものに取り換えられた。

中世の大聖堂の交差部上にクーポラ（ドーム）をどのように建造すればいいのか。それは、サンタ・マリア・デル・フィオーレ大聖堂の工事管理委員会「オペラ・デル・ドゥオーモ」にとって長年の悩みだった。完成すれば直径46mという前代未聞の大きさになる。1418年、ようやく実施された設計競技で勝利をかちとったのはブルネレスキであった。ドームの着工は1420年。ブルネレスキが編み出したのは、建設中に仮枠なしで自立することのできる二重構造のドームを築くという見事な解決法だった。

古代ローマ、パンテオンの設計技術を採用したのだ。パンテオンのように煉瓦を矢筈積みにして強固な内殻を築けば、足場をつくらずに建設できる、と彼は考えた。この堅牢な内殻が軽量な外殻を支え、完成したのが床からの高さが91mのドームだ。外側でリブに支えられ、内側の見えないところで鎖に支えられたドームが完全な半球ではなく、やや尖った形をしているのは、ゴシック美をたたえた下部構造に釣り合うようにとの配慮だが、それでも彼のデザインが斬新であることはだれの目にも明らかだ。頂塔の建設開始は1446年、ブルネレスキの亡くなる数か月前のことで、ドーム外部の装飾がすべて完成するのは、彼の死後何年もたってからの話だ。

》フィリッポ・ブルネレスキ

1377年、フィレンツェ生まれのブルネレスキは彫刻家、金細工師として修業を積んだが、1401年に建築家を志し、ローマに赴いて彫刻家ドナテッロに弟子入りをした。ブルネレスキの世代にとっては陰鬱で意味もなく複雑なゴシック建築の立ち並ぶフィレンツェの街を、その天賦の才によって明快で光り輝くものへと導き、一変させた。

▲ ブルネレスキのドームの内側を飾るフレスコ画

◀ **名高いファサード** 有名なロッジア式のアーケードの上は子どもたちの遊戯室であったが、いまは小さな美術館になっている。

捨子保育院

- 1445年
- イタリア、フィレンツェ
- フィリッポ・ブルネレスキ
- 公共施設

　捨子保育院は大きな影響力をもった初期ルネサンス建築で、とくに名高いのがサンティッシマ・アンヌンツィアータ広場に面した美しいロッジア（開廊）である。コリント式の柱の上に広がる幅広のアーチ、柱と柱のあいだのスパンドルを飾るテラコッタのメダイヨン（円形装飾）、その上に広がる装飾のないフラットな壁は、後期ルネサンス建築に多く見られるデザインだ。2つの中庭を囲んで立つブルネレスキ設計のこの保育院は、フィレンツェの孤児のためにつくられた明るく慈愛に満ちた家であった。絹織物業組合の出資で建設されたヨーロッパ初の孤児院だが、1430〜36年には資金難で建設が中断した。ちょうどそのころブルネレスキがサンタ・マリア・デル・フィオーレ大聖堂の仕事で多忙になったため、後任に指名されたフランチェスコ・デッラ・ルーナが主任建築家としての仕事を引き継いだ。1966年には全面修復が実施された。

メディチ＝リッカルディ宮殿

- 1459年
- イタリア、フィレンツェ
- ミケロッツォ・ディ・バルトロメオ
- 住宅

　コジモ・ディ・メディチの依頼を受けて堂々たる宮殿の建設が始まったのは1444年のこと。四角い中庭を囲んで立つ宮殿の平面構成は非対称で、中庭からのびた1本の階段が、ベノッツォ・ゴッツォリの見事なフレスコ画があるマージ礼拝堂とさまざまな居室とをつないでいる。粗面石積みのファサードは要塞のような風貌だが、路面からコーニスに向けて視線を上げていくと、フロアが1階上がるごとに天井高が低くなり、建物のつくりにも大仰さがなくなって、厳格さが徐々に薄れてゆく。一方、心休まる中庭はブルネレスキによる捨子保育院のロッジアの模倣といってもいい。ちなみに設計者のミケロッツォ（1396-1472）は、ブルネレスキの死後、サンタ・マリア・デル・フィオーレ大聖堂の主任建築家の役割を引き継いだ人物である。

　1642年、リッカルディ家に売却された宮殿は、ミケロッツォの設計をふまえて1680年に改修され、柱間が6つ増築された。ものものしい要塞のような外観だが、外壁の麓には石のベンチが5つあり、メディチ家の宿敵でもない限り（？）だれでも休憩できる、市民に優しい宮殿である。

◀ **静かな中庭** 中庭にある優雅なアーケード。コリント式の柱頭とスパンドルをメディチ家の紋章が飾っている。

サン・ピエトロ・イン・モントリオ教会のテンピエット

- 1502年
- イタリア、ローマ
- ドナト・ブラマンテ
- 宗教施設

　この見事に均整のとれた丸屋根、ドリス式の円形建築物は初代教皇ペテロを記念して建てられた礼拝堂だ。聖ペテロは、キリストが死んで数年後に、ここで十字架に逆さまに磔にされたといわれている。イタリア語で「テンピエット」といわれる小さな神殿風の建物に入ると、床の真ん中にあいた穴から地下聖堂が見える。礼拝堂があるのは、サン・ピエトロ・イン・モントリオ教会の回廊で囲まれた小さな中庭である。

　ドナト・ブラマンテ（1444-1514）がはじめて手がけた大建築物であるこの礼拝堂を見ると、抑制のきいた新しい感覚が初期ルネサンス建築のなかに生まれてきたことがわかる。円形に並んだ厳格なドリス式の柱にはローマ様式の装飾、その上にはキリスト教の霊廟らしい丸屋根——ブラマンテが古代ローマ様式と巧妙に戯れているのがうかがえる。

　ブラマンテの最初の傑作は、建築家アンドレーア・パッラーディオの『建築四書』（1570）によってイタリア以外のルネサンス世界にも知れわたり、以後400年のあいだ、はかり知れない影響を古典主義建築家に与え続けた。

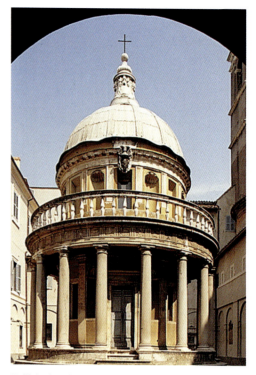

様式の組み合わせ　古典様式と初期キリスト教建築を組み合わせたテンピエットは、ルネサンス世界のお手本になった。

サン・ピエトロ大聖堂のドーム

- 1591年
- イタリア、ローマ
- ミケランジェロ・ブオナローティ
- 宗教施設

垂直方向の骨組み　ドラムを支える柱と頂塔を支える柱をドームのリブがつないでいる。

　ミケランジェロ・ブオナローティ（1475-1564）がサン・ピエトロ大聖堂の主任建築家に就任し、最上部に頂くドームの設計を委ねられたとき、彼はすでに70歳を超えていた。きわめて野心的なカトリック大聖堂の建設プロジェクトが始まって、40年後のことだ。「神のために働くのだから」と、彼はこの壮大な設計に対する報酬を受け取ろうとしなかった。ミケランジェロはそれまで難航していた建設を、ブルネレスキがサンタ・マリア・デル・フィオーレ大聖堂（p.208）で使ったテクニックを採用することで解決した。

　直径42mの巨大ドームは、煉瓦と石を内側と外側に積み上げた二重殻構造である。外から眺めたドームは、美しい下部構造のドラムから立ち上がっているように見える。2本ずつペアになって張り出したコリント式円柱がドラムのアクセントになっていて、そのあいだに窓の形をした大きな壁がある。外から眺めると正半球体に近い形に見えるが、すぐ下まで寄って見上げると、ドーム下の装飾によって目立たなくなってはいるものの、じつはかなり尖った紡錘形であることがわかる。

　ドームは高さ16mのどっしりと太い支柱4本で支えられ、表には見えないところで鉄の鎖で縛られている。天辺には王冠のような頂塔が載っており、その頂塔はさらに球と十字架を頂いている。路上からそこまでの高さは137m。ドームの工事はミケランジェロの死後、1588年から1591年までおこなわれた。

ドーム

空、ことに夜空を古代の人々は「天空の丸天井」と呼んだ。見上げると地球が巨大なドームに覆われているような、その先には天国があるかのような感覚を覚えたのだろう。パンテオン（p.66-67）以降のドームは、建築の壮大な意匠であると同時に、宇宙を具現化したものでもあった。

ドームが登場したのはローマ帝国時代だ。東ローマ帝国皇帝ユスティニアヌスが巨大な皿状ドームをもつ壮麗なハギア・ソフィア（p.80-81）をイスタンブールに建設したので、ドームはイスラム建築の主たる要素になった。イタリア語で大聖堂を「ドゥオーモ」と呼ぶように、ルネサンス時代のイタリアではドームをもつ建造物が盛んにつくられた。ブルネレスキがサンタ・マリア・デル・フィオーレ大聖堂（p.208）の交差部上にドームをつくったあと、イタリアの建築家は徐々に自信をもって新技術を駆使し、二重構造ドームにまで発展して、より高く、より大きな建造物をつくるようになっていった。

ドームの人気は、バロックや新古典主義の時代にまで続いていく。イギリスではクリストファー・レンがもう一歩技術的に前進し、セント・ポール大聖堂（p.250）に三重構造のドームをつくった。外側のドームは内側のドームが尽きるところから始まる。外側ドームは木組み鉛葺きの軽量構造で、煉瓦造りの内側ドームの上にかぶさる円錐体に取り付けられている。そしてこの円錐体が、外側ドームの天辺にある頂塔、球、十字架を支えているのだ。まるでゴシック建築のタワーと尖塔をルネサンス的に解釈したかのような、気高く、大きいセント・ポール大聖堂のドームは、レンの複雑な設計のなせる技であった。街の輪郭線に与えるインパクトという点から見ても、セント・ポールはパンテオンの古代コンクリート・ドームをはるかにしのぐスケールである。

◁ **二重ドーム** ヴェネツィアのサンタ・マリア・デッラ・サルーテ教会（p.243）では、重なり合った2つのドームがバロック式教会の中央部を覆っている。

▷ **扁平なドーム** ダブリンのフォー・コーツ（p.279）のドームは新古典主義の素朴な外形である。

カプラローラのファルネーゼ家邸宅

◯ 1560年ごろ 🏛 イタリア、ローマ近郊 ✎ ジャコモ・バロッツィ・ダ・ヴィニョーラ 🏠 住居

ローマの北、あたりの風景を見下ろしてして堂々とそびえるこの宮殿のような邸宅を設計したのは、画家から建築家に身を転じたジャコモ・バロッツィ・ダ・ヴィニョーラ（1507-73）である。サンガッロ・イル・ジョヴァネが設計した五角形の城塞を邸宅につくり変えるという劇的な改築であり、隣接する町の建物を一部取り壊すほど大がかりな事業となったが、結局完成には至らなかった。もともと城塞として設計されたものなので、防備の固い中世の邸宅をルネサンス式に解釈したものといえるかもしれない。高台に立つ邸宅の玄関にたどり着くには、巨大な階段やテラスを次々にのぼらなければならず、この階段やテラスが基部にある濠や稜堡を完全に隠している。邸宅内部も同様に、堂々たるコンセプトで設計されている。

▲ 主玄関ファサード

◀ **天使の間** 壁と丸天井を豊かに飾るのは、ジョヴァンニ・デ・ヴェッキ作の堕天使のフレスコ画。

城塞のような主玄関の上には、天井高が倍になったインパクトの強いピアノ・ノビーレがある

主玄関までは、粗面石積みの基部の上にあるジグザグになった階段をのぼっていく

◀ **別棟へのアプローチ** 大きな2つの階段にはさまれて、凝った装飾の水路があり、水が滝のように流れ落ちている。

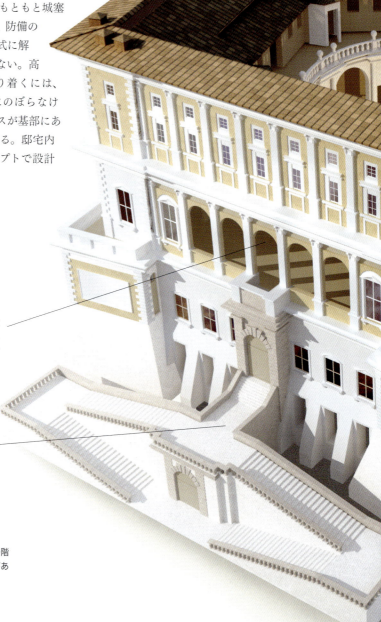

イタリア・ルネサンス | 213

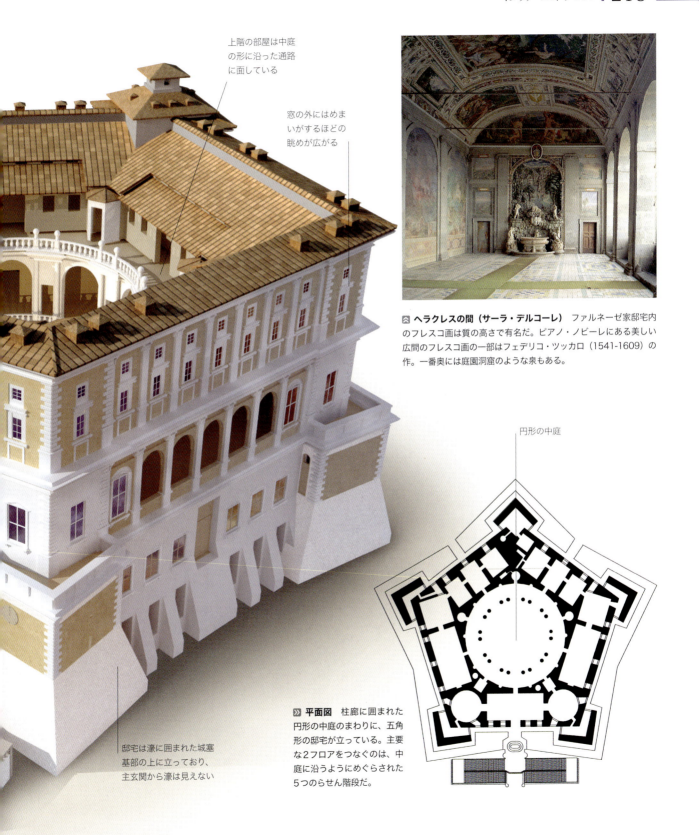

上階の部屋は中庭の形に沿った通路に面している

窓の外にはめまいがするほどの眺めが広がる

邸宅は濠に囲まれた城塞基部の上に立っており、主玄関から濠は見えない

▲ **ヘラクレスの間（サーラ・デルコーレ）** ファルネーゼ家邸宅内のフレスコ画は質の高さで有名だ。ピアノ・ノビーレにある美しい広間のフレスコ画の一部はフェデリコ・ツッカロ（1541-1609）の作。一番奥には庭園洞窟のような泉もある。

円形の中庭

≫ **平面図** 柱廊に囲まれた円形の中庭のまわりに、五角形の邸宅が立っている。主要な2フロアをつなぐのは、中庭に沿うようにめぐらされた5つのらせん階段だ。

テ宮殿

- 1535年
- イタリア、マントヴァ
- ジュリオ・ロマーノ
- 宮殿

ゴンザーガ公が愛妾と過ごすために建てた壮大な夏の離宮、テ宮殿はジュリオ・ロマーノ（1499-1546ごろ）の傑作である。ロマーノはラファエロの弟子で、その遊び心と想像力に富んだスタイルはマニエリスム様式として知られている。意図的にデフォルメされたファサードや風変わりな内装には独特の癖があるが、宮殿の平面構成はごくシンプルで、骨組みはわずか18か月で完成した。時間がかかったのは幻想的な内部装飾だ。オリンポスの神々の宴あり、だまし絵の馬あり、「巨人の間」では壁から天井にかけて三次元的に広がるフレスコ画に驚かされる。貝を散りばめた岩屋の別荘には、訪問客が水浴びをしたという小さな滝もある。

エステ家別荘

- 1572年
- イタリア、ティヴォリ
- ピーロ・リゴーリオ
- 住居

エステ家別荘の庭はひときわ大胆で美しく、16世紀の庭園設計に大きな影響を及ぼしたもののひとつである。このルネサンス様式の別荘と庭園の設計をピーロ・リゴーリオとアルベルト・ガルヴァーニに依頼したのは、ティヴォリ知事も務めた枢機卿イッポリート・デステだ。建築中から完成間近の1572年にこの世を去るまで、彼は輝きに包まれながらこの別荘で暮らした。枢機卿はバビロンの空中庭園を描いた空想的なイラストや、付近にあるハドリアヌスの別荘（p.73）から着想を得て、ここの建設を思い立った。彼は水の配置に趣向を凝らして古代ローマ皇帝の上を行きたいと考え、何百という噴水を愛でることのできる庭をつくったのだ。水の輝きに満ちたこの別荘は、ルネサンスの建築と園芸がつくり出した奇跡として、訪れた人に生気を与える。

▽ **噴き上がる水の輝き** ここにはかつて修道院があった。修道院の下方、段をなして連なる台地に別荘と庭園がつくられた。

ジュリオ・ロマーノ邸

- 1546年
- イタリア、マントヴァ
- ジュリオ・ロマーノ
- 住居

ジュリオ・ロマーノの重要な建築作品はすべてマントヴァにある。1524年から亡くなる1546年まで、彼は建築家、設計家、画家としてこの地に君臨していた。この大仰な自宅の設計もロマーノ自身の手になるもので、古典主義建築の特徴とされる多くのルールを破って建てられている。玄関のポルティコが堂々たる華やかさで、その上に広がるピアノ・ノビーレのラインを突き上げている。このような建物をつくったのは、彼がほぼはじめてである。家の大きさから見て、ロマーノはかなり裕福な暮らしをしていたようだ。彼はこの家の戸棚に、テ宮殿の設計図や、マントヴァ大聖堂とサン・ベネデットの教会の再建計画書、ドゥカーレ宮殿の改装計画書を保管し、有名な『芸術家列伝』を執筆中のジョルジョ・ヴァザーリに見せたのだった。「ヴァチカン宮殿のフレスコ画にする」という言い逃れを用意して、ロマーノは性愛図も描いていた。シェイクスピアが作品中で言及した同時代の芸術家は、ロマーノただひとりである（『冬物語』第2幕第2場）。

◀ **巨匠の作品** ファサードは、設計者ガレアッツォ・アレッシの典型的なスタイル。彼はジェノヴァでも同様の大邸宅を数多く手がけている。

マリーノ家邸宅

- 1558年以降
- イタリア、ミラノ
- ガレアッツォ・アレッシ
- 住居

この野心的な私邸は、ジェノヴァの銀行家で、当時ミラノを支配していたスペインの元老院議員でもあるトンマーゾ・マリーノのために設計された。彼は神聖ローマ帝国皇帝や教皇への融資、ミラノでの徴税を担当する人物で、私邸には使用人を多数かかえていた。そのなかには男性27人からなる警備隊もあり、完全武装して街を巡回し、人を殺す認可まで得ていたという。邸宅のファサードは主人の権力にふさわしい力強さをたたえ、ミケランジェロやジュリオ・ロマーノのスタイルを取り入れた生気あふれる装飾も凝らされている。1861年、ここはミラノの市庁舎になった。

ヴィチェンツァ公会堂

- 1617年
- イタリア、ヴィチェンツァ
- アンドレーア・パッラーディオ
- 公共施設

ヴィチェンツァにある中世の市庁舎の手直しを依頼されたパッラーディオは、1549年から非凡な能力を発揮して改築を進め、「ローマの集会場の現代版はこうあるべき」と自らが考える建築物につくり変えた。15世紀のホールをアーケードで取り巻いて支えた建物は、やがてイタリア・ルネサンス建築のなかでもひときわ目立つ、精巧な公共建築物に生まれ変わる。1階アーケードはドリス式、2階はイオニア式だ。パッラーディオのデザインした開口部は、出入り口にも窓にもアーチにも彼らしい特徴があり、もちろんこの建物のアーチにもそれが表れている。半円アーチを支える2本の柱がさらにエンタブラチュアを支え、壁と柱とのあいだに細い垂直方向の開口部ができている。屋上の控え壁にはところどころ彫像が飾られ、その向こうに中世会議場の存在感あふれる銅葺き屋根がのぞいている。パッラーディオのファサードとアーケードは、古い建物の3面を覆っている。

サン・マルコ図書館

- 1553年
- イタリア、ヴェネツィア
- ヤコポ・サンソヴィーノ
- 図書館

サンソヴィーノの感動的な作品、石造りのファサードと端麗な内装を備えた古典様式の図書館は、気高さと同時に喜びを与えてくれる場所だ。東側にある21の柱間の端から端までのびたロッジア（開廊）は、人々が心静かに歩める美しい通路の役目を果たしている。それほど大きくはないが流麗な装飾が施された建物は、サン・マルコ広場をはさんで向かいにある巨大なゴシック建築、ドゥカーレ宮殿（p.197）を品よく引き立てている。回廊に並ぶのはドリス式の半柱だが、図書館のあるピアノ・ノビーレの柱はイオニア式の半柱で、アーチ窓のあいだに設置されている。窓の上方や、窓と窓のあいだを飾っているのは、勝利の女神や海神の精巧な彫刻である。

◀ **大家の肖像画** この図書館のサロンはすばらしい肖像画が自慢だ。壁と天井には、ティントレット、ティツィアーノ、ヴェロネーゼなど有名画家の絵画が並ぶ。

サン・ジョルジョ・マッジョーレ教会

● 1610年　🏛 イタリア、ヴェネツィア　✎ アンドレーア・パッラーディオ　🏛 宗教施設

切ないほど美しいヴェネツィアのサン・ジョルジョ・マッジョーレ教会は、ヨーロッパの名建築のひとつに数えられるベネディクト派の教会だ。絵のような美しさと幾何学的な精密さをあわせもち、ロマンチックでありながら都会的。いまもヴェネツィアの中心地である島に立つ、洗練された崇高な建築物だ。

対岸からの眺め サン・ジョルジョの堂々たるファサードは、運河をはさんで対岸に位置するサン・マルコ広場から眺めることができる。

幾何学的精密さのなかに高貴な香りがただよい、穏やかな深さをたたえたデザインは、空前絶後の影響力をもった建築家、パッラーディオの手になるものだ。伝統的な十字形の聖堂を建設するよう指示されたパッラーディオは、基本的には中世ゴシック的な平面構成を、大きなペディメントをもつ白い大理石のファサードで隠した。だが、そのような建築上の偽装をしても、ファサードを見れば、その背後の煉瓦造りの建物に高い身廊があり、その両脇に低い側廊が寄り添うように立っていることがおのずとわかる。ファサードにくっきりとのびた4本の柱は、上から4分の3までがコンポジット式の円柱で、それぞれが花綱装飾でつながっている。円柱の下部4分の1は高い台座になっており、ここから堂内に入ることができる。壁龕（へきがん）の彫像、端正に彫りこまれた碑文は、古代ローマの建築物を思わせる。ローマ時代の浴場に触発された明るく白い身廊は、天井が筒型ヴォールトで、半円形の窓から差しこむ光に照らされている。身廊の上部は頂塔を頂くドームだ。この教会は、10世紀に建てられた修道院の一部をパッラーディオが再建、増築したものだが、竣工は彼の死後かなりたってからのことであった。

》アンドレーア・パッラーディオ

パッラーディオ（1508-80）は、パドヴァで石工として修業を積み、ローマで建築を学び、ヴィチェンツァに拠点を置いた。彼が建てたヴィチェンツァの農家、ヴェネツィアの教会、彼が著した『建築四書』（1570）は、はるばるロシア、イギリス、米国の建築にまで大きな影響を及ぼしている。

△ **アンドレーア・パッラーディオ**

イタリア・ルネサンス | 217

パラッツォ・ポルト・ブレガンツェ

- 1605年ごろ
- イタリア、ヴィチェンツァ
- アンドレーア・パッラーディオ
- 住居

ヴィンチェンツォ・スカモッツィ指揮のもと、この意欲的な邸宅の建設が開始されたときには、設計者パッラーディオは他界していた。大きな柱間を7つもった建物になる予定だったが、実際に建設された柱間は2つだけである。だが、それでも十分印象は強く、いまも私たちの興味をかき立てる建築物である。パッラーディオは大きな邸宅と、それに見合う立派な中庭を設計した。通りに面したファサードを見ると、太いコリント式の半柱がどっしりと威厳のある基部から誇らしげにそそり立ち、柱頭には美しい花綱装飾があしらわれている。建物の規模を理解するには、窓を見ればよい。ピアノ・ノビーレの窓の上辺が、隣接する一般の建物の3階屋根裏の窓よりも高いのだ。ファサードしかない建物のように見えるが、側面に目をやると、ファサードの背後にパッラーディオの意図よりも多くのフロアが押しこまれているのがわかる。内装はごく普通の邸宅である。

レデントーレ教会

- 1592年
- イタリア、ヴェネツィア
- アンドレーア・パッラーディオ
- 宗教施設

パッラーディオの設計した最高の教会建築とされるレデントーレ教会は、ジュデッカ島にひしめく家々のあいだに停泊する大きな赤い船のようにも見える。運河を隔ててサンマルコ寺院の斜め向かいに立つこの教会は、多くの点で伝統に沿った設計で、長い身廊の両側に礼拝堂が並び、半円形の窓から光が差しこんでいる。身廊の外壁は奥行きの深い控え壁で支えられ、交差部の上にはシンプルなドームがかぶさっている。注目すべきは白い石造りのファサードだ。複数のペディメントが、輝かしい調和を見せて重なり合っており、建築とは楽しい幾何学のゲームであることを雄弁に物語っている。

▷ **荘重な堂内** 白く彩色されたレデントーレ教会の内部は、壮麗で古典的なパッラーディオ様式である。

ため息の橋

- 1600年
- イタリア、ヴェネツィア
- アントニオ・コンティーノ
- 橋

「ため息の橋」はルネサンスからバロックへの過渡期につくられた白い石灰石の橋である。名前の由来は、旅行者がため息をもらすほど美しいからではなく、ドゥカーレ宮殿と牢獄をつなぐ橋であったからだ。しかし、この橋の建設時には、もう無慈悲な刑罰を科すヴェネツィアの暗黒時代は終わっていた。2本の通路の上に覆いをしつらえた橋のファサードには湾曲したペディメントがあり、波のうねりを表す渦巻きが上部を美しく飾る。いかめしい老人の顔の彫刻が、ゴンドラで川を進む旅行者に上からにらみをきかせている。

◁ **演劇的な風景** テアトロ・オリンピコの舞台の背景幕は、実物と見まがうほどの精密な絵と木材、漆喰を巧みに利用して、壮大な景観をつくり出している。

テアトロ・オリンピコ

- 1585年
- イタリア、ヴィチェンツァ
- アンドレーア・パッラーディオ
- 劇場

パッラーディオが再現したローマの野外劇場は、この時代の劇場で唯一、現代に残るものである。16世紀の舞台設計の流行からかけ離れた楕円形の観客席をもつ木造劇場は、煉瓦造りのシンプルな四角い建物のなかに収まってはいるが、天井を空色に彩色し、庭園に置くような彫像を配すなどして、あたかも野外にいるような感覚を与えてくれる。長方形の舞台に面して急勾配に層をなす観客席のさらに上には、コーニス付きの木造柱廊が広がっている。

イタリア圏外のルネサンス

1500～1700年ごろ

1492年、コロンブスがアメリカ大陸を"発見"し、ヨーロッパがラテンアメリカの豊かさに浴し、ポルトガルの探検家たちが東洋への交易路を切り拓いたこの時期、西洋の世界観は劇的に変化しはじめた。イタリアの先進的な思想が各地に浸透し、新たなルネサンス建築が花開いた。

　ルネサンスがイギリスなどヨーロッパの中心から離れた国々に浸透するまでには、少し時間がかかった。たとえば、垂直式ゴシックの傑作であるケンブリッジのキングズ・カレッジ・チャペル（p.191）が完成したのは、ブラマンテがテンピエットを献堂してから十数年後のことだ。それでもイギリスの芸術支援者（パトロン）たちは、時勢に先んじていたフランスに倣い、徐々にイタリアの様式を取り入れていった。それも最初は装飾の細部にとどまるのみで、未消化なまま導入されたドリス式、イオニア式、コリント式の柱が林立し、そこに天使やドラゴン、奇怪な生物、悪魔の彫刻が添えられている様子は、まるで中世とルネサンスが至高をめざす戦いのなかに閉ざされたかのようである。イギリスにおいて、真の意味での最初の古典主義的な建築物を設計したのはイニゴー・ジョーンズだった。彼は、ジェイムズ1世時代の宮廷に雇われ、グリニッジのクイーンズ・ハウス（p.228）などを建造した。

ルネサンス・ハイブリッド

　イタリアの様式がゆっくりと取り入れられたことで、ヨーロッパの西部や北部では、16～17世紀に混交様式の建築が開花した。北海沿岸低地帯、スカンジナビア、スコットランド、イングランドの独自の様式が、イタリアからやってきた様式と融合した。フランスではフォンテーヌブロー宮殿（p.221）が芸術の拠点となり、シュノンソー城（p.220）のデザインなどに見受けられる豊かなマニエリスム様式が生まれた。ネーデルラントでは、画家のヒエロニムス・ボスが、ゴシック美術の伝統を16世紀まで生かし続けた。ルネサンス様式は、スペインやポルトガルの探検家や征服者とともに、荒削りな形で大西洋を渡ってもいった。ヨーロッパの諸帝国が世界に拡大するにつれて、地球の至るところにルネサンスの影響が及ぶことになったのである。

◀ **ブリュッセルのグラン・プラス（大広場）**　グラン・プラスのギルドハウス群は、装飾の豊かさを互いに競い合っている。後期ルネサンスのフランドル建築の好例だ。

基礎知識

イタリアから各地に伝播したルネサンス様式は、その土地の伝統的な様式と融合し、ハイブリッドな建築を生んだ。想像力あふれる美しい作品もあれば、ごたごたした混ぜ合わせにすぎないものもあるが、そんな建築でさえ魅力的だ。

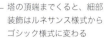 **カルトゥーシュ** 基本的には古典様式の飾り板で、王の使者の紋章や肖像が彫りこまれている。カルトゥーシュはヨーロッパ北部の建築物に好んで用いられた。

意匠を凝らした切妻 ルネサンス建築で取り入れやすいのは、厳密な平面や断面よりも細部のほうだ。意匠を凝らしたファサードは、イタリア以外の地域でも盛んに採用された。

- 塔の頂端までくると、細部装飾はルネサンス様式からゴシック様式に変わる
- 上部を飾るのはコリント式の円柱
- ファサードの真ん中あたりはイオニア式円柱が飾っている
- 高々とそびえる塔の最下部は古典様式のつくり。ドリス式円柱がそれを飾っている

 **手のこんだ屋根窓** フランスのシャンボール城の屋根窓。形やバランスはイタリアの影響を受けていないが、細部装飾はイタリア風だ。

古典様式の積み重ね イギリス、オックスフォードのボドリー図書館は、さまざまな古典様式の柱が各階の外壁を飾っている。

 **石造りのペディメントと渦巻き装飾** ローマから直輸入された人気の意匠である渦巻き装飾が、パリのヴァル=ド=グラース教会のファサードを飾る。設計はルメルシエ。

シュノンソー城

- 1576年
- フランス、ロワール、シュノンソー
- フィリベール・デロルメ
- 住居

フィリベール・デロルメ（1510-70ごろ）は、プロの建築家としてはじめてイタリアで学んだフランス人

▶ 川のなかの居城　創建時のゴシックの小塔は、ルネサンス的均整美を見せる橋の上の棟に取って代わられた。

である。帰国したのち、彼は王室の建築プロジェクトの責任者に任命された。

古い歴史をもつシュノンソー城の中心部は、シェール川に打った基礎杭の上に立つ、塔を4基備えた長方形の棟だ。この部分は1513年から1523年にかけて、中世と初期ルネサンスの折衷様式で再建された。デロルメの見事な手腕が発揮されたのは、川にかかる5連アーチの橋の上に立つ、細長く優雅な翼の建物である。綿密にバランスをとって構成されたこの増築部は、川面に幻想的な姿を映している。アーチの両側に張り出した立派な控え壁には、1階から3階にかけて窓が縦に並んでいる。3階の屋根裏にあるマニエリスム様式の窓は、1576年、フランス王妃カトリーヌ・ド・メディシスが城の当主となったときに、ジャン・ビュラン（1520-78ごろ）が付け足したものだ。所有者がたびたび変わったうえ、フランス革命のときに破壊の危機にもさらされたが、いまやフランスでヴェルサイユに次ぎ観光客の多い城となっている。

シャンボール城

- 1547年
- フランス、ロワール、シャンボール
- ドメニコ・ダ・コルトーナ
- 住居

▼ 強固な守り　城は濠で守りを固めているうえ、35kmにも及ぶ城壁に囲まれた広大な庭に立っている。

フランソワ1世が建てた息をのむほどに美しいシャンボール城は、壁が厚く、門楼や天守があり、四隅には円錐形の屋根を頂く小塔が立っていて、中世の城を思わせる平面構成である。しかし細部の装飾に目を移せば、初期ルネサンス様式の石の彫刻が随所に見られ

る。その内部は、あまたある同時代のフランスの城のなかでも、もっとも興味をそそられる設計がなされている。設計者のイタリア人建築家、ドメニコ・ダ・コルトーナは、フランソワ1世の擁護下にあったレオナルド・ダ・ヴィンチの助けを借りたのだろうか、天守内部の中心に華々しい二重らせん階段を据えている。現代の百貨店に見られるエスカレーターの交差配置と同じ発想のもので、この階段を使えば、賓客は互いに顔を合わすことなくのぼりおりできる。

フォンテーヌブロー宮殿

- 1586年
- フランス、パリ近郊
- ジル・ル・ブルトン
- 宮殿

　1530〜40年代、ジル・ル・ブルトンは、ここフォンテーヌブローの地でフランソワ1世のために数々の建設工事をおこなったが、古くからあった城館の改築は建築面から見て重要な意味をもっていた。もともとフォンテーヌブロー宮殿は中世の狩猟場の館であり、12世紀からフランスの歴代王が訪れていた。しかしフランソワ1世は、この城館を「新たなローマ」という自らのビジョンの一翼を担うような壮大な建物にしたいと考えた。宮殿をイタリア風につくり変えるべく、王は伝統的なフランス芸術にルネサンス様式を組み合わせた。大規模で野心的な宮殿だが、外観は驚くほど穏健である。だが、いったんなかに足を踏み入れると、ルネサンス様式の華やかな部屋が次々と目の前に現れる。とくにすばらしいのは、けたはずれな長さをもつフランソワ1世のギャラリーで、イタリアの画家ロッソ・フィオレンティーノ（1494-1540）による手のこんだ絵画や、化粧漆喰の装飾が回廊を彩っている。宮殿の芸術性は高まり、1553年にブルトンが亡くなると、画家のフランチェスコ・プリマティッチオ（1504-70）が美術監督の役割を引き継いだ。

△ **田園の隠れ家**　広大な敷地と美しい景観の庭園に囲まれた宮殿は、フォンテーヌブローの森のなかにある。

ルーヴル宮殿の時計のパビリオン

- 1640年ごろ
- フランス、パリ
- ジャック・ルメルシエ
- 宮殿

　1190年に要塞として建設され、14世紀にシャルル5世によって宮殿に改築された旧ルーヴル宮殿は、フランソワ1世によって1527年に取り壊された。ピエール・レスコー指揮のもと新たな王宮の建設が始まったのは1546年、王が世界する直前のことである。その後、この宮殿は何世代にもわたり改築が重ねられていった。レスコーは、少し早い時期に建ったルネサンス様式のロワールの城を研究し、壮大なフランス・ルネサンス様式──接近した2本の柱、幾重にも重なる石の細部彫刻、入れ子の切妻、曲線を描く巨大な屋根、混然と並ぶ彫像──を確立した。この様式の例としてつねに挙がるのが、旧ルーヴル宮殿の中庭に面して立つ翼屋である。この「時計のパビリオン」は、ソルボンヌ付属聖堂を建てた建築家で1624年に建築責任者の地位を引き継いだジャック・ルメルシエが、のちに付け加えたものである。フランス・ルネサンス円熟期の最後に、あるいはその時期を過ぎてから咲いた花といえる。ルメルシエは、画家のニコラ・プッサンに「装飾手法が凝りすぎていて重苦しい」と批判され、たびたび激しい口論を戦わせた。

▽ **フランス的な栄華**　ルメルシエは、宰相リシュリューの指示に従い、「時計のパビリオン」をレスコーのスタイルに倣ってデザインした。後年、彼はリシュリューのために離宮を設計している。

ヴォージェ広場

- 1612年
- フランス、パリ
- クロード・シャティヨン
- 住居

▲ 王族の玄関口 「王の館」（写真）と「王妃の館」は広場の南北の入口を構成している。

赤煉瓦に石の化粧仕上げを施した邸宅が取り囲むエレガントなヴォージェ広場（旧ロワイヤル広場）は、1612年に国王アンリ4世によって整備され、フランスの都市デザインに革命を起こした。まわりに立ち並ぶのは宮殿ではなく住宅。パリの中心部に居住区としての広場、それもひときわ美しい広場ができ上がったのである。

巧みに設計された採光の良い家々は、広場後方にすっくとそびえている。各住宅の1階部分は同じ形のアーケードで、それが正方形の庭園をぐるりと取り巻いている。だが、屋根の稜線は家によって異なり、秩序だったなかにも個性が感じられる。140m四方の広場の真ん中に庭園ができたのは1680年のことだ。

南側と北側に1軒ずつ、アーケードの背後にひときわ大きな住宅が立っている。「王の館」及び「王妃の館」と呼ばれていた邸宅だが、実際には王族が住んだことはない。しかし、宰相リシュリュー、作家のヴィクトル・ユゴーなど、この広場に居を構えた名士は多く、セヴィニエ侯爵夫人はここで誕生した。きちんと修復がされているため、ここはいまも変わらずパリの高級住宅街となっている。

ブリュッセルのギルドハウス

- 1700年
- ベルギー、ブリュッセル
- ウィレム・デ・ブルイン
- 住居

ブリュッセルのグラン・プラス（大広場）を取り囲む楽しい住宅は、1695年8月にフランスの砲撃を受けたあと、ギルドや個人所有者が1690年代に建てたものだ。どの家も独特で、装飾にはルネサンス期のエネルギーがほとばしり出ているが、全体としてはまとまりのある住宅群といえるだろう。派手な彫像、不死鳥、壺、男像柱、馬、ルネット（装飾を施した半月形の壁）、縦溝彫りの片蓋柱、渦巻き、レースのような細部装飾など、飾り立てているものを挙げればきりがなく、名匠の技と大工の技術力の展示見本のようである。現在はアパート、オフィス、レストランなど、さまざまな形で利用されているが、どの建物にも歴史が濃厚に刻みこまれている。たとえばレストラン「ラ・メゾン・デュ・シーニュ（白鳥の館）」の上階の部屋は、1847年にマルクスとエンゲルスが宿泊し、ドイツ労働者組合と会合をもった場所だ。広場の南側には17世紀末の百貨店のような外観の建築物があるが、じつは大きな1つのファサードのうしろに7軒の家が入った、ウィレム・デ・ブルイン設計の住宅である。

スケルペンフーフェルの聖母教会

- 1627年
- ベルギー、スケルペンフーフェル
- ウィンセラス・コベルヘル
- 宗教施設

七角形をした巡礼教会、スケルペンフーフェルの聖母教会は、1300年ごろに付近のオークの木から発見されたという奇跡の聖母マリア像を安置するために建造された。しかし、何より有名なのはその壮麗なドームで、北海沿岸低地帯の国でこれだけの大きさとクオリティをもつドームは過去になかった。通りを歩きながら遠目に眺めると、古典様式の建物のあいだから、まずはドームが見えてくる。集中型の聖堂デザインも見事だが、ドームが抜きん出てすばらしい。

当時ネーデルラントを支配していたのはカトリック国スペインのハプスブルク家だ。その宮廷に仕える建築家であったコベルヘルは、美的感覚に節度を保ちながら設計に挑んだ。ヨーロッパのなかでもプロテスタントが有力だったフランドルで、カトリックによる反宗教改革の砦にすべく建てられた教会であることを考えれば、その点は注目に値する。この教会は、おそらく彼が研究していたと思われるローマのサン・ジョヴァンニ・デイ・フィオレンティーニ教会をもとにして設計されたのではないだろうか。

アントウェルペンの市庁舎

- 1566年　🏛 ベルギー、アントウェルペン
- ✏ コーネリス・フローリス　🏛 公共施設

アントウェルペンのグローテ・マルクト広場の一辺を占めるこの市庁舎は、建築家で彫刻家のコーネリス・フローリス（1514-75）設計による華麗な初期ルネサンス様式の建築物だ。1537年から複数巻にわたり出版された『建築書』（セバスティアーノ・セルリオ著）の挿絵に影響を受けたフローリスが、イタリアの最新様式とフランドルやネーデルラントの伝統的な様式をミックスして設計している。急勾配の屋根は見事な煙突を頂き、その下にあるファサードの中央部には、古代ローマ様式のアーチが横に3つ、縦に4段並んでいる。アーチの上にはペディメント、その両脇には長いオベリスクがそびえる。ファサードは、ドリス式、イオニア式、コリント式の片蓋柱、盾の装飾、分別や正義を表す彫像でにぎやかだが、少し引いたところにある両翼は装飾もなく、驚くほど地味だ。粗面石積みの1階には45店舗が入っていた。

◀ **開かれた建物**　軒下の4階は開放された歩廊になっている（この写真には1階が写っていない）。

マウリッツハイス王立美術館

- 1640年　🏛 オランダ、デン・ハーグ
- ✏ ヤコプ・ファン・カンペン　🏛 住居

17世紀のオランダ建築は、イタリア・ルネサンスの建築家、パッラーディオとスカモッツィの作品から大きな影響を受けた。壮麗なマウリッツハイス家邸宅は、オランダ領ブラジル総督を務めたナッサウ侯ヨハン・マウリッツのために、ヤコプ・ファン・カンペンとピーター・ポストが設計したものである。ほぼ正方形の平面構成で、来客を迎える正面のレセプション・エリアの両脇に個人用のスイートルームがある点は、明らかにパッラーディオ設計のヴェネツィアの邸宅に倣っている。イオニア式の片蓋柱と浅浮き彫りの細部装飾が際立つ煉瓦のファサードもイタリアの影響だが、かつて高い煙突がそびえていた急勾配の屋根はいかにもオランダのものだ。ファサード上部のペディメントは控えめで、ほとんどなきに等しい。

この邸宅は1704年の火災で深刻なダメージを受け、1720年に再建されたが、フランス占領下の時期にはしばらく刑務所として使われていた。1822年からは王立美術館となり、フェルメール、ステーン、レンブラント、フランス・ハルスといった、錚々たる画家の作品を収蔵することで知られている。マウリッツハイスは、北海沿岸低地帯の国々とイギリスの個人邸宅建築の発展に大きな役割を果たした建築物である。

▽ **古典様式の影響**　均整のとれたマウリッツハイスは、この時代のイギリス随一の建築家クリストファー・レンから称賛された。

» **オランダの古典様式** 細部装飾はファサードの中心部だけに制限されている。

エンクホイゼンの市庁舎

- 1686年以降
- オランダ、エンクホイゼン
- シュテフェン・フェネコール
- 公共施設

エンクホイゼンは17世紀に繁栄した、絵のように美しいオランダ北部の街である。400隻からなるニシン漁船団の母港であるとともに、莫大な富を蓄えた東インド会社と西インド会社のオフィスがあった港湾都市で、大商業都市アムステルダムと勢力を競い合っていた。

アムステルダム出身の建築家、シュテフェン・フェネコールが新たな市庁舎の建設に着手したのは1686年のこと。この建物はエンクホイゼンの街の威信を反映すると同時に、世界じゅうからさまざまな思想が流入する港湾都市に特有の、自由な精神をデザインによって示してもいた。有力なオランダ人建築家、ヤコブ・ファン・カンペンの弟子のひとりであるフェネコールが手がけたのは、通常なら重視されるべき古典様式のオーダーをすべて取り払った市庁舎だった。ファサードが存在感にあふれていながらも端正なのは、縦長の窓、粗面仕上げの隅石、すっきり整った石細工の壁、クーポラを頂くゆるやかな勾配の屋根からなる控えめな構図のせいである。

この市庁舎の影響を受けて発達したオランダ古典様式は、もち前の豊かな表現力をしだいに発揮し、装飾を排した外観と形よく切り取られた窓によって、エレガントなシンプルさと威厳を達成していく。

カルロス5世宮殿

- 1568年
- スペイン、グラナダ
- ペドロ・マチューカ
- 宮殿

▼ **アルハンブラのなかに** カトリック君主の祖父母が征服したイスラムの城塞、アルハンブラ宮殿内に、カルロス5世はこの宮殿を建設した。

この覇気あふれる宮殿には、闘牛用の見事な中庭がある。結局は未完成に終わったが、ミケランジェロの弟子である宮廷建築家、マチューカの描いた構想はじつに壮大で威厳にあふれていた。中庭を取り囲むのはドリス式とイオニア式のいかめしい柱の列で、奥まった出入口がそこにアクセントを添え、くっきりとした光と影のコントラストをつくっている。大理石のファサードが美しい宮殿は力強い粗面石積みの立方体で、その真ん中に中庭が設けられている。

ヴァレンシュタイン宮殿のロッジア

- 1631年
- チェコ共和国、プラハ
- アンドレア・スペッツァ
- 宮殿

1626年、プラハ城に対抗すべくヴァレンシュタイン宮殿とその庭園の建設を依頼したのは、富と権勢を誇ったチェコ貴族、アルブレヒト・オイゼービウス将軍であった。壮大な4つの中庭に面して立つ各宮殿のファサードは、どれも末期イタリア・ルネサンス様式と当時のヨーロッパ北部の建築様式を融合させたもので、内部も同じく華美な折衷様式だ。

しかし、肢体をくねらせた彫刻が立ち並ぶ道に面した大仰なロッジアには、イタリアの記念碑的なスケールが色濃く感じられる。ロッジアは巨大な3つのアーチからなり、アーチの両端はそれぞれ2本1組の柱で支えられていて、ヴァレンシュタインよりも大きな宮殿にあってもよさそうなつくりだ。ロッジアの先には馬屋、洞窟、噴水、鳥小屋、イタリア風庭園を配した雄大な景色が広がっている。

1631年に完成したこの宮殿は、1950年に文化省の建物となった。1994年からはチェコ共和国上院が入っており、現在も修復作業が続行されている。

◀ **壁のなかの秩序** 光沢のある黄色い御影石でできた5階建ての壁が複合施設を守っている。

王立サン・ロレンソ・デ・エル・エスコリアル修道院

- 1582年
- スペイン中部、エル・エスコリアル
- フアン・バウティスタ・デ・トレード、フアン・デ・エレーラ
- 宮殿

堂々たるスケールで、荘厳さをただよわせるサン・ロレンソ・デ・エル・エスコリアル修道院は、フェリペ2世の命を受けて1562年から建設が始まった。人里離れた地に立つこの宗教複合施設は、熱意あふれるフェリペ王の精神を体現している。この時期のスペイン建築を代表する建物であり、スペイン帝国の力が頂点をきわめ、宗教裁判がもっとも活発であった時期の産物として、世界でも類を見ないほどの威圧感をただよわせている。平面構成が聖ロレンソの象徴たる格子状であるため（聖ロレンソは鉄格子の上で火あぶりにされて殉死した）、訪れた人々はいまなおその苛烈さに圧倒される。左右対称に格子状に並ぶ複数の中庭のまわりに宮殿、修道院、教会、墓所、図書館などが設置され、そのまわりを堂々たる5階建ての壁が取り巻いている。ドームを頂く教会は厳粛ながら美しく、イタリア・ルネサンス様式の影響を受けたことがわかる。フェリペ2世は晩年をここで過ごした。

ラ・メルセー教会

- 1737年
- エクアドル、キト
- 不詳
- 宗教施設

キトは南米の首都のなかでもとくに古く、街並みが美しく保存された地域だ。定住が始まったのは最初の千年紀で、インカ帝国の時代にスペインに征服され、やがてさまざまな宣教使節が競って集まる布教の拠点になった。使節団は野心あふれる大きな教会を建設したが、そのどれもがスペイン、イタリア、フランドル、ムーア人の様式と土着の様式とをうまく融合させたものであった。

ラ・メルセーは大きな白壁の教会で、堂々とそびえる四角い塔を1基、ドームを5つもち、アラビア風の細部装飾に彩られている。入口の彫刻はインカ信仰にはおなじみの太陽と月。礎石が置かれたのは1701年、塔の完成は1736年、聖堂の奉献は1747年だ。隣接する修道院の主たる回廊はじつに美しく、石柱に支えられたまばゆいばかりの白いアーチが続く通路に囲まれて、海神ネプトゥーヌスの彫像の戯れる泉がある。また別の回廊には、セビリヤから運んだタイルを敷きつめた美術館がある。ラ・メルセー教会はたび重なる地震にも耐えて、今日に至っている。

メトロポリタン大聖堂

- 1813年
- メキシコ、メキシコ・シティ
- クラウディオ・デ・アルシニエガ
- 宗教施設

1628年、古いアステカ寺院跡に建てられたこの地で最初のスペイン教会が解体され、そのあとには覇気にあふれる新たな大聖堂が建設された。建設にあたっては、アステカ文明最後の建物から略奪された石が部分的に使われた。この大聖堂のなかで最初にできたのは、霊妙で薄暗い身廊と、その両脇に2本ずつ通った側廊と礼拝堂だ。内装は息がつまるほどの金ずくめ。1793年完成の西の塔を設計したのはホセ・ダミアン・オルティス・デ・カストロである。

▷ **沈みゆく美** 何世紀ものあいだ地盤沈下に悩まされていた大聖堂は、1990年代の基礎改修工事で救済された。

ハードウィック・ホール

- 1597年
- イングランド、ダービーシャー
- ロバート・スマイズソン
- 住居

古代ローマで使われていた透明なガラスは、15世紀のヴェネツィアで再発見され、16世紀にはイギリスに渡ってきた。イギリスでは建築物の窓の大きさが、施主の財力に比例して拡大していった。その最たる例がハードウィック・ホールである。はっとするほど美しいエリザベス朝末期のカントリー・ハウスの主は「ハードウィックのベス」ことシュルーズベリー侯爵夫人エリザベス。4回結婚して、ついに階級をのぼりつめた女性だ。この邸宅の屋上を飾る精巧な欄干には、彼女のイニシャルESが彫りこまれている。主玄関側ファサードの2階を横切る長いギャラリーは、イギリスの邸宅のなかでもひときわ印象的な空間だ。

▶ **窓だらけの壁** ハードウィック・ホールのガラス窓は、床から天井まで届く大きさだ。採光のためばかりではなく、所有者の巨大な富を誇示するためでもある。

ウラトン・ホール

- 1588年
- イングランド、ノッティンガムシャー
- ロバート・スマイズソン
- 住居

ノッティンガムシャーのウラトン公園に立つサー・フランシス・ウィロビーの邸宅は、ロバート・スマイズソン（1535-1614）の代表作だ。修道院解散令によって富をたくわえた一族が依頼する邸宅を建設するためには、サットン・パッシーの村の建物を取り壊さなければならなかった。輝かしく精巧なデザインは城のようなつくりながら、外観重視で内庭はない。なかでも一番注目すべき部分は、大きな塔を頂く宴会場だ。中央に据えられたこのホールのクリアストーリの上には、巨大な後期ゴシック様式の窓がのびている。その下にあるファサードは、ドリス式、イオニア式、コリント式の片蓋柱、壁龕、美しい欄干に彩られ、イタリア・ルネサンスの傑出した建築家、セバスティアーノ・セルリオの影響がうかがえる。左右の塔の天辺には手のこんだ渦巻きのペディメントがあり、四隅にはオベリスクがそびえている。スマイズソンが設計した内装は火災で焼失したため、サー・ジェフリー・ワイアットヴィルのデザインに取って代わられた。

▼ **ドラマチックな高み** 宴会場は、既存の建物の上にクレーンで吊り下ろされたように見えるが、まちがいなくスマイズソンのオリジナル・デザインのままだ。

イタリア圏外のルネサンス | 227

◁ **壮麗な外観と内部** 外部の大半は当時のままだが、内部は17世紀に大がかりな改装をおこなっている。木彫家グリンリング・ギボンズをはじめとする優秀な職人が仕事にあたった。

バーリー・ハウス

- 1587年
- イングランド、リンカンシャー
- ウィリアム・セシル
- 住宅

　イギリス建築にルネサンス様式が入ってきたのはヘンリー8世の時代である。しかし、娘のエリザベス1世の長い統治期間の終わりころになっても、せいぜいイギリス人建築家が玩具のようにもてあそぶ「装飾」に過ぎなかった。この大きな石造りのカントリー・ハウスは、ヘンリー8世が解体させたカトリック修道院跡に建設されたもので、エリザベス女王の秘書長官ウィリアム・セシル、のちのバーリー卿の邸宅である。建物が空に描くすばらしい輪郭——小塔、尖頂、葱花（そうか）ドーム、オベリスク、凝った風見——をすべて取り払ったところを想像してみてほしい。あとに残るのは、いくぶん素質な石の建物と大きな中庭だ。高い門楼、見上げるような屋根をもつ大広間は、押しよせてきたルネサンス革命のなかでいまだ消滅しきらない「中世」だといえよう。邸宅が立っている鹿苑を造園したのは、庭園設計の大家であるランスロット・ブラウンだ。

ホワイトホールの
バンケティング・ハウス

- 1622年
- イングランド、ロンドン
- イニゴー・ジョーンズ
- 公共施設

　中世のホワイトホール宮殿を改修する際につけ加えられたバンケティング・ハウスは、イギリス初の真の古典様式建築である。7つの柱間をもつこの建築物のヒントとなったのは、古代ローマのバシリカと、設計者イニゴー・ジョーンズ（1573-1652）がイタリア視察で見たパッラーディオの建築作品である。娯楽作品が上演されるこの場所で、ジョーンズも台本や衣装デザインを担当した。きわめてシンプルかつ繊細な内部はダブル・キューブ、つまり立方体を2つ並べた形の大きな空間だ。壁や柱は白く仕上げられ、ルーベンスの天井画のすぐ下には桟敷があり、その下にイオニア式、コリント式の片蓋柱、円柱、半円柱が並んでいる。

◁ **古典の組み合わせ** 1階のペディメント付きの窓を強調するのはイオニア式の円柱、2階の平らなコーニス付きの窓を隔てているのはコリント式の円柱と片蓋柱である。

グリニッジのクイーンズ・ハウス

- 1635年
- イングランド、ロンドン
- イニゴー・ジョーンズ
- 宮殿

クイーンズ・ハウスの建設は、ジェイムズ1世の王妃アン・オブ・デンマークのために始められたが、妃は完成を見ることなくこの世を去った。もともと狩猟の館として、旧グリニッジ宮の敷地内を突き抜けるデットフォード行きの公道をまたぐようにしてつくられたため、この館は実際には庭から浮いて立つ「橋」といってよく、質素なファサードの背後に隠れた内部は一風変わった平面構成になっている。

チャールズ2世がジョン・ウェッブに館内の改装を依頼し、クイーンズ・ハウスが真の意味で邸宅になったのは1662年のことである。1980年代には全面改修がおこなわれ、6年間の閉鎖期間を経て、1990年、長らく国立海洋博物館の一部であったクイーンズ・ハウスは再オープンを果たした。1660年代の様式でまとめられた内部には、当時の調度品のほか、レプリカも設置されている。だが、オリジナル設計に見られた特異な平面構成や、パッラーディオ様式の華麗ならせん階段、庭園を望む美しい開廊、主玄関に通じるカニのような形の階段は、いまでも目にすることができる。

▶ **パッラーディオ様式の均整美** いかにもパッラーディオらしい3分割のファサードは、中央の部分が張り出している。1階の壁は粗面仕上げで、2階へと誘う欄干が装飾となっている。

ボドリー図書館

- 1615年ごろ
- イングランド、オックスフォード
- 不詳
- 図書館

オックスフォード大学講師を務め、外交官でもあったトマス・ボドリーは、引退後、全生涯と全財産を大学図書館の復興に捧げた。宗教改革の嵐が吹き荒れるなか、1550年に破壊されたオックスフォード大学の図書館は1602年に再開し、その数年後には大きな中庭に「五様式の塔」の建設が始まった。塔は図書館の正面玄関になっており、トスカーナ式、ドリス式、イオニア式、コリント式、コンポジット式の柱が両脇に沿って高く埋めこまれている。この建物は、ルネサンスの装飾をまとったゴシック建築物といえる。

セント・ポール教会

- 1633年
- イングランド、ロンドン
- イニゴー・ジョーンズ
- 宗教施設

セント・ポール教会は宗教改革後のロンドンに建ったはじめての教会堂だ。平面構成はきわめてシンプルで、バシリカ式の建物には、できる限り多くの人が聖書の言葉を聞けるようにと、広い柱廊が設けられている。外観の装飾はごく控えめだ。東側には大きなトスカーナ風ポルティコがあり、すぐ裏側の内部に祭壇があるのだが、そこから堂内に入ることはできない。それでも、この建物にふさわしい、力に満ちたポルティコである。大きな納屋のような様相の西側入口へは、小さな市民公園を通ることになる。

コペンハーゲン旧証券取引所

- 1640年
- デンマーク、コペンハーゲン
- ハンス・ファン・ステーンヴィンケル
- 公共施設

　一目見たら忘れられない塔をもつ建物である。銅でつくられた4頭のドラゴンが尾をからみ合わせた見事なデザインで、作者は彫刻家のルートヴィヒ・ハイドリッファーだ。その下にある美しい建物もまた傑作である。このヨーロッパ最古の証券取引所の建設を命じたのは建築王のクリスチャン4世だ。2階建ての煉瓦造りのファサードは横長で、同じデザインの繰り返しだが、じつに繊細で美しい。デンマーク、スウェーデン、ノルウェーの船から降ろした荷を運びこむ、ひとつながりの倉庫として使われていたため、このような反復の意匠となった。海岸通りに面したファサードには、各国の王冠章を頂くペディメントが端から端まで並んでいる。

◀ **消えそうな先端部**　現在はコペンハーゲンの商工会議所になっている旧取引所の建物は、針のように細い尖塔を頂いている。

フレゼリクスボー城

- 1620年
- デンマーク、コペンハーゲン近郊、ヒレレズ
- ハンス&ロレンツ・ファン・ステーンヴィンケル
- 要塞

　デンマーク＝ノルウェー国王フレゼリク2世が建設したフレゼリクスボー城が現在のような贅を尽くした城になったのは、息子のクリスチャン4世が1599年に即位してからのことである。煉瓦と石でできた城が、湖に浮かぶ3つの島にそれぞれ立っており、優雅な橋でつながっている。こういうつくりの城が平凡な城になるわけがない。屋根の輪郭線がこれほど優美でロマンチックであれば、なおさらのことだ。1577年、フレゼリクスボー城で生まれたクリスチャン4世は、華やかで快適な場所にすべく城の増築をおこなった。ルネサンス期のオランダ人建築家2名の設計によって生まれ変わった城は、彫刻のような曲線をもつ切妻、小尖塔、銅メッキ仕上げの屋根、らせん状の尖塔、繊細な砂岩の装飾が特徴的である。

▽ **島で暮らす**　おとぎ話に出てきそうな城が、橋でつながる3つの島にそびえ立ち、そのまわりに当時のフランスの最新様式に倣った庭園が広がっている。

バロックとロココ

Baroque and Rococo

「バロック」という名称は、形のゆがんだ真珠を意味するポルトガル語から来ている。バロック様式は対抗宗教改革（1545ごろ-1650）の熱心な現れとして生まれ、カトリック教会はこれを、ヨーロッパ北部に広がっていたプロテスタントの「異端信仰」と闘う目的で育てていった。その後、やや軽薄で世俗的な「ロココ」へと続く。こちらはフランス語で岩を意味する「ロカイユ」と、貝を意味する「コキーユ」に由来している。

▶ **ヴェルサイユ宮殿** 1745年、王太子の結婚を祝って、鏡の回廊で開かれた仮面舞踏会。バロック建築とロココ・ファッションが、芝居のワンシーンのような絵に表現されている。

おもな出来事

- **1620** 米国マサチューセッツ州のプリムスにピルグリム・ファーザーズが入植
- **1633** ベルニーニが、ローマにあるセント・ポール大聖堂のバシリカでバルダッキーノを完成させる
- **1643** フランス国王ルイ14世（通称「太陽王」）による72年の治世が始まる。このとき5歳だった
- **1666** 1665年に起きた「大疫病」に続き、「ロンドン大火」と呼ばれる大規模な火災が発生。現在の街は復元されたもの
- **1685** ルイ14世がナント勅令を廃止。プロテスタントに対するフランスの徹底攻撃の幕開け
- **1685** バロック期の偉大な作曲家、ヨハン・セバスティアン・バッハとゲオルク・フリードリヒ・ヘンデルが誕生
- **1687** アイザック・ニュートンが、万有引力の法則の完全なる説明を収録した『プリンシピア』を出版

対抗宗教改革はもっぱら、歴史が浅く好戦的なカトリック修道会による積極的な伝道および熱心な指導という形でおこなわれた。1534年にスペインの兵士イグナチオ・デ・ロヨラ（1491-1556）が創設し、1540年にローマ教皇の認可を受けたイエズス会も、そうした修道会のひとつである。これが、ローマにおいて芝居芸術や建築にも顕著かつドラマチックに表現され、スペイン、フランス、オーストリア、バイエルン、ラテンアメリカに広がったばかりか、プロテスタントの国イギリスにも、控えめながら見られるようになった。つまり、バロック建築とは信仰のプロパガンダだったのである。権力と断固たる決意をもった実力者の命による建築物は、その典型だ。たとえば、ローマ教皇シクストゥス5世（下のコラム参照）は精力的にこれを推進し、ローマに見事な建築物を数多くつくらせ、公共スペースを整えた。

バロック芸術は煽情的で、芝居っ気があり、生き生きしていて、幻想的だ。絵画ではカラヴァッジオが明暗対照法を用いたように、そして建築では当時のイタリアの教会で表現されていたように、光と影の効果が存分に活用された。最高にうまくいった例では、彫刻さえもが生きているかのようだ。ローマではベルニーニ、バイエルンではアザム兄弟がそうした作品を生み出した。建物の内装も異世界を思わせる。

≫ シクストゥス5世

バロック芸術の推進力だったローマ教皇シクストゥス5世（1520-90）は貧しい生まれで、豚飼いとして暮らし、のちに聖職者となる。精力的に活動し、批判も受けた税の徴収や、教会での仕事の斡旋などによって、財政の逼迫していた教皇庁を豊かに太らせた。そうして集めた資金の大半を投じて大規模な建設計画を進め、ローマの街並みを一変させる。野心的なバロック様式さながらに、彼の胸にはエジプトの征服、トルコの打倒、そして聖墳墓教会をエルサレムからローマへ移すなど、さまざまな野望があった。

| 1712 ピョートル大帝が建設した新しい街、サンクトペテルブルクが、ロシアの首都となる | 1766頃 フランス・ロココの画家ジャン・オノレ・フラゴナールが「ぶらんこ」を描く | 1773 ボストン茶会事件。イギリス支配に反発した米国人が、インドから輸入された紅茶を海に捨てた |

1700 — **1725** — **1750** — **1775**

| 1694 イングランド銀行の設立。イギリスおよび世界の金融制度の始まり | 1732 ロンドンのコヴェントガーデン王立歌劇場でこけら落とし | 1763 フランスがミシシッピ以東の米国北部およびカナダをイギリスに譲渡 | 1760年代頃 ヨーロッパの啓蒙思想が、教会、国家、絶対王政、教育、社会制度の伝統的見解を疑う理性的思考を促す |

バロック期の大聖堂、宮殿、教会、邸宅には、壮大なドームが鎮座し、智天使たちがはしゃぎ、映画のような絵画が飾られ、さらにはベルニーニの「聖テレジアの法悦」（1647-52）のようなポルノぎりぎりの彫刻などがあふれている。こうした建物は広場に面して並び、通りを包みこんでいる場合が多い。ベルニーニが手がけたローマのサン・ピエトロ大聖堂の前面の柱列（p.207）がその一例だ。またナヴォーナ広場（p.240）などの広場は、街そのものをバロック芸術の舞台として芸術的演出と背景画を披露しているようで、今日でもまるで映画のような感動を味わわせる。

バロック様式は重なり合う2つの形で発展した。1つは、カトリックの国々で見られた感情表現豊かなバロック。そしてもう1つは、イギリス、オランダ、北欧で見られた節度あるバロックだ。イギリス・バロックにおいては、クリストファー・レン（1632-1723）、ジョン・ヴァンブラ（1664-1726）、ニコラス・ホークスムア（1661-1736）といった匠が独自の見事な様式

▶ **聖テレジアの法悦** ベルニーニがカルメル会の修道女、聖テレジアの幻視体験を熱のこもった描写で表現した。幻視のなかで天使の矢に射抜かれた彼女は、「私の魂はまさしく神によって満たされた」と語る。

を発展させ、それがイギリスのみならず、米国にも、それ以外の各地にも、数世紀にわたって受け継がれていった。

ロココの祭典

　フランスで花開いたロココは、あくまでバロックに付随する遊び心にあふれた装飾様式のことである。カラフルで、魅力的で、渦巻き模様や金箔や鏡を多用するのが特徴だ。装飾の妙が凝らされ、中国趣味ともいえるロココは、「楽しい」という表現を使わずには語れない。イタリアのティエポロ、フランスのヴァトー、ブーシェ、フラゴナールといった当時のアーティストの作品に、その本質がとらえられている。

　フラゴナールのもっとも有名な絵画「ぶらんこ」に描かれるのは、木々がゆたかに茂る庭園のなか、軽やかな絹のドレスをまとう若い女性がすそを幾重にもためかせつつ、ふわりと宙に浮き上がる様子である。同じく絹の服の若い男がそれを見上げて、ロココ期の一場面を、というより若い女性のきれいなスカートを堪能している。少々子どもじみていて、下品といえるかもしれないが、それ以上に心が浮き立つ明るさがある。当時のフランスやドイツの宮殿内部に見られた絢爛たるロココ装飾と同じ精神が感じられるし、ロッテンブーフ教会のあっぱれなほどの屈託のなさにも通じる。こちらには楽器を演奏する智天使たちの像(p.255)があちこちにあり、装飾も見る者の前でワルツを踊っているかのようだ。

虚飾の終焉

　バロック様式は、ロシアやラテンアメリカにも広がるほど人気を博したものの、ヨーロッパでは——そして、当然ながらプロテスタントであるイギリスでは、早々に拒絶の憂き目を見る。ロココも同様で、その後に台頭してくる生真面目な意識とぶつかってしまう。ただただ遊び心に満ちていたロココだったが、建築家ジャック・フランソワ・ブロンデル(1705-74)が当時の建築物内装を「貝や、竜や、葦やヤシの木や草花やらをばかばかしく寄せ集めたもの」と書くなど、有識者の非難が巻き起こり、いかめしさのただよう新古典主義に道を譲っていった。

◀ **バッハとその家族**　バロック様式は建築だけでなく、絵画、彫刻、そして音楽にも浸透した。ヨハン・セバスティアン・バッハは、音楽における多彩かつ崇高なバロックの匠であった。

▶ **フラゴナール「ぶらんこ」(1766)**　よく見ると、背後の茂みに女性の恋人である司祭が隠れていて、悪ふざけだろう、ぶらんこに乗る彼女の背を押している。

バロック

1600〜1725年

バロック建築が見せる絢爛さは大仰なステージセットのようで、決して万人受けするものではない。カトリック色が濃すぎるとか、肉感的なアピールが強すぎるといった見方もある。とはいえ、バロックのデザインがヨーロッパ各地の都市を彩っている事実に鑑みれば、これは確かに人生という芝居のステージだといえるだろう。バロック建築は、そのために生み出された最高の小道具であり舞台なのである。

バロック期の建築家が現代に生きていたら、きっとハリウッドで活躍しているだろう——そう思わせるほど、バロック様式の上質な建築物はきわめて映画的だ。曲線や渦巻きの細部に動きがあり、多くのサプライズをはらみ、光の工夫が凝らされ、熱狂的でありながらストレートにドラマを描き出している。プロテスタントの国々で目の敵にされたのも当然だろう。その絢爛豪華さはひどくカトリック臭く、煽情的で下品だと見なされた。それでも強い魅力を放つバロック建築のいくつかは、羽振りのよい貴族のもとでイギリス人が手がけたものだ。その代表がサー・ジョン・ヴァンブラやニコラス・ホークスムアである。ことにヴァンブラは劇作家でもあり、美食家の才人でもあったことから、ブレナム宮殿やハワード城（p.253）の設計とともに、彼自身もバロックを象徴する存在となっている。

人の心をつかむ設計

ロンドンのセント・ポール大聖堂（p.250）のドームやベネツィアのサンタ・マリア・デッラ・サルーテ教会（p.243）は、その姿を目にすれば胸が躍らずにはいられない。ドイツ・バイエルン州ロールのベネディクト会修道院教会を訪れ、聖母被昇天を表現した圧倒的な群像彫刻——ドラマチックな内陣で信者たちの像が見守る頭上を、聖母マリアが天へ昇っていく——を見て、感動しない人はいないだろう。設計と彫刻を担ったのはエギット・クイリン・アザム（1692-1750）で、聖母が本当に宙を飛んでいるように見える。バロック芸術がすべてそうであったように、こうした作品は華麗とはいえ、やはりキッチュに近いことは否めない。しかし、バロック期最高の建築家や彫刻家、画家たちは、舞台芸術に通じる臨場感と、単なる悪趣味なメロドラマ的表現との境界線を心得ていた。狙いどおりにいけば、バロック建築は人の心をつかんで離さぬ魅力をもつのだった。

◀ **ウィーンにあるカールス教会の外観** フィッシャー・フォン・エルラッハが設計を手がけた。バロックと古代ローマの要素が混ざり合っているのは異例だが、それなりにうまくいっている。

基礎知識

きわめて壮大で、想像力にあふれ、豪華な建築が披露される劇場、それがバロックだ。どっしりしたドーム、ゆったりしたカーブ、まるまる太った智天使（ケルビム）の装飾が特徴で、当初はローマで発展したが、最終的にはプロテスタントの国々にも広がった。バロックで思い浮かぶのは、「どうだ」といわんばかりのドラマチックな効果である。

石細工に銅が光る

雨でも日差しのもとでも映える金箔のドーム

ランタンを載せ、ゆるやかな丸みを帯びたドーム

▲ **智天使たち** バロックの教会、宮殿、テーブルや椅子には、必ず何体か智天使の装飾がある。このちゃめっけたっぷりな「プッティ」には、スペイン、アランフェス宮殿の中庭で会える。

▲ **ローマ風** フィッシャー・フォン・エルラッハが設計したカールス教会の、リブの装飾があるドーム。ローマのサン・ピエトロ大聖堂に倣っている。緑の銅葺きドームの上にあるランタンと十字架は、地上72mの高さにある。

▲ **高くのび上がる** アンヴァリッドを手がけたアルドゥアン＝マンサールは、パリの街並みから高くのび上がるドームにするため、尖塔のあるランタンを頂く2層構造のドラムをつくった。

▲ **シンボリックな彫刻** バルダッサーレ・ロンゲーナが手がけたヴェネツィアのサンタ・マリア・デッラ・サルーテ教会。彫像を載せた巨大な渦巻き細工が、歩廊のある主ドームを支えている。

▶ **重力から解放された彫刻** バイエルンのロール修道院にある芝居の一場面のような聖壇装飾。聖母マリアが本当に飛んでいるように見える。

対照的な色が帯となっていて、ドラマチックさを高めている

のぼるにつれて教会が見えてくる

◀ **何列も並ぶ外階段** 芝居がかった階段は、バロックの大型建築によく見られる。ロココとパッラーディオ様式を組み合わせたポルトガルの巡礼教会、ボン・ジェズス・ド・モンテ教会に至る階段には目を奪われる。

サン・ピエトロ大聖堂

● 1615年　🏛 イタリア、ローマ　✎ ミケランジェロ他　⛪ 宗教施設

サン・ピエトロ大聖堂の大きさはまさに圧倒的であり、ローマ教会の権力と影響力を高らかに宣言している。だが、これほど巨大な建物の建造は一筋縄ではいかず、度重なる政治的混乱もあり、工事は1世紀以上もかけて断続的に進められた。

▲ ドームの内部

中心となった建築家は3人。ミケランジェロ、ジャコモ・デッラ・ポルタ（おもにドームを担当）、カルロ・マデルノである。それ以前もブラマンテ、サンガッロ、フラ・ジョコント、ラファエロ、ペルッツィという5人の建築家が、40年にわたりそれぞれ前任者の設計を変更しながら工事を進めていた。そして1546年にミケランジェロに白羽の矢が立つ。72歳を目前にしたミケランジェロは、ヨーロッパ一の彫刻家・画家として名をなしていたが、晩年をほぼ全面的に、しかも無給でサン・ピエトロ大聖堂の建築に捧げた。スケールと造形という面で、彼の仕事はバロック期への道を開くものだった。

ミケランジェロの設計はギリシャ十字の集中式平面構成である。人文主義の観点を建築で表現する策としては理想的だが、典礼をおこなうには都合の悪い設計だった。1564年に彼が死去したあと、3人の建築家──デッラ・ポルタ、フォンターナ、ヴィニョーラ──が建造を進めたが、ドーム以外は基本的にミケランジェロの設計を引き継いでいる。1606年にはマデルノが身廊とファサードを加え、集中式平面構成を放棄した。

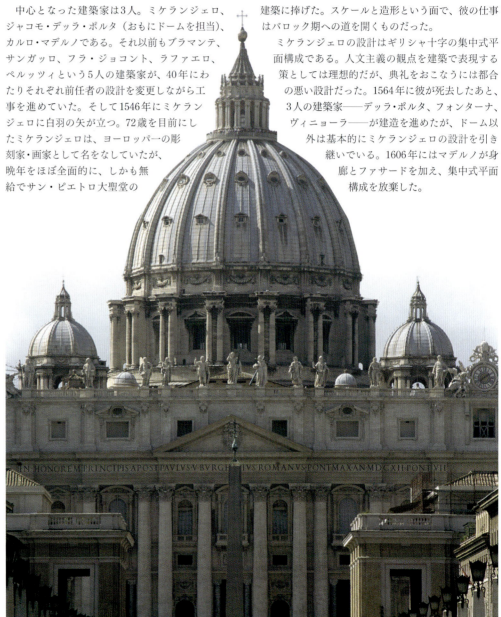

▶ **ファサードの高さ**　マデルノが手がけたファサードは高すぎて、距離を置かなければドームが見えないため、批判されることが多い。

サン・カルロ・アッレ・クワトロ・フォンターネ聖堂

● 1665年　|ᵢ イタリア、ローマ　✎ フランチェスコ・ボッロミーニ　🏛 宗教施設

サン・カルロ・アッレ・クワトロ・フォンターネ聖堂の大きさは、サン・ピエトロ大聖堂の中央の基柱がつくり出す面積にすっぽり収まる程度である。しかしながら、この聖堂には驚くほどのエネルギーと発明の才が凝縮されている。ローマ・バロック期最盛期を代表する作品のひとつであり、謎の多い悩める建築家フランチェスコ・ボッロミーニの傑作だ。

△ 円柱に囲まれ、楕円の屋根がかかる中庭

　小さいとはいえ、修道院付属の教会である。背後と片側に、このサン・カルロとほぼ同じ面積で修道院と庭園が収まっている。じつはこの教会こそ、ボッロミーニが独立して最初の大作だった。設計されたのは1630年代だが、財政的事情により、工事は2段階に分けて進められた。内装は1641年に完成。ファサードは1665年にようやく着工したが、その後まもなくボッロミーニはこの世を去った。

　内部、外部ともに、尽きせぬ波が永遠に続いているといった印象。平面設計は、バロック期のもっとも特徴的な意匠である楕円をベースとしている。流動感をもたせつつ、集中式で縦にも広がる教会という、一見矛盾した要件を満たすので、この形は二重の利点がある。しかし、ボッロミーニはさらに重要な工夫を加え、重なり合う楕円で内部空間を分けた。結果として、内部は波のようにうねる壁がつらなり、全体に予想外の緊迫感を生んでいる。コーニスの力強いラインと、立ち並ぶ4分の3円柱が、その印象を強める。楕円のモチーフは、外観においても、2層のカーブするファサードに見られる。これが新しいバロック様式であった。

≫ フランチェスコ・ボッロミーニ

イタリア北部で生まれたボッロミーニ（1599-1667）は、1617年からローマで活動し、マデルノに師事。その後ベルニーニのもとで仕事をする。ベルニーニが建築家・彫刻家であると同時に、宮仕えをする有識者であったのに対し、ボッロミーニは暗く激しい気質だった。才能には定評があったのに、重要な建築をあまり任されなかったのは、それが一因だ。苦しい人生を送り、最後は自ら命を絶った。

≫ **カーブするファサード**　ファサードの下層は凹-凸-凹でカーブし、上層は凹-凹-凹でカーブする。

パブリックスペース

ルネサンス期とバロック期には、景気の良さを誇示したい政治家たちの意向で、公共施設の建設が盛んにおこなわれた。なかでも美しい像や噴水や印象的な建築物を備えたパブリックスペース（公共広場）は、自由に散歩をしたり、そこで"演じられる"にぎやかな都会生活を楽しんだりする場所として、人々に愛された。

△ **ミケランジェロのダビデ像** 1504年につくられたこの有名な彫刻は、最初はフィレンツェのシニョリーア広場に置かれていた。これがきっかけとなって、市民広場にはこぞって彫像が置かれるようになった。

バロック期のパブリックスペースの代表といえるのが、ローマのナヴォーナ広場だ。ベルニーニとジャコモ・デッラ・ポルタの手による巨大な噴水、ボッロミーニによる教会、オベリスク、堂々たる彫像など、この時代のイタリアで大規模な公共広場が備えるべき要件をすべて満たしている。細部まで設計の妙が凝らされており、現在も地元市民と観光客の両方に人気が高い。こうした広場が、イタリアの町や都市の核となっているのだ。世界でも少しずつ取り入れられていき、都市設計の重要性が再認識されるのに歩調を合わせて、いまも魅力を増す一方である。

17世紀のイタリアでは、各地の都市が一番美しい広場の設計・建設を目ざして競い合った。広場とは市民生活という芝居のステージであり、そこで繰り広げられる芝居の雰囲気や進行を決める場所だ。その点、ナヴォーナ広場はぐるりと囲まれた空間で、まさしく都市劇場である。現代では、車、店、標識や街灯、広告、その他の雑然としたものに焦点が置かれやすいが、ナヴォーナ広場はいまでも、つくられた当時と同じく、人、彫刻、建築物に主眼がある。こうしたパブリックスペースは、バロック期におけるもっともすぐれた所産のひとつだといえるだろう。

▽ **ネプトゥーヌスの噴水** ジャコモ・デッラ・ポルタがナヴォーナ広場につくったドラマチックな噴水は、海の神ネプトゥーヌスを表現している。

◀ **ツインピークス** サンタ・マリア・ディ・モンテサント教会（左）とサンタ・マリア・デイ・ミラーコリ教会（右）。

サンタ・マリア・ディ・モンテサント教会とサンタ・マリア・デイ・ミラーコリ教会

- 1677年　🏛 イタリア、ローマ
- 👤 ライナルディ、フォンターナ、ベルニーニ　🏛 宗教施設

　サンタ・マリア・ディ・モンテサントとサンタ・マリア・デイ・ミラーコリ――2つの教会が重要視されるゆえんは、その建築的な美しさ以上に、17世紀のローマを特徴づけていった遠大な都市計画の影響力が表れている点にある。対抗宗教改革はローマの街に生まれ変わりを求めた。中世の貧民街の名残を一掃し、巨大な公共スペースや広々とした新しい景観を整えようと試みた。この前例なき規模の都市計画は、数世代にわたる法王によって進められ、野心を抱いた建築家たちによって実現し、バロック様式ならではの壮大なダイナミズムによって命を与えられていく。つまりは、街そのものを変容させるビジョンだったのだ。3本の街路がほぼ同時期に整えられ、1518年には街路の交点にポポロ広場がつくられて、そのフォーカルポイントにする狙いで双子教会は建てられている。2つの教会は似通っているが、土地の制約により同一ではない。それでも、印象的なドームの外観を可能な限りそろえるため、多大な労力が払われた。

聖フィリッポ・ネリの小祈祷所

- 1640年　🏛 イタリア、ローマ
- 👤 フランチェスコ・ボッロミーニ　🏛 宗教施設

　外観からは教会を連想しがちだが、じつのところ聖フィリッポ・ネリの小祈祷所（オラトリー）は、のちに聖人と認められたネリが1564年に創設した対抗宗教改革の信仰共同体オラトリオ会の本部である。同じく対抗宗教改革の教会であるサンタ・マリア・イン・ヴァッリチェッラの隣に並んでいる。内部装飾の設計が始まったのは1620年ごろ。多数の建築家が携わったが、この建物を真に興味深いものにしているのは、ボッロミーニの手によるファサードだ。というのも、このファサードは弓なりにカーブしていて、ローマ・バロック建築の基調となる特色が用いられた最初の例だからである。もうひとつ重要な点は、ローマ・バロックの建築家のなかでも異色の存在だったボッロミーニの、特徴的なダイナミズムと発明の跡が見られることにある。

◀ **凹曲するファサード** 直線と曲線を使った独特のペディメント。絶えず新しい工夫を生み出していたボッロミーニの典型的な作品である。

▶ **聖なる階段** 印象的な階段が教会と商業地とを結ぶ。麓のスペイン広場は、ローマでもっとも優雅なショッピングエリアのひとつだ。

スペイン階段

- 1728年 / イタリア、ローマ
- フランチェスコ・デ・サンクティス / 公共スペース

トリニタ・デイ・モンティ教会と、その足元に広がるスペイン広場とを結ぶという構想は、1570年の教会完成よりも前に生まれていた。17世紀いっぱいをかけて多様なアイデアが提示され、そのなかには当然ベルニーニの案もあったが、ようやく着工したのは1717年、教皇クレメンス8世の命を受けてのことである。

結果的に完成したスペイン階段は、優雅な曲線美を示す137の階段という、バロック後期のローマ都市計画のなかでもひときわ印象的な作品となった。最大の建築的特徴は、2つの大きなテラスと、テラスへとつながる階段の拡張と縮小である。テラスへ上がるにつれ幅を狭め、テラスを越えてまた幅を広げていく。全体的に強くリズミカルなインパクトがあり、バロックの大胆な主張というよりも、ロココのおだやかなアクセントが効いている。階段上のトリニタ・デイ・モンティ教会正面にあるオベリスクは、1786年に教皇ピウス6世によって設置された。

スペイン階段は何度か修復作業が施されており、最近では1995年に工事がおこなわれ、さらに2015年から新たな修復工事が始まっている。

トレヴィの泉

- 1762年 / イタリア、ローマ
- ニコラ・サルヴィ / 噴水

1453年、ニコラウス5世がヴィルゴ水道の拡張をおこなった際、ほぼ同時に、その水道から水を引く噴水をこの地に置く計画も誕生した。計画の進行には波があり、1629年には教皇ウルバヌス8世の命を受けたベルニーニが、規模と壮麗さにおいて市内のどこよりも見事な噴水をつくろうとした。だが、1643年にその計画は断念される。18世紀初頭にも2度にわたって再着工が試みられたが、いずれも実りは少なく、ようやく1732年になって、ニコラ・サルヴィが現在ある噴水の設計に着手している。

8人の彫刻家が携わったが、この作品を特徴づけているのは、あくまでサルヴィの考案したコンセプトだ。とくに、背後にあったポーリ宮殿のファサードと一体化したことで、絶大な荘厳さが生まれている。噴水をドラマチックに見せているのも、巧みな演出によるものだ。像が立ち並ぶ印象的な凱旋門から水がほとばしり、ランダムを装って配置された巨大な凝灰岩を越えて、中央の水盤へ滝となって落ちていく。

▲ **聖なる泉** 中央に立つ巨大なネプトゥーヌス神は1762年にようやく完成した。横には豊穣や健康をつかさどる神々が並ぶ。

サンタ・マリア・デッラ・サルーテ教会

● 1681年　🏛 イタリア、ヴェネツィア　👤 バルダッサーレ・ロンゲーナ　⛪ 宗教施設

サンタ・マリア・デッラ・サルーテ教会はヴェネツィアを代表するバロック式教会だが、イタリア全体で見ても、もっとも古く、もっとも壮大な教会のひとつである。カナルグランデの南端に位置し、対岸にドゥカーレ宮殿とサン・マルコ広場を臨むという立地のインパクトもさることながら、この教会自体の堂々たるスケールと、マッス（量塊）が大胆に集合している点は、まさに圧倒的だ。

威厳あるドームはバロック期の始まりを宣言しているだけではない。2本の先細の鐘楼を従えたもうひとつの小さなドーム——内陣の上に架かっている——と並ぶことによって、大胆であると同時に正統的ヴェネツィア風ともいえる輪郭をつくり出している。ここにドラマチックさを加えているのは、ヴェネツィアでは珍しい八角形の平面構成と、堂々たる正面入口、2層にまたがる巨大な4分の3円柱、そしてよく知られた特徴である16個の巨大な渦巻き装飾だ。この渦巻きが大ドームのドラムに対するバットレス（控え壁）の役割を果たしている。波を模してうねる石細工も、水辺という立地にふさわしい。

この教会は、ヴェネツィアでバロック様式を推進した立役者のひとり、建築家バルダッサーレ・ロンゲーナのもっとも有名な作品である。ゴシックで彩られていたヴェネツィアに圧倒的なバロック建築を添えたことは、ロンゲーナの数ある偉業のなかでも最大のものだといえるだろう。

△ 内部の眺め

▽ **街のランドマーク**　ロンゲーナの幻想的なドームは、どの方角から見ても、ヴェネツィアの住宅街がつくり出す稜線の上に浮かんでいるようだ。

ヴェルサイユ宮殿

- 1772年
- フランス、パリ近郊
- ジュール・アルドゥアン=マンサール他
- 宮殿

ヨーロッパの芸術を推進する中心地が、ローマからフランスに移ったことを示す明らかな証拠として、この壮麗たるヴェルサイユ宮殿よりふさわしいものはないだろう。17世紀フランスの君主制による厳然たる支配を表しているだけではない。その気高く壮大な庭園は、ヨーロッパ全域で模倣された。

▲ マンサールによる宮廷礼拝堂

圧倒的な華麗さを誇る宮殿だが、じつは当初のヴェルサイユはそれほどでもなかった。ルイ13世が狩猟をするための館として、1623年から1631年にかけて建てられたものだったのだ。1661年にルイ14世が、この垢抜けない建物を新しいフランス王宮であると同時に政治の中心にすると宣言。館の規模が14世のビジョンに一致しなかったため、大々的な再建工事が数段階に分けて、18世紀後半にもつれこむほど長く続けられた。

第1段階（1661-70）では、建築家ル・ヴォーにより、当初の狩猟の館を囲いこむ増築がおこなわれた。このとき、メイン（東側）のファサードからつながるコの字型に囲まれた中庭「閣僚の前庭」と、庭園側（西側）のファサードの中央部分がつくられる。同時期に、造

園家アンドレ・ル・ノートルによって、宮殿西側に広がる広大で左右対称な庭園の整備が進められた。第2段階（1678-1708）では、ジュール・アルドゥアン＝マンサールがル・ヴォーによる庭園側ファサードを南北に拡張し、全長402mとした。さらに70mの「鏡の間」を増築したほか、豪華で美しい宮廷礼拝堂も加えている。最終段階（1770-72年）は、アンジュ＝ジャック・ガブリエルが手がけた。彼の最大の功績は、北翼の端にあるオペラ劇場だ。こうして、宮殿というより、きわめて秩序だったミニチュア都市が建造されていったのである。

▽ **国王のビジョン**　単なる狩猟の館として生まれた宮殿が、ルイ14世のもと、フランス・バロック様式の荘厳たる代表作に転じた。

アンヴァリッド

- 1706年　フランス、パリ
- ジュール・アルドゥアン＝マンサール　宗教施設

ルイ14世が傷病兵のために建てた複合型教会アンヴァリッドは、ヴェルサイユに劣らぬ印象的なつくりである。とくに目を奪われるのはファサードだ。巨大なドームが鎮座し、その上に金箔のランタンを頂く、その高さは地上から106mもある。ドームの下の二重ドラムも負けじと印象的で、上層は渦巻き装飾のバットレス、下層は大胆に突き出た双柱に支えられている。

ファサード中央のベイも並々ならぬ存在感だ。2層にまたがり、巨大な円柱が並んで支える上に、ペディメントが載っている。

◁ **国王を称える**　教会内部の装飾は、ルイ14世の軍および統治を称えている。

ヴァンドーム広場

- 1720年　フランス、パリ
- ジュール・アルドゥアン＝マンサール　公共スペース

ヴァンドーム広場は、17世紀後半のフランス都市計画に見られるフォーマルさの追求という面で、決定的な転機を示す。均整のとれた長方形の公共スペースで、ぐるりと囲む集合住宅のファサードと調和している。集合住宅の1階は粗面仕上げで、2階と3階には巨大な付け柱があり、楕円と長方形の窓を交互に配した二重勾配の屋根をもつ。建物の角は斜めにペディメントを施され、前方に少しせり出している。広場中央の円柱は、だいぶ手を加えられてはいるがナポレオン時代のもので、ローマのトラヤヌスの記念柱（p.72）を意識している。

▷ **ヴァンドーム広場**

メルク修道院

- 1736年
- オーストリア、メルク
- ヤコブ・プランタウアー
- 宗教施設

　カトリックが主流だったオーストリアと、南ドイツの小さな州のいくつかは、バロック文化を諸手をあげて歓迎した。その臆面もない取り入れ方をもっとも顕著に表すのが、ヤコブ・プランタウアーが設計し、メルクの地に建てられたベネディクト会派の修道院と教会である。ドナウ川を見下ろす土地に立つ黄色の複合施設という環境自体がドラマチックさを演出しているが、設計はさらにその傾向が強い。異国風のランタンを頂くドームが、周囲に目を光らせるように君臨し、葱花（玉ねぎ）型ドームを載せた2つの鐘楼が、カーブするファサードを引き立たせている。横に並ぶ修道院ホールと図書館が、下層の湾曲する翼棟につながって、この生き生きした構成をさらに強調している。

▽ 堂々たる外観　メルク修道院のスタッコに見られる黄土色と白の色合いは、ヨーロッパ中部のバロック様式らしい配色である。

トロヤ城

- 1696年
- チェコ共和国、プラハ
- ジャン・バプティスト・マテイ
- 宮殿

　息をのむほどエレガントなトロヤ城は、バロック様式が西欧の中心地から大きく広がったことを示す最高の例である。マッス（量塊）が並ぶのはバロックの特徴だが、それが秩序正しく整列するさまはパッラーディオ様式に近い。堂々たる中央部は、5ベイの横幅と3層構成の高さをもつ。左右に2層構成の翼棟があり、その先は前へ突き出た翼棟につながる。切り立った屋根には小さな屋根窓が並ぶ。もっとも印象的な建築的要素であり、統一感をもたらす重要なモチーフとなっているのは、巨大なコンポジット式の付け柱だ。付け柱は、翼棟においては1階の窓と同じ高さから、中央部においては2階の窓の高さから始まり、上層の窓へと力強くのびている。庭園側では精巧につくられた二重階段が、左右を彫刻の像に縁どられて、フランスの影響を受けた庭園へと降りていく。

▷ 対照的な色使い　赤と白の配色は、この建物を引き立て、地味になりかねなかったデザインに生き生きとした力を与えている。

カールス教会

- 1737年
- オーストリア、ウィーン
- ヨハン・ベルンハルト・フィッシャー・フォン・エルラッハ
- 宗教施設

ウィーンのカールス教会には、勢力を拡大していたオーストリア系ハプスブルク家の、とりわけ古代ローマの威を借りた大言壮語ぶりが表現されている。確かに印象的ではあるものの、この建物は奇妙なほどまとまりに欠けている。寄せ集めた要素のそれぞれは壮麗だが、全体として調和せず、魅力的だがどうにも大きさの釣り合いがとれていないのだ。ドーム、カーブしたファサード、双塔、ペディメントのついたポルティコなど、基本設計を構成するのはバロック様式のなじみのキーワードだが、不自然でない姿を見せているのは、精巧な楕円の窓を備え高いドラムの頂上を飾るドームのみ。双塔はトラヤヌスの記念柱（p.72）をモデルにしたもので、建物の一部に溶けこんでいるとは見えない。塔自体のスケールの大きさも、不釣り合いさを強調することになっている。中央のポルティコはパンテオン（p.66-67）のそれをモデルにしているが、巨大な円柱と、負けず劣らず大きな基盤と比較されるせいで、卑小に見えてしまう。左右の凱旋門に相当する部分は、中央のポルティコよりもかなり背が高く、頂上にはあえて古典主義様式ではない塔を載せている。

◀ **感謝のしるし** カールス教会は、街を疫病から解放した聖人カルロ・ボッロメーオに捧げられた。

これらの存在がファサードをかなり幅広にしているというのに、実際の教会本体はポルティコの幅に及ばないため、全体のちぐはぐ感を助長している。このように学術的には瑕疵が多いものの、バロックらしいドラマチックさと大げさで都会的な空間処理の点で、興味深い作品である。

聖母教会

- 1743年
- ドイツ、ドレスデン
- ゲオルグ・ベーア
- 宗教施設

ドレスデンにある聖母教会は、ドイツのバロック建築のなかでも最高級の魅力ある作品だ。プロテスタントが主流であった北部に建てられた点からも、きわめて異質な存在である（もっともドレスデン自体、バロック建築があふれる異例の街ではあったが）。第二次世界大戦で破壊され、数十年にわたり廃墟と化していたが、2005年に修復作業が完了した。

頑丈ながら繊細さを放つ様子は、まるでテーブルに置くオーナメントの特大版だ。集中式平面構成で、対称でないのはカーブする内陣のみ。外観を見ると、ファサードには大胆なブロークン・ペディメント（破れ破風）があり、2本1組の存在感ある付け柱がそれを支えている。建物の四隅は、ゆるやかな弧を描くペディメントで面取りを施され、それぞれに上品で精緻な塔がそびえる。全体的にのっぽな構図の中枢となるのは、かなり急傾斜のドームだ。屋根窓が配され、頂きには開口部となったランタンが鎮座している。

◀ **美の復活** 聖母教会は大胆な外形ながら、細部は異例なほどの繊細さを備えている。

サラマンカの新大聖堂

- 1738年
- スペイン西部、サラマンカ
- アルベルト・デ・チュリゲラ他
- 宗教施設

スペイン王フェルナンドがこの新しい大聖堂の設立を命じたのは1510年。その3年後、建築家ファン・ヒル・デ・オンタニョン監督のもと着工した。ファン・デ・リベロが手がけた後期ゴシック様式と、その後にチュリゲラ一族が手がけたバロック様式とが、じつにおもしろい融合を果たしている。地上80mの高さに掲げられたドームはバロック様式。ゴシック建築の最後の花びらと、バロックが完全に開花して入れ替わるまでの過程や、イタリアらしい特徴が細部に加えられていく様子を目の当たりにできて、非常に興味深い。内部空間でもっともドラマチックなのは、アルベルト・デ・チュリゲラの手になる内陣だ。ホセ・デ・ラーラとファン・デ・ムジカがつくった聖歌隊席もあり、聖人や殉教者や使徒の姿が、躍動感ある精巧な浅浮き彫りで表現されている。グランド・オルガンはペドロ・デ・エチェバリアが手がけた。

≫ **新旧大聖堂が並ぶ**　「ラ・ヌエバ」（新大聖堂）の隣には、12世紀に建てられたロマネスク様式の旧大聖堂「カテドラル・ビエハ」が並ぶ。

サンフランシスコ・ハビエル教会

- 1762年
- メキシコ、テポツォトゥラン
- ロレンツォ・ロドリゲス
- 宗教施設

祝祭をつかさどるアステカ神の神殿近くに、この力強く形づくられた教会がある。グロット（庭園洞窟）を思わせる白い石灰岩のファサードは、バロック様式もしくはチュリゲラ様式で、これを見ること自体が眼福——目にとっての祝祭といえる。天使・聖人・智天使、アーティチョークやカリフラワーやチコリといった植物、さらには壺、そして人間などを表現した300体以上の彫刻で飾られており、それらの横に先細の付け柱が並ぶ。このイエズス会教会の内装は、ファサードよりもさらににぎやかで、とくに華々しく金箔が貼られた祭壇が有名である。ファサードは不均等な幅で3階層をなし、ジグザグのモールディングが太陽と月の光でくっきりした影をつくり、この影が一部を見えなくしたり、反対に目立たせたりするので、一日中デザインが変化し続ける。それはまるでバロックダンス、写真では伝えられない芸術である。カーブした巨大な切妻は、壺のモチーフで飾られている。

この教会は1777年に、教区司祭の指示により、教区内の聖職者の指導と「矯正」を目的とする神学校に生まれ変わった。だが、反教権主義の革命進行から逃れるため、イエズス会はこの複合施設全体を放棄。長らく打ち棄てられていたが、19世紀半ばにメキシコ政府がイエズス会に返却した。1964年以降は国立副王領時代博物館の一部となっている。

トリニティ・カレッジのレン図書館

- 1695年
- イングランド、ケンブリッジ
- クリストファー・レン
- 大学

　クリストファー・レンはケンブリッジで3つの建築物を手がけたが、このトリニティ・カレッジの図書館はその最後であり、あらゆる意味でもっとも印象的な建物である。独創性も高い。1階はアーケード、2階は図書館の2層構成になっていて、外から見ると2階の窓の高さが図書館の床であるように見えるが、じつはアーケードのリュネットの高さに床がある。この工夫によって、書架スペースを最大限に確保しつつ、光量も最大限確保される。1階にはドリス式の4分の3円柱、2階にはイオニア式の4分の3付け柱が使われている。

ラドクリフ・カメラ

- 1749年
- イングランド、オックスフォード
- ジェイムズ・ギブス
- 大学

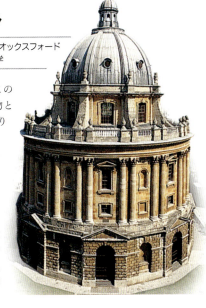

　ラドクリフ・カメラはこのうえなく調和のとれた建物として、イギリスでも指折りの存在である。基盤、上層部、ドームという構成要素におけるきわめて精密な計算により、この安定感がもたらされている。ニッチとペディメントが交互に並ぶどっしりした粗面仕上げの基盤部分は、円ではなく16面体だ。その上の2階層は真の円形で、2本1組となった太いコリント式4分の3円柱が上下をつなぐ。その上には巨大なコーニスと、壺を飾った欄干がある。ドームには多くのリブがあり、力強く突き出たバットレスに支持されて、天辺にランタンを載せている。

▷ **宝の山**　ラドクリフ・カメラは、図書館を収容するために建てられた。現在、地下に約60万冊を所蔵する。

マフラ宮殿修道院

- 1770年
- ポルトガル、マフラ
- ジョアン・フレデリコ・ルドヴィス
- 宮殿／宗教施設

▷ **特大サイズ**　教会は2層構成で、ペディメントが施され、左右にはそれぞれ57個の鐘を収めた巨大な鐘楼が立つ。

　リスボンの北西40kmに広く堂々たる姿で鎮座するマフラ宮殿修道院は、ポルトガル王のジョアン5世が、跡継ぎを授かった感謝のしるしとしてつくらせたものだ。ブラジルでのダイヤモンド発見により、どっと流れこんできた資金を、あと先も考えず、宮殿建築費用にまわしたのである。その巨大さは、16世紀にスペイン王フェリペ2世が建てたエル・エスコリアル修道院（p.225）に対抗したものだ。労働者4万5000人、完成した建物の部屋数800以上、扉と窓の数4500以上といった数字からも、大規模な工事であったことが伝わってくる。実際、莫大な建築費用で国家が傾きかけたほどなのだ。幅220mのファサードの中央にあるのは修道院付属の教会で、左右の端には突き出た巨大な翼棟があり、のっぺりした四角錐のドームを頂く。南側の翼棟には女王の部屋が、北側には王の部屋があった。全体として、見る者が思わずひれ伏すほどの巨大な建築物である。

セント・ポール大聖堂

● 1710年　🏛 イングランド、ロンドン　✎ クリストファー・レン　🏛 宗教施設

カトリックを連想させるバロックは、プロテスタントの国イギリスでは白眼視される様式だった。そうして短命に終わったイギリス・バロックの頂点にあるのがセント・ポール大聖堂だ。明らかにバロック調なのに、クリストファー・レンがそれをプロテスタントの聖堂として受け入れさせたというのは、この建物の驚くべきパラドックスである。

クリストファー・レン
数学者・天文学者でもあったレン（1632-1723）は、30歳で初めて建築に携わった。やがてロンドン大火（1666）が彼に大きなチャンスを与える。街全体の再建計画は実行されなかったが、セント・ポール大聖堂と、その他52の教会の再建につながった。

　古典主義的な穏やかさをただよわせるセント・ポール大聖堂は、じつは妥協の産物である。どこから見ても古典主義的な集中式教会をつくりたいレンの希望と、プロテスタントの儀式にふさわしい身廊・側廊・聖歌隊席を備えた縦長の教会を良しとするプロテスタントのこだわりとのせめぎ合いから生まれたのだ。明らかに集中式の特徴をもった縦長の教会など、ほかには例がない。たとえば、身廊は聖歌隊席より1ベイ広いだけだ。8本の巨大な柱が支える直径34mの堂々たるドームの下には広い交差部があり、内部の主役となっている。外観は驚くほどリズミカルで、2層にわたって全体が配置されており、前述のような衝突はまったく感じられない。だが身廊と聖歌隊席の2階部分は、1階しかない側廊を隠す単なるスクリーンだ。かつてロンドンの街並みから抜きん出ていたドームが、いまも高いドラムにそびえている。

これぞバロック　セント・ポール大聖堂のドームは、ローマで建てられたすべての建物に勝るとも劣らない。

セント・メアリ・ル・ボウ教会

- 1673年
- イングランド、ロンドン
- クリストファー・レン
- 宗教施設

　ロンドン大火後にレンが手がけた52の教会は、彼の創意工夫の才と努力を見事に物語っている。とくに彼は、狭くていびつな土地を克服する巧みさに長けていた。大半の内装は飾り気がないが、これは財政的な事情のためであると同時に、プロテスタントの教えを守るためでもあった。ただし、ウォールブルックにある聖スティーヴン教会は明らかに例外で、縦長の内部空間を集中式のように扱っており、空間利用の傑作となっている。

　セント・メアリ・ル・ボウ教会も、ほとんどの都市教会と同じく縦長のつくりだ。広い身廊があり、大きな窓の開く半円筒ヴォールトへとつながる半円柱と頑丈な基柱があり、その向こうに側廊がある。側廊の美しい木造桟敷は、レンの教会ほぼすべてに共通する特徴だ。

　だが、この建物を有名にしているのは、レンの作品に共通する塔の存在である。少なくとも19世紀末までは、ロンドンを地平線まで見晴らしたとき、セント・ポール大聖堂に次ぐ存在感を放つのがセント・メアリ・ル・ボウの教会塔だった。ほかの教会と同様、塔の基盤には飾り気がない。しかし、周囲の建物の屋根があったであろう高さを越すと、その上にはひときわ精巧な装飾が施されている。その一部は古典主義、一部はゴシックだ。ぐるりと並ぶ柱が最初は大きく、次は小さな円周で鐘楼を囲んで、円形堂の上に円形堂が重なる。頂点は細い三角錐の尖塔になっている。

▶ **天賦の才がそびえる** 独創性と発明の才という点からも、レンの教会塔にはバロックのスピリットが詰まっている。

聖メリー・ウールノース教会

- 1726年
- イングランド、ロンドン
- ニコラス・ホークスムア
- 宗教施設

　レンが手がけたロンドンの都市教会が穏やかな上品さをただよわせる一方で、元弟子のニコラス・ホークスムアが18世紀初頭に手がけた5つほどの教会は、不穏ともいえる強いエネルギーを秘めている。ホークスムアはジョン・ヴァンブラにも師事したが、ヴァンブラの建物にも劣らない桁はずれの独創性がある。細部のほとんどは古典主義様式だが、堂々たる姿はバロック様式で、それらが合わさって強烈な個性を放っているのだ。

　聖メリー・ウールノース教会のファサードは典型的なホークスムア流で、下層はかなり重厚な粗面仕上げ。その効果を引き立てているのが、同じく粗面仕上げで隅に立つ、変わった4分の3円柱だ。正面玄関があり、上方の半円の窓、その上のかなめ石まで粗面仕上げが続いている。

　2階部分は、打って変わって装飾が少ない。中央の四角い窓3つは例外だ。その上は塔になっていて、左右にコンポジット式の円柱が2本ずつ並ぶ。双柱と双柱のあいだに鎧戸に近い窓があり、柱と柱のあいだはつるんとした壁となっている。この構成の頂点に君臨するのは、2つの小さな長方形の塔。頑丈なエンタブラチュアの上に、巨大な欄干が載っている。

◀ **異次元の存在感** マッス（量魂）を活用し、対照的なテクスチャーを取り入れるホークスムアのドラマチックな技法が、彼の作品にくっきりした彫刻のような個性を与えている。

スピタルフィールズの クライストチャーチ

- 1729年
- イングランド、ロンドン
- ニコラス・ホークスムア
- 宗教施設

ニコラス・ホークスムア（1661-1736）は建築家として従来式の教育を受け、公務局で高度な訓練を受けた。にもかかわらず、彼の作品の大半はきわめて個性的だ。よくあるフォルムを斬新な方法で活用する手腕にかけては、並ぶ者がなかった。

このクライストチャーチでは、4本のドリス式円柱に支えられたポルティコが、中央アーチの左右に2つの長方形の開口部を表現し、前に突き出たパッラーディオ様式アーチといった風情である。この工夫は2階でも繰り返されているが、2階は真正面から見れば一枚壁であるものの、じつはスクリーンが二重になっているのだ。横から見ると、その大胆さに息をのむ。いかにもバロック調の石造りの上には、ゴシック調の尖塔がそびえている。

◀ **辺境の市民のために** 1711年の議会制定法で建設が決まったクライストチャーチは、ロンドン辺境部に住む市民のために建てられた。

セント・マーティン・イン・ザ・ フィールズ教会

- 1726年
- イングランド、ロンドン
- ジェイムズ・ギブス
- 宗教施設

ジェイムズ・ギブス（1682-1754）が手がけたバロック建築は、どんなに大胆な作品であっても、18世紀後半に主流となる穏やかで理性的な建築物を先取りしている。このセント・マーティン・イン・ザ・フィールズ教会は、多くの意味で、18世紀のイギリス教会の典型といえる。

建物自体はシンプルな長方形。北面・南面・東面に沿って巨大なコリント式の付け柱が並ぶ。西側では、6本のコリント式円柱の上に、堂々たるペディメントを施したポルティコがある。ポルティコの上を除いて、屋根の3辺には優美な欄干が取り付けられている。あらゆる場所が細部まで豪華で、たとえばポルティコの天井の格間には優美な彫刻が施されている。

最大の特徴は尖塔だ。当時はかなり批判されたが、のちに絶大な影響力をもった。レンの尖塔にも劣らぬ精巧さで、ペディメントの真うしろにあり、まるで建物の上空に支えもなくそびえているかのようだ。

チャッツワース・ハウス

- 1687年以降
- イングランド、ダービーシャー
- ウィリアム・タルマン&トーマス・アーチャー
- 住居

◀ **巧妙なカーブ** チャッツワース・ハウスの西側ファサード。左端にアーチャーの手がけた北側ファサードの出っぱりが見える。

チャッツワース・ハウスは、イギリスで最大かつもっとも荘厳な邸宅といえる。建造は紆余曲折を経て19世紀までかかった。この黄色い石造りの館は、エリザベス朝邸宅の跡に鎮座し、美しい庭園と広大な緑地を見渡している。

南側のファサードはウィリアム・タルマン（1650-1719）の設計。どっしりした粗面仕上げの基盤——粗い表面と深い目地が特徴的——の上に、横長の構造がでんと構えている。同一の窓が2列並び、その上に重厚感あふれるかなめ石が見られる。左右それぞれが3ベイあり、巨大なイオニア式の付け柱がアクセントになっている。壺のモチーフを散りばめた欄干がルーフラインを飾る。二重スロープはあとから取り付けられたものだ。

西側のファサードは1700年以降に無名の建築家が建造したもので、こちらはやや軽やかである。4分の3円柱が支持する大きなペディメントは、中央で3ベイの幅がある。もう少しあとにつくられた北側のファサードは、最初の庭園を手がけたトーマス・アーチャー（1668-1743）によるもの。変わった形のカーブによって、建物の隅が左右対称でない事実を隠している。

ブレナム宮殿

- 1724年
- イングランド、オックスフォード、ウッドストック
- サー・ジョン・ヴァンブラ
- 宮殿

ブレナム宮殿の広大さは、サー・ジョン・ヴァンブラ（1664-1726）の大胆さのなせる業である。まるで高らかに響くトランペットのような存在感だ。規模だけの問題ではない。ヴァンブラは自信たっぷりにマッス（量塊）を扱い、ライバルのホークスムア（p.252）に匹敵する工夫の才も駆使して、意図的な誇張をはらむ建物を生み出した。全般的にまさしくバロック調。皮肉だったのは、ヴァンブラの得意とする大仰さが仇となって、建物が完成する前から、イギリスで冷笑の的となってしまったことだ。

▲ **見てくれといわんばかりのファサード**　南側に大胆に突き出した中央のベイとポルティコが、広々と景観を整えられた庭園をにらんでいる。

ハワード城

- 1712年
- イングランド、ノースヨークシャー
- サー・ジョン・ヴァンブラ
- 住居

ブレナム宮殿より小さいとはいえ、ハワード城も負けず劣らず壮大だ。エネルギッシュで堂々とした姿は、まさしくバロック様式。兵士から商人となり、劇作家ともなり、その後建築家となったヴァンブラの初期の傑作である。

ブレナム宮殿と同じく、メイン（北側）のファサードは上品な前庭を抱えこむように広がる。広々とした階段を上がれば、翼棟を左右に従えた巨大な中央部がある。大きな付け柱があり、高いドラムの上にぎっしり装飾が施されたドームを頂く。離れの建物と合わせて全体を構成している点も、ブレナム宮殿と同じだ。南側も装飾が充実しており、こちらは1つの住居として扱われているものの、ペディメントを施した中央部がやはり目を引く。ファサードの背後にラウンジスペースが数珠つなぎに並ぶのは、ブレナム宮殿と同じ配置だ。建物内で格別に立派なスペースは、北側にある大きなホールで、吹き抜けになっている。

▼ **自信満々の外観**　ハワード城の南側。ヴァンブラが設計したスカイラインには複雑な動きがあり、予想外のドラマチックさが生まれている。

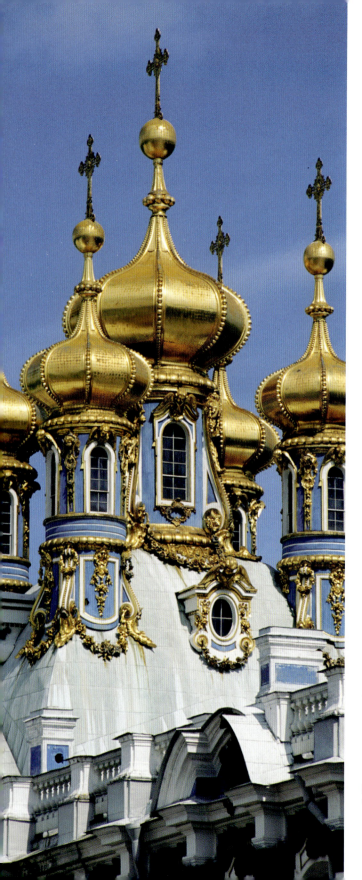

ロココ

1725〜1775年

「ロココ」は厳密には、ひとつの建築様式を指すものではない。終焉に向かっていたバロック様式の一形態であって、重厚さなどとは無縁の才能あふれるフランス、イタリア、ドイツの芸術家・装飾家・建築家たちが取った気まぐれなアプローチを指している。大半はルイ15世時代（1715-74）のフランスだが、ロココが頂点をきわめたのはドイツのバイエルン州だった。

1730〜40年代からヨーロッパの宮殿で採用されていたロココは、「傾向」とか「流行」などと呼ばれる程度の、短命な建築・装飾スタイルだった。その華やかさと金ぴかの装飾はフランス、ドイツのバイエルン州、ロシアでもっとも顕著だったのだが、じつは予想外に広く伝播している。表面上はきわめて保守的なテイストであるはずの小さな街や都市を含め、ヨーロッパ全域に広がっていた。そうした街のひとつがダブリンだ。ダブリンは18世紀に再建・拡張され、地味ながら見栄えのよい煉瓦造りのテラスや公園のある街に生まれ変わった。だが、ダブリン中央に多く立ち並ぶ質素なパッラーディオ様式住居の内側に足を踏み入れれば、ロココ調のにぎやかな漆喰細工が施された楽しげな天井が目に入る。まるで、地味な背広をめくったら、しゃれたシルクの裏地が目に飛びこんできたかのようだ。

吉と出れば、古典主義的建築に軽快さと陽気さを加えるハッピーな流れ、凶と出れば、単なる悪趣味——そんなロココが建物外観で本領を発揮したのは、派手な教会や宮殿の塔の設計、そして郊外住宅の手のこんだ庭に好んで置かれるおとぎ話めいたグロット（庭園洞窟）だった。

ロココの匠たち

スタッコ装飾を得意とした親子、ヨーゼフ・シュムーツァー（1683-1752）とフランツ（1713-75）はロッテンブーフ教会の内装を手がけた。熟練の腕をもつスイス出身の兄弟、ポール・ラフランキーニ（1695-1776）と弟のフィリップ（1702-79）は、アイルランドのパッラーディオ様式住居の多くに華麗さをもちこんだ。ロシアでは、イタリア人建築家バルトロメオ・ラストレッリ（1700-71）が、サンクトペテルブルク近郊に絢爛豪華なロココの傑作エカテリーナ宮殿（p.262）をつくった。

◀ **細部まできらびやか** ロシアのサンクトペテルブルク郊外、ツァールスコエ・セローにあるエカテリーナ宮殿。金箔のドームと青い漆喰の壁は、短命だったロココの特徴であるきらびやかな豪華さを示している。

基礎知識

ロココは遊び心に満ちたデザインスタイルであり、建築よりも室内装飾、絵画に表現されるものだった。アイルランドからオーストリア＝ハンガリー帝国の辺境に至るまで、ヨーロッパ全域に明らかなロココ流行のしるしが残っている。

遊び心のある漆喰細工 にぎやかな漆喰細工はロココに共通する特徴だ。ドイツ・バイエルン州のアルプス麓にある美しい教会、ヴィース教会の天井にも見られる（写真）。

陽気な智天使たちの姿には、ロココの気楽さが表れている

智天使はいと高きところに ロココの智天使たちはじっとしていられない。バイエルンのロッテンブーフ教会の高所で、太鼓をたたいて遊んでいる。

楽しくはねるような鏡の装飾。金箔で覆われている

装飾を施した鏡 ロココのデザインでは鏡が好まれた（多ければ多いほど良い）。写真の楽し気な鏡はドイツのブリュール宮殿のもの。

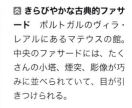

独立した切妻と彫像がファサードのアクセントになっている

きらびやかな古典的ファサード ポルトガルのヴィラ・レアルにあるマテウスの館。中央のファサードには、たくさんの小塔、煙突、彫像が巧みに並べられていて、目が引きつけられる。

鏡の間 金箔と鏡で覆われた華やかなロココ調の部屋。ドイツ、ニンフェンブルク宮殿のアマリエンブルク離宮にある。

ツヴィンガー宮殿

● 1722年　📍ドイツ、ドレスデン　🏛マットホイス・ダニエル・ペッペルマン　🏰宮殿

ツヴィンガー宮殿のような建物は、ヨーロッパではほかに例がない。遊園であり、劇場であり、アートギャラリーでもある。高貴な者たちの娯楽の場としてつくられたことは明らかだが、建築の定義については説明が困難だ。バロックと、誕生しつつあったロココが、驚くほど精巧に融合しており、建築と彫刻とが分かちがたく結びついている。

△ **カリヨン・パビリオンの石の彫刻**

▽ **整然とした庭園**　完成はしなかったものの、ツヴィンガー宮殿の印象深さは否定できない。ペッペルマンが綿密に設計した左右対称の庭園が、インパクトを強めている。

ツヴィンガー宮殿は、アウグスト強健王と呼ばれたザクセン選帝侯の芸術品コレクションを所蔵するために建てられた。騎馬試合の会場でもあり、建築家マットホイス・ペッペルマンは「ローマの円形競技場」と呼んでいる。平面構成はシンプルだ。周囲をぐるりと建物に囲まれた広大な四角い庭園があり、アプスに似た曲線の端に2層構造のパビリオンがあって、入口を兼ねている。パビリオンは1層構造の回廊につながり、その中央に、また2層になった入場門がある。壺のモチーフを飾った欄干を頂く回廊が比較的地味であるのに対し、パビリオンは彫刻装飾でぎっしりと埋め尽くされている。「王冠の門」には、紋章飾りを並べた、つぶれた葱花型ドームが鎮座する。上層には曲線のブロークン・ペディメント（破れ破風）があり、下層でも同じモチーフが繰り返されているが、こちらのペディメントは逆向きだ。だからといって、不協和音を奏でているわけではない。それどころか、自由な生の喜び、勢い、興奮に満ちた構造なのである。

》 **マットホイス・ダニエル・ペッペルマン**

宮廷建築家マットホイス・ペッペルマン（1662-1736）は、1685年に大火に見舞われたドレスデンの再建をほぼ全面的に担った。また、1701年に焼け落ちた選帝侯の宮殿の再建も手がけている。ツヴィンガー宮殿は、ペッペルマンがロココの発展にもっとも貢献した作品である。ロココの中心地として台頭しつつあるドイツにおいて、一般建築と教会建築の両面で、彼の影響は大きかった。

ザンクトヨハネス・ネポムク教会

● 1750年　🏛 ドイツ、ミュンヘン　✎ エギット・クイリン＆アザム、コスマス・ダミアン・アザム　🏛 宗教施設

　この一風変わった建物は、画家のコスマス・ダミアン・アザム（1686-1739）と彫刻家のエギット・クイリン・アザム（1692-1750）兄弟が自宅の隣に私的な教会として建てたもの。14世紀のボヘミア人修道士で、ヴェンツェル4世の命により溺死させられたと伝わる聖ヨハネス・ネポムクに捧げた教会である。岩がちの川岸からドレープをはためかせて昇天する聖人の姿が、正面入口の上に掲げられている。だが、何より息をのむのは内装だ。縦長ながら躍動感とドラマチックさにあふれ、絵画、スタッコ、彫刻、建物が生み出す意外性に満ちた混沌が、荘厳で落ち着きのある色合いにより統一されている。上部のコーニスの見えない位置から光が採り入れられ、その色合いを引き立てる。

◁ **アザム兄弟のスタイル**　起伏のある壁、弧になったブロークン・ペディメント（破れ破風）、強烈な色合い――ファサードには、兄弟の個性がすべて表れている。

ヴュルツブルク司教館

● 1722年　🏛 ドイツ、ヴュルツブルク　✎ ヨハン・バルタザール・ノイマン　🏛 宮殿

　快楽を愛したヴュルツブルク領主兼司教の居館。際立って豪奢な礼拝堂は、バロックでもあり、ロココでもある。この居城が注目に値する理由は、建物そのものよりも、建築、彫刻、スタッコ装飾、絵画といったさまざまな芸術が融合している点だ。これは、ヨーロッパ中央部におけるロココの特徴である。圧巻はヨハン・バルタザール・ノイマン（1687-1753）が手がけた大階段と謁見室（皇帝の間）。片持ち梁のクーポラのある「階段の間」から見上げると、18世紀の卓越したフレスコ画家ジョヴァンニ・バッティスタ・ティエポロの手になる、四大陸を華やかに表現する世界最大のフレスコ画がある。謁見室には、さらに壮麗なティエポロのフレスコ画。礼拝堂もノイマンの設計で建てられた。

▽ **領主のための館**　ヨハン・フィリップ・フランツ・フォン・シェーンボルン領主司教の居城は、ナポレオンに「ヨーロッパでもっとも見事な司教館」といわしめたという説がある。

ヴェルテンブルク修道院教会

- 1724年
- ドイツ、ケールハイム
- エギット・クイリン・アザム、コスマス・ダミアン・アザム
- 宗教施設

建築に芝居っ気をもちこむアザム兄弟の初期の真骨頂が、ドナウ川のほとりにあるヴェルテンブルク修道院の教会だ。外から見る限り、この教会はほとんど期待を感じさせない。だが内装はドイツ・ロココ全盛期の始まりを象徴しており、18世紀にこの国で最初に登場した教会美術の傑作だ。楕円のヴェスティビュールと身廊、高い祭壇のおひざもとにある聖歌隊席など、平面構成は複雑ではないが、その単純さを補ってあまりある装飾が施されている。とりわけ印象的なのは、祭壇のうしろにある聖ゲオルギウスの像だ。馬に乗っ

▶ **劇場としての教会** スタッコは全面的に金箔が貼られ、あざやかな色合いだ。絢爛たるロココ調の装飾がカーブする壁いっぱいに渦巻き、視線を祭壇へと誘導する。

て、身をよじる竜を退治している。あらゆるものが劇場を思わせるつくりで、桟敷になった奥の聖歌隊席はまるで芝居の観客席。聖ゲオルギウスの左右にあるツイスト状の柱は、舞台の枠組みとなるプロセニアム・アーチのようだ。像のうしろにひっそりつくられた採光口から光があふれ、それは舞台照明のように、影を帯びた教会本体とのコントラストを生み出している。

ロッテンブーフ教会

○ 1747年　🏛 ドイツ、ロッテンブーフ　✎ ヨーゼフ＆フランツ・クサーファー・シュムーツァー　🏛 宗教施設

　ロッテンブーフ教会には、バイエルン人のロココへの愛着がよく表れている。もともとは15世紀にゴシック様式として建てられたが、にぎやかなロココ式の内装が加えられて変容したという、異色の教会だ。レーゲンスブルクにあるゴシック様式の教会アルテ・カペレも、アザム兄弟によって同様の転換を経たが、対照的なゴシックとロココの特徴が調和していなかった。ロッテンブーフ教会には、そうした遠慮は見られない。

≫ 巡礼の歩み　教会内部にあるこの美しいフレスコ画は、聖アウグスティヌスがキリスト教に目覚めるまでの道のりを表現している。

アマリエンブルク離宮

○ 1739年　🏛 ドイツ、ミュンヘン　✎ フランソワ・ド・キュヴィリエ　🏛 宮殿

　アマリエンブルク離宮は、17世紀末にミュンヘン郊外に建てられたニンフェンブルク宮殿の敷地内にある。マックス・エマヌエル選帝侯が宮殿を受け継いで拡張し、その息子のカール7世が、妻のために離宮をつくらせた。

　そもそも、フランスで始まったロココ芸術が内部空間の装飾を指すのだとすれば、アマリエンブルク離宮はロココの最たる例、もっとも魅力的な例のひとつといえるだろう。高貴な者たちの上品な愛情表現としてつくられた、神殿に近い建物である。

　アマリエンブルク離宮は、中央のひと部屋、すなわち楕円形をした「鏡の間」がほぼすべてだ。左右の扉と、片側にある窓を除けば、壁は上部が楕円になった鏡で完全に埋め尽くされている。鏡のまわり、あいだ、そして一部の鏡の上部に、楽器、植物、鳥、智天使たちをぎっしりと表現した銀箔のスタッコがめぐらされる。さらにスタッコが水色の天井へとのび、そこに羊飼いの男女が並ぶ優美な光景が描かれていて、心を奪われる。

ヴィース教会

- 1754年
- ドイツ、バイエルン
- ドミニク・ツィンマーマン、ヨハン・バプティスト・ツィンマーマン
- 宗教施設

「草原の教会」を意味するヴィース教会と呼ばれるが、正式名称は「鞭打たれるキリスト巡礼教会」である。アルプス麓の牧草地に、ドミニク・ツィンマーマン（1685-1766）とヨハン・バプティスト・ツィンマーマン（1680-1758）という兄弟が建てたこの建物には、バロックとロココがはつらつと表現されている。鞭打たれるキリストの像が涙を流したという逸話があり、その像のあった土地に教会が建てられた。現在は世界遺産になっており、巡礼地として、また観光地として重要な名所となっている。教会自体は明るい楽しさにあふれている。巧みな設計により、多数の隠れた採光口から日光が身廊へと差しこみ、田園地帯という場所柄も最大限に生かしている。外観はおもに直線で形づくられているが、内部はすべて渦巻きと曲線だ。バイエルン地方で生まれた菓子ババロアのように濃厚な印象だが、そこには緻密な設計がなされている。赤と青が基調の配色は象徴的で、赤はキリストの血を、天蓋から渦を巻いて流れ落ちる青は神の許しと恩寵を意味する。絵画、漆喰細工、彫刻にも、カトリックのイコノグラフィ（図像）がふんだんに表現されている。

▲ 草原にたたずむヴィース教会

何層にもなった屋根が、外観を入り組んだ姿に見せる

バロック様式の切妻は、塔の上の葱花型ドームに呼応している

▲ **内陣の窓**　金箔が貼りめぐらされ、華やかな色を見せる大理石模様の円柱。内陣を見下ろす大きな窓からの光を浴びている。

ロココ | 261

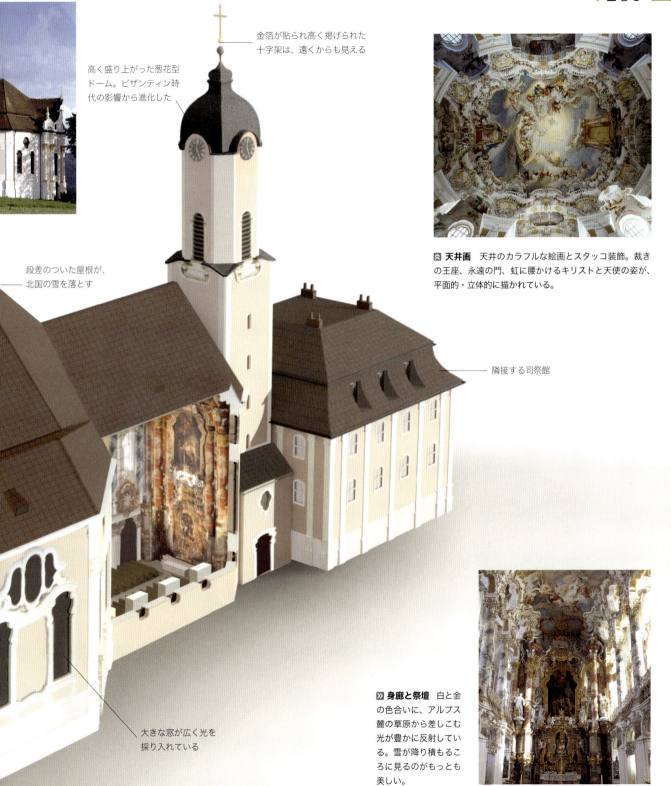

金箔が貼られ高く掲げられた十字架は、遠くからも見える

高く盛り上がった葱花型ドーム。ビザンティン時代の影響から進化した

段差のついた屋根が、北国の雪を落とす

隣接する司祭館

大きな窓が広く光を採り入れている

天井画 天井のカラフルな絵画とスタッコ装飾。裁きの王座、永遠の門、虹に腰かけるキリストと天使の姿が、平面的・立体的に描かれている。

身廊と祭壇 白と金の色合いに、アルプス麓の草原から差しこむ光が豊かに反射している。雪が降り積もるころに見るのがもっとも美しい。

金箔の葱花型ドーム

エカテリーナ宮殿

- 1756年
- ロシア、サンクトペテルブルク近郊、ツァールスコエ・セロー
- フランチェスコ・バルトロメオ・ラストレッリ
- 宮殿

エカテリーナ宮殿は、大きさと豪華さにおいて、サンクトペテルブルクの冬宮殿に匹敵する。ヴェルサイユと同じく、建築というものが絶対君主制のパワーを反映・強調する手段となることを示している。主ファサードの幅は298m。庭園の広さは567haにわたる。

　女帝エリザヴェータが建造を命じ、母エカテリーナ1世の名をつけた。既存の建物を生かして建てているが、外観は明らかにロココそのものだ。ロココがもっとも印象的な形で存分に発揮されている。庭園側の主ファサードは、ペディメントを施したベイがリズミカルに並ぶことで、几帳面に分割されている。中央の3ベイには、まず白い粗面仕上げの基盤があり、その上に4組の双柱があり、精巧なバルコニーが載っていて、さらに巨大な4分の3円柱がのび、蛇行するブロークン・ペディメント（破れ破風）があって、そこに王家の紋章が飾られている。同じアレンジが、4ベイ離れた両端でも繰り返されているが、こちらはバルコニーを支える円柱がなく、ペディメントも三角形になっている。だが、ファサードを見て最初に気づくのは、その色合いだ。壁は青く、円柱とペディメントと窓は白い。柱頭、紋章や渦巻き細工、そして巨大なカリアティード（女像柱）には細かく金箔が施されている。

▶ フランチェスコ・バルトロメオ・ラストレッリ

ラストレッリ（1700-71）の父はイタリア人彫刻家である。当時、サンクトペテルブルクの超特急工事のため、ヨーロッパ西部の芸術家や職人が数百万人も起用されたが、父もそのひとりとして1716年にロシアへ渡った。ラストレッリ自身はパリで勉強をしたあと、1741年に女帝エリザヴェータ付きの建築家となった。数ある作品のなかで最高傑作はエカテリーナ宮殿と冬宮殿である。

堂々たる入り口　彫像を従えた幅広の階段が、美しい色を放つ庭園側ファサードに続いている。

ボン・ジェズス・ド・モンテ教会

- 1784年以降　ポルトガル、ブラガ
- カルロス・アマランテ　宗教施設

　ドラマチックな立地、大胆なシルエットもさることながら、ボン・ジェズス・ド・モンテ教会が真に興味深い理由は、そこに至る階段にある。非常に特殊な構造で、こんもりと茂る森の斜面を花崗岩の階段がジグザグに続いて、頂上の教会へと導いているのだ。何度も折り返すことによって生まれる幾何学的な抽象模様が、この階段に独特のインパクトを与えている。階段に沿って立つ漆喰の壁がまばゆいほどに白く、見上げると、総体的な効果に思わず息をのむ。この階段をさらに特別なものにしているのが、精巧な装飾だ。壁に埋めこまれた噴水は、最初は五感を、そして頂上近くでは徳を表現している。さらに、各階段に一連の像が並び、それはのぼるごとに精緻さを増す。ロココ期に設計されたものだが、この驚くべき構成はバロック様式に立ち戻るものでもあり、仰々しい装飾は、パッラーディオ様式の建築にも通じる。

▲ **独特のアプローチ**　この教会を訪れる者のなかでも、とくに信心深い巡礼者は、この巨大な階段を膝でのぼっていく。

サンティアゴ・デ・コンポステーラの大聖堂

- 1749年　スペイン、サンティアゴ
- フェルナンド・デ・カサス・ノボア　宗教施設

　ヨーロッパの優れたロマネスク聖堂のなかでも、このサンティアゴ・デ・コンポステーラ大聖堂に並ぶものといえば、おそらくダラム大聖堂（p.176-177）のほかには存在しない。ただし、ダラム大聖堂の外観が中世の荘厳さを残すのに対し、こちらはイベリア半島でもとくにチュリゲラ様式の特徴が色濃いファサードが広がる。チュリゲラ様式という用語は、バルセロナ出身の彫刻家・建築家の一族チュリゲラに由来する。一族のうちもっとも重要な役割を果たしたのがホセ＝ベニート・チュリゲラ（1665-1725）だ。彼らが生み出した様式は、ラテンアメリカ土着芸術に影響を受けたといわれており、当然ながらラテンアメリカで広く愛された。とくに塔、小塔、フィニアルなど、きわめて精巧につくられた細部が建物のほぼ全面を埋め尽くすのが特徴で、それが巨大なマス（量塊）を生き生きとしたものにしている。どれも幻想的な装飾が施されているが、統一感がない場合も多く、本来の古典主義的な特色はかろうじて気づく程度である。

ザンゼイビア・デル・バック教会

- 1797年　米国、アリゾナ、ツーソン
- エウセビオ・フランシスコ・キノ　宗教施設

　イエズス会の伝道教会であるザンゼイビア・デル・バックは、スペイン人が米国南西部に建てた教会のなかでもとくに大きくて印象的。その外観を支配するのは、バットレスに支えられ、大胆に開口部を設けた長方形の2本の塔だ。塔はまばゆい白さだが、精巧な入口部分は赤煉瓦で、劇的にカーブする破れ破風を載せている。天辺の十字架を除いて装飾を排した小さなドームが、交差部の特徴となっている。内装は穏やかな厳粛さで知られ、重々しく強調されたコーニスが水平にはっきりしたアクセントをもたらしている。

▶ **類のない存在**　粘土煉瓦、石、石灰モルタルでつくられ、教会全体に石造りのヴォールトが屋根として架かっている。これは、米国におけるスパニッシュ・コロニアルとしては異例である。

古典復興
Classical revival

古典復興

考古学という新たな科学の出現と、ヘルクラネウム（1738）やポンペイ（1748）などの遺跡の発掘によって、西欧では古典主義への関心が復活した。ルネサンス、バロック、ロココのデザインに代わり、考古学的に過去を正しく踏襲しながら装いを新たにした古代ギリシア・ローマの建築様式が流行することとなった。

この新しい古典主義は、ヨーロッパの強国——独裁国家であれ民主主義の産みの苦しみを経験している国であれ——でも、生まれたばかりの米国でも、それぞれの大志にふさわしい理想的なものと見なされた。というのも、それはアウグスティヌス以前の共和政ローマの理想や、アテネなどのギリシア都市国家の民主主義とのつながりを象徴するものだったからだ。新古典主義はやがて、考えうるかぎりのほぼすべての建築に採用され、カントリー・ハウス、市庁舎、裁判所、駅舎、国家的モニュメントを包む高貴なマントとなった。

イギリスの場合、新古典主義はバロック様式に対する反動として勢いづいた。純粋主義の建築家たちは、バロック様式を下品と見なすようになっていた。その筆頭が、第3代バーリントン伯爵リチャード・ボイル（1694-1753）だ。ボイルは3度にわたったイタリア巡遊旅行のあいだに、アンドレーア・パッラーディオの熱烈な信奉者となった。1723年、ボイルはパッラーディオ作のパラッツォ（大邸宅）を下敷きに、ロンドン中心部にあるウェード将軍邸のファサードを設計する。その過程で生まれた、慎ましいが見事に均整のとれた様式は、以後、パッラーディオ主義として知られるようになり、バーリントン卿の領地があったアイルランドに、さらには海を越えて米国にまで広まった。この様式は、ジョージ王朝時代のバース、ダブリン、エディンバラといった都市や、数々のすばらしいカントリー・ハウスにも採用された。

革命後のフランスでは、軽薄さがブルボン王家のアンシャン・レジーム（旧体制）を連想させることからロココ様式が拒絶され、高潔で堂々とした性質をもつ新古典主義建築が好まれるようになった。ナポレオン・ボナパルトが新たに築いたフランス帝国にとっても、新古典主義はふさわしい様式だった。19世紀半ばに完成したパリのマドレーヌ教会堂（p.272）は、ローマのメゾン・カレを模した巨大なコリント式の教会堂だ。この建物は、わずか半世紀あまりでフランスのデザインが長足の進歩を遂げたことを示している。

手がけた作品が比較的少ない新古典主義の建築家のうち、もっとも大きな影

古代をめぐる旅 芸術家や建築家、その裕福なパトロンのみならず、王侯貴族のあいだでも、ローマやギリシアの遺跡をめぐる巡遊旅行が流行した。この絵は1783年、巡遊旅行中のスウェーデンのグスタフ3世。

おもな出来事

- **1755** ヴィンケルマンが『ギリシア美術模倣論』のなかでギリシアの理想的な美しさを絶賛する
- **1757** ジョヴァンニ・パオロ・パンニーニがローマの主要建造物を称えた絵画「古代ローマ」を描く
- **1762** ジェイムズ・スチュワートとニコラス・レヴェットが『アテネの古代遺跡』を出版し、ギリシア復興を勢いづける
- **1769** ジェイムズ・ワットとマシュー・ボールトンが最初の蒸気機関の特許を取得する
- **1770** イギリス海軍のジェイムズ・クック艦長がオーストラリア東海岸の海図を作製する
- **1771** ローマ教皇クレメンス14世により、古典芸術の膨大なコレクションを所蔵するヴァチカン美術館が一般に公開される
- **1776** アメリカ独立宣言。米国がついにイギリスの統治からの独立を宣言する
- **1786** 啓蒙専制君主で新古典主義建築のパトロンでもあったプロイセン王フリードリヒ2世が死去する

古典復興 | 267

ナポレオン・ボナパルト 為政者としても軍司令官としても才能を発揮したナポレオン（1769-1821）は、1804年にフランス皇帝となった。

響を残したのが、フランスのエティエンヌ・ルイ・ブレ（1728-99）だ。ブレの国立図書館やニュートン記念堂（1784）のデッサンでは、想像を絶するほどスケールの大きい建築物の周囲に、蟻のように小さな人間たちが描かれている。それらはやがて、誇大妄想狂の政治家たちをたきつける材料になった。その代表格がアドルフ・ヒトラーとアルベルト・シュペーア（p.367）だ。彼らの信条では、凶暴なほどの規模の大きさと大言壮語こそが、何より重要なものだった。

ギリシアの復興

18世紀半ば、ヨハン・ヴィンケルマン（1717-68）による古典期のギリシア美術論や、マルク・アントワーヌ・ロジエ（1713-69）による西洋建築のルーツに関する著作をきっかけに、理想の美はローマではなくギリシアにあるという考え方が広まった。その後の1世紀のあいだに、美術界ではギリシアのテーマがますます優勢となり、主要都市では、優美なポルティコや列柱廊やティンパヌムを備えたギリシア風建築物が次々に建てられた。

アテネのパルテノン ギリシア復興主義者にとって、紀元前5世紀のアテネの建築以上に完璧なものはなかった。アテネ建築の頂点に輝くパルテノンは、新古典主義の多くの建物に影響を与えた（下は18世紀のエッチング）。

1789 バスティーユ陥落により、フランス革命と君主制の打倒が始まる

1799 ナポレオン・ボナパルトがフランスの独裁者となり、ヨーロッパを長年にわたる戦争に巻きこむ

1806 ナポレオンが凱旋門の建設を命じる

1815 ワーテルローの戦い。ナポレオンがイギリス・プロイセン連合軍に敗れ、流刑となる

1790　1800　1825　1850

1793 フランスの恐怖時代が始まり、1年で数千人がギロチン送りとなる

1805 イギリス海軍のネルソン提督がトラファルガー海戦でフランス・スペイン連合艦隊を破る

1807 イギリスが奴隷貿易を禁止。米国では1865年まで奴隷制度が存続した

1837 ヴィクトリア女王がイギリス王位に就き、全世界で一時代を築く長い治世が始まる

1848 カール・マルクスとフリードリヒ・エンゲルスが『共産党宣言』を刊行。社会主義台頭の先駆けとなる

新古典主義

1750〜1850年ごろ

18世紀半ば以降、古典建築の復興がヨーロッパの都市の外観と機能に変革をもたらし、多くの都市の様相が変わりはじめた。その結果、建築と都市設計をめぐる最先端の思想は、産業主義の胎動が始まった時代にありながら、2000年以上も昔に絶頂を迎えた文化に根ざすことになった。

サンクトペテルブルク、エディンバラ新市街、ヘルシンキ──これらは新古典時代の産物として新たなスタートを切った都市である。寒くて湿気の多い、ときに氷雪に閉ざされるような気候こそが、エーゲ海の太陽の下で生まれ、アドリア海と地中海のそばで育まれた建築に似つかわしいとでも訴えているようだ。驚いたことに、その奇抜な発想は見事な効果を上げた。どの都市もじつに見目麗しく、その建築は、厳しい土地の条件を最大限に活用できるように思慮深く工夫された。おもしろいことに、そうした都市が体現する古代の建築様式は最新流行とされ、「モダン」とさえ考えられた。英語でこの言葉が使われるようになったのは、18世紀になってからのことである。アテネやローマから遠く離れたヨーロッパ都市の街路や宮殿、教会、市庁舎の凛とした、ときに色彩豊かなデザインは、現代人の目から見ても、確かにモダンで新鮮に映る。

古典的な都市性

新古典主義の真の輝きは、ドームやペディメント、列柱廊や数学的に精密な建物の均整のみならず、その根底に息づく都市性にある。新古典主義の建物は、歩いて通り抜けられるように設計されており、サンクトペテルブルクに至っては、馬や馬車に乗ったまま通り抜けることができた。パリの凱旋門（p.271）のように壮麗で巨大なものでさえ、おなじみの性格俳優が都市の舞台に立っているような雰囲気を醸し出している。

19世紀になるころには、新古典主義のなかでもひときわドラマチックな建築の多くが、その地方ならではの特徴を見せるようになっていた。サンクトペテルブルクの尖塔を頂く海軍省（p.283）は、ロシアにしかできなかっただろう。一方、「グリーク（ギリシア人）」の異名をもつグラスゴーの建築家、アレクサンダー・トムソンの手がけたカレドニア・ロード自由教会（p.278）などは、その土地独自の世界に属している（いまでは大部分が失われてしまったが…）。

◁ **新古典ドリス式のヴァルハラ神殿** バイエルンのルートヴィヒ1世がドイツのレーゲンスブルク近くに建てた。ドナウ川を見下ろす高台に立つヴァルハラ神殿には、ドイツの歴史に名を残す偉人たちの彫像が収められている。

基礎知識

新古典主義建築は、考古学による古代ギリシアやローマの再評価だけでなく、新世代のヨーロッパの王や皇帝たちの野望にも関係していた。彼らは古典文明の継承者を自認し、超人的な決意で途方もないスケールの建築物を築いた。

🔺 **厳粛な列柱廊** ベルリンのアルテス・ムゼウムの簡素で決然とした列柱廊は、新古典主義のデザインに大きな影響を与えた。

🔺 **ギリシアの彫像** ギリシアの「クァドリガ」（4頭立て戦車）は、新古典主義の建造物の彫像に数多く登場する。もっとも有名なものが、ベルリンのブランデンブルク門の頂上にある像だ。

翼をもつプロイセンの勝利の女神

ローマのデザインに基づくレリーフパネル

勇壮な彫像がフランスの栄光を称えている

🔺 **凱旋門** ナポレオン・ボナパルトの命により建てられたパリの凱旋門を前にすれば、古代ローマの凱旋門も慎ましやかに見えるだろう。新古典主義の建築家たちの繊細な感性は、パトロンの我欲に踏みにじられることが多かった。

🔺 **ローマの再創造** パリ中心部にあるマドレーヌ教会堂は、ローマ神殿を実物よりも大きくして再現したものだ。この建物は、ナポレオン・ボナパルトの命により大陸軍を称えるために築かれたが、最終的には教会として献堂された。

古典様式の彫像が文明の進歩を表している

もととなったギリシア神殿とは異なり、ファサードは無彩色だ

🔺 **新古典主義のギリシア風ファサード** 再評価された古代ギリシアの建造物は、壮大な新古典主義のファサードの基礎として採用されるようになった。ロンドンの大英博物館では、イオニア式神殿の様式が踏襲されている。

パリのパンテオン

● 1790年　フランス、パリ　ジャック・ジェルマン・スフロ　公共施設

この見事なパリのランドマークはジャック・ジェルマン・スフロ（1713-80）の傑作だ。初期新古典主義を代表する建築家であるスフロは、古代ローマの遺跡を熱心に研究した。現在のパンテオンは、宗教とは関係なくフランスの偉人たちを祀る墓所として知られているが、もともとはルイ15世のための聖ジュヌヴィエーヴ教会として設計されたものだ。

▲ ドーム内側の絵画

パンテオンのドームは、クリストファー・レンの手がけたロンドンのセント・ポール大聖堂のものを下敷きにしている。セント・ポールと同じく、パンテオンのドームも、狭い身廊と側廊を備えた教会堂（正確には「もともと教会堂として設計された部分」）からそびえている。その高い壁は、プラン以上に巨大な印象を建物に与えている。とはいえ、批判しているわけではない。長さ110m、幅85mのギリシア十字プランに新古典様式のファサードという解答は見事だ。ローマのパンテオンをもとにしたコリント式の神殿正面は、荘厳な雰囲気をたたえている。建物内部では、ギリシア十字の各腕がドームや円筒ヴォールトで覆われている。

1757年に建設が始まったパンテオンは、パリの守護聖人にあたる聖ジュヌヴィエーヴが埋葬された6世紀のバシリカの跡地に立っている。建物を囲むように配されていたもともとの窓は、革命後、この建物がフランスの偉人たちを祀る墓所に転用された際に埋められた。1806年、パンテオンは再び教会になったが、1885年には博物館になった。その用途が何であれ、パンテオンが圧倒的な存在感を放つ建物であることに変わりはない。

ジャック・ジェルマン・スフロ

オセール生まれのジャック・ジェルマン・スフロは、1731～38年にローマのフランス・アカデミーに留学した。1755年に、マリニー侯爵の命により、パリにあるすべての王室建築物の管理を任された。スフロは古典主義者でありながら、流行遅れとされていたゴシック建築の華やかな軽さにも魅了されていた。パンテオンの設計にあたっては、中世の技法を用いて新古典主義の理想を実現した。

▶ 不朽のドーム　パンテオンの高さ83mのドームは、パリ中心部の街路のあちこちで道ゆく人の視線をとらえる。

新古典主義 | 271

バリエール・ド・ラ・ヴィレット

- 1789年　フランス、パリ
- クロード・ニコラ・ルドゥー　公共施設

　現在は公園内のフォリーとなっているこの建物は、かつてパリの街を取り巻いて立ち並び、王室の財源となっていた40の通行税徴収所のうちのひとつだ。現存するのはこれを含めて4つだけで、残りは革命中に取り壊された。驚くほど大きな建物は、四角い基部から巨大な円形建築物が立ちのぼる形をとっている。基部正面のドリス式ファサードは、あらゆる装飾が排されている。この建物は150年後、アドルフ・ヒトラーお抱えの建築家集団に影響を与えることとなった。

コンコルド広場

- 1775年　フランス、パリ
- ジャック・アンジュ・ガブリエル　公共施設

　ルーヴルの西端のセーヌ川沿いに広がり、チュイルリー庭園とシャンゼリゼを隔てる広大なコンコルド広場は、新しいルイ15世騎馬像の控えめな背景として、1753年から計画が開始された。現在でも美しい姿をとどめる広場の北側には、同じ幅をもつ2つの豪華な建物が並び、その脇にはペディメントのある美しいコリント式の別棟が控えている。この建物群には、フランス海軍省とホテル・クリヨンが入っている。

　ルイ15世の像は革命時に取り壊され、ギロチンに取って代わられた。このギロチンは1793年から95年にかけて、ルイ16世やマリー・アントワネット、ダントン、ロベスピエールをはじめとする1300もの人々の首を切り落とした。1829年には、ギロチンに代わって、エジプト総督ムハンマド・アリーから贈られたルクソール神殿の高さ23mのオベリスクが据えられた。1787年から90年にかけてジャン＝ロドルフ・ペロネが建造したコンコルド橋が、広場と国民議会議事堂を結んでいる。

国民議会議事堂

- 1810年　フランス、パリ
- ベルナール・ポワイエ　政府建築物

　フランス革命議会のために「気品があって神聖な様式」の場をつくるよう求められたベルナール・ポワイエ（1742-1824）は、雄大なポルティコが正面を飾る複雑な宮殿建築群を設計した。建物群はポルティコの背後でますます複雑化し、現在は国民議会の議事堂になっている。ポワイエのつくったポルティコのセンターラインは、ファサードの真正面にあるコンコルド橋とその先の広大なコンコルド広場を2等分している。また、実際にはつくられなかったものの、ポワイエは奇妙な装置も設計した。市民を鉄製シリンダーのなかに入れ、橋からセーヌ川へ落として無重力を体験してもらうという装置で、シリンダーには落下の衝撃を和らげるためのスプリングがついていた。

凱旋門

- 1836年　フランス、パリ
- ジャン・フランソワ・テレーズ・シャルグラン　モニュメント

　アウステルリッツの戦いに勝利した直後の1806年、ナポレオンの命により建てられたこの得意満面たる凱旋門は、古代ローマの先例に倣っている。完成したのは、建築家テレーズ・シャルグランの死から25年が経った1836年のことだ。49.5mの高さを誇り、現在でも世界最大の凱旋門の地位を守っている。途方もない夢想家のブレ（p.267）の弟子だったシャルグランにすれば、当たり前のことだろう。星形に広がる12本の大通りの中心に立つ凱旋門は、果てしなく続くシャンゼリゼ通りの風景のクライマックスにあたる。目を引く特徴は、立派な柱の基部にあるエネルギーに満ちた4つの巨大なレリーフだ。門の上部周辺には、フランス革命とナポレオン戦争中に勝利した主要な戦いの名が刻まれている。それほど重要でない戦いの名は、フランスの将軍558人の名とともに、壁の内側に記されている。

超人的な仕事　凱旋門の建設は、基礎だけで2年を要するほどの大事業だった。

マドレーヌ教会堂

- 1842年以降
- フランス、パリ
- ピエール・アレクサンドル・ヴィニョン
- 宗教施設

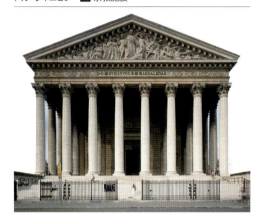

▶ **古典の理想** このポルティコは、やや幅が広いものの、ローマ時代のメゾン・カレのものとよく似ている。

ニームにある古代ローマ時代のメゾン・カレ（p.64）に倣って建てられたこの巨大な新古典コリント式の建築物は、当初は教会となる予定だったが、1806年にナポレオンの命により、「栄光の神殿」として大陸軍に捧げられることになった。だが結局は、教会として1842年に聖マグダラのマリアに奉献された。7mの基壇に単独で立ち、側面に20mの列柱が並ぶマドレーヌ教会堂は、有無をいわせぬ説得力をもつ堂々たる建物で、衰退と滅亡から1400年を経たローマの神殿の威厳を伝えている。この見事な寺院を手がけたのは、ルドゥーの弟子で、1793年に共和国建築総監となったピエール・ヴィニョン（1762-1838）である。建物内部の巨大な身廊はドームを戴く3つの間に分かれ、リュネット（半円形の開口部）から差しこむ光に照らされる。身廊の端には、この建物にふさわしい堂々たるアプスがある。

リヴォリ通り

- 1855年
- フランス、パリ
- ピエール・フォンテーヌ、シャルル・ペルシエ
- 公共施設

リヴォリ通りは、チュイルリー庭園に面し、マレ地区からコンコルド広場までのびる美しいアーケード通りだ。設計を手がけたのは、ナポレオンのお気に入りだった2人の建築家、ピエール・フォンテーヌ（1762-1853）とシャルル・ペルシエ（1764-1838）だ。この通りのアーケードは1.5kmにわたって続き、散策するパリっ子たちを風や日差し、雨から守っている。

通りの建設には長い時間がかかった。だが、庶民受けがよく、政治的にもおおむね偏りのないこの事業は、歴代の王や皇帝にとっては正当化しやすいものだったため、ブルボン復古王政時代のシャルル10世とルイ・フィリップ、そしてナポレオン3世の治世にも工事は続けられた。この通りの下に、パリの主要下水道も同時につくられた。

第二次世界大戦末期、アドルフ・ヒトラーはパリの破壊命令を出したが、その命に従わなかった占領軍司令官のディートリヒ・フォン・コルティッツは、1944年8月25日に司令部のあったリヴォリ通りのムーリス・ホテルで連合軍の捕虜となった。これほどの通りを破壊したいと思う者などいるだろうか？

▶ **市民の勝利** リヴォリ通りは、管理の行き届いた都市計画を見事に体現している。リヴォリの戦い（1797）でオーストリア軍を破ったナポレオンの勝利にちなんで名づけられた。

都市計画

ルネサンス期の理想の新都市は、途方もない夢を石と大理石で実現したものであり、喜びに満ちた奔放さで設計されていた。だが、18世紀になるころには、ヨーロッパの都市が急速に成長したために、より綿密に計算された統合的なアプローチで都市計画に取り組むことが求められるようになった。

▷ **ピョートル大帝** 皇帝ピョートル1世の治世に、偉大な新古典様式の都市としてサンクトペテルブルクが計画され、建設された。

フランス、ドイツ、ロシアなど、ヨーロッパの絶対君主制の支配下では、厳密ながらも美しい都市計画が法により強いられることが珍しくなかった。1700年代初頭には、ロシアのピョートル大帝（1672-1725）が新首都サンクトペテルブルクの基礎を築いた。その治世を通じて、ロシアの技術と文化を西欧に追いつかせるべく奮闘していた大帝は、サンクトペテルブルクをヨーロッパのどの首都にも引けを取らない都市にすることを望んだ。こうして、世界屈指の新古典様式の都市が生まれたというわけだ。ナポレオン・ボナパルト（1769-1821）も、18世紀後半のパリを数々の宮殿と公共モニュメントからなる堂々たる都市にしようとして、上水道や下水道、舗道を近代化し、新しい市場や屠畜場も建設した。セーヌ県知事の地位にあったジョルジュ＝ウジェーヌ・オスマン（p.302）は、ナポレオン3世のもとでパリ市街の改造計画を促進した。

イギリスと米国では、合理的な都市計画が民意によって発達した。そのため、イギリスの都市の発展は、当時もまだなりゆき任せのところが多々あった。ロンドン初のルネサンス様式の広場であるコヴェント・ガーデンは、ロンドン旧市街の騒々しさと不潔さから逃れたがった裕福な商人や貴族のために建設されたものだ。その数十年後には、この新しい広場も、売春や犯罪といった都市生活の不快な面に毒されてしまった。そこで富裕層がさらに遠くへ離れ、清潔で新しいジョージ王朝様式の広場へ移ったため、ロンドンはますます拡大していった。

米国では18世紀末以降、ワシントンDCが発展していった。主要な建物を結ぶ広い通り、開放的な広場、そして東西南北に走る格子状の街路からなるその都市構想は、世界中の都市計画の模範となった。

▽ **中心点** 1806年にナポレオンの命で建てられた凱旋門は、のちにオスマンの手によって、車輪のスポークのように放射状にのびる12本の通りで囲まれ、市街の中心となった。

ブランデンブルク門

- 1793年
- ドイツ、ベルリン
- カール・ゴットハルト・ラングハンス
- モニュメント

ブランデンブルク門は、プロピュライア（アテネのアクロポリスの正面入口）に倣ったドリス式の大門だ。1780年にプロイセンのフリードリヒ・ヴィルヘルム2世の命により平和の象徴として建てられたが、むしろ戦争の象徴と見られてきた。この門は長年にわたり、ベルリンの壁のもっとも有名な一区画だった。門の高さは26mで、ヴィルヘルム宮へと続くウンター・デン・リンデン通り（菩提樹の並ぶ大通り）の端に立っている。ベルリンへの入口を見下ろす門はいくつかあり、ブランデンブルク門はそのひとつだった。門は、2列に並ぶ6本のドリス式柱で仕切られた中央のスクリーンと、その脇を固める2つのドリス式パビリオンで構成される。頂上では、勝利の女神が月桂樹冠を高く掲げながらクァドリガ（4頭立て戦車の像）を駆っている。ベルリン中心部では、この門を先頭に古典復興期の建築群が長く連なっている。そのため、当時の審美家たちはこの街をシュプレーアテネ（シュプレー河畔のアテネ）と呼んでいた。

» **偉大なる門** 中央のドリス式スクリーンは、幅が65m、奥行きが11mある。

アルテス・ムゼウム（旧博物館）

- 1830年
- ドイツ、ベルリン
- カール・フリードリヒ・シンケル
- 博物館

一度見たら忘れられない、冷厳として完璧なアルテス・ムゼウムは、ギリシア復興建築群のなかでもとくに重要な建物で、2つの大戦間に人気を博した無装飾の古典様式（とりわけアドルフ・ヒトラーお抱えの建築家アルベルト・シュペーアの作品）に大きな影響を与えた。

建築家のシンケルはパンテオンに倣って、2層分の高さがある吹き抜けの巨大なドラムを構築した。高い基壇の上には、18本のイオニア式柱からなる堂々たるスクリーンがそびえ、プロイセンの双頭の鷲を頂いている。立方体構造に組みこまれたドラムの上では、ギリシアのアスリートが誇らしげに馬の手綱をとっている。ここにあるのは、完璧な思慮のうえに遂行された、純精神的な要素としての建築だ。ドイツ統一後、アルテス・ムゼウムは全面修復され、現在では人気の美術館と博物館になっている。

» **ガラスの効果** 現在のアルテス・ムゼウムは、スクリーンにガラスがはまっている。吹き放ちの階段の上にある美術館への入口は、すきま風がひどかったからだ。現代人なら、美術品を風にさらそうとはまず思わないだろう。

シャルロッテンホーフの宮廷庭師の家

- 1829年　ドイツ、ポツダム
- カール・フリードリヒ・シンケル　宮殿

　シャルロッテンホーフの庭師の家は、優しさと陽気さがただようシンケルの愛すべき建築作品だ。古い建物を改造したもので、ジョン・ナッシュの影響が見てとれる。ナッシュは新古典主義と異国趣味を特徴とする、遊び心にあふれたイギリスの建築家だ。シンケルの1世代前の建築家だが、2人は1826年、ロンドン旅行中のシンケルが新しい大英博物館を訪れたときに出会った。その旅行中にシンケルがもっとも感銘を受けたのが、ガスの街灯と、マーク・ブルネルの手がけたテムズの川底トンネルだ。

　この庭師の家は、シャルロッテンホーフの敷地内でシンケルが改築した多くの屋敷のひとつで、シャルロッテ・レヴェンツォヴという人物が所有していた古い農家を、皇太子と妃エリーザベトのために改装したものだ。シャルロッテンホーフは「メゾン・ド・プレザンス」(美と楽しみに満ちた館)で、絵のように美しい景色が広がる庭園に客間から直接出られるように設計されている。形のうえでは、小型版のローマの浴場と神殿、そしてイタリアの田舎風のヴィラを1つの楽しいデザインにまとめ上げたものといえる。残念なことに、現在の郊外に立つヴィラのなかに、これほど繊細で遊び心に満ちたものはほとんど見当たらない。

▲ **庭師の喜び**　魅力的で知的な設計の屋敷は、シンケルの作風でもとくに親しみやすいスタイルの代表作だ。

ベルリンのコンツェルトハウス

- 1821年　ドイツ、ベルリン
- カール・フリードリヒ・シンケル　歌劇場

　シンケルはこのベルリンの歌劇場の設計において、復興したギリシア様式の息吹を、野心的で新しい公共建築物に吹きこむことに成功している。コンツェルトハウスは勇壮華麗な傑作で、大規模かつ大胆な建築物だ。装飾を控えた、気どりのない直線によって、背後にある広々とした空間の輪郭を描き出している。室内は、ほぼ途切れなく並ぶ窓から差す光に照らされる。その点で、この劇場の設計は、75年ほどあとにヨーロッパの街に登場する、新古典様式の堂々たる百貨店の先駆けといえるものだ。アカデミー広場に面したエントランスのファサードは、気品あふれるイオニア式ポルティコで構成され、その上方には、壮大なペディメントのある屋階が重なる。屋階には観客席があり、神獣グリフィンの引く戦車を駆るアポロの像を頂いている。

　いかにも公共劇場にふさわしく、シンケルはこの建築物を、ドイツ風大聖堂とフランス風大聖堂の美しい塔のあいだに配置した。劇場内部はギリシア風の円形劇場で、舞台が観客席のほうにせり出している。1945年に火災で焼失したが、1984年にようやく再オープンした。

▼ **文化的ランドマーク**　この劇場は、ベートーヴェンの第9交響曲がベルリンで初演された場所だ。ワーグナーも、ここで「さまよえるオランダ人」のベルリン初演を指揮している。

古典復興

チズウィック・ハウス

- 1739年
- イングランド、ロンドン
- バーリントン卿
- 住居

チズウィック・ハウスはこのうえなく美しいヴィラで、取り壊された大邸宅の一部だった。設計者は第3代バーリントン伯爵リチャード・ボイル（1694-1753）。建築家でパトロン、美術品鑑定家であり、イギリスでパッラーディオ主義運動を先導した人物だ。パッラーディオ様式は、バーリントン卿やその仲間が下品で奔放と嫌悪した後期バロックのデザインに対する反動から生まれたものだ。彼が代わりに推奨したのは、1世紀前にイニゴー・ジョーンズがイギリスで紹介したアンドレーア・パッラーディオの作品に倣った、厳密な幾何学に基づく禁欲的なデザインだった。パッラーディオの手がけたヴィチェンツァのヴィラ・カプラを模したチズウィック・ハウスは、完全な左右対称ではないものの、単純なフォルム、輪郭のはっきりした石造部分、オベリスクのような煙突、八角形のクーポラ、リュネット、ヴェネツィア風の窓を特徴としている。内装と家具は予想を裏切るほど豪華だ。内装と庭園を手がけたウィリアム・ケントは、バーリントン卿により1719年にイタリアから連れ戻された。室内の平面構成は美しいパズルのようだ。立方体や球体、六角形の形をとる部屋が、高いドームを頂く中央の空間の周囲に集まっている。中央の空間へは、らせん階段でのぼることができる。

» ブロックのような建築
均整のとれたフォルムは、チズウィック・ハウスのエレガントな単純さに大きく貢献している。

サマセット・ハウス

- 1786年
- イングランド、ロンドン
- ウィリアム・チェンバース
- 政府建築物

ストランド街とテムズ川にはさまれた広大な土地を占めるサマセット・ハウスは、さまざまな政府機関の庁舎として建てられたもので、実際、イギリスで初めてオフィスビルを意図してつくられた建築物でもある。宮殿のように豪華なのは、建築家がウィリアム・チェンバース（1723-96）であるためだ。チェンバースはパリとイタリアで修業を積んで建築家となり、当時のプリンス・オブ・ウェールズ、のちのジョージ3世の家庭教師にもなった。

ストランド街に面したファサードは、一見すると控えめだ。幅は9ベイ（柱間）しかなく、華々しい雰囲気はない。だが、拱路の先には、雄大な翼に囲まれた壮麗な中庭がある。これは、イギリスにおけるルネサンス後の都市計画のなかでも、傑作のひとつに数えられる。川に面した長さ200mのヴェルサイユさながらのファサードは、ペディメントと列柱廊のある2つの門口をあいだにはさみ、ひときわ高い中央のブロックは、ペディメントのあるアティックと浅いドームを頂いている。この長いファサードが載る大きな基壇は、パッラーディオ風の橋を思わせる粗面仕上げの拱路に支えられている。19世紀半ばにテムズ川に堤防が築かれるまでは、ファサードは直接川に面していた。

« 川辺のオフィス もともと政府庁舎として建てられたサマセット・ハウスは、いまではヨーロッパ屈指の美術コレクションも収蔵している。

バースのロイヤル・クレセントとサーカス

- 1775年
- イングランド南部、バース
- ジョン・ウッド親子
- 住居

上空から見ると巨大なクエスチョンマークに似ているサーカスとロイヤル・クレセントは、18世紀の都市計画の頂点のひとつに数えられる。この建築群でジョン・ウッド（1705-54）と同名の息子ジョン・ウッド（1728-82）は、丸く囲みこまれたサーカスから開放感あふれるクレセントまでのあいだを、得意満面に、優美に行き来して、ローマのデザインに新たな命を吹きこんだ。

△ ロイヤル・クレセントの航空写真

どちらの建築物もじつにすばらしく、いまでも都市住宅として高い人気を誇っている。最初に計画されたのはサーカスで、1754年に父のジョン・ウッドが設計に取りかかった。バースはかつてローマの都市だったことから、ウッドはその現代版を再現しようと心に決める。サーカスは競技場となるはずだったが、バースが高級保養地となり、洗練された住宅の需要が高まっていたため、円形のタウンハウス（集合住宅）になった。サーカスへは、3本の通りから入るつくりになっている。そのうちの1本であるブロック・ストリートは、クレセントにつながっている。ウッドはサーカスをつくるにあたり、ローマのコロッセオのファサードをもとにして、1階にドリス式、2階にイオニア式、3階にコリント式の各オーダーを採用した、蜂蜜色の石造りのファサードを設計した。各戸の平面はさまざまに異なるため、背後から見ると、サーカスは完璧な形にはほど遠い。だがそれは、形式にこだわる厳密さと適応性の高さを兼ね備えたイギリス流実用本位主義の好例であり、サーカスが根強い人気を誇るゆえんでもある。30戸の住宅が入るロイヤル・クレセントは、大きな弧を描くデザインで、こちらもコロッセオの建築様式に着想を得ている。控えめな装飾が施されたファサードは、高い基部に据えられた荘厳なイオニア式柱が印象的だ。

▽ **訪問者歓迎** No.1ロイヤル・クレセントは、バース保存トラストにより博物館として完全に修復された。

》 ウッド親子

バースの建築業者の息子に生まれたジョン・ウッドは、クイーンズ・スクエア、ノース・パレードとサウス・パレード、サーカス、プライア・パークなど、18世紀バースの数々の通りや建築物を設計した。「新ローマ」をバースに築くという夢を追求し、いかにもイギリス的なタウンハウス群から都市の宮殿をつくり出した。息子のジョン・ウッドはサーカスを完成させたのち、ロイヤル・クレセントとアセンブリー・ルームを設計した。ウッド親子はバースに大きな足跡を残した。

セント・ジョージ・ホール

- 1854年
- イングランド、リヴァプール
- ハーヴィー・ロンズデール・エルムズ
- 公共施設

セント・ジョージ・ホールは、19世紀のイギリス建築の傑作のひとつだ。息をのむほど美しい新古典様式のこの神殿には、複数の裁判所や巨大なコンサートホール、会議場が入っている。ハーヴィー・ロンズデール・エルムズがこのホールの設計コンペに入選したのは、わずか23歳のときだ。当初はコンサートホールのみの予定だったが、巡回裁判所のコンペにも入選したエルムズが設計を見直して両者を一体化させ、1842年、プロイセンの建築家シンケル（1781-1841）の流儀に則った勇壮な神殿の工事が始まった。途中、エルムズが病に倒れたため、建築家のチャールズ・ロバート・コッカレル（1788-1863）があとを引き継いだ。

高い基壇に立つ建物は、様式こそ厳格だが、コンサートホールの上の堂々たるアティックは、享楽的なローマのカラカラの浴場（p.71）に着想を得たものだ。コンサートホールには円筒形のヴォールト天井があり、金箔で贅沢に飾られている。巨大なオルガンと優美なタイル張りの床が自慢のこのホールは、貿易を基礎としたリヴァプールの繁栄を高らかに謳い上げている。

▽ **街の誇り** セント・ジョージ・ホールは、リヴァプールの主要駅を出た乗客が真っ先に目にする建築物だ。

カレドニア・ロード自由教会

- 1857年
- スコットランド、グラスゴー
- アレクサンダー・トムソン
- 宗教施設

新古典主義運動がとくに盛り上がった19世紀のスコットランドで、遅咲きのギリシア様式ともいえるすばらしい教会が、スコットランドを代表する建築家アレクサンダー・トムソン（1817-75）の手によって生まれた。多作家で「グリーク（ギリシア人）」の異名をもつトムソンは、イングランドで古典主義の影響が衰えてからも長くその伝統を守り、グラスゴーの街を古典主義の色に染め続けた。

グラスゴーのゴーバルズ地区に位置するこの旧合同長老教会は、トムソンが長老を務めた教会でもある。そのどっしりとした西向きの基壇は、イオニア式ポルティコを支えている。ポルティコの隣では、むき出しの印象を与える背の高い方形の石の塔が、雲の多いグラスゴーの空にそびえている。1150席が並ぶ左右非対称の教会の身廊は、創建時はクリアストーリにある多くの窓から差しこむ光に照らされていた。

1962年、グラスゴーのこの地区の古いアパート群が取り壊されたのにともない、教会は信徒を失った。1965年には火災で建物内部が焼失。建物の骨組みは、夜になると投光照明で照らし出されるが、いまも打ち捨てられたうつろな姿をさらしている。壮麗なデザインを誇り、米国の建築史家ヘンリー＝ラッセル・ヒッチコックに「世界屈指のロマン主義的な古典様式教会の傑作」といわしめた建築物にしては、不可解な話だ。

ダブリンのフォー・コーツ

- 1802年　アイルランド、ダブリン
- ジェイムズ・ギャンドン　公共施設

クリストファー・レンが手がけたセント・ポール大聖堂（p.250）のギリシア十字設計と、クロード・ニコラ・ルドゥー（1736-1806）の記念碑的作品の影響を受けたフォー・コーツは、イギリスの建築家ジェイムズ・ギャンドン（1743-1823）の力作だ。建物の頂点を飾る美しいドラムは、浅い皿型のドームを頂いている。建物内にある4つの法廷（大法官裁判所、王座裁判所、財務裁判所、民事訴訟裁判所）は、ドラム下の大ホールを中心に、対角線上に配置されている。エドワード・スマイスが手がけたルーフラインの彫刻は、モーセ、正義、慈悲、知恵、権威を表している。建物はアイルランド内戦（1922-23）で大きな被害を受け、外部はもとどおりに修復されたが、内部は改築され、配置が変更された。

◀ **印象的な正面入口**　堂々たるコリント式ポルティコがリフィー川に面している。

ダブリンのカスタム・ハウス

- 1791年　アイルランド、ダブリン
- ジェイムズ・ギャンドン　公共施設

フォー・コーツの近くに立つカスタム・ハウスには、それぞれ異なる4つのファサードがあり、見事に形づくられた四隅のパビリオンで結ばれている。この建物は、ロンドンのチェルシーとグリニッジにあるレンの手がけた王立病院から影響を受けている。

ギャンドンは1781年に、物品税徴収のためのカスタム・ハウス（税関）の設計を任された。新しい税関が景観を損ね、地価が下がることをおそれたダブリンの商人たちが建設に反発したため工事は遅れたが、1791年に竣工。建物はおおむね簡素だが、ルーフラインには、トーマス・バンクス、アゴスティーノ・カルリーニ、エドワード・スマイスによる美しい彫刻が並んでいる。スマイスの手がけたかなめ石の彫刻は、アイルランドの河川を象徴している。建物内部はアイルランド独立戦争（1919-22）の際に破壊され、ドームが溶けたほか、石造部分にひびが入った。修復工事は1980年代にようやく完了した。

▽ **川辺の美しさ**　カスタム・ハウスは背の低い優美な建物で、ごく自然にリフィー川に寄り添っている。

古典復興

▶ **優雅なダイニング** カフェの椅子とテーブルが並ぶエントランスのロッジアは、雄大なギリシア風ファサードの奥にあり、屋根もついていて、通りから自由に出入りできる。

カフェ・ペドロッキ

- 1831年
- イタリア、パドヴァ
- ジュゼッペ・ヤッペリ、アントニオ・グラデニーゴ
- 商業施設

カフェ・ペドロッキは、社交の場にもなる街の中心的なモニュメントとして設計された。パドヴァはアーケードのある通りで有名だが、このカフェができたことで、市街を抜ける屋根付きの楽しい通路が新たに誕生した。広々としたカフェは、地元の人にも旅行者にも愛され続けている。

設計を手がけたのはジュゼッペ・ヤッペリ（1783-1852）とアントニオ・グラデニーゴ（1806-84）で、ローマの装飾要素を採り入れたドラマチックなギリシア様式をとっている。重厚なドリス式ポルティコの奥にある、1対のロッジア（開口部のある歩廊）が形づくる双子のような2つのエントランスは、ローマの影響を受けた彫刻や装飾的な鉄細工で華麗に飾られている。この1階エントランスのロッジアにはさまれた奥まった部分──建物正面の前庭のようなスペースを取り囲む形になっている──にも、仰々しい2層のコリント式ロッジアがある。建物の側面を飾るコリント式の付け柱は背の高い長方形で、セットバックの柱を模している。側壁は端正な官公庁の壁のようで、それを見ただけではドラマチックな正面エントランスは予想できない。後方にある新ゴシック様式の増築部分にも意表をつかれる。1842年に完成したこの増築部分は、イル・ペドロッキーノと呼ばれている。ヤッペリはのちにさまざまな様式に傾倒し、パドヴァのヴェルディ劇場ではロココ様式を採用した一方で、パッラーディオの作品にルーツをもつヴィラもつくっている。

ヘルシンキ大学図書館

- 1845年
- フィンランド、ヘルシンキ
- カール・ルートヴィヒ・エンゲル
- 図書館

この大学図書館は、建築家カール・ルートヴィヒ・エンゲル（1778-1840）が指揮したヘルシンキ再開発の鍵を握る建物のひとつだ。ベルリン生まれのエンゲルは、タリン（現在のエストニアの都市）とサンクトペテルブルクで活躍したのち、フィンランドに拠点を移した。どっしりとしたイエローオークルの箱のような図書館の内部には、回廊を備えた3つの部屋があり、どの部屋も装飾を施した半円形の円筒ヴォールト天井を頂いている。中央の図書室は、格間のある壮麗なドームが特徴だ。3室すべてに気高さをただよわせる雄大なコリント式柱廊があり、採光も美しい。屋外に厚く積もった雪が日光を反射するときは、とくに見事だ。建物の外観はシンプルで、すべての面にコリント式の半柱と付け柱がずらりと並んでいる。これらは柱のように見えるが、実際には建物の壁に埋めこまれている。

この図書館は、同時代のプロイセンとサンクトペテルブルクを代表する建築の美が融合したものだ。ほぼ全体が建設当時の姿をとどめていて、使い勝手も良い。エンゲルの設計が優れているのは、自然光を最大限に活用している点だ。それにより、1年の大半が暗闇に覆われる都市にあって、内部から明るく輝く建物が生まれている。

▽ **だまし絵のような柱** 黄色い壁に沿ってずらりと並ぶ半柱と付け柱は、建物に列柱廊があるかのような錯覚を覚えさせる。

ヘルシンキ大聖堂

- 1852年
- フィンランド、ヘルシンキ
- カール・ルートヴィヒ・エンゲル
- 宗教施設

　純白の堂々たるヘルシンキ大聖堂は、巨大な大理石の階段の先にある基壇の上にそびえ立ち、街のほぼすべての風景を支配している。細身の中央のドラムとドームは、ヘルシンキの港とバルト海を見下ろしている。高さ62mの主ドームの脇には、小さめのロシア風ドームを頂く4本の塔がつき従っている。

　大聖堂の本体はギリシア十字の平面構成をとり、4本の腕それぞれの正面には、まったく同じコリント式ポルティコが配されている。内部は多くの窓から差しこむ光で満たされる。ギリシア十字の各腕には列柱が並ぶ。ドラムを支えるコリント式のたくましい石造りの基柱からは、格間のあるアーチがのびる。身廊沿いに並ぶシンプルなボックス型の信徒席が、秩序のある雰囲気を生み出している。ギリシア風の細部装飾はまばらだが見事な出来映えで、とくに説教壇の上部はすばらしい。エンゲルは1818年に設計にとりかかり、1830年に建設が始まった。エンゲルが死んだ1840年よりあとに、エルンスト・ロールマン（1803-70）により完成された。

超越した立場　大聖堂の屋根からは、十二使徒の亜鉛像が見下ろしている。

ヘルシンキ旧教会

- 1826年
- フィンランド、ヘルシンキ
- カール・ルートヴィヒ・エンゲル
- 宗教施設

　ヘルシンキ中心部の公園にぽつんと立つ旧教会は、当初は一時的なものとして建てられたが、その代わりとなる予定だった大聖堂が完成するころには、街の人口が大きく膨らみ、どちらの教会も必要な状況になっていた。じつをいえば、大聖堂の信徒席が1300席であるのに対し、それよりもずっと小さい旧教会は同等の1200人を収容できる。

　旧教会がとりわけ美しいのは、公園に雪が厚く積もったときだ。大きな木造の構造に、張り出した4つのポルティコと四角いテンピエット（神殿に似た構造）がアクセントをつけている。屋根の端は三角形で、小さなドームが載っている。内装はシンプルで、均整のとれた窓から降り注ぐ光に満ちている。

　これはヘルシンキ最古の教会だ。教会の建つ公園はもとは共同墓地だった。1697年の大飢饉の犠牲者がここに埋められ、1710年には大疫病の犠牲者1185名がそれに加わった。その多くはスウェーデン兵士だった。エンゲルは教会建設と同時に、公園正面入口に疫病の犠牲者を追悼する石の門を設計した。楡の木が植わる現在の旧教会は、かつてよりも幸せな場所となっている。

サンクトペテルブルクの旧参謀本部

- 1829年
- ロシア、サンクトペテルブルク
- カルル・イヴァノヴィチ・ロッシ
- 軍事建築物

かつて陸軍部局が入っていたこの堂々たる建築物は、冬宮殿に面した広大な宮殿広場の南側を囲むように、600mという途方もない長さの曲線を描いている。

この巨大な複合建築物は、現在では一部がエルミタージュ美術館のギャラリーと事務所に改装されている。

新旧の建物群を覆い隠すファサードは基本的にはシンプルだが、力強い中央部で最高の盛り上がりを見せる。ここでは、粗面仕上げの石積みの基部に重なる2階部分に、背の高いコリント式半柱が据えられている。さらにこの中央部は、格間（くぼんだパネル）付きの巨大なアーチ道に貫かれ、その下を街路が通る構造になっている。アーチのさらに上では、翼をもつギリシアの勝利の女神ニケを乗せたクァドリガ（4頭立て戦車の像）が、サンクトペテルブルクの宮殿地区を高みから見下ろしている。

中央のアーチ道は3つのアーチで構成され、それぞれが通りのカーブに合った角度に配されている。建物の片側にある巨大なガラスのドームは、その下にある軍図書館の光源になっている。この図書館は一般には公開されていないが、長きにわたる軍の歴史に関する貴重な資料がそろっている。建物の設計を手がけたのはカルル・イヴァノヴィチ・ロッシ（1775-1849）だ。ロッシはイタリアの血を引くサンクトペテルブルク生まれの建築家で、1804〜06年にイタリアを訪ねて見聞を広めた。

△ **圧倒的な設計** この壮大な旧参謀本部は、ピョートル大帝時代のサンクトペテルブルクの強大な軍事力を誇示するためにつくられた。

聖イサアク大聖堂

- 1858年
- ロシア、サンクトペテルブルク
- オーギュスト・モンフェラン
- 宗教施設

広大な広場に立つこの途方もないギリシア十字形の大聖堂は、皇帝アレクサンドル1世の命で建てられたものだ。黄金のドームが周囲を支配し、ドーム基部の回廊からネヴァ川とサンクトペテルブルク市街を一望できる。

4000m²に及ぶ広大な聖堂内部は、起立時で1万4000人の礼拝者を収容できるよう設計されている。数千tから数万tにのぼる準貴石で光り輝く内部の装飾には、さまざまな色彩をもつ14種類の大理石や、孔雀石、碧玉、斑岩、ラピスラズリなどの43種類の鉱石が使われている。外装の柱は赤花崗岩製だ。ロシア革命後、聖イサアク大聖堂は長年にわたり、無神論博物館として使われていた。現在は全面的に修復され、19世紀美術の膨大なコレクションが収められている。

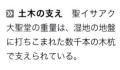

▷ **土木の支え** 聖イサアク大聖堂の重量は、湿地の地盤に打ちこまれた数千本の木杭で支えられている。

海軍省

- 1823年
- ロシア、サンクトペテルブルク
- アドリアン・ドミトリエヴィチ・ザハロフ
- 軍事建築物

ロシアの旧海軍省では、いかにもロシア的なやり方で古典のさまざまな様式が融合されている。この堂々たる軍建築物は、まさにアドリアン・ドミトリエヴィチ・ザハロフの傑作だ。パリで修業を積んだザハロフが、そこでエティエンヌ・ルイ・ブレの空想的なデッサンに魅了されたことはまちがいない。ブレの影響は、黄金の尖塔を頂く壮大な中央門に見てとれる。

海軍省は、新古典主義建築のなかでもひときわ独創的な建物だ。ザハロフがテーマにしていたのは、海とそれを統べるロシアの力だった。

全長375mの主ファサードは一連のパビリオンに分かれ、力強いドリス式神殿風の正面で区切られている。エントランスの主塔と空を突き刺す尖塔は、73mの高さがある。主塔はウェディングケーキのような層状になっており、フリーズではローマの海神ネプトゥヌスが、その力の象徴である三叉槍をピョートル大帝に授けている。ネプトゥヌスの上には、軍事に優れた古代の4人の英雄——アキレウス、アイアース、ピュロス、アレクサンドロス大王の彫像が据えられている。そのさらに上では、28本のイオニア式柱がコーニスを支えている。コーニスには、空、土、火、水、四季、東西南北の風を象徴する28の彫像が並んでいる。ここでは、海とロシア海軍の針路が、石造りの建物のなかで的確にとらえられている。

≫ アドリアン・ドミトリエヴィチ・ザハロフ

ロシアの建築家ザハロフ（1761-1811）は、サンクトペテルブルク美術学校で学んだのち、1782年にパリへ赴き、凱旋門を手がけた建築家ジャン・フランソワ・シャルグランのもとで4年にわたって修業を積んだ。教授として母校に戻ったザハロフは1806年、アレクサンドル1世の命により、ピョートル大帝が築いた旧海軍省の再建に取りかかった。そのほかのおもな作品としては、サンクトペテルブルクの科学アカデミーなどがある。

≫ **海軍の尖塔** 尖塔の先端には、ピョートル大帝の戦艦をかたどった風見が据えられている。

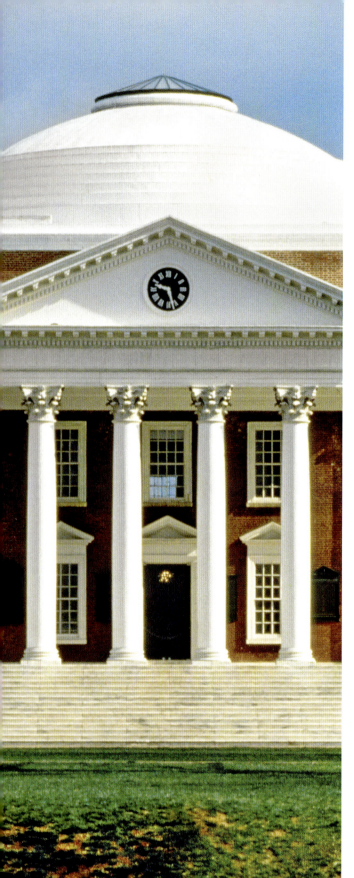

米国の新古典主義

1775～1850年ごろ

米国の新古典主義はさまざまな要因の影響を受けている。そこには、初期開拓者たちのあいだで流行した趣味・嗜好や、独立宣言（1776）当時の18世紀文化の躍動、そして名高い独立宣言の起草者トーマス・ジェファーソン（1743-1826）に育まれた信念──ギリシアとローマの建築は本質的に市民のもので民主的でもあるという信念──も息づいていた。

そうした崇高な信念とは裏腹に、米国の新古典主義建築のなかでもひときわ独創的で美しい建物は、その多くが裕福な奴隷所有者のために建てられた南部のプランテーション・ハウス（農園主の豪邸）だった。もちろん、ギリシアもローマも奴隷制に頼っていたし、ジェファーソンも故郷のヴァージニア州で奴隷を使っていた。独学で建築を学んだジェファーソンは、ヴァージニア州リッチモンドの州議事堂や、シャーロッツヴィルのヴァージニア大学を設計している。

新しい首都の様式

新古典主義は、大西洋の両側の革命政府に好まれた。米国議会はワシントンの主要建造物の様式として新古典主義を選び、連邦議会議事堂（p.286-287）は最終的に、ローマのサン・ピエトロ大聖堂やロンドンのセント・ポール大聖堂の世俗版ともいえる建物になった。当初の都市計画は、1791年にフランス出身の技師ピエール・シャルル・ランファン少佐（1754-1825）が設計したものだ。ランファンは1777年に渡米し、独立戦争中はジョージ・ワシントンに仕えた。ランファンがつくり出したのは、碁盤目状のプランの上で、対角線状に走る通りが交差するシステムだ。このシステムは、一部がル・ノートルの手がけたヴェルサイユの庭園（p.244）をもとにしているほか、ジェファーソンから与えられた新古典主義様式のヨーロッパ都市のプランも参考にされている。ランファンが設計したワシントンの広い通りは、議事堂とホワイトハウス（p.289）から放射状にのびている。新生国家の首都たるワシントンDCは、全米の都市計画の確固たるひな型になるべくつくられた都市で、外国から羨望の目を向けられるにふさわしい政治権力の象徴でもあった。ランファンが描いたプランは、現在でもほとんど変わっていない。その都市計画は、新生国家にしては驚くほど大胆で成熟した冒険だったといえる。

◀ **ジェファーソンが設計したヴァージニア大学の円形建築物**
基本はローマのパンテオンに倣っている。大学中央の芝生を見下ろすこの建物には、図書館が入っていた。

米国の新古典主義 | 285

基礎知識

　米国が大国としての地位を築きはじめると、米国の建築家たちは、古代アテネや共和政ローマの民主主義の精神を反映した新古典様式に傾倒していった。新古典様式はニューイングランドで流行し、おもに実直で幾何学的な図書館や政府庁舎に採り入れられたが、軽めのタッチで邸宅にも用いられた。

― 大統領の接見儀式用のバルコニー

△ パッラーディオの影響　トーマス・ジェファーソンは、ルネサンス期の建築家アンドレーア・パッラーディオの精神を同胞に紹介しようと力を尽くした。ワシントンのホワイトハウス（写真）からは、典型的なパッラーディオのタッチが見てとれる。おもな特徴は、調和のとれた左右対称の平面構成、ペディメントと柱の多用だ。

― 権力と野望の象徴

△ ローマ風ファサードの再現　ヴァージニア州リッチモンドの州議事堂は、トーマス・ジェファーソンが設計を手がけた。紀元前1世紀のローマ神殿、メゾン・カレ（p.64）を下敷きにして、「共和国の」建物を理想化したものだ。ただしメゾン・カレは、実際には帝政ローマの初期に建てられている。

― 記念塔の高さは169m

△ 新古典様式の街のテラス　ニューヨークのワシントン・スクエア周辺は、ロンドンやダブリン、エディンバラにあるものと同じタイプの宅地開発地区だった。ローマ風の柱にはさまれたドアとサッシ窓をもつ規則正しいファサードが一般的だ。

△ 四方を取り囲む古典様式のポルティコ　建国の父の理想とは裏腹に、「ギリシア様式」をもっとも見事に応用した建物は、南部の裕福な農場所有者のために設計された美しいプランテーション・ハウスだった。日陰を生み出すポルティコのある邸宅は、南部の気候に適していた。

▷ 巨大なオベリスク　ワシントン記念塔は、ナポレオンの凱旋門よりもなお壮大な都市の意思表示として、ワシントンDCのダウンタウンを見下ろしている。古代エジプトのオベリスクを下敷きにしたこの記念塔は、米国の首都のスケールと野望に見合うように設計された。

― 白い大理石の化粧仕上げ

ワシントンの連邦議会議事堂

- 1863年　米国、ワシントンDC
- トーマス・アスティック・ウォルター　政府建築物

米国の政府建築物の多くは、ポトマック川を勝ち誇ったように見下ろすこの議事堂のデザインをモデルにしている。ウィリアム・ソーントン（1759-1828）、ベンジャミン・ヘンリー・ラトローブ（1764-1820）、チャールズ・ブルフィンチ（1763-1844）が手がけた最初の設計は1793年に着工されたが、実用面でも政治的な面でもふさわしくないことがわかった。代わってトーマス・アスティック・ウォルター（1804-87）が設計したのは、当初のものよりもずっと大きな建物だ。南翼には下院の議場、北翼には上院の議場がある。両翼が合流するロトンダ（円形建築）は大きな鋳鉄製のドームを頂き、108の窓から差しこむ光に照らされる。ドームの下には国立彫像ホールがあり、歴史上の偉人の肖像画や彫像の貴重なコレクションが収蔵されている。

▲ 西正面の外観

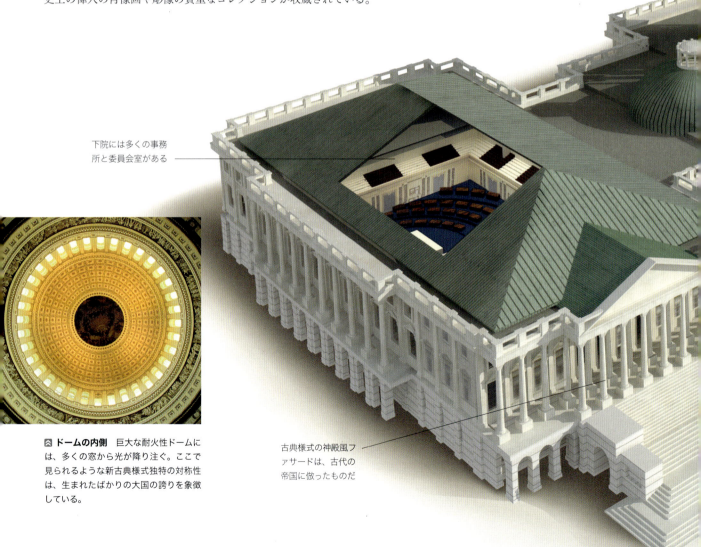

下院には多くの事務所と委員会室がある

▲ **ドームの内側**　巨大な耐火性ドームには、多くの窓から光が降り注ぐ。ここで見られるような新古典様式独特の対称性は、生まれたばかりの大国の誇りを象徴している。

古典様式の神殿風ファサードは、古代の帝国に倣ったものだ

米国の新古典主義

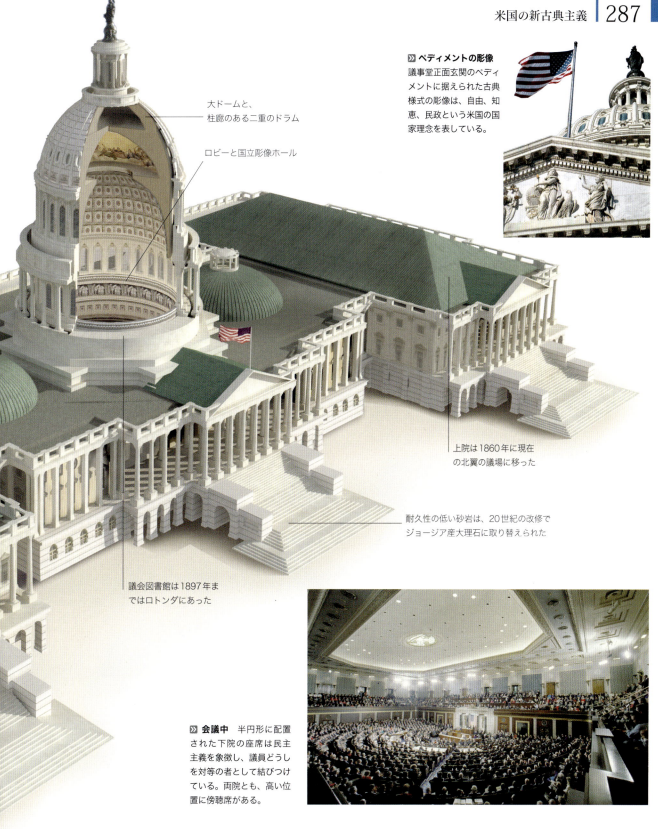

大ドームと、柱廊のある二重のドラム

ロビーと国立彫像ホール

≫ **ペディメントの彫像** 議事堂正面玄関のペディメントに据えられた古典様式の彫像は、自由、知恵、民政という米国の国家理念を表している。

上院は1860年に現在の北翼の議場に移った

耐久性の低い砂岩は、20世紀の改修でジョージア産大理石に取り替えられた

議会図書館は1897年まではロトンダにあった

≫ **会議中** 半円形に配置された下院の座席は民主主義を象徴し、議員どうしを対等の者として結びつけている。両院とも、高い位置に傍聴席がある。

独立記念館

- 1745年
- 米国、ペンシルヴェニア州、フィラデルフィア
- アンドリュー・ハミルトン、ウィリアム・ストリックランド
- 公共施設

米国の歴史を変える重要な役割を果たしたこの建物は、それにふさわしい名声を得ている。1776年7月4日、この場所で独立宣言が採択されたのだ。独立宣言で掲げられた「生命、自由、幸福追求」の権利は、米国の政治理念の土台となっている。

独立記念館はジョージ王朝様式——この言葉を使うと米国人の感情を害するかもしれないが——の特徴を色濃く見せている。この特徴は長い時間を経て表出したもので、その進化には複数の建築家が関わっている。建物の本体は美しい赤煉瓦造りで、白い化粧石材で仕上げが施されている。

完成したのは1745年で、当初はペンシルヴェニア植民地の議事堂として使われていた。独特の尖頂部を頂く塔は1753年に増築されたが、1832年に取り壊され、ワシントンの連邦議会議事堂建設にも関わった建築家ウィリアム・ストリックランド（1787-1854）により再建された。

独立記念館を手がけた建築家たちに大きな影響を与えたのはイギリスのアン女王朝様式の赤煉瓦住宅で、これはそもそも17世紀半ばのオランダ建築の流れを汲んでいる。オランダ人とイギリス人はどちらも米国に入植し、慎み深いがはつらつとしたデザインの伝統を伝えた。往時の独立記念館は、州会議事堂、美術および自然史博物館、裁判所として使われていた。1943年には国定史跡に指定されている。

モンティチェロ

- 1809年
- 米国、ヴァージニア州、シャーロッツヴィル
- トーマス・ジェファーソン
- 住居

この独創的なカントリー・ハウスは、トーマス・ジェファーソン（1743-1826）が自宅として設計したものだ。独立宣言の起草者で駐フランス公使、そして米国大統領（任期1800-08）にもなったジェファーソンは、この山頂の邸宅をつくるにあたり、当初はおおむねパッラーディオ様式の設計を採用していた。だが、パリでの長期赴任中に最先端の新古典主義を吸収し、設計を見直した結果、モンティチェロは厳格な知性をただよわせる魅力的な建物に姿を変えることになった。

1768～84と1796～1809年の2段階で建築および改築されたモンティチェロは、日当たりの良い33の部屋と5つもの屋内トイレを備えている。6700冊にのぼるジェファーソンのすばらしい蔵書を収めた図書室もあり、これはのちに議会図書館の蔵書の基礎となった。1923年、かつてジェファーソンの奴隷が管理していた母屋と別棟と地所がトーマス・ジェファーソン財団に売却され、現在でもこの財団が管理に携わっている。

印象的なエントランス
モンティチェロには2つの玄関がある。うち1つは端正なドリス式ポルティコ（写真）の下にあり、美しいドームを頂く応接間に通じている。

ホワイトハウス

- 1817年
- 米国、ワシントンDC
- ジェイムズ・ホーバン
- 政府建築物

合衆国大統領の官邸で、世界屈指の知名度を誇るホワイトハウスは、もともとはアイルランドの建築家ジェイムズ・ホーバン（1762ごろ-1831）が1792年に設計したものだ。設計はパッラーディオ様式で、砂岩が使われている。建設には、エディンバラから派遣された石工や地元の奴隷が携わった。1807～08年には、B・H・ラトローブによりポルティコが付け加えられた。

1812年の米英戦争中にイギリス軍が官邸に火をかけたが、1815～17年に修復され、その後数十年にわたって、著名な建築家たちの手で少しずつ改装されていった。たとえば、マッキム・ミード＆ホワイト設計事務所は、1902年に温室に代えて大統領と職員用の執務棟（ウエスト・ウィング）をつくった。この棟は1909年に拡大され、有名なオーヴァル・ルーム（大統領執務室）が加わった。その後、天井を支える古い木材が執務室の重みで崩れそうだとわかったため、1948～52年に鉄筋を使って大幅に改修された。

▷ **大統領のポルティコ** セオドア・ローズヴェルトが大統領に就任する1901年まで、ホワイトハウスは「エグゼクティヴ・マンション」と呼ばれていた。写真は修復前の姿。

ワシントン記念塔

- 1884年
- 米国、ワシントンDC
- ロバート・ミルズ
- モニュメント

この天高くそびえるモニュメントは初代大統領ジョージ・ワシントンを称えたもので、実現までに長い年月を要した。当初は伝統的な騎馬像が提案されていた。1848年にようやく壮大な設計が選定されて工事が始まるが、1861年に南北戦争で中断し、完成までに40年近くがかかった。白い大理石の化粧仕上げを施した高さ169mの石造モニュメント（p.285）は、当初は柱廊のある巨大な円形パンテオンの上に載るはずで、パンテオンには歴代大統領と国民的英雄たちの彫像が収められる予定だった。しかし、公共事業としてはあまりにも費用がかかるため、設計は単純化された。

スコティッシュ・ライト・テンプル

- 1915年
- 米国、ワシントンDC
- ジョン・ラッセル・ポープ
- 儀礼建築物

世界七不思議のひとつであるマウソロス王の霊廟を模した意表を突く壮大な建築物で、1915年以降、フリーメイソンのスコティッシュ・ライトの本部になっている。ジョン・ラッセル・ポープ（1874-1937）が手がけた最初の大作で、ポープはその後、ワシントンのナショナル・ギャラリーやジェファーソン記念館を設計することになる。儀礼的な階段の先には重々しい青銅の扉があり、知恵と力を表す1対の巨大なスフィンクスの石像が守りを固めている。扉の向こうは豪華な祭儀室で、フリーメイソンの神秘的な装飾や象徴がふんだんに取り入れられている。

産業世界

The industrial world

産業世界

19世紀は、工業化と、通信・輸送の急成長によって特徴づけられる。鉄道、電気、電信、そして世紀末になって登場した電話や自動車といったイノベーションが、西洋社会を刷新したのである。建築家は、新たな力を得た時代の要請に合わせて、それまでの固定観念を改めていかなければならなかった。

「私は機関車そのものだ——いつでも猛烈に走っている」と、ヴィクトリア朝時代のイギリスの建築家オーガスタス・ピュージン（1812-52）は書いている。19世紀のエネルギーの権化ともいえるピュージンは、40歳でこの世を去るまで、全力投球で仕事をした。

機関車 19世紀後半には、工業化の進むイギリス全域を鉄道が走るようになった。

おもな出来事

1803 リチャード・トレビシックが世界初の蒸気機関車を建造

1829 機関車レース「レインヒル・トライアル」開催。ジョージ・スティーヴンソンのロケット号が時速52kmという驚異的な記録を達成する

1830 初めて完全な蒸気機関車が走る幹線として、リヴァプール～マンチェスター間の運行開始

1862 フランスの学者ルイ・パスツールが、食品の腐敗を防いで守る低温殺菌法を完成

1866 ブルネルが設計した蒸気船グレート・イースタン号により、初の大西洋横断電信ケーブルが設置

1876 スコットランド人のアレクサンダー・グラハム・ベルが電話を発明

1879 トーマス・エジソンが電球を発明

1880 ジーメンス・ウント・ハルスケ社が、世界初の電動エレベーターを製造。高層ビルの建築が進む

1880ごろ ヨーロッパから米国へ、大々的な移民の流入が始まる

ジョージ4世の命を受けて15歳でウィンザー城のゴシック様式の調度品デザインを手がけたのを皮切りに、破竹の勢いでキャリアを邁進し、イギリスおよびアイルランド各地の工業都市に多数の教会を建てている。完全なる14世紀のゴシックとカトリックの栄光——と彼が信じるものをイギリスに取り戻そうと、大工、職人、装飾専門家による献身的なチーム率いて取り組んだ。修道院、教会、住宅、調度品、書籍、壁紙、そしてロンドンのウェストミンスター宮殿（p.313）の細部に至るまで、彼は膨大な量の仕事をこなした。その仕事ぶりを驚く声に対しては、「助手を雇えって？まさか！」と噛みついている——「雇ったら1週間で私が殺してしまうよ」。ピュージンのネオ・ゴシック設計は広範囲に影響を及ぼし、オーストラリアと米国にまで伝播した。ヴィクトリア朝の"伝道"に努めたこの建築家が、これほど短期間で仕事を進められた理由は、本人の意欲とエネルギーもさることながら、鉄道の登場によるところが大きかった。

鉄道時代

すべての建築家がピュージンと同じ思いだったわけではない。鉄道の発達と急速に広がる工業化は、郷愁と懐古の念を抱く層からの反発を呼んだ。これがアーツ・アンド・クラフツ運動に結びつく。イギリスの職人で論客のウィリアム・モリス（1834-96）が主導した運動だ。これに刺激を受けて、ノスタルジックな建物が機械に頼らずに建造され、近代化の波を瀬戸際で食い止めていた。だが、ピュージンが死去するころには鉄道が目ざましく発展し、ヨーロッパ全域と米国の大半で生活の一部として定着する。世紀の変わり目になると、機関車は最高時速150kmを実現し、急行列車なら平均時速80〜90kmで走行していた。食堂、寝台車、床屋、トイレ、電灯を備え、接客係まで乗せた「走るホテル」のような列車もあった。線路と信号設備の飛躍的な向上で、列車はより速く、よりスムーズに、より安全に走るようになった。

鉄道は移動を迅速かつ快適にしただけでなく、社会と経済にも著しい影響を与えた。鉄道網が広がり、各地を結ぶにつれて、以前なら想定外だった距離も比較的楽に移動可能となって、1869年には初の「鉄路」によるアメリカ大陸横断が実現する。安全で効率的な

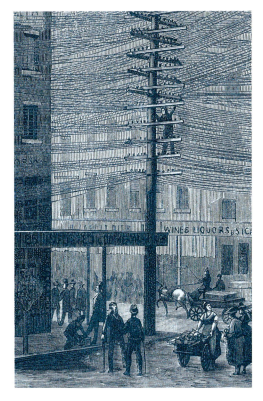

◀ **電柱と電線** 電信技術により、モールス信号で遠方にメッセージを送れるようになった。最初の通信は1844年、ボルチモアとワシントンのあいだで交わされた。

1885 ドイツ、マンハイムの技術者カール・ベンツが初のガス動力による三輪自動車を製造	**1894** グリエルモ・マルコーニが初の無線伝送を披露	**1903** ライト兄弟が米国ノースカロライナ州のキティホークで、世界初の動力飛行に成功		**1908** ヘンリー・フォードが一般市民向けの頑丈な大量生産の自動車、モデルTを披露
	1900		**1920**	
1886 フランスと米国が同時にアルミニウム生産方法を発明	**1889** ギュスターヴ・エッフェルがパリ万国博覧会を記念して設計した有名な塔が完成	**1900** オーチス・エレベーター・カンパニー（ニューヨーク）が初のエスカレーターをパリで披露	**1914** サラエボ事件をきっかけに第一次世界大戦が勃発	**1919** 建築家ヴァルター・グロピウスが、ドイツにおいて建築・設計の学校バウハウス・スクールを設立

運行のためには標準となる鉄道時間が必要で、これが浸透して各地の時差が徐々に解消されていった。

陸路だけではない。巨大な蒸気船の存在により海の旅も短縮された。初めて大西洋を定期運行した蒸気船は、イギリスの技師イザムバード・キングダム・ブルネルが設計したグレート・ウェスタン号（1838）だ。同じくブルネルによるグレート・イースタン号（1858）は、1866年に初の大西洋横断電信ケーブル設置で活躍した。迅速な輸送、そして電報、のちに電話といった新しい通信手段が生まれ、世界は小さくなりはじめたようだった。人も思想も都市や国家、文化をまたいで活発に往来するようになり、チャールズ・ダーウィンやカール・マルクス（1818-83）らによる新しく急進的な理論も広がっていった。

鉄道の貢献

鉄道は、遠方の鉱山や森林から製錬工場や生産工場まで、石炭、材木、鉄鉱石といった原材料を大量に運ぶことができる。これが工業化を加速させ、流通を促した。建築資材も例外ではない。煉瓦造りに適した泥がない地域でも、煉瓦を使った安価な建築が、また採石場からはるか離れた都市でも、石や大理石を使った比較的安価な建築が可能になった。1851年のロンドン万国

▽ **スエズ運河の蒸気船**
1869年に開通したエジプトのスエズ運河が地中海と紅海を結び、アフリカ大陸をぐるりとまわることなく、ヨーロッパからアジアへ渡れるようになった。

博覧会のためにつくられた水晶宮（p.300-301）も、主要な建築資材が「世界の工場」と呼ばれたバーミンガムから運ばれて、「煙の街」といわれたロンドンのハイドパークに建てられたのである。

鉄道のおかげで、建築家と建設業者は、アイデアと設計図と資材を自由に行き来させられるようになった。だが、これには良い面も悪い面もあった。良い面は、それまで日の目を見なかった町でも、優れた建築家の力で建築水準が向上したこと。悪い面は、建物が画一的になりすぎることだ。19世紀のヴィクトリア朝イギリスが煉瓦造りの家だらけとなったのは、まさにその実例である。

チャールズ・ダーウィン

イギリスの自然科学者チャールズ・ダーウィン（1809-82）は、自然選択による進化論を打ち立て、動物が環境に適応して進化すると説明した。彼の理論のベースには、世界中の何千種類という動植物の研究があった。著書『種の起源』（1859）は、生命科学に革命を起こしただけでなく、キリスト教信者から猛烈な反発を呼んだ。聖書が示す創造論に刃向かうものであったからだ。

ダーウィンのコンパス ダーウィンは1830年代に自然科学者として測量船ビーグル号に乗りこみ、世界をめぐるあいだにさまざまな標本を集めた。

オーチス・エレベーター 1854年、エリシャ・オーチス（1811-61）が初の安全な乗客用エレベーターを披露する。このときは蒸気駆動で、電動エレベーターは1880年代に開発された。

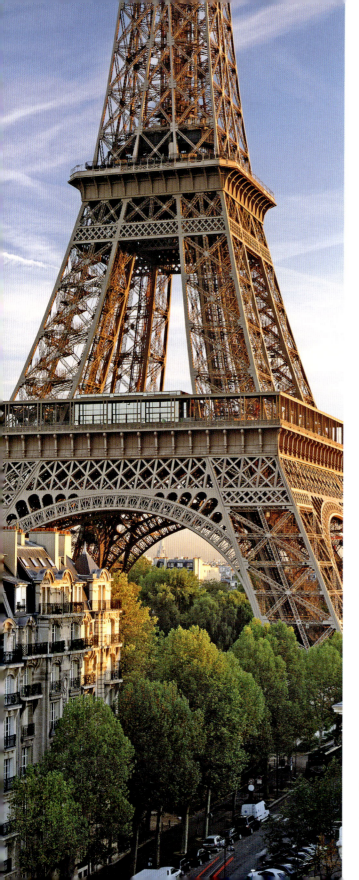

機械の時代
1800〜1914年

産業革命は18世紀半ばのイギリスで起きた。信頼性の高い蒸気動力を製造機械に応用したこと、全世界に品物を出荷できるようになったこと、搾取できる植民地の存在と、中流階級の台頭により、イギリスでは急速に工業化が進んだ。しかし保守的な建築家たちにとって、それは不本意な時代だった。

産業主義は急激に、しかも汚染を振りまきながら進行した。街は変化に対応しきれず、機械化された工場の劣悪な環境で働く大勢の人々が、みじめな生活を強いられた。環境破壊や病気が蔓延し、過去にはなかった事故も増えた。もちろん産業革命による利点は多々あったが、建築に関してはなかなか実感されなかった。無理もない。何しろ専門の教育機関を設立しようとした矢先に、伝統技術が機械化され、職人を無用の存在にしてしまったのだから。ある意味で、建築家たちが不安を抱いたのはもっともなことだった。

新しい構造、新しい素材

初期の産業構造物は驚くほどに美しかった。1779年にイングランド中部地方のセヴァーン川に架けられたアイアンブリッジ (p.298) は、まさに代表的な例だ。ただしそれらは、建築家たちが踏み固めてきた美意識の道から大きく逸脱するものだった。産業時代初期につくられたモニュメントの多くは、技師が設計および建設を手がけている。建築家たちはしばしば、それらをあか抜けないと非難し、身内同士でも「様式戦争」と呼ばれる難解な論争がヒートアップしたほどだ。しかしながら、鉄鋼や鉄筋コンクリートなど、建築技術に革新をもたらした新素材が最終的には受け入れられ、建築方法に劇的な変化を生み出して、それまでにない設計の可能性を開いていった。産業革命以前は、壁は建物全体を支持するものでなければならなかったが、カーテンウォールといわれる軽量化した外壁が実現する。プレハブにおいては、パクストン設計の水晶宮 (p.300-301) が、その後の建築物の流れを引き出す鮮明な、もしくは衝撃的な呼び水となった。

◁ **パリのエッフェル塔** フランス人の技師・橋梁建築家ギュスターヴ・エッフェルが設計し、1889年に完成した。300mの塔は、まるで錬鉄の桁で表現した無骨なトレーサリーである。

基礎知識

　産業革命は建築の形態および美意識の世界を揺り動かすこととなるが、それは即座に起きたわけではなかった。ゴシック・リバイバルと新古典主義は、望む効果をひき出すために新しい建築資材と工業技術を嬉々として取り入れたが、本当に革命が起きていたのは「つくり方」だ。新しい時代を象徴する鉄鋼の橋は、建築家ではなく技師によって考案され、建造された。

プレハブ　プレハブ工法による鉄とガラスの構造は、当時は驚異的な存在だった。1851年にジョセフ・パクストンが建てた水晶宮では、曲線を描く屋根と、繊細な鉄のトレーサリーが、輸入された板ガラスの大きな平面によってつながり、半透明の展示空間をつくり出している。

フォルムと機能　ベンジャミン・ベイカーとジョン・フォウラーが設計したスコットランドのフォース鉄道橋。巨大な鋼鉄のトラス構造が特徴的だ。こうしたドラマチックでありながら実直な構造が、次世代の建築家における機能主義への確信を育てた。この橋は5万4000tの鋼を使い、8年かけて建造された。

上げ下げ窓と、その横の巨大なはめ殺し窓

フォース湾をまたぐ2.4kmの橋を列車が渡る

鋳鉄製ドリス式円柱

きわめて頑丈に接続された鋼管トラス

摩天楼の誕生　1895年、シカゴに建てられた14階建てのリライアンス・ビルは、画期的と評された。ファサードは波打ち、細部の特徴はゴシック様式であるものの、これは20世紀に数多く建てられる高層の鉄筋オフィスタワーの原型となった。

鋳鉄で古典様式を表現する　1820年代、起業家精神あふれる摂政様式の建築家ジョン・ナッシュが、ロンドンのカールトン・ハウステラスの設計において、建築を容易にする目的で鋳鉄製ドリス式円柱を使った。

機能性を象徴するデザイン　鉄の多用途性のおかげで、新たなデザインの可能性が生まれた。オックスフォード大学自然史博物館の骨組みは、館内に展示されている恐竜の骨格を思わせる。

都市のランドマーク　エッフェル塔ができたあと、各都市がこぞって鉄製ランドマークの建造を目指した。リスボンにはネオ・ゴシック様式のエレベーター「サンタ・ジュスタ」がつくられ、上下の階をドラマチックにつないでいる。

カーブするガラス　ロンドンのキューガーデンにあるパームハウス。鋳鉄と錬鉄を見事に活用したデシマス・バートンとリチャード・ターナーの設計は、のちの建築に影響を与えた。建物のなめらかなカーブに沿ったガラスは、心もとなさを感じさせない。当時としては驚異的な技術だ。

クリフトン吊り橋

- 1863年
- イングランド南西部、ブリストル
- イザムバード・キングダム・ブルネル
- 橋

クリフトン吊り橋はイギリス初でこそないが、当時においても現在においても、もっとも印象的な吊り橋のひとつ。ブルネル（1806-59）が24歳という若さで初めて手がけた大型作品である。トーマス・テルフォード（1757-1834）が1819年に設計したメナイ吊り橋は、これよりも少し小さかったため、横風で倒壊寸前となった。ブルネルがそのテルフォードのアドバイスに逆らって建てたという点からも、クリフトン吊り橋はますます興味深い。こちらは目を見張るほど大きく、中心の径間は214m、エイヴォン峡谷の水面からは76m。土木工学のプロジェクトが抽象的建築物の傑作に変貌した感銘深い例である。

▲ **高くついたイノベーション** 財政的な制約により、橋の建造は何年も遅延した。最終的にブルネルの死から4年後に竣工する。

コールブルックデールのアイアンブリッジ

- 1779年
- イングランド、シュロップシャー
- エイブラハム・ダービー3世、トマス・プリチャード
- 橋

18世紀に製鉄技術が向上し、建築・土木資材としての鉄鋼の可能性も当然のように広がった。鉄は石よりも強いのに軽く、多様な応用が可能なうえ、はるかに安価である。とはいえ、このころの建築に使われるのは美観のためでなく、あくまで実用性のためだった。

しかし、世界初の鉄橋とされるコールブルックデールのアイアンブリッジが印象的な理由は、まちがいなくスリムな優雅さにある。鉄でなければ実現しなかった構造であり、機能性とフォルムとが分かちがたく融合している。設計したのはエイブラハム・ダービー3世（1750-91）だが、建築家トマス・プリチャードの設計がベースにあったといわれる。建設中もつねに船の往来が可能だったという点が、設計の成功を物語る一要素だ。一方で、この橋は新しい技術のリスクを浮き彫りにもした。ダービーは生涯にわたり負債を抱えることとなったのだ。

▶ **強靭かつ優美** 30mにわたる鉄橋は、5本の鋳鉄アーチ（半分ずつつくられた）で支えられている。

キューガーデンのパームハウス

- 1848年 イングランド、ロンドン
- デシマス・バートン、リチャード・ターナー 温室

　のちに水晶宮（p.300-301）を設計するジョセフ・パクストン（1801-65）は、ダービーシャーのチャッツワースにかなり大きな温室をつくっている。その流れを直接汲む形で建てられたのが、王立植物園キューガーデン内にあるパームハウスだ。しかし、両者にはいくつかちがいがある。パクストンはガラス板を鋭角に配して畝をつくったのに対し、こちらは平らに並べてひとつづきのなめらかな表面を生み出した。パクストンの「ダブル・ヴォールト」（背の低いヴォールトの上に小さなヴォールトが載る）を反映しつつも、こちらは中央のヴォールトだけが二重に重なり、その左右にシングル・ヴォールトがのび、端は弧を描いてアプスのようになっている。一方で重要な共通点といえるのは、両者とも鉄とガラスによるプレハブの可能性を誇示している点だ。その後の大量生産につながる画期的な建築スタイルが生まれたのである。

◀ **プレハブの誕生**　優雅さと実用性が組み合わさって、脆弱に見えながらも、結果的には時の試練に耐える建物を生み出した。

コール・エクスチェンジ

- 1849年 イングランド、ロンドン
- J・B・バーニング 商業施設

　すでに取り壊されてしまったが、コール・エクスチェンジの石造りの外観は、洗練された社会にふさわしいイタリア・ルネサンス様式への敬意がこもっていた。内部空間はそれとは対照的で、大胆な斬新さにあふれている。中央にある円形の取引立会所は、ほぼ鋳鉄で形成されている。壁は3層に分かれ、それぞれに持ち送りが支持する鋳鉄のバルコニーがあり、より高価な（つまり、あまり使われない）錬鉄で装飾が施されている。見上げると目に入るのは、鋳鉄のリブを備えたガラスドームだ。のちに大英博物館の図書閲覧室に取り入れられる、先駆けとなったつくりである。

◀ **上品で居心地よく**　石炭の価格や生産量割当を決める中央の取引立会所には、高さ22.5mのガラスドームから自然光が差しこんでいた。

水晶宮

● 1851年　　🏛 イングランド、ロンドン　　👤 ジョセフ・パクストン　　🏛 公共施設

水晶宮（クリスタル・パレス）は1851年に、ロンドン万国博覧会の会場としてハイドパークに建設された。横幅は堂々の564m。ガラス、鉄鋼、木材を使ったプレハブ構造だ。ダービーシャー、チャッツワースの植物園で軽量な温室を設計・建築したジョセフ・パクストン（1801-65）が、この傑作を生み出した。彼が最大限に活用した厚板ガラスは当時の最先端の発明品で、30万枚をフランスで特別生産させた。鉄の組立部材はバーミンガムで鋳造し、ロンドンまで列車で運ばせて、熱が冷めない48時間以内に工場で組み立てた。こうして完成した水晶宮は世界初の大型プレハブ建築であり、工場の新世代到来を告げるものとなる。万博が終わったあと、1852年に建物ごとロンドン南東部のシデナムに移されたが、残念ながら1936年に焼失した。

△ ハイドパークのサーペンタイン（人工池）越しに見た水晶宮

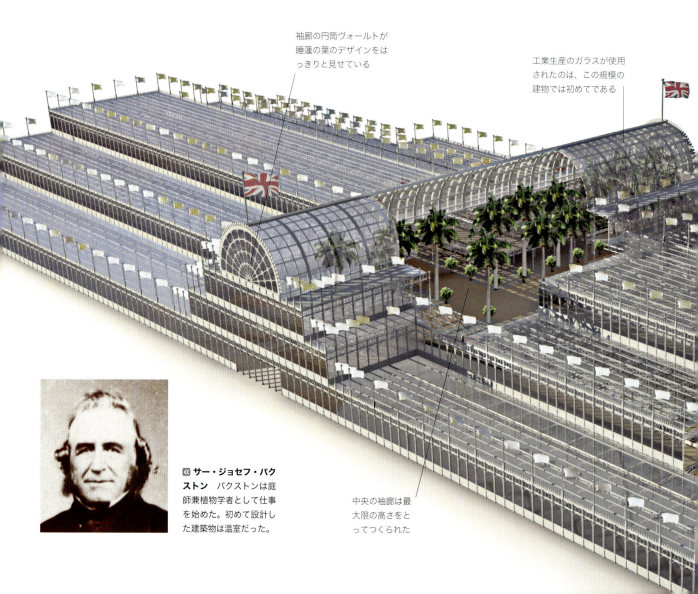

袖廊の円筒ヴォールトが睡蓮の葉のデザインをはっきりと見せている

工業生産のガラスが使用されたのは、この規模の建物では初めてである

◁ サー・ジョセフ・パクストン　パクストンは庭師兼植物学者として仕事を始めた。初めて設計した建築物は温室だった。

中央の袖廊は最大限の高さをとってつくられた

機械の時代

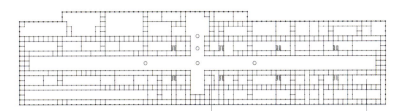

平面図 中央通路の左右に2本の通路があり、同じ幅の袖廊が交差している

中央通路は幅・高さともに22m

全体を高くしないために、横の通路は段になっている

睡蓮がヒント パクストンの革新的な設計は、巨大な睡蓮の葉の構造からひらめいた。中央から放射状に広がるリブのあいだを、適度な間隔で横切るリブがつないで、際立った強度と耐震性を生み出している。

樹木が育つ温室 袖廊の天井は円筒ヴォールト。内側に成長する樹木を入れるため、中央通路よりも天井が高くなった。パクストンが当初考えていた直線的な設計に、ぎりぎりで付け足されたものだが、これが見た目にも大成功だった。

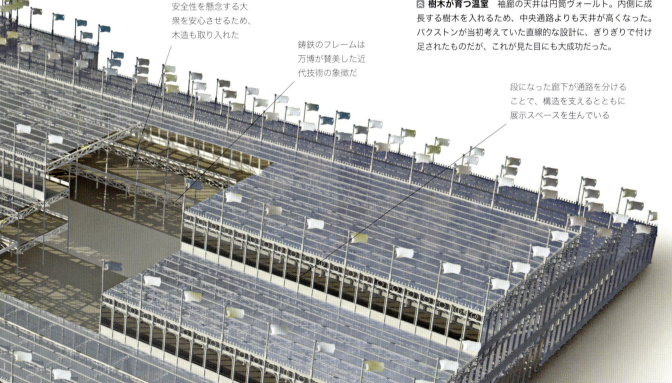

安全性を懸念する大衆を安心させるため、木造も取り入れた

鋳鉄のフレームは万博が賛美した近代技術の象徴だ

段になった廊下が通路を分けることで、構造を支えるとともに展示スペースを生んでいる

▲ **パリらしい美しさ** アンリ・ラブルーストは建築資材と技術の限界を押し広げ、美しいサント・ジュヌヴィエーヴ図書館を生み出した。

サント・ジュヌヴィエーヴ図書館

- 1850年
- フランス、パリ
- アンリ・ラブルースト
- 図書館

　サント・ジュヌヴィエーヴ図書館は、鉄筋建築の進化における重要な節目を表す存在だ。ルネサンス期のパラッツォ風の石造りによる均整のとれたファサードと、あえてむき出しにした総鉄筋構造をもつ、大きな公共施設である。2階メインホールの閲覧室をすっぽりと覆う天井は、高い鉄の円筒ヴォールトが2列並び、2列のあいだを細い鋳鉄の柱が支える。あまり例のないことだが、傾斜のゆるい屋根も鉄製である。

パリ中央市場(レ・アール)

- 1853年以降
- フランス、パリ
- ヴィクトール・バルタール
- 商業施設

　1853年に着工し、1930年代まで増築作業が続けられ、1971年に取り壊されたレ・アールは、政治家ジョルジュ＝ウジェーヌ・オスマン(1809-91)が推進したパリ大改造計画の産物だった。都市にとって重要な食品市場であったからこそ、鉄とガラスによる建て替えの第1候補となったというものだ。

　鉄やガラスは機能的であるだけでなく、融通がききやすい。このような実用的な性質が、建築の風格など気取る必要のない建物には理想的だった。一方でこのレ・アールでは、1つの可能性が実現されなかった。当初の案では、鉄とガラスで横幅90mのヴォールトをつくる予定で、これは規模において当時のすべての建築物をしのぐ野心的な構想だった(実現していれば、19世紀末まで世界最大になるはずだった)。とはいえ、実際につくられたものも、十分に印象的だ。6棟に分かれた構造で、大きなガラス窓と、部分的にガラス張りにした屋根を備えている。

フランス国立図書館

- 1868年
- フランス、パリ
- アンリ・ラブルースト
- 図書館

　鉄とガラスの活用を得意としたラブルースト(1801-75)の軌跡は、1840年代に手がけたサント・ジュヌヴィエーヴ図書館に始まり、このフランス国立図書館の壮観な姿へと続く。サント・ジュヌヴィエーヴ図書館は建物の構造をあえて隠さなかったが、フランス国立図書館ではその傾向にさらに拍車がかかり、むしろ積極的にひけらかしている。異例なほどぎっしりと施された繊細な装飾も相まって、完成した建物は見事成功作となった。メインの閲覧室には、テラコッタの扁平なドームが9つ並び、それぞれの頂きに設けた円形の窓から均等に採光を確保している。3本ずつ4列で立つ鋳鉄の柱から、アーチがのびてドームを支える。アーチの下側には、錬鉄による複雑な模様が施されている。

　この閲覧室には荘厳な雰囲気が演出されている——実用本位の工法で最大限の視覚的効果を生んだ——のに対し、書庫のほうは機能性いっぺんとうで、まるで工場のような雰囲気だ。こちらでは書架が4フロアにわたって並び、天井から光を採り入れている。光が下まで届くように、床はシンプルな鉄格子となっている。同じようなつくりのキャットウォークが書架のあいだを走り、機能美を感じさせる。

▶ **光と空気** ラブルーストによる広々とした優雅な閲覧室には、19世紀における知識の広がりと、同時期に高まった公共図書館の重要性が表れている。

エッフェル塔

- 1889年　フランス、パリ　ギュスターヴ・エッフェル、ステファン・ソーヴェストル　塔

エッフェル塔は鋳鉄構造を代表する存在として、胸を張らんばかりに堂々とそびえ立つ。どれほど拡大解釈しても、これは「建物」ではありえない。むしろ「宣言」だ。最新技術を大きなスケールで駆使することにより、19世紀後半の工学技術の可能性を強気に、荘厳かつ衝撃的な形で訴えている。

19世紀末の四半世紀における西欧の技術的リードを強く確信し、それをストレートに表現したという点で、エッフェル塔に並ぶ建物は世界のどこにも存在しない。フランス革命の始まりから100周年を記念し、1889年に開催されたパリ万国博覧会の目玉として、この塔は建てられた。

この塔を生み出したのはギュスターヴ・エッフェルだが、細部の大半はステファン・ソーヴェストル（1874-1919）によるものだ。4つの巨大なアーチが2階部分でタワーの基盤に連結するのも、頂上を球形にしたのも、ソーヴェストルの設計である。基本設計は、風の抵抗の軽減を図った結果だった。つまり、この塔の優美さは、工学技術から命じられて生まれたのである。「悲惨きわまりない街灯」と評されるなど、批判も当然ながらあったが、それでもこの塔の建造は最初から大成功だったのだ。エッフェルが郊外に構えた工場で1万8038個の部品をつくり、それを現地で組み立てることにより、彼の建築手法の正しさを証明した。そしてこの塔は、近代都市パリの象徴として真っ先に思い浮かぶ存在となったのである。

基本データ　エッフェル塔の高さは300m、重量は7300t、リベットの数は250万個、階段は1665段である。

ギュスターヴ・エッフェル

ギュスターヴ・エッフェル（1832-1923）は、19世紀後半のフランスが輩出した卓越した建築家である。数々の橋のほか、エッフェル塔、ニューヨークの自由の女神像の骨格など、ヨーロッパ全域で多くの画期的な金属製建築物を手がけた。エッフェルはその傑出したキャリアの晩年を、気象学、無線電信、空気力学といった分野の科学的研究に捧げた。

人民の家

- 1899年　ベルギー、ブリュッセル
- ヴィクトール・オルタ　公共施設

「人民の家」と呼ばれるこの建物は、鉄とガラスの構造をベースとする新しい建築物の台頭が、ひとつの決定的な段階に来たことを告げるものだった。中央にホールを備えた公民館であると同時に、一部は社会党の党本部として使用された。巧みな設計で、いびつな土地を活用している。建築家ヴィクトール・オルタ（1861-1947）が、アールヌーヴォーを取り入れて鉄やガラスを目を見張るような形で活用し、本領を発揮したことは重要である。曲がりくねっていたり、かと思うと機能的であったり、きわめて独創性の高い作品になった。1962年に解体されている。

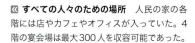 **すべての人々のための場所**　人民の家の各階には店やカフェやオフィスが入っていた。4階の宴会場は最大300人を収容可能であった。

フレシネ飛行船格納庫

- 1923年　パリ、オルリー
- ウジェーヌ・フレシネ　空港

オルリー空港の飛行船格納庫は、純粋な技術的ソリューションが驚くほど優美な構造を生み出した典型的な例である。オルリーの建築技師ウジェーヌ・フレシネ（1879-1962）は、飛行船を格納する耐久性のある建物を、可能な限り低コストでつくるという難題を抱えていた。飛行船は円筒の形をしているので、空間の無駄が一番少なくなるアーチ型の構造が望ましい。だが、全長175m、幅91m、高さ60mといった条件に鑑みると、技術的に一筋縄ではいかなかった。

そこでフレシネが思いついた解決策が、鉄筋コンクリートの使用である。内部に鉄筋を加えて補強すれば、鋼の引張力で圧縮強度が高まる。この技法は、1890年代初期にフランスで初めて採用されたものだ。フレシネは放物線状の独立したアーチをつくり、窓のあるコンクリート帯でつないだ。実用的であると同時に、見た目の効果も高いソリューションであった。

ガッレリア・ヴィットーリオ・エマヌエーレ

- 1877年　イタリア、ミラノ
- ジュゼッペ・メンゴーニ　商業施設

 **統一の象徴**　建築としては伝統的、技術としては大胆。ガッレリアは近代のイタリアを見事に象徴していた。

鉄とガラスの屋根を備えるアーケードはヨーロッパ各地でつくられたが、ガッレリア・ヴィットーリオ・エマヌエーレほど広大で豪華な例はほかにない。ショッピングセンターと人が集まる場を組み合わせたのは、実用的な狙いだけでなく、統一されたばかりのイタリアのシンボルとする狙いがあった。とくに教会と国家の団結を象徴するものとしてつくられた。

十字の構造は、教会の平面構成を反映している。重要なのは、中央から左右にのびる縦のアームが南北に走り、歌劇場（俗世間を意味する）のあるスカラ広場から、大聖堂のあるドゥオモ広場までをつないでいることだ。大聖堂に面した正面入口は、かつてこの国が皇帝の治める国であったことを示そうと、存在感のある凱旋門を表現している。

内部の建築も、時間を自在に行き来するかのようだ。伝統的な石造りの壁と巨大な付け柱がルネサンス期やバロック期といった過去を表現し、ガラスと鉄の円筒ヴォールトの屋根は大胆な工業的未来を表現している。この2つの意図が調和するのがアームの交差部だ。八角形というレトロなフォルムのドームが、ガラスと鉄という現代的な素材で形づくられた。

AEGタービン工場

- 1909年
- ドイツ、ベルリン
- ペーター・ベーレンス
- 工業施設

　ペーター・ベーレンス（1868-1940）が設計したAEGタービン工場は、モダニズムの先駆けとして代表的な存在だ。まったく新しい種類の建物で、内部も外部も完全に機能的でありながら、明らかに建築作品として評価されることを意図している。近代性と実用性によって丹念に美を生み出した作品ということもできるだろう。大きな窓、むき出しになった鉄骨、そしてそれらが突き出た屋根の下にすっぽり収まっているという、シンプルながら大胆なフォルムがその美を実現した。装飾と呼べるのは隅の粗面仕上げのみだが、それすらも新古典主義をきわめて概略的に表現したにすぎない。

工業建築　労働の場である工場の巨大さに、威厳をただよわせるというのは、きわめて新しい試みだった。

ガルガウ農場牛舎

- 1925年
- ドイツ、リューベック
- フーゴ・ヘーリング
- 農業施設

　フーゴ・ヘーリング（1882-1958）はモダニズム発展の中枢となった人物だ。ベルリンのミース・ファン・デル・ローエ（1886-1969）とも親交が深く、1920年代のドイツで強い影響力をもったモダニズム建築家団体「ザ・リング」の創設メンバーでもある。にもかかわらず、ヘーリング自身のことはよく知られていない。彼の作品はおもに理論で表現され、実際の建築にはほとんど携わらなかったのが一因だ。リューベックのガルガウ農場牛舎は彼のもっとも有名な建築物だが、これも本当はもっと大きな複合施設の一部にする目論見だった。建築は具体的なニーズに応えた結果でなければならない、というのが彼にとって大前提だった。どんな建物であっても、形のための形ではなく、必要性に合わせた形でなければならないということだ。

機能的なフォルム　ヘーリングの牛舎が奇妙な形をしているのは、酪農業のニーズと伝統を幅広く調査した結果だった。

マーシャル・フィールド・マーチャンダイズ・マート

● 1930年　▲ 米国、イリノイ、シカゴ　✎ グレアム、アンダーソン、プロブスト、ホワイト　▲ 商業施設

▼ **産業用ならではのスケール**　巨大なマーチャンダイズ・マートには、鉄道駅もあり、専用の郵便番号もあった。

マーチャンダイズ・マートの建設を発案したのはジェイムズ・シンプソン。デパートのマーシャル・フィールドで社長（任期1923-30）、シカゴ都市設計委員会で会長（1926-35）を務めた人物である。建設の狙いは、市内13か所に倉庫が分散していたマーシャル・フィールドの卸売部門を統合することだった。しかしオープンから半年で大恐慌が到来し、仕方なく卸売部門をたたむことになった。

この巨大な25階建てビルは、現在でも世界最大規模の商業施設である。竣工した1930年当時は世界最大の建築物だったが、その冠は1943年にペンタゴンに譲った。いまは見本市会場として使用され、貿易センターとしては世界最大。デザインセンターでもあり、カンファレンスやセミナーも開催される。1986年、当初の建築家たちによって建物の修復がおこなわれた。

モナドノック・ビル

● 1889〜91年　▲ 米国、イリノイ、シカゴ　✎ ダニエル・バーナム、ジョン・ルート　▲ 商業施設

モナドノック・ビルは、建築としての古さと新しさの両面を兼ね備えている。構造という面では古いほうに属し、「大きな石造りの塔の末裔」ともいわれる。鉄も使っているが、建物を支持するのは耐力壁で、1階ではその厚みが2mもある。

しかし、その他の重要な点で見れば、この建物は明らかに先進的だ。そのひとつは高さ60m、16階建てという巨大さであり、当時世界最大のオフィスビルであった。米国の自信を驚くほど大胆に宣言したというわけだ。同じく重要な点として、巨大建物の内装にまったく新しいアプローチを取り、根強かった歴史主義の面影をほぼ全面的に消し去ったことがある。装飾を排した必要最低限のシンプルさで、これがモダニズムにつながったと見られる。

とはいえ、当初から意図していたわけではなく、最初の設計では非現実的なエジプト風の建物にする予定だった。バーナム（1846-1912）とルート（1850-91）は時間をかけるうちに、装飾を排除すれば建物を引き立たせ、パワフルな統一感を出せると気づいていった。装飾のない直線でつくられた建物に変化をつけるのは、ぎっしりと並んだ窓だけである。

ウェインライト・ビル

- 1891年　米国、ミズーリ、セントルイス
- ルイス・ヘンリー・サリヴァン　商業施設

サリヴァン（1856-1924）が手がけたウェインライト・ビルは、摩天楼とモダニズムの発展を示唆する初期の兆しであった。サリヴァンはひときわ先進的な思考をもつ建築家で、モダニズムの中心的信条「形態はつねに機能に従う」という言葉を残した人でもある。この信条が導く帰結として、建物の外観は基本構造を反映したものでなければならない。ウェインライト・ビルの場合、それは鉄骨構造を生かすという意味だった。

じつのところ、サリヴァンはウェインライト・ビルでこの金言を完全には守っていない。鋼の垂直材を大胆に煉瓦で覆った直立材が窓をはさんで並び、鉄骨構造を印象づけている程度だ。隅の垂直材がほかの部分より幅広になっているのも、構造的な理由はない。とはいえ、メインフロア7階分の統一感は見逃すわけにはいかない。サリヴァンはいう。窓のひとつひとつが「蜂の巣の穴」であり、「すべて同じなのだから、すべて同じように見えなければならない」。とはいえ、装飾には古典主義の趣も残しており、窓の下の横帯にはテラコッタのパネルがぎっしりと飾られている。最上層はさらに充実した装飾が施され、屋根にはがっしりしたコーニスが前に突き出している。

機能性が勢ぞろい　1階には店舗が、上階には銀行、オフィス、その他利用者のための施設が入っている。

ブラッドベリー・ビル

- 1893年　米国、カリフォルニア、ロサンゼルス
- ジョージ・H・ワイマン　商業施設

ブラッドベリー・ビルは変わっている。もっぱら独学で知識を積んだ無名の建築家によって、ある鉱山業界の大物のために建てられた。外観は平凡で、煉瓦と砂岩を使った5階建ての箱だ。利用しやすいルネサンス様式でつくられている。ところが、内装はきわめて非凡。主役となっているのは、巨大なガラス屋根から光を受ける中庭だ。左右両側に、精巧な鋳鉄製の階段がある。アトリウムの両側に、互いに向き合うようにして、水圧式のガラスのエレベーターがあり、機械部分が完全にむき出しになっている。錬鉄、つや出しをした煉瓦、大理石、タイルがなかを埋め尽くし、その効果には度肝を抜かれる。

目を奪われる光景　ブラッドベリー・ビルは、ロサンゼルス市内でもっとも古い商業施設のひとつだ。

リライアンス・ビル

- 1894年　米国、イリノイ、シカゴ
- ダニエル・バーナム、ジョン・ルート　商業施設

バーナムとルーツの手になる14階建てのリライアンス・ビルは、まさしく摩天楼だ。下から4階までは1890年、残りは1894年に増築されたものである。外観にはっきりと鉄筋構造が見えていて、コンクリートを多用し、巨大な窓があるなど、摩天楼のおもな特徴がすべてそろっている。当時はこの窓の存在が激しい議論を呼んだ。これほど大きな建物に、これほど広範囲にガラスを使用して、構造が致命的に弱くならないわけがない——と。各階のあいだに施された繊細なテラコッタのパネルや、建物の高さいっぱいに並ぶ張り出し窓、そしてはっきりと強調されたコーニスも、バーナムとルーツの設計の典型的特徴である。

フラットアイアン・ビル

- 1902年　米国、ニューヨーク
- ダニエル・バーナム　商業施設

フラットアイアン・ビルの誕生によって、摩天楼時代は完結した。大げさなほど強調された装飾は、摩天楼の典型というわけではない。だが、5番街とブロードウェイが出会う混雑した立地のせいで、図らずも三角形という異例の形になり、これがドラマチックさを強めている。丸みを帯びた「船首」部分の先は、幅が2m以下しかない。

　当初「フラービル」と呼ばれたこの建物は、驚嘆の的であった。「フラットアイアン」というのは、建物がアイロンに似ていることに由来するニックネームだが、のちに周辺一帯をふくめた呼称となった。高さ87mの22階建てで、当時においては世界最高層オフィスビルだ。一時期は、ニューヨークの新しい富裕層にとっての力強いシンボルと見なされていた。鉄骨、大がかりなエレベーター、強い存在感をもつ垂直材と水平材が規則正しく繰り返される外観など、この建物の構造的特徴はたちまち摩天楼の定番となる。しかし、設計者のバーナムは過去と決別していたわけではない。過去とは劇的に異なる20世紀の高層ビルの先駆けでありながら、ルネサンス様式のさまざまな装飾をもちこみ、少しばかりゴシックの特徴もスパイスとして加えている。

>> **過去と未来が混ざり合う**　石灰岩でできた三角形の建物は、ギリシア風の顔や花の装飾で飾られている。

>> ### ダニエル・バーナム

バーナム（1846-1912）はシカゴ派を代表する建築家のひとりである。その中心的役割を認められ、1893年にシカゴ万国博覧会が開催された際、建設の総監督に任命された。ワシントンDC、サンフランシスコ、そしてシカゴの都市計画にも密接に関与した。

機械の時代 309

シュレディンガー・アンド・マイヤー・ストア

- 1906年　米国、シカゴ
- ルイス・ヘンリー・サリヴァン　商業施設

のちにカーソン・ピリー・スコット・ストアと名を変えるシュレディンガー・アンド・マイヤー・ストアは、ルイス・ヘンリー・サリヴァン（1856-1924）が最後に手がけた大型建築である。このデパートは3段階に分けて建設が進められた。1899年に4階まで建てられ、1903年から1904年にかけてさらに12階を増築。1906年に完成させたのはダニエル・バーナム（p.308）だが、作業はサリヴァンの当初の設計に沿って進められた。

この建物は、サリヴァンが自分の建築でつねに取っていたアプローチを存分に発揮している。機能によって決定する形態と、贅沢な装飾を好むテイストを、特徴的に組み合わせているのだ。たとえば1階と2階は、わずかにアールヌーヴォー調の鋳鉄製の装飾であふれている。残りの部分は、軽量なテラコッタで覆われている。とはいえ、建物の主役となっているのは水平と垂直に走る力強いアクセントだ。鉄骨構造を正確に反映しており、隅の優美なカーブを除けば完全に統一され、幅広で存在感のある垂直材が枠組みとなっている。結果として、きわめて安定感のある建物となった。

◀ **永遠に目的をまっとうする**　シュレディンガー・アンド・マイヤー・ストアは、建設から100年以上経ったいまもデパートとして使用されている。

フォード・ルージュ・ガラス工場

- 1917年以降　米国、ミシガン、ディアボーン
- アルバート・カーン　工業施設

▲ **機能的なモダニズム**　工場設計の出発点は効率性の追求だ。高い生産性を目標に、ここで多数の自動車が組み立てられた。

自動車王ヘンリー・フォードがデトロイト南側のリヴァー・ルージュのほとりに立てた組立工場。1920年代後半ごろまでは、これが世界最大の製造工場だった。エネルギーの需給を自己完結できるよう、巨大な組立ホールのほかに発電設備も備えている。最盛期には12万人がここで働いていた。

建設の責を担ったのはドイツ生まれのアルバート・カーン（1869-1942）である。おそらく米国でもっとも影響力が大きく、まちがいなくもっとも多産な工業建築家だ。推定では1930年の時点で、米国の全工場の2割が彼の事務所カーン・アソシエイツによって設計されていた。このガラス工場（1923年にはフル稼働していた）は、とにかく最高の効果を生む資材を用いて最善の方法で施工する、彼の正攻法アプローチの典型だ。モダニズムの代表者と賛美されることが多いが、「斬新さのための斬新さを狙い、基本を軽視して、奇抜さやエキセントリックさに甘えるような輩」は相手にしなかった。

ゴシック・リバイバル

1800年ごろ〜1910年

気まぐれと空想から始まったゴシック・リバイバルは、イギリス国教会のヴィクトリア朝高教会が好む様式として台頭し、大英帝国と欧米全域に伝播する。神の存在を否定するがごとき産業世界をおそれ、はじかれるように天を仰ぎ、過去を振り返ったのである。

ゴシック・リバイバルは18世紀後半のイギリスで文学運動として生まれ、舞台芸術として広がった。やがて建築にも浸透し、ジョージア朝建築を派手にしただけのような華奢な教会や別荘がつくられる。ピュージン（p.292）の強い主張――『キリスト教建築復興のための弁明』『対比』『キリスト教建築の真の原理』といった著書に詳しい――を経てはじめて、この着飾った様式は真剣な建築学的追求に変わっていった。

新しくなったゴシック様式

メルボルン、上海、ムンバイ、ソウルといったはるか遠方の街々においても、ゴシック・リバイバルの教会が空を突き刺している。19世紀に熱心に展開された信仰復興運動の産物として、ゴシック主義なら古典主義の厳格さから逃れられると感じた建築家たちにより、新しいゴシック建築はつくられていく。ゴシック様式は形が自由で、機能的かつ自然と考えられており、建築家にとって工夫の余地が広かったのだ。

イギリスが世界最大のパワーをもつようになった時代にゴシックが選ばれたのは、外国の影響を受けない建築物への強い希求があったことも一因だった。ロンドンに新しく建設されるウェストミンスター宮殿（p.313）のデザインコンペでは、「ゴシックまたはエリザベス朝様式のいずれかで」という条件がついていた。どちらもイギリスらしさを体現する歴史的様式と信じられていたからだ。ゴシック様式がそもそも十字軍時代に西と中東の融合として生まれた点は忘れられていたわけだが、歴史ある、すなわちイギリスらしいということで、すぐにウェールズ、アイルランド、スコットランドのものでもいいことになった。1800年代半ばの若きゴシック派建築家にとっては、アンドレーア・パッラーディオが設計した別荘や教会をすべて合わせたよりも、ソールズベリー大聖堂（p.190）ひとつに価値があったということだ。

◧ **ゴシック様式に触発される** サー・チャールズ・バリーが設計したウェストミンスター宮殿。15世紀に人気だったゴシックの垂直様式をベースにしている。ゴシック派の建築家オーガスタス・ピュージンが手を貸した。

ゴシック・リバイバル 311

基礎知識

　内も外も豪華に飾り立てるゴシック・リバイバルは、力強く復興した19世紀のキリスト教に駆り立てられて、かなり極端な構造物を生み出した。応用範囲の広い様式は、教会限定ではなく、キリスト教の建物でも、公会堂でも、高級ホテルでも、必ずドラマチックになるのが共通点だった。

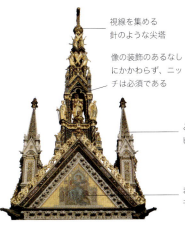

視線を集める針のような尖塔

像の装飾のあるなしにかかわらず、ニッチは必須である

とがったピナクル

きわめて精巧なモザイクのある切妻

△ **過剰な装飾の尖塔**　ゴシック・リバイバルの尖塔は、クロケットやピナクル、金箔がふんだんに使われ、きわめて装飾性の高いものが多かった。写真は金箔で飾られたロンドンのアルバート記念碑。

▷ **カラフルなステンドグラス**　19世紀のステンドグラスは、中世より暗く、美しいが光を通さないものが多かった。

△ **多色煉瓦の活用**　耐久性が高い色のついた煉瓦が大量生産され、教会でも一般の建物でも、内装と同じく外観も豪華に飾れるようになった。

▷ **時計塔**　中世の公会堂をベースにした時計塔。もっとも有名なのは、バリーとピュージンが手がけたウェストミンスターのセント・スティーヴンズ・タワーや、アルフレッド・ウォーターハウスが設計したマンチェスター市庁舎（写真）である。

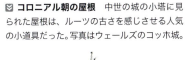

◁ **コロニアル朝の屋根**　中世の城の小塔に見られた屋根は、ルーツの古さを感じさせる人気の小道具だった。写真はウェールズのコッホ城。

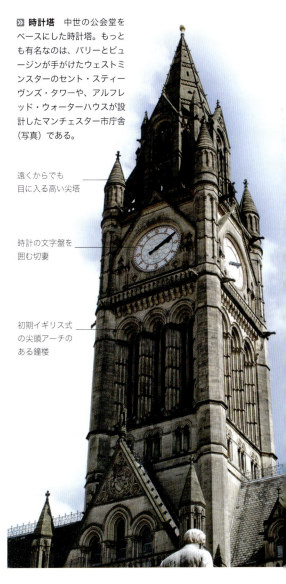

遠くからでも目に入る高い尖塔

時計の文字盤を囲む切妻

初期イギリス式の尖頭アーチのある鐘楼

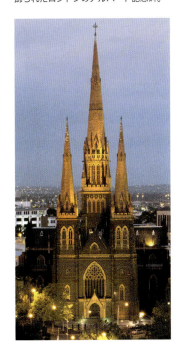

◁ **高い尖塔**　メルボルンのセント・パトリック大聖堂のように、都会の稜線から高くおどり出る細長く尖った塔は、この様式の明らかな特徴である。

フォントヒル僧院

- 1796年
- イングランド、ウィルトシャー
- ジェイムズ・ワイアット
- 住居

　フォントヒル僧院は、金づかいの荒い政治家ウィリアム・ベックフォードが、まさに金に飽かせて建てさせた住居である。ロマン様式に憧れる18世紀後半の解釈で建てたゴシック建築として、最初の、そしてもっとも卓越した作品といえる。

　高さ85mに及ぶ八角形の塔が中心からそびえ、そのなかには部屋がある。おそらく世界一高い場所にある部屋だろう。地上37mのところで、この塔から4つの翼棟が広がり、北と南はそれぞれ122mの長さをもつ。塔は1807年に倒壊し、再建されるも1825年に再び倒壊。現在は崩れかけた廃墟のみが残る。

チードルのセント・ジャイルズ大聖堂

- 1846年
- イングランド、スタッフォードシャー
- オーガスタス・ピュージン
- 宗教施設

　本格的なゴシック・リバイバルの第1段階を代表する重要人物で、才気あふれる建築家であったオーガスタス・ピュージン（p.313）は、疲れ知らずの精力的な仕事ぶりで、賛否両論を巻き起こす刺激的な設計を多く披露した。セント・ジャイルズ大聖堂は、設計も細部装飾もゴシック様式であるばかりか、この様式のあり方を忠実に守って地元の資材を活用している。威厳のある尖塔には、装飾を凝らしたトレーサリーと多数のピナクルがある。東側の窓の両側のニッチには像があり、屋根は数段階になっている。内部は、壁画と凝ったステンドグラスの窓で豪華に装飾されている。

トゥイッケナムのストロベリーヒル

- 1777年
- イングランド、ミドルセックス
- ホレス・ウォルポール
- 住居

あっぱれな非現実さ ストロベリーヒルの舞台セットのような優美さは、ほぼ半世紀にわたり、イギリスのゴシック・リバイバル建築の世界に君臨した。

　18世紀後半のゴシック様式拡大にあたり、ホレス・ウォルポール（1717-97）以上に影響力をふるった人物は存在しない。彼がロンドン郊外に建てた住居、ストロベリーヒルも、当初は漠然としていたゴシック・リバイバルにおいて、もっとも重要な意味をもつ建築物だ。ゴシック・リバイバルは、シノワズリと同じく、パッラーディオ様式のいかめしいフォーマルさの対極として提示された。その結果生じたのがロココとゴシックの融合だ。ロココを見習う場合もあったが、たいていはひたすら装飾重視で、人を引きつけるかどうかが最優先だった。庭に華美な建築物や偽の廃墟を置いた18世紀半ばの嗜好がルーツであるのは明らかだ。

　ストロベリーヒルは、多数の建築家が携わり、何年もかけて工事が進んだ。塔、小塔、胸壁、ピナクルなどゴシックらしい要素をふんだんに見せつつ、大胆にも意図的に左右非対称にしている。

ウェストミンスター宮殿

● 1860年　🏛 イングランド、ロンドン　✎ チャールズ・バリー、オーガスタス・ピュージン　🏛 公共施設

1834年に最初のウェストミンスター宮殿が焼失すると、19世紀最大の建築論争が巻き起こった。再建する建物はゴシック様式にすべきか、ギリシア様式とすべきか。答えはその両方で、設計においては古典主義、細部装飾においてはゴシック様式が取られることとなる。ウェストミンスター宮殿は高貴なるハイブリッド型建築であり、イギリス建築史のターニングポイントとなった。

宮殿はテムズ川の北側に立ち、古いウェストミンスター・ホールとつながる。川沿いの長いファサードでは塔が主役だ。一番高い塔がヴィクトリアタワーで、高さ102m。中央ロビーの上にそびえる八角形のセントラルタワーは、頂上に尖塔を頂く。北端にあるクロックタワーは四面それぞれに時計があり、5つの巨大な鐘を抱き、その鐘が15分ごとに時を告げる。このクロックタワーは、ロンドンそのものを象徴する存在だ。内部は4階層にわたって、通路と1000以上の部屋が組み合わさっている。

建築家としてチャールズ・バリーを選んだのは正解だった。後期摂政時代の古典主義の王道的作品を手がけている彼には、大規模な建築計画を管理する能力があったからだ。一方でバリーは、ゴシック様式の先駆者でエネルギーあふれるピュージンに細部を任せることも厭わなかった。建物の計算された安定感、左右対称性、そして重厚さを生んだのはバリーであったかもしれないが、おどろくほど複雑な仕上げはまちがいなくピュージンによるものだ。垂直様式の壮麗な雰囲気と同様、インク壺、帽子掛け、ステンドグラスの窓といった細部も、設計図を描くピュージンのペンが軽やかに生み出したものだった。

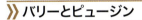

バリーとピュージン

ウェストミンスター宮殿を担当したのはチャールズ・バリー（1795-1860）だったか、オーガスタス・ピュージン（1812-52）だったか、その疑問を解くための研究に長年多大な労力が費やされてきた。だが、これこそが真のコラボレーションといえるかもしれない。型破りだったピュージンに、これほど大きな組織的プロジェクトを率いることはできず、古典主義の染みついたバリーが、建物細部にゴシック装飾を凝らすこともできなかっただろう。

▽ **2つの様式の融合**　「本体は古典主義で、細部はゴシックといったところでしょうか」──このピュージン自身の言葉にこそ、ロンドンでもっとも有名かつ愛されている建物のたぐい稀な魅力が説明されている。

314 産業世界

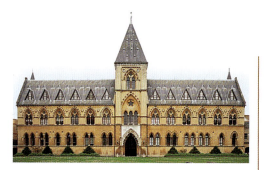

▶▶ **壮麗なる宝庫** この博物館には、オックスフォード大学が所有する膨大な博物標本が収められている。

オックスフォード大学自然史博物館

- 1859年
- イングランド、オックスフォード
- ベンジャミン・ウッドワード
- 博物館

　この大学博物館はヴィクトリア朝盛期ゴシックの建物として唯一の重要な存在であり、ジョン・ラスキンの影響を直接受けている。ラスキンは19世紀ゴシック主義の評論家で、建築の未来をいい当てた人物である。建物は多くの色を使うヴェネツィア・ゴシック様式。これはまさにラスキンが広めたものだ（北国の気候には不向きと警告していたが）。メインホールには斬新な鋳鉄製ゴシック調円柱が並び、大胆にガラスを使った屋根を支える。外観はラスキンが指示した彫刻装飾で埋め尽くされているが、完成はしなかった。

▶▶ **こだわりぬいた細部** ジョージ・ストリートは入念に仕事をする建築家だった。ロンドン王立裁判所の設計図は3000枚以上も描いたという記録がある。

キーブル・カレッジ

- 1875年
- イングランド、オックスフォード
- ウィリアム・バターフィールド
- 教育施設

　ヴィクトリア朝盛期ゴシック主義者たちは、古典主義に対する勝利を確信し、過去を正確に理解していると自負した。それでも、過去の模倣者、過去の奴隷にすぎないのではないか、という不安が離れなかった。バターフィールド（1814-1900）はその不安を見事に払拭する。力強く胸を張るがごときキーブル・カレッジは、驚くほど斬新だ。ヴェネツィア・ゴシックを採用したのはラスキンの影響かもしれないが、最終的には度肝を抜かれるほど独創性に満ちたものになった。

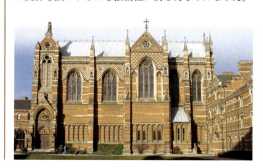

ロンドン王立裁判所

- 1882年
- イングランド、ロンドン
- ジョージ・エドモンド・ストリート
- 公共施設

　ヴィクトリア朝の人々は建築物に対してうるさかった。大型建築物の着工が発表されると、決まって過剰なほど話題になるのだ。ジョージ・ストリート（1824-81）は、王立裁判所の建築を任されたとたん、世間から不当なバッシングにあい、それが早逝の一因ともいわれた。こうした空気を背景として、ヴィクトリア朝盛期ゴシック建築が最後の力を振り絞り、王立裁判所を生み出したのである。

　この印象的な建物は、13世紀フランスを参考にしている。シャルトル大聖堂（p.184-185）に似ており、かすかにロワールの古城も思わせる。外観で一番目をひく特徴はスカイラインだ。急勾配の屋根、塔、半塔が上空を支配している。1階のほぼ全面にのびたアーケードは回廊のようであり、内側の広いホールも身廊を思わせ、教会からひらめきを得て設計したことがうかがわれる。

カーディフ城

- 1885年
- ウェールズ、カーディフ
- ウィリアム・バージェス
- 要塞

ヴィクトリア朝ゴシック建築家の多くは時代にあった建築を意識していたが、ウィリアム・バージェス(1827-81)はファンタジーと気品とを等価値で組み合わせて、贅沢な中世を再現する建物を次々と生み出した。彼のパトロンでイギリス一の大富豪といわれた第3代ビュート侯爵が、あくなき知的好奇心をもち、中世をこよなく愛していたからだ。この2人が生み出す最初の壮大なモニュメントとして、カーディフ城はつくられた。城はノルマン様式だが、基礎部分は古代ローマ時代に建てられたもの。バージェスが天守閣を修復し、華やかな色合いの装飾で内装した。その結果として、奇抜ながら心を奪われる傑作となった。

まさに城 カーディフ城は、力強さとフォーマルさをこのうえなくドラマチックに組み合わせるバージェスの能力を示している。

コッホ城

- 1891年
- ウェールズ、グラモーガン
- ウィリアム・バージェス
- 要塞

建造に赤い砂岩を使ったことから、「赤い城」という意味の名前がつけられた（コッホは「赤」を意味する）。中世の城塞の跡地に立つが、カーディフ城が既存の建物を修復したものであるのに対し、コッホ城は基本的にヴィクトリア朝の建物で、オリジナルの部分はわずかしか残っていない。ビュート侯爵と建築家ウィリアム・バージェスが、理想的な中世の世界を目ざしてビジョンを共有していたことを示す、注目すべき作品である。

ファンタジーの雰囲気をまとわせてはいるが、2人ともこの城で中世のオリジナルを正確に再現する意図があった。そのため、きちんと作動する跳ね橋と落とし格子戸があるほか、地下牢も備えている。圧倒的な外観で、3本の頑丈な円形の塔が、とがった円錐状の屋根を頂く。内部空間は、後期ヴィクトリア朝のアンティーク趣味に工夫を凝らして表現。もっとも強い印象を与える部屋は八角形の応接間で、その上に架かるヴォールト天井には、星降る背景に鳥たちが描かれている。その他の動物の群れも、壁にはっきりと描かれる。装飾の構図は深遠かつ学術的で、侯爵とバージェスが奇抜に解釈した「生と死」を表現している。

壮大なるもの 緑豊かな急勾配の丘という立地が、コッホ城の力感を高めている。

マンチェスター市庁舎

- 1877年
- イングランド、マンチェスター
- アルフレッド・ウォーターハウス
- 公共施設

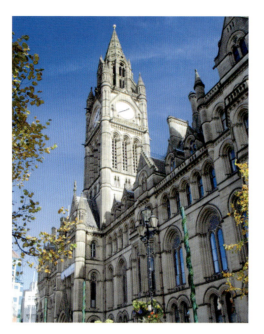

▶▶ **印象的で多様** ウォーターハウスは建物の三方に異なるファサードをつくった。写真は背面のファサード。

アルフレッド・ウォーターハウス（1830-1905）は、サー・ジョージ・ギルバート・スコットと同じく、ヴィクトリア朝建築家として成功した代表的存在だ。多数の建築を監督し、美術館、銀行、オフィス、大学、鉄道駅といった印象的な公共建築物を、自信たっぷりにゴシック様式の作品に仕立てた。

マンチェスター市庁舎は、ウォーターハウスが任命されて手がけた初期の大型建築物のひとつ。富を築き街を拡大している市民の誇りを表現するならゴシック様式が最適だ、という宣言だった。内部も外観も細部が美しく飾られ、豪華なホールが並び、印象的な階段があり、発想の妙も凝らされている。つねに実用性を重視したウォーターハウスは、中庭を囲むように建てることで最大限の光量を確保し、いびつな三角形の土地を巧みに活用した。

セント・パンクラスの ミッドランド・グランドホテル

- 1871年
- イングランド、ロンドン
- ジョージ・ギルバート・スコット
- ホテル

サー・ジョージ・ギルバート・スコット（1811-78）が設計したセント・パンクラス駅のミッドランド・グランドホテルは、ヴィクトリア朝盛期ゴシック様式の下品さの象徴だ――20世紀半ばには多くの人がそう感じるようになり、醜いこときわまりない建物だと糾弾されることもしばしばだった。しかし、最近の評価はそれほど厳しいものではない。ウェストミンスター宮殿（p.313）と同じく、ロンドンで即座に目につく建物であっただけでなく、竣工当時はもっとも愛された建物でもあったのだ。重厚な赤い煉瓦造りが際立たせる切妻、小塔、トレーサリーは堂々として大胆。同様に建物の広大なカーブと、それが生み出す非対称性が、明らかなエネルギーをただよわせている。2011年には完全に修復され、セント・パンクラス・ルネサンスホテルとして再開した。

▶▶ **エネルギーと勢い** 典型的な「鉄道ホテル」。駅にみなぎる喧騒が表れている。

リヴァプール大聖堂

- 1903年以降　イングランド、リヴァプール
- ジャイルズ・ギルバート・スコット　宗教施設

多少の見直しと知恵があれば、ゴシック様式でも完璧にモダンな建築物を生み出すことができる。リヴァプール大聖堂がその好例だ。ゴシック・リバイバルを支持したジョージ・ギルバート・スコットの孫、ジャイルズ・ギルバート・スコット（1880-1960）は、22歳という若さでイギリス最大の国教会を設計した。建築には75年がかかり、彼の存命中は完成しなかった。

この巨大な大聖堂は特別な建物だ。堂々たる佇まいで、広大で影を帯びたマッス（量塊）の配列も見事。外観はずっしりした赤い砂岩だが、ヴォールトの屋根にはコンクリートを使用している。中央の交差部の上には力強い四角い塔がのびる。内部は装飾にスペイン様式を参照している。建物の内部と外部、どちらがより印象的かを決めるのはむずかしいが、不気味なほどの存在感があるのは確かだ。一度目にすれば脳裏を離れない建物である。

長い建設期間　スコットは1932年に高さ101mの塔を完成させたが、身廊の公開を待たずに死去した。

サンダーランドのセント・アンドリュー教会

- 1907年　イングランド、サンダーランド
- E・S・プライアー　宗教施設

サンダーランド郊外、ローカーの創意工夫にあふれる教会を手がけたE・S・プライアー（1852-1932）は、スコットがリヴァプール大聖堂で用いた新しいダイナミックな表現方法を使って、ダラム大聖堂（p.176–177）の様式をつくり変えてみせた。

外観は単調で飾り気のない石が使われ、粗削りで断固とした力強さがある。この効果を強調しているのは、東端にあるずっしりした塔と、隅にある急角度の塔、そしてきわめて小さい窓。地味なモールディングが唯一の装飾といえそうだ。簡略化された銃眼付きの胸壁が、城のような印象を強めている。

内部は床から屋根の最頂点まで巨大な尖頭アーチが広がっており、まるで石造りの大型船がひっくり返っているかのよう。アーチの基部には穴があり、トンネルに似た通路になっている。大きな窓はおおまかにいえば初期イギリス風で、かたくなに簡素を貫いた石のトレーサリーとともに、東端を席巻している。

ギルフォード大聖堂

- 1961年　イングランド、ギルフォード
- エドワード・モーフェ　宗教施設

ギルフォード大聖堂は、イギリスにおけるゴシック・リバイバルが最後の力を絞って生まれた建物だ。街の近代性を強調する目的で、煉瓦だけで建てたゴシック建築だった。高所にあるせいで強烈な印象を受けるが、実態はそれほどでもない。西側の正面は3ベイあり、奇妙に小さく見える入口の上に、3つの細長い尖頭アーチ窓がのびる。交差部に鎮座するのは四角い塔で、遠目には印象的だが、その煉瓦細工に近寄っても胸は躍らない。勇気ある努力作ではあるが、部分的にしか成功していない。

追加の装飾　ヨークの建築物専門の彫刻家、チャールズ・ガーリーの手になる像が、2005年に大聖堂の西側正面に加えられた。

ウィーンのヴォティーフ教会

- 1879年　オーストリア、ウィーン
- ハインリヒ・フォン・フェルステル　宗教施設

ゴシック・リバイバルは、当初は完全にイギリス国内の流行だった。ゴシックの「ピクチャレスク」な美しさを取り入れようと試み、のちにヴィクトリア朝最盛期においては、正しい「国家としての」キリスト教建築を体系的に目指そうとした。そもそもこの様式のルーツはフランスにあるのだから、皮肉な話といえるかもしれない。こうした背景に鑑みれば、英語圏以外でそれほど信奉者がいなかったのも当然のこと。結局のところ、ゴシック・リバイバルは19世紀半ばに流行した「過去に回帰する建築トレンド」のひとつでしかなかった。

それでもゴシック・リバイバルはヨーロッパ全域にぱらぱらと広がった。ウィーンのヴォティーフ教会は、ケルン大聖堂を通して理解した13世紀のフランス・ゴシック様式を見事に具現化した例である。皇帝フランツ・ヨーゼフ1世が暗殺を免れたことへの感謝を表するため、事件が起きた場所に国家神殿として建てられた。

最大の特徴は、垂直ラインが天高くのびていることだ。西端のスリムな塔は、高さ99mの尖塔となっている。上へのびようとする勢いは、鋭角の切妻がついた扉や窓、交差部の上のフレッシュ(細身の木製の塔)、レースに似た飛梁でも呼応している。急勾配の屋根にあしらわれた複雑な菱形模様が、装飾のインパクトを強める。内部空間は印象的な優美さをただよわせる。やや活気がないと感じるのなら、それはおそらく、過去の様式を2つ以上再現しようと試みた結果だろう。

▶ **西側の正面**　フランスの盛期ゴシックが、ある程度うまく再現されている。

ニューヨークのトリニティ教会

- 1846年　米国、ニューヨーク
- リチャード・アップジョン　宗教施設

イギリス生まれのリチャード・アップジョン(1802-78)が設計したトリニティ教会は、米国にゴシック・リバイバルが到来したことを告げた大型作品である。キリスト教との結びつきとピクチャレスクな美しさが評価されたゴシック様式を生かして、当時のイギリスの教会に似た優美な建物を生み出した。結果的に、世紀半ばの本格的かつ学問的なゴシック様式ではなく、ややゴシックといった体だが、それでも魅力的だ。4つの上品な小塔を載せるスリムな塔には、とりわけ圧倒される。

◀ **のびやかにそびえる**　トリニティ教会に見られるゴシック様式の垂直ラインは本当に美しく、目を奪われる。

セント・ジョン・ザ・ディヴァイン大聖堂

- 1892年以降　米国、ニューヨーク
- 複数　宗教施設

セント・ジョン・ザ・ディヴァイン大聖堂は、米国でゴシック・リバイバルが長続きしたことを物語る存在だ。1892年に大胆なロマネスク調で着工したが、1911年以降に大々的に改造され、ラルフ・アダム・クラム(1863-1942)によって本格的な13世紀の半英半仏の様式となった。

工事の第1段階でつくられたのは聖歌隊席と交差部のみ。交差部の上の浅いドームが、あくまで一時的という意図で架けられた。第2段階では、東端にフランス風のシュヴェ、具体的には回廊と7つの礼拝堂に囲まれた円形のアプスが、1918年に加えられる。1920年代からは巨大な身廊の工事が始まり、それに釣り合うように聖歌隊席も改造され、それぞれ1941年に完成した。

その後も、完成を目ざす工事が折に触れ続けられている。だが、クラムが想定した袖廊と塔はできておらず、完全に竣工する可能性は低い。

ゴシック・リバイバル | 319

ウールワース・ビル

● 1913年　🏛 米国、ニューヨーク　✎ キャス・ギルバート　🏢 商業施設

ニューヨークのウールワース・ビルは、奇妙なハイブリッド型建築物だ。先進的な鉄骨構造には強い未来指向が見られる一方で、そのモダンさを埋め合わせるかのように、ゴシックというドレスで着飾っている。F・W・ウールワースの発案で建てられたこのビルは、高さ241m。最初の約20年間は世界一の高層ビルだった。また、世界でもっとも高機能なエレベーター・システムを備えていた。

外観で何より記憶に残る特徴は、巨大な中央の塔である。この30階にわたる塔は、同じく巨大な29階分の基盤の上にそびえている。銅で覆われた頂上に、さらに塔と小塔とランタンが異例の組み合わせで載っている。

キャス・ギルバートは、外観全体を繊細なクリーム色のレースを思わせるテラコッタで包んでおり、水平の要素はほぼ皆無だ。テラコッタは雨で洗われるため、建物の外見は新しく明るい外観が保たれる。内部は、高層にある窓から光が入る。正面入口には精緻に彫刻されたゴシックの装飾が散りばめられ、それが繰り返され数を増しながら、4段に重なる塔が空を目ざしている。内部でもっとも目を奪われる要素は、贅を尽くしたロビーのアーケードだ。平面構成は十字形で、天井はヴォールト、出入口とエレベーターまわりは大理石およびブロンズで凝ったゴシック装飾が施されている。猛烈な勢いで発展した米国の商業を象徴するモニュメントである。

》 キャス・ギルバート

ギルバート（1859-1934）は、米国における建築の発展に多大な影響を及ぼした。公共の建物を数多く設計し、たくさんの建築家の手本となった。しかし歴史を過剰に重視する点が、モダニズムの観点から冷笑された。現代になって、彼の職人的姿勢と先見の明が再評価されている。

》 **遠近法の活用**　頂上のゴシック様式の細部が地上からでもはっきり見えるよう、きわめて巨大につくられている。

懐古趣味と奇抜趣味

1850年ごろ〜1914年

新たに蓄積した富、新しい建築方法、そしてヨーロッパ各国に広がっていた郷愁と、統一や独立のための苦闘……こうした要因が組み合わさって、19世紀後半には強烈な印象を与える建物が続々と誕生した。奇抜な作品が多いが、国家の重要なシンボルとしてつくられたものもある。共通点はどれも目を奪われることだ。

産業主義とゴシック・リバイバルへの反動として、19世紀後半には新たな建築様式が慌ただしく広がり出す。イギリスのアーツ・アンド・クラフツ運動の建築家たちが設計した住宅の多くは、蒸気やら煙やら、やかましくピストン運動する機械やら、消費ありきの産業世界のあれこれから解放された世界へ戻ろうと意識していた。ところが、最高の職人がつくる建築物にも、往々にして最新の国内技術が利用された——これは大いなる矛盾である。建築家たちにとってはおそらく不本意だったろうが、そうした建物は20世紀の郊外住宅のモデルとなり、最終的にはアーツ・アンド・クラフツ運動の支持者が愛した村や牧草地にも広がっていった。それ以外の場所ではどうだったかというと、ドイツやイタリアをはじめとする統一されたばかりの国々から、思い入れたっぷりの国家的モニュメントが新たに生まれ、それはあっというまにキッチュに転落していった。

奇天烈な建築

ノイシュヴァンシュタイン城（p.323）、ペーナ宮殿（p.324）、サグラダ・ファミリア（p.330-331）、ドローゴ城（p.332）——これらの例を見ればわかるとおり、完全なるファンタジーを原動力に、世界各地で夢の世界のような建築物が生まれた。サグラダ・ファミリアのアントニ・ガウディ、ドローゴ城のエドウィン・ラッチェンスなど、真の大物建築家が手がけたものもある。興味をそそられるのはまちがいないが、少々常軌を逸した好き放題の建築という印象も否めない。とはいえ、それは必ずしも悪いことではない。富豪と、未来を見据えた建築家が、建築という物語のうえで重要な役割をドラマチックに果たしたのだから。こうした建物の多くは、長年にわたる外国からの支配や、政治的・経済的低迷への強い反動でもあった。遠慮なしのエネルギーを感じるのは、そのためだ。

◀ **ノイシュヴァンシュタイン城** 中世を真似た小塔と、ビザンティン様式からロマネスク様式、ゴシック様式までを網羅した内部装飾をもつこの城は、バイエルン王ルートヴィヒ2世の気ままな別荘として建てられた。

懐古趣味と奇抜趣味　321

基礎知識

　この時期の建築を語るキーワードは、バラエティ豊か、そして無節操。過去の豪華さと競い合いたいという欲求が、一部では真に革新的な設計と結びついた。中世とルネサンス期に立ち戻る一方で、20世紀の近代運動へも向かおうとする建物が特徴的だ。

◤ **おとぎ話のような城**　もう一度おとぎ話を語ろう、というのがブームだったのだ。ピナクルや小塔や、何段にも連なる屋根を備えた城がヨーロッパ各地でつくられた。もっとも芝居がかっていたのは、アルプス麓のおとぎの城、バイエルン王ルートヴィヒ2世のノイシュヴァンシュタイン城だ。

窓のトレーサリーは植物の茎をもとにデザインされている

◤ **自由な形の窓**　ガウディは石をまるで可鍛性素材のごとく扱い、曲線を描くフォルムで生き物のような建物をつくり出した。写真はバルセロナの集合住宅カサ・バトリョの窓。

おとぎ話めいた特徴的な小塔

◤ **幾層にも重なるウェディングケーキ**　裕福さをひけらかしたい——19世紀後半の建築家や依頼主は、そんな欲求に負けたようだ。過剰なほど飾り立てたバロック装飾という面で、ガルニエが手がけたパリのオペラ座は、まるでお菓子のような建物だ。

細かい装飾が重なり、古典主義のファサードがわかりにくくなっている

◤ **シュールレアリズム建築の特徴**　建物全体でほかの人工物を表現する場合もあった。イェンセン・クリントが手がけたコペンハーゲンのグルントヴィ教会は、巨大なパイプオルガンに似せて建てられた。

◤ **飾り立てたパブリック・モニュメント**　装飾過多といえる建物、ローマのヴィットーリオ・エマヌエーレ2世記念堂は、イタリア統一と初代国王を記念したもので、1911年に完成した。ベルニーニのサン・ピエトロ広場とは対照的。

ポルティコは彫刻で一面に飾られている

イタリアの広場にほぼ必ずあったブロンズ像

翼をもった勝利の神がクァドリガに乗っている

ラホール駅

- 1865年
- パキスタン、ラホール
- ウィリアム・ブラントン
- 鉄道駅

▶ **複数の様式の融合** 機関車がインド亜大陸を「開国」しようという時代に、複数の様式と狙いを組み合わせた駅がつくられた。

おとぎ話めいたバイエルンの城と、中世の修道院と、ムガル帝国のモスクと、19世紀半ばの鉄道技術が赤煉瓦で融合したラホール駅は、要塞として利用する狙いもあった。ウィリアム・ブラントンに与えられた指示は、駅に「防衛の構えを示す特徴をもたせる」ことと、「小軍隊が敵の攻撃から駅を守れるようにする」こと。そこでマキシム機関銃の砲座とする射撃孔をつくったほか、ゴシックとムガルが一体となったアーケードを備える巨大な車庫を、大きな鋼鉄のシャッターで守れるようにした。現在、前庭には石でつくったレプリカの核ミサイルが鎮座していながら、明らかなロマンチシズムをただよわせている。

ムニエ・チョコレート工場のタービン・ビル

- 1872年
- フランス、ノワジエル・シュル・マルヌ
- ジュール・ソルニエ
- 工業施設

▶ **水力発電** パワフルなタービンは、流れの速いマルヌ川の力で動いていた。

ムニエ・チョコレート工場のタービン・ビルは、マルヌ川の真上に立つ。完全な鉄筋ビルの初期試作品のひとつだ。スレンダーな鉄製の外骨格（外から見える骨組み）が斜めにクロスして筋交いとなり、多色煉瓦とセラミックタイルの壁の奥にある内骨格に対して、横方向の安定性をもたらしている。

壁は単に充填されているだけで、鉄骨に助けられて自らを支えている。もっと大きな窓も可能だったはずだが、「建築はまっとうな形で古典主義の比率を守るべき」という発想に縛られていた建築家たちにとっては、小さな窓を使うのが妥当だった。

ファサードに埋めこまれたかわいらしい煉瓦細工とカラフルなセラミックタイルは、チョコレート工場の存在意義——おいしいお菓子の製造という目的を楽しく表現している。ソルニエ（1828-1900）はこのビルを、上質のチョコレートを収めてきれいにラッピングした巨大な箱に仕立て上げた。

ノイシュヴァンシュタイン城

- 1886年　ドイツ、バイエルン　エドアルド・リーデル＆ゲオルグ・フォン・ドルマン　宮殿

雪をかぶった山々を背景に、ノイシュヴァンシュタイン城はまるでおとぎの世界のように、バイエルン中心地にある渓谷にそびえている。ルートヴィヒ2世が詩と音楽と想像の世界に浸るため、あくまで道楽として、広大なスケールで莫大なお金をかけて設計させた。彼が41歳という若さで、しかも実質的に破産して死去したとき、この巨大な建物は3分の1しか完成していなかった。

この宮殿の豪華なタペストリーや壁画や絵画は、中世の神話——とくに白鳥のひく船に乗って乙女を救う騎士ローエングリンの物語——に対するルートヴィヒ2世の執心を表している。現在は、華やかで幻想的な15の部屋が見学者に公開されている。「歌人の間」は、ドイツのアイゼナハにあるヴァルトブルク城の「歌合戦の間」を真似たもので、ローエングリンの父である聖杯の騎士パルジファルの人生に捧げられている。ルートヴィヒ2世の謁見室はビザンティン様式で、コンスタンティノープルのハギア・ソフィア（p.80–81）からひらめきを得た。イミテーションの斑岩とラピスラズリを使った柱と象嵌細工の石柱に支えられ、星の装飾を施したヴォールト天井がある。豪華絢爛で夢想的だが、お湯の出る水道設備に水洗トイレ、そして一種のセントラルヒーティングまで備えていた。

おとぎの国の城　石灰岩で表面を仕上げた煉瓦造りのノイシュヴァンシュタイン城は、ディズニー映画『眠れる森の美女』のヒントになった。

ペーナ宮殿

- 1866年ごろ
- ポルトガル、シントラ
- ルートヴィヒ・フォン・エシュヴェーゲ男爵
- 宮殿

　壮麗、カラフル、そしてひどくエキセントリックなペーナ宮殿は、ルートヴィヒ2世が建てたノイシュヴァンシュタイン城のポルトガル版である。シントラの街を見晴らすこの建物は、聖ペーナを祀るヒエロニムス会修道院があった廃墟に、ポルトガル王フェルナンド2世の宮殿として建てられた。極端なほど風変わりな城で、その建築構成は、ムーア様式、マヌエル様式、ゴシックのモチーフからひらめきを得ただけでなく、バイエルンでつくられるおとぎ話めいた城のセンスをも取りこんでいる。周囲の庭園は、ポルトガル王国の各地から集めた木々や花々でいっぱいだ。近くの岩山には、中世の騎士の格好をした建築家フォン・エシュヴェーゲ男爵の堂々たる像がある。見学者は、王妃アメリーがこの城を離れたときと実質的に同じ内部空間を見てまわることができる。

◀ **山上の不思議の城**　標高450mのシントラ山の頂上に、ドームと小塔、そして明るい赤と黄色に彩られた宮殿がある。

トーヴァルセン美術館

- 1848年
- デンマーク、コペンハーゲン
- ミカエル・ゴットリーブ・ビンデボル
- 美術館

　デンマーク王フレゼリク4世が、多作だった新古典主義のデンマーク人彫刻家ベルテル・トーヴァルセン（1770-1844）の作品を収蔵するため、美術館の建造を命じた。残念ながらトーヴァルセンは開館4年前に死去し、敷地内の中庭のひとつに埋葬されている。この長方形の煉瓦の建物は、複数の様式を大胆に切り替えていく構成だ。明るい黄色の外観は、ギリシア復興様式。小さな円筒型ヴォールトの架かるギャラリーは、神秘的に光が差しこみ、床は目立つモザイクで飾られていてポンペイ風だ。そして、実物大のナツメヤシを描いた壁画のある中庭は古代エジプト風である。

◀ **エキゾチックな展示**　漆喰や大理石を使ったトーヴァルセンの膨大な彫刻コレクションが収蔵されている。

ブリュッセル最高裁判所

- 1883年
- ベルギー、ブリュッセル
- ジョセフ・プラール
- 公共施設

　ブリュッセル最高裁判所は、180m×170mという巨大な基盤からそびえ立つ、並々ならぬ大型建築物だ。ヨーロッパ最大の建築物の座に、かなり長くとどまり続けた。その堂々として重々しい設計は、基本的には古代エジプトとアッシリアの建築を参考にしているものの、建物自体はその他のさまざまな様式——ギリシア、ローマ、イタリア・ルネサンス、バロック——がウェディングケーキの段のように積み重なっている。最頂点は、巨大な中央ホールの上にあるドームだ。路面からの高さは105mある。内部も重厚で、広々とした中央ホールにつながる重々しい通路と階段が貫いているが、法廷と係員事務所にはそれほどスペースを割いていない。

　面積は2万4000m²。20年をかけて、労働者階級の居住区であるマロールをまるごとつぶして建設が進められた。ジョセフ・プラール（1817-79）は完成を待たずに死去している。

アムステルダム国立美術館

- 1885年
- オランダ、アムステルダム
- ペートルス・カイペルス
- 美術館

　2つの中庭のまわりに左右対称で設計された、ネオ・ゴシックと初期ルネサンス様式が融合する美術館。カトリック教会の建築・再建で有名になったオランダの建築家ペートルス・カイペルス（1827-1921）の作品である。カルヴァン派が主流を占めるアムステルダム市当局は、彼の起用に反対だった。金箔のファサードと精巧なモールディングも、質素を旨とする都市を汚すものと見なして、強く反対していた（カイペルスは、装飾をほとんど入れない設計図で承認を取り、建築中に装飾を加えたのだ）。にもかかわらず、この美術館の建築的特徴は、オランダに住むプロテスタントのネオ・ルネサンス派建築家たちに多く取り入れられている。カイペルス自身もその後、市の中央にある鉄道駅の設計を任されるに至った。美術館には150以上の部屋があり、1つのホールはレンブラントの「夜警」を展示するためにつくられている。

ルネサンスの雰囲気　高い塔と急勾配の屋根がフランスの古城を思わせる。

パリのオペラ座

- 1874年
- フランス、パリ
- シャルル・ガルニエ
- 歌劇場

　シャルル・ガルニエ（1825-98）は貧しい家の出で、エコール・デ・ボザールの奨学生として学び、パリの建築家としてはほぼ無名だった。しかし、1861年にセーヌ県知事オスマンが開催した、パリ中央につくる歌劇場のデザインコンペで優勝する。ガルニエはフランス第二帝政の文化的多様性を表現しようと試み、その完成に人生を捧げた。彼の狙いは確かに実現しているが、カラフルな大理石や複雑な彫像を含む装飾の多用はかなり批判された。竣工時には、その構造を「詰めこみすぎた食器棚」と評する意見もあったほどだ。観客席は建物の広さに対して驚くほど狭く、スペースの大半を占めるのは大きなドームを頂くロビーと壮大な階段だ。ふんだんに金箔が施され、豪華なシャンデリアが下げられ、輝く大理石が並んでいる。とはいえ、設計は合理的でよく考えられており、押し寄せた大衆がゆっくり歩かないと観客席へ進めないようになっている。ファサードも同じく精巧なつくりで、おそらくはこの時期の歌劇場には最適であった。

第二帝政期の傑作　ガルニエが手がけたパリ・オペラ座。ネオ・バロック様式で壮大かつクラシカル、そして豪華に表現されている。

◀ **かつての本部** この建物は1967年までロンドン警視庁の本拠地だった。現在はノーマン・ショウ・ビルと名が変わっている。

ロンドン警視庁

- 1890年
- イングランド、ロンドン
- リチャード・ノーマン・ショウ
- 公共施設

　スコットランドの立派な城を参照し、カブ型ドームを頂く小塔を隅に配したロンドン警視庁庁舎（ニュー・スコットランドヤード）は、ヴィクトリア朝を代表するイギリス人建築家リチャード・ノーマン・ショウ（1831-1912）が公共建築の分野で生み出した最初の作品である。花崗岩を使ったいかめしい基盤の上部構造は、赤煉瓦で美しい細工が施され、きれいな石細工の縞模様がある。複数の様式が巧みに融和して取り入れられ、結果的に1つの独特な様式となっている。

ウィーン郵便貯金局

- 1912年ごろ
- オーストリア、ウィーン
- オットー・ワーグナー
- 公共施設

　オーストリアの建築家オットー・ワーグナー（1841-1918）が設計した帝国郵便貯金局は、アールヌーヴォーと初期モダニズム建築の架け橋だ。ウィーン建築の職人技を示す優れた作品でもある。

　簡素ながら上品なファサードは花崗岩と大理石で覆ったが、建築資材としては新しいアルミニウムも積極的に使用した。手すり、屋根を飾る像、ドアの取り付け具、メインホールにある自立する温風孔、そして大理石の厚板を外壁にとめつけるむき出しのボルトにもアルミニウムを使っている。ほぼ曲線になったガラス天井は当初はケーブルで吊す予定で、これは当時においてはきわめてハイテクな工夫だった。実際には、細い鋼の柱と左右の壁のスロットで天井を支えており、その上に架かる平面ガラス屋根が雨や雪を防ぐ。

　ワーグナーは影響力の強い建築家で、1894年からウィーン美術アカデミーの教授を務め、ウィーンの新しい鉄道路線の設計も手がけた。著書『近代建築』も広く読まれている。

コペンハーゲン市庁舎

- 1902年
- デンマーク、コペンハーゲン
- マーティン・ニューロプ
- 公共施設

　コペンハーゲン市庁舎は、イタリア・シエナにある中世の建物、ププリコ宮殿（p.196）の影響を明らかに受けているが、それと同時に、20世紀初頭のデンマークにおいて新たに見直されていた国家意識と政治力を表現している。それをとくに感じさせるのが、約106mの高い鐘楼と、城のような壁、そして量感にあふれる堂々たる構造だ。手づくりの赤煉瓦は、いまだ農業への依存度が高かったデンマークを支える存在、農場の伝統的家屋の特徴である。

◀ **国家の誇り** コペンハーゲンでもっとも高い建物のひとつで、市議会とコペンハーゲン市長の本拠地として使われている。

マジョリカ・ハウス

- 1899年
- オーストリア、ウィーン
- オットー・ワーグナー
- 住居

マジョリカ・ハウスは、1・2階に店舗が入る6階建て集合住宅2棟のうちのひとつである。オットー・ワーグナーがカラフルなマジョリカタイルを使って、ほかに飾りのないファサードを覆ったことから、この名がついた。

輝きを出す金属酸化物を塗った多孔質セラミックスの上に、やや紫がかったあざやかな赤、白、緑の花模様が描かれ、ひまわりのモチーフがついた錬鉄製バルコニーの周囲に散らばっている。上に行くほど装飾が増え、細かな彫刻が施されて前に突き出すコーニスに至る。こうしてでき上がったデザインは、多くのウィーン市民にショックを与え、「筆舌に尽くしがたい醜悪さ」とまで酷評された。このような華美な工夫が可能だったのは、この家がワーグナーの所有だったためである。

マジョリカ・ハウスはワーグナー自身の転換点──「過去の人」になりつつある建築家から、初期モダニズムの支持者へ──を示している。ヨゼフ・マリア・オルブリッヒやヨジェ・プレチニックといった、才能があり美意識の強い弟子や若き仲間たちの影響が、この建物に表れているのだ。郵便貯金局（p.326）、シュタインホフ教会（p.329）など、ワーグナーのほかの作品も参照されたい。

≪ **輝きを失わないタイル** マジョリカタイルは耐水性と耐候性が高いので、定期的に清掃すれば、建物はつねに新しく見える。

グラスゴー美術学校

- 1909年
- スコットランド、グラスゴー
- チャールズ・レニー・マッキントッシュ
- 教育施設

左右2つに分かれた圧倒的存在感の建物、グラスゴー美術学校（現在はマッキントッシュ棟と呼ばれる）は、グラスゴーの建築家チャールズ・レニー・マッキントッシュ（1868-1928）の傑作。1897〜99年に建てられたメインのビルには石造りの長いファサードがあり、その途中にはアトリエの大きな窓と、さまざまな形や大きさの小窓がはさまる。印象的な西端が完成したのは1909年。ほぼ装飾のない西側のファサードの主役となっているのは、3枚の巨大な張り出し窓だ。この窓から、2階まで吹き抜けになった図書室に光が差しこむ。図書室は漆黒に塗られた複雑な木造だが、これは日本の伝統的な宮殿建築を部分的にモデルにしたもの。その堂々たる外壁は、急坂の歩道から、まるで花崗岩の断崖のようにそびえる。ドイツやオーストリアの若い建築家たちには大きな影響を及ぼしたが、イギリスでのインパクトは長続きしなかった。

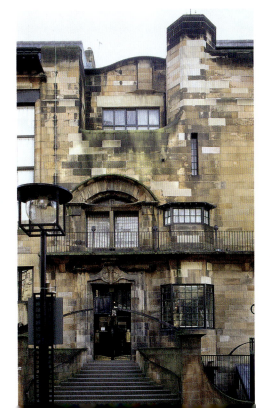

≪ **年月を重ねた美しさ** 長年の風雨にさらされて、石造りの外観が赤茶のパッチワークめいた色合いになっている。巻きひげのような細い鉄細工と、凝ったランプが、その壁を飾る。

タッセル邸

- 1893年
- ベルギー、ブリュッセル
- ヴィクトール・オルタ
- 住居

アールヌーヴォー様式で完成した最初の建物。ヴィクトール・オルタ（1861-1947）が、友人エミール・タッセルのためにブリュッセルに建てたもので、竣工時はたいへん話題になった。現在は、1960年代にできたおもしろ味のないオフィス街にあって、周囲の近代的な建物とほとんど見分けがつかないくらいだ。

建物の外観は、2階の高さまでのびる張り出し窓を除いて、特筆すべきところはない。ところが内部をのぞくと、そこは金属の巻きひげでふんだんに飾られている。橙色と茶色と薄緑色の華やかなホールは、まるでエキゾチックな温室だ。柱は柱頭から先が、奇妙な鉄製の茎のようになっている。室内にまとわりつかせたような階段には彫刻が施され、曲がりくねった鉄の支えと、蔓に似た花の模様があしらわれている。手すり、壁紙、モザイクにも躍動感がある。直線というものは追い払ったらしい。変わった色合いのステンドグラスから差しこむ光も、じつに奇妙だ。全体として、幻覚を見ているような効果を生んでいる。もちろん、あえてセンセーショナルで官能的な効果を狙って設計されたものだ。芸術至上主義、アブサン、文芸誌『イエローブック』、葉巻たばこ、オスカー・ワイルド、オーブリー・ビアズリー、ロシアバレエといったキーワードが登場する耽美主義運動は、ここから始まったのである。

ストックレー邸

- 1911年
- ベルギー、ブリュッセル
- ヨーゼフ・ホフマン
- 住居

モラヴィア（現在はチェコ共和国の一部）で生まれたヨーゼフ・ホフマン（1870-1956）は、ウィーンに引っ越して、ワーグナーのもとウィーン美術アカデミーで学んだ（p.326）。その後、コロマン・モーザーやヨゼフ・マリア・オルブリッヒといった建築家やデザイナーの仲間とともに、総合芸術運動であるウィーン分離派を創設。同じく多大な功績として、分離派の家屋に使う"芸術的な"調度品を製造する工房、ウィーン工房も設立した。

建築における彼の最高傑作が、このストックレー邸である。3階建ての住居で、チャールズ・レニー・マッキントッシュの影響が色濃い。まばゆい白さの大理石で覆われ、一部に金色の葉の飾りを入れた幾何学的なブロンズのモールディングが縁どる。ウィーン工房のチーム全員を関わらせ、有名なウィーンの画家グスタフ・クリムトに依頼して、食堂に2枚の壁画──「期待」と「抱擁」を描かせた。食堂は黒と白の大理石と、珍しい木材と、金箔を貼って型押しした革の家具で飾られている。ホフマンがデザインした銀のテーブル飾りや銀器と、クリムトによる白色金の手工芸品が美しさをいっそう強め、ストックレー邸の評価をゆるぎないものにした。「総合芸術」を完全かつ最先端に表現した建物である。

▽ **数段階になった塔** 白いキューブと、直線と、長方形だけでできているストックレー邸は、段々になったスリムな塔を頂く。アールデコの映画的なスタイルを予期させる塔である。

ヘルシンキ駅

- 1914年　フィンランド、ヘルシンキ
- エリエル・サーリネン　鉄道駅

1904年、ヘルシンキ中央駅の再建計画コンペでエリエル・サーリネン（1873-1950）の設計が選ばれ、世界でもっとも上品な駅のひとつが生まれた。その内部は、まるでルター派の教会のように穏やかで美しい。この機能的かつロマンチックな建物に、唯一明らかな装飾品としてサーリネンが取り入れたのは、正面入口の左右に並ぶ彫刻家エミル・ヴィクストロム作の巨大な像である。建物は鉄筋コンクリート構造の上に花崗岩の煉瓦を使っている。古典主義的な正面入口のアーチは、ウィーン分離派の影響を受けているが、それ以外のデザインはサーリネン独自のもので、ロシアからの独立に向かうフィンランドで育った国民的ロマン主義の美意識を表現している。駅コンコースの片側には巨大な切符販売所が、もう片側には同じく広々としたレストランがある。

サーリネンは1923年に渡米し、ミシガン州のクランブルック美術アカデミーを設計。1932年に同校の校長となった。チャールズ・イームズやレイ・イームズといった、才気あふれるデザイナーたちが彼のもとで学んだ。

駅へのアプローチ　ファサードの主役を務めるのは、正面入口のアーチと、銅で覆った時計塔、そして地球に似たランタンを抱く様式化された彫像である。

シュタインホフ教会

- 1907年　オーストリア、ウィーン
- オットー・ワーグナー　宗教施設

オットー・ワーグナーが設計したウィーンのシュタインホフ教会は、同じくワーグナーの作品である精神科病院の向こうに、堂々とした姿でおごそかに立っている。基本的には質素なのだが、じつは豪華かつ涼やかな色気をただよわせた装飾が満載だ。煉瓦造りの身廊は白いカララ大理石で覆われ、様式化されたユーゲントシュティール（アールヌーヴォー）の装飾がふんだんに施されている。ドームは反球体で、かつては鉄格子の窓とともに金箔だったが、いまは銅タイルが覆う。大理石のパネルをとめるボルトも、銅でコーティングされていた。内部には白壁が大きく広がり、フォーマルなシンプルさをただよわせているものの、大理石と金色の装飾がアクセントとなり、無味乾燥な雰囲気は感じさせない。機能的な細部の配慮（けがを防ぐため信者席の角に丸みをつけるなど）と、精神を高揚させるための工夫（空に向けてのび上がる広々としたドームや、きらきらするモザイクのステンドグラスなど）が組み合わさった設計である。

ヴィットーリオ・エマヌエーレ2世記念堂

- 1911年　イタリア、ローマ
- ジュゼッペ・サッコーニ　公共施設

地元では「タイプライター」の名で知られる、白大理石を使った仰々しい大建築物。イタリア統一を記念して、カンピドリオの丘の斜面に建てられた。ジュゼッペ・サッコーニ（1854-1905）は、ローマにおける一種のアクロポリスとしてこれを考案した。「祖国の祭壇」に続く階段の頂上に、ヴィットーリオ・エマヌエーレ2世の巨大な騎馬像がある。まわりのアーケードは高さ15m、わずかに湾曲していて、チャリオットに乗る勝利の女神のブロンズ像が2体飾られている。

グエル公園

- 1914年
- スペイン、バルセロナ
- アントニ・ガウディ
- 市民公園

　バルセロナの街の中央部を一望できる美しい公園は、もとはイギリス式田園都市を意識した住宅地開発の一環として設計された。第一次世界大戦が始まり計画が立ち消えになったため、いまあるのは、カタルーニャ出身の建築家アントニ・ガウディが設計した3軒の住宅と、奇天烈な都市公園のみ。公園の目玉となっているのは巨大なくねくねとしたテラスで、ここは屋根のある市場となるはずだった。100本のドリス式円柱が、洞窟のような屋根を支えている。テラスの外周に沿って並ぶベンチは、工場で規格外とされた割れタイルを使ったカラフルなモザイク模様だ。

カサ・ミラ

- 1910年
- スペイン、バルセロナ
- アントニ・ガウディ
- 住居

　ガウディはバルセロナに2軒の集合住宅を建てた。明るい色づかいでドラゴンのような姿をしたカサ・バトリョとカサ・ミラである。後者は地元では「ラ・ペドレラ（石切り場）」と呼ばれる。灰色の石肌、直線をどこにも使わないデザイン、前衛的なルーフラインが有名で、2つの円形庭園のまわりに、自然発生した群像のように住居が配置されている。ファサードは波打つ石壁だが、石はあくまで飾りで、鉄骨と、一部では煉瓦およびコンクリートの柱が支えている。屋上には細長い楕円形の煉瓦のアーチが多数あり、奇妙な形状の煙突もある。屋上へと上がる階段には彫刻が凝らされ、通気坑はモザイクで覆われている。まるでおとぎ話の建物だ。ガウディは、住民がファサードのルーフボックスを装飾していくことを期待していた。時の経過とともに、建物がもともとの建築物を超えて、都会の地層のような姿になると考えていたのだ。

▽ **飛び跳ねる想像力**　カサ・ミラのやわらかに波打つファサードに隠れて、光あふれるパティオと、各階を出たり入ったりしながら浮いているように見える階段がある。

懐古趣味と奇抜趣味 | 331

サグラダ・ファミリア

- 1881年以降　スペイン、バルセロナ
- アントニ・ガウディ　宗教施設

サグラダ・ファミリア教会は、わずかにシュールレアリスム感をただよわせながら、まるで生き物がのびるかのように、バルセロナの街並みからにょっきりとそびえ立つ。正式名称は聖家族贖罪教会といい、ヨーロッパの優れた大聖堂建築にこめられた矜持を今日でも実感させる存在だ。

そもそもはサンホセ教会の主導によるネオ・ゴシック建築物として着工したが、地下礼拝堂の一部しか建築が進まず、1883年にアントニ・ガウディが設計を引き継いだ。ガウディは地下礼拝堂を完成させると、続いて、まるで珍しい植物が咲き乱れるかのような独自の設計を始めた。彼はこの教会をできる限り自然に近いものにするつもりだったのだ。身廊のまわりには回廊をめぐらせ、都市の喧騒を遠ざけた。3つの巨大なファサードで、「キリストの生誕」、「受難と死」、そして「復活」という3つのテーマを表す。ガウディの計画では、各ファサードを特徴づけるのは高さ107mの塔4本だ。モザイクとガラスで飾られた塔の内部は空洞で、吊された鐘の音が鳴り響く。それらの上に、フライング・バットレス（飛梁）を必要としない巨大な身廊をつくり、さらに6本の塔がそびえることになっている。

1926年にガウディが死去した時点で、完成していたのは地下礼拝堂、アプス、「生誕」のファサードだけだった。いまも作業は続いているが、残念なことに1936年に設計図の大半が焼失したため、建築家たちは彼の意図を推測しなければならない。

「生誕」のファサードの細部

アントニ・ガウディ

アントニ・ガウディ・イ・クルネット（1852-1926）はカタルーニャ地方レウスで生まれた。バルセロナで実業家エウセビオ・グエルやカトリック教徒の貴族たちの後押しを受けて、カタルーニャの独立精神を表すバルセロナの新様式「モデルニスモ」を発展させた。一時はグエル公園の住居に住んでいたが、のちにサグラダ・ファミリアの地下礼拝堂に住み着いた。聖人にもなり得た人物だが、1926年にトラムに轢かれ、浮浪者とまちがわれたまま世を去った。

未完成の建物　いまだ竣工していないサグラダ・ファミリアは、歴史上に例を見ない特別な建物である。

ディーナリーガーデン

- 1901年
- イングランド、バークシャー、ソニング
- サー・エドウィン・ラッチェンス
- 住居

牧歌的で左右非対称ながら統制のとれたディーナリーガーデンは、アーツ・アンド・クラフツ運動の影響を受けてつくられた、煉瓦と木材の伝統的英国カントリー・ハウスだ。エドウィン・ラッチェンス（p.360）が、『カントリー・ライフ』誌の創設者でラッチェンスの作品を支持していたエドワード・ハドソンのために設計した。家屋を取り囲む庭は、ラッチェンスの長期にわたる仕事仲間ガートルード・ジキル（1843-1932）の手になるものだ。お金を得ても想像力は失っていない新興上流中産階級のために、2人は力を合わせて、新しいカントリー・ハウスの美意識をつくり出したのである。

エドウィン・ラッチェンスの手がけた家屋にこれほどの説得力がある一因は、彼が若いころから地元の建設業者のもとで働いていた点にある。また、アーネスト・ジョージやハロルド・ペト、ノーマン・ショウ、フィリップ・ウェッブなど、厳しくも発明の才のあるヴィクトリア朝の建築家たちから学んだ点も大きい。ラッチェンスは、建物の古い伝統、近代の自由な住宅設計、そして時代に流されないセンスをひとつに融合して独創的かつ魅力的な建築物にすることが可能であると示した。

ロマン主義的で牧歌的 地元の資材を使って建造し、美しく細工を施した、この深いひさしをもつ家屋は、イギリスの富裕農民の家をロマンチックに表現している。

ドローゴ城

- 1930年
- イングランド、デヴォン、ドリュースティントン
- サー・エドウィン・ラッチェンス
- 住居

イギリスに建てられた最後の城のひとつであるドローゴ城は、テイン渓谷を見下ろすドラマチックな立地にあり、ダートムーアの広々とした景色を望む。大富豪ジュリアス・ドリューのためにエドウィン・ラッチェンスが設計したこの家屋は、中世の城のような壮大さといかめしさをただよわせるが、内部は完璧に快適かつ家庭的だ。斜面になった壁には、横仕切りと縦仕切りのある大きな窓がある。正面玄関に至るには、作動する落とし扉がついた門を通るようになっている。内部は、ヴォールトが架かる階段、巨大な窓、大きなアーチ、床面高に変化をつけたフロアが入念に配置されている。応接間には三方から光が差しこみ、ことのほか美しい。天井から採光する厨房も見事だ。

花崗岩の家 花崗岩の壁には雨樋がなく、壁自体を斜めにすることで、ただでさえ背の高い建物をさらに高く見せている。

グルントヴィ教会

- 1940年
- デンマーク、コペンハーゲン
- P・V・イェンセン・クリント
- 宗教施設

きわめて力強く、そしてわずかにおそろしさもただよわせる黄色煉瓦の教会は、伝統的なデンマーク中世の教会に見られる、段になった切妻のファサードを厳密に参照しつつ、巨大なオルガンに似せて設計された。有名な神学者で賛美歌集の編者でもあるN・F・S・グルントヴィを記念したもので、クリント家の3世代にわたる建築家が携わった。

大聖堂のような大きさで、約600万個の手づくりの煉瓦で建てられたグルントヴィ教会は、建造にかなりの年月がかかった。設計したP・V・イェンセン・クリントは、落成を待たず1930年に死去。作業を引き継いだ息子コーア・クリントが、身廊に並ぶ木製の椅子など、多くの調度品の設計をおこなった。教会には2台の見事なオルガンがあり、1965年に正面玄関の上に設置された2台目のほうは、コーアの息子エスバンが設計した。教会の全長が76mあり、天井も高く、そのスケールは衝撃的だ。装飾を一切排したゴシック調のアーチが、オルガンの奏でる音楽や、聖歌隊や会衆の歌声ともに、天に向かって高くのび上がる。2つの説教壇は、煉瓦構造からシンプルにつながっている。煉瓦でないのは石灰岩の洗水盤のみ。ビスペビャー郊外に立つこの教会は、これもイェンセン・クリントが設計した低層集合住宅地の中心的役割を果たしている。

>> **教会でひとつになる**
細長い窓、小さな入口、切妻のあるファサード——グルントヴィ教会は歴史的なフォルムを機能的なシンプルさで融合させている。

現代世界

The modern world

現代世界

20世紀、科学技術は過剰なまでの発達を遂げた。1900年時点での先進技術といえば、せいぜい蒸気機関やサイレント映画、一時的な飛行体験くらいであった。ところが、それから100年とたたないうちに、人工衛星が登場し、宇宙開発が始まり、多くの人が大量生産された自動車を所有するようになり、コンピュータが生まれ、瞬時のコミュニケーションが可能になった。

20世紀には人生を豊かにする発明が続々と生まれ、命を救う医療技術が発達した。だがその一方で、人類史上、20世紀ほど多くの血が流れ、攻撃的だった世紀はない。世界規模の戦争が2度も起こり、アドルフ・ヒトラー、ヨシフ・スターリン、毛沢東、ポル・ポトといった独裁者の指揮のもと、おびただしい数の人々が殺された。だが、その死と苦悩のなかから、新しい音楽や哲学、文学、物理学が生まれてくる。そして、暮らし方への新たなアプローチが生まれ、革新的な建築が誕生した。

第一次世界大戦（1914-18）では、泥にまみれた薄汚い戦いと大虐殺が繰り返された。それは、生命の浪

フィラデルフィアの電話交換局 (1915) 電話が実用化され、手紙や電報でしか連絡の取れなかった遠隔地の人と、ごく普通に話ができるようになった。

おもな出来事

- **1917** ロシア革命によりレーニン率いる世界初の共産党政権が誕生
- **1919** ヴェルサイユ条約調印。連合国がドイツに屈辱的な条項を受け入れさせたことが第二次世界大戦の原因となる
- **1923** ル・コルビュジエが、前衛的なモダニズムの構想を記した『建築をめざして』を刊行
- **1925** 世界初のモーテル「ザ・モーテル・イン」がカリフォルニア州サンルイスオビスポにオープン
- **1928** テキサス州サンアントニオに世界初の空調付きオフィス・ビル、ミリアム・ビルディングが完成
- **1929** ウォール街の大暴落。ニューヨーク証券取引所の株価暴落が大恐慌の引き金となる
- **1933** ドイツで選挙によりナチ党が政権を握り、アドルフ・ヒトラーが首相に就任
- **1939** ドイツがポーランドに侵攻し、第二次世界大戦の火蓋が切られる

費でしかなかった。多くの建築家が、この戦争をきっかけとして自らの姿勢を考え直すことになる。20世紀初頭の「暗黒時代」、その暗さを打ち消そうとするかのように、太陽の光と空気を感じさせる清潔な建築物がつくられていった。彼らの生み出した白いすっきりとした建築、すなわちモダニズム建築は、遠洋定期船に発想を得た様式であった。それは、塹壕戦という血なまぐさい愚行に至らしめした政治・経済体制に別れを告げ、新たに船出をしなければならないと示唆しているかのようであった。

もっとも著名なモダニズム建築家であるル・コルビュジエ（p.350, p.374）の独創的な建築論『建築をめざして』（1923）のなかには、船のイメージがいくつ

△ **ライト兄弟のフライヤー号** ライト兄弟による世界初の有人動力飛行は画期的な出来事だったが、飛行時間と距離はボーイング747の内部を移動するくらいの短いものだった。

》音響と映像

20世紀初頭には通信と娯楽のメディアが急速に発展した。1906年、米国で世界初のラジオ放送が実施され、1936年にはイギリスで定期的なテレビ放送が始まった。映画はそのころすでに世のなかに根づいていた。1927年に初のトーキー映画が公開され、1930年代初頭にはカラー映画が登場している。レコード産業も成長し、大衆がポピュラー音楽に親しめるようになった。20世紀が終わるころには、コンピュータのキーボードをたたけば映画、ニュース、音楽、テレビをインターネットで視聴できるまでになった。

▽ **HMV** このレコード・レーベルは世界的に有名な商標となり、今日でも使用されている。His Master's Voice は「彼の（亡くなった）主人の声」という意味だ。

1945 米国軍が日本の広島と長崎に原爆を投下、第二次世界大戦が終結する	1957 ソ連が世界初の人工衛星スプートニクを打ち上げ、軌道に乗せる。以後、宇宙開発競争が活発化	1989 イギリス人科学者ティム・バーナーズ＝リーが、インターネットとワールドワイドウェブを産み出す	2014 2001年の同時多発テロで破壊されたニューヨークのツインタワー跡地に、ワン・ワールド・トレードセンターが開業
1950	**1975**		**2000**
1948 ユダヤ人の独立国家イスラエルが建国される	1949 共産主義国家、中華人民共和国が建国される	1969 人類が初めて月に到達し、ニール・アームストロングとバズ・オルドリンが月面を歩く	1989 ベルリンの壁が崩壊し、ヨーロッパの共産主義政権が続々と倒れる

△ **車社会** 第二次世界大戦後、際限なく増える自動車に、都市計画や建築のほうが合わせる必要が出てきた。都市はしだいに車を優先するようになっていく。

も出てくる。新世代の建築家・都市計画家のシンクタンク兼ロビー団体のような役割を果たしていた近代建築国際会議（CIAM）で、折しも1933年、その第4回目の会議が、こざっぱりとした白い外洋船上で開催された。それからというもの、アパートメント、サナトリウム、ホテルなどには、巨大旅客船のデッキのようにすがすがしいバルコニーがついているのが当たり前になった。

空襲による破壊

　残念ながら、第一次世界大戦後の和平調停は、来るべき紛争の種をまくことになった。1930年代の大恐慌からようやく這い出したと思いきや、世界は再び戦争に突入する。第二次世界大戦（1939-45）が壊滅的な戦争になった理由のひとつは、空爆によって都心を破壊するという明白な目的があったからである。建築物は偶然破壊されたのではなく、特定の標的として爆撃されたのだ。

　1942年、イギリス空軍はドイツ北部沿岸の美しいハンザ同盟都市、リューベックとロストクを焼夷弾で攻撃し、数百名の命を奪い、数千名を路頭に迷わせた。これに対し、ドイツ空軍は「ベデカー空襲」で応酬。イギリスの建築遺産を破壊し、イギリス人の士気をくじくために力を尽くした。ドイツの爆撃手は、バース、エクセター、カンタベリーなどの文化遺産を消し去るべく、有名なベデカー旅行案内書に出ている三つ星の建築物をターゲットに選んで攻撃したのである。イギリス空軍と米国軍の報復爆撃が最高潮に達した1945

現代世界 | 339

れた住宅、病院、学校は、実用的にも社会的にもほとんど失敗作に終わった。

やがて、それよりもはるかに刺激的な動きがドイツから始まる。民主主義の理想を表現したいと願う建築家や構造設計技師が、自由自在な形による新しい建築スタイルを産み出したのだ。新素材の開発やコンピュータの登場でその流れはさらに勢いを増し、シドニー・オペラハウス（p.388-389）のような刺激的な建築物が生まれた。

21世紀が始まると、戦争が再び猛威をふるうようになった。米国主導によるイラク戦争（2003）、アラブでのたび重なる衝突、テロ組織による文化遺産の破壊。本書のはじめに記載されている、現代建築に劣らずすばらしい歴史的建造物（p.14-18）も、いま崩壊の危機に瀕している。

△ **月面に立つバズ・オルドリン** 1969年、宇宙船アポロ11号の飛行士が初めて月面を歩いた。ライト兄弟が初の動力飛行に成功して70年とたたないうちに、科学技術はここまで進化した。

≫ コンピュータと建築

コンピュータ支援設計（CAD）は現代建築に革命を起こした。ソフトウェアによって縮尺、面積、容積、曲率などを計算し、手書きではほぼ不可能であった図面を比較的簡単に作成できるようになった。このシステムを使えば、建物の外側を支えるためにはどのような内部構造でなくてはならないかも計算で求めることができ、コンピュータと工場をリンクして、建築家が製造過程をコントロールすることもできる。

▽ **模型と視覚化** 建築家やクライアントは、施工予定地に立つバーチャルな模型をコンピュータ画面で見ることができる。

年、ザクセン州の美しい中世の街ドレスデンは灰塵と化した。同年8月、米国軍のB-29爆撃機が原子爆弾を日本の広島と長崎に投下して、世にもおそろしい大惨劇をもたらした。人類はいまや、都市全体を瞬時に消滅させる能力をもつに至ったのである。

戦後の建築

「人類は進歩する」という概念を、アウシュビッツがあざけるように欺いたあとには、冷戦の脅威が影を落とす戦後が訪れた。それまでとはまるで異なる、核戦争におびえる世界である。建築は新たな現実に順応する必要があった。荒廃した世界を再建する必要に迫られて、建築家たちは量産可能なプレハブ工法の建物を設計するようになる。だが、そのようにして建てら

モダニズム

1910〜40年ごろ

ヨーロッパのモダニズム建築は、世界を根底から変えようとする建築家たちの産物であった。ドイツの建築デザイン学校「バウハウス」(p.348)の基本哲学に触発されたモダニストたちは、新たな社会主義世界の先駆けとなるような革命的な建築物を設計した。

いわゆるモダニズム住宅のもっとも初期のものには、芸術を理解する金もち向けの玩具じみたものが多く、大衆はモダニズムの急進的アプローチにまともに取り合おうとはしなかった。1928年には早くも、イギリスの小説家イーヴリン・ウォーが『大転落』のなかでモダニズムを巧みに揶揄している。この作品中、貴族の若い女性が「住宅は住むための機械」というル・コルビュジエの思想に共鳴し、先祖から受け継いだ英国風の大邸宅を取り壊してしまう。彼女の雇った建築家はオットー・ジレーヌス。無名の雑誌に掲載された未着工の風船ガム工場を設計したことだけが自慢という男だ。建築から人間的要素を取り払うという野望をもったジレーヌスは、住宅に階段は不要では、と問いかける。当時の大衆の目にモダニズムのデザインがどう映っていたのかがうかがえるストーリーだ。作品とは様式ではなく、純粋に合理的なデザイン形態だとモダニズムの建築家が主張すればするほど、大衆は彼らに疑いの目を向けた。

米国のモダニズム

1932年、ニューヨーク近代美術館で開催された「近代建築 国際展」は、その後の米国におけるモダニズムの発展に重要な役割を果たした。これ以前にもモダニズム建築は米国に存在し、第一次世界大戦を逃れてウィーンから移住していたルドルフ・シンドラー(1887-1953)やリチャード・ノイトラ(1892-1970)のいたカリフォルニアにはとくに多かった。しかし、ニューヨークでの展覧会はモダニズムというジャンルに絞りこみ、より多くの米国人の目を開かせることに成功した。やがて、流行に敏感な芸術支援者(パトロ)のみならず、大企業もモダニズム建築を受け入れるようになった。いま思えばじつに皮肉な話だ。大衆のために、より公平で人道的な世界をつくるという理念を掲げて始まった建築が、結局は「corporate America(株式会社アメリカ)」の強大な力の象徴に、ひいては世界資本主義の象徴になったのだから。

◀ **バウハウス・ビルの校舎** バウハウスのデザインは西欧や米国の美術・建築の動向に多大な影響を及ぼした。特徴的なバウハウス・ビルはヴァルター・グロピウスの設計。

基礎知識

　円滑に作動する機械主導のユートピアが、モダニズムの夢だった。実現はしなかったものの、最良のモダニズム建築の多くは、楽観的に見るなら夢の半ばを実現していた。最新の素材を用いることで、ときにはじつに急進的な建築作品が生まれた。モダニズム建築では壁が開放され、陽光がすすんで採り入れられた。

▲ **ピロティ**　ルネサンスのピアノ・ノビーレの概念を再び提唱したル・コルビュジエの初期の作品には、1階または居間を装飾のない細い柱で支えて建築全体を宙に浮かせたような白い邸宅群がある。古典様式の円柱の現代版といえるこの柱でできた空間を、彼は「ピロティ」と呼んだ。写真は1929年にフランス、ポワシーに建てられたサヴォア邸のピロティ。

▲ **ガラス・ブロックの壁**　フランス人建築家ピエール・シャローは、最新のガラス・ブロックを積み上げた壁をもつ「ガラスの家」をパリにつくった。あらゆる手だてをつくして陽光を採りこもうとする思想に共鳴し、新しい建築技術を賛美した邸宅となっている。

▲ **コンクリートのブリーズ・ソレイユ**　新しい建築物は夏季に暑くなりすぎるきらいがあることに気づいたル・コルビュジエは、コンクリートのブリーズ・ソレイユ（日除け）を考案した。

▲ **鉄筋コンクリートのスロープ**　初期モダニスト建築は形状を直角にすることに熱心だったが、ときとしてその思想は美しく覆された。バーソルド・リュベトキンとオヴ・アラップの設計によるロンドン動物園のペンギン・プールには、なめらかならせんを描くスロープが設けられている。

贅沢な素材をシンプルに用いて、質の良さを強調している

古典様式と和風建築の影響を受けたドイツ館

◀ **水平に広がる窓**　ミース・ファン・デル・ローエ設計のバルセロナ万博のドイツ館は、コンクリート、ガラス、スチール、大理石のシンプルな平面を理想的に用いた例である。

落水荘

● 1939年　🏠 米国、ペンシルヴェニア、ミルラン　✎ フランク・ロイド・ライト　🏛 住居

フランク・ロイド・ライトが設計した最高の住宅、森の奥深く、滝の上に立つ落水荘は、1936年から1939年にかけて建設された。じつはこの家は、水が流れ落ちる岩に食いこむようにして立っており、居間の床には岩肌が露出している。おもだった部屋とバルコニーが中心部からキャンティレバー（片持ち梁）で支えられているため、あたかも重力を無視したかのようなつくりに見える。鉄筋コンクリートは維持費が高くつくため、深刻な破損の危機に瀕してきたが、この家は造形の美しさ、立地のすばらしさゆえに手厚く保護され、今日まで美しい姿を保っている。落水荘は屋内と屋外とが途切れなく流れるようにつながった家、水の流れをイメージした住宅だ。構造上の無理はあるにせよ、この超モダン住宅は自然の景観美を高めこそすれ、損ねることはない。

🔼 **落水荘の外観**

◀ **居間**　すべてライトがデザインした家具の大半はつくりつけだ。板石の床が、居間の内部とその下にある岩とをつなぐ役目を果たしている。

外部と内部空間が、互いに包みこむ構造になっている

バルコニーはベアラン川──山を流れ落ちる水の上に浮いているかのよう

◀ **平面図**　居間には従来の家のような間仕切りがなく、フロアからフロアへと導かれていくうちに外に出る。煙突が1本、すべてのフロアを突き抜けてそびえ立つ。

家は岩盤にしっかりと固定されている

まわりの景観に溶けこんでいくような開かれた平面構成

モダニズム | 343

屋上の扶壁（パラペット）は手作業で丸みをつけたもの

≫ **外のバルコニー** ライトの落水荘は時代の先端を行く設計だが、その平面構成と構造はまわりの森林と一体化している。

幾重にも張り出した部分を支えるため、後部にかなりの重みをつけてバランスをとっている

この土地の砂岩でできた石板を積み上げた壁

各層はコンクリート流しこみの「トレイ」からなっている

ロビー邸

- 1910年
- 米国、イリノイ、シカゴ
- フランク・ロイド・ライト
- 住居

自転車とオートバイの製造業者であるフレデリック C. ロビーのために建てられた低い横長の家は、住宅建築に革命を起こした。間仕切りを極力減らしたオープンプランの内部。深い軒は南に面した居間と食堂に差しこむ真昼の日光をさえぎり、気もちの上では庭やその先にまでのびているような感覚を与えている。この水平指向をさらに強めているのが、流れるような外観づくりに一役買っている長く薄いローマ煉瓦だ。

» プレーリー・スタイル
米国中西部の広大な平原、プレーリーに触発された煉瓦と木の邸宅は、力強い水平方向のライン、ゆるやかな勾配の屋根が特徴だ。

ロックフェラー・センター

- 1940年
- 米国、ニューヨーク
- レイモンド・フッド他
- 商業施設

ロックフェラー・センターはマンハッタン中心部にある巨大な複合商業施設だ。ここは、彫刻が美しい巨大なRCAビル、ラジオ・シティ・ミュージックホール、世界一有名な屋外スケートリンクがあることで知られている。

巨額を投じ創意工夫を凝らして建設されたこの施設は、商業センターであると同時に公共建築物としての役目も果たしている。ニューヨーカーは華やかなイルミネーションがまたたく1階モールをそぞろ歩き、カフェに立ち寄り、映画を鑑賞し、一段低いところにつくられたリンクでスケートを楽しむことができる。RCAビルを取り囲むようにして林立する高層ビルのなかには、1970年代以降に建てられたものもある。

着工は1929年。途方もなく楽観的な見通しに立ってのスタートだった。ジョン D. ロックフェラーはこの場所にオペラハウスも建てるつもりだったが、大恐慌に見舞われ断念した。レイモンド・フッド（1881-1934）設計のRCAビル——現在のGMビル——は高さ259mの70階建で、御影石、インディアナ石灰石、アルミの化粧仕上げが独特である。

ジョンソン・ワックス本社管理棟

- 1939年
- 米国、ウィスコンシン、ラシーン
- フランク・ロイド・ライト
- 商業施設

ジョンソン・ワックス・ビル内の中心に位置する「グレイト・ワークルーム」は、まるで1930年代のSF小説に描かれた挿絵のようである。外を見わたす窓はなく、屋内を照らすのは巨大な部屋の高窓から漏れこむ光だ。しかも、ガラス越しの光ではなく、半透明パイレックス管を並べた窓からこぼれる光なのである。

未来的なイメージを醸し出すために天井はひときわ高くつくられ、その天井を、水に浮かぶ睡蓮の葉のごとく林立する柱が支えている。すらりと長い柱は床面に向かって細くなり、床と接する部分の直径は23cmしかない。建築監査官は、この柱では法定荷重の12tには耐えられないはずだと予測した。しかし、ライト（1867-1959）のデザインした奇抜な柱は60tの荷重に耐えられることを実証した。

ライトは現代的なオフィスというより現代建築そのものを生み出したのであり、この建物は真の意味で革新的な作品となった。流れるような外観のオフィスは赤煉瓦仕上げで、そこに1944〜51年に建設されたライト設計の14階建て研究棟が影を投げかけている。

» 不朽の現代性 ライトはモダニズムのオフィスのために、タイピング用チェアと赤く流れるようなフォルムのスチールテーブルもデザインした。21世紀のオフィス家具もこの場になじんでいる。

エンパイア・ステート・ビルディング

● 1931年　米国、ニューヨーク　シュリーヴ、ラム&ハーモン建築設計事務所　商業施設

440mを超える高さでマンハッタンの空にそびえる石灰石仕上げのエンパイア・ステート・ビルディング。その展望台からは、はるか130km先にまで及ぶ、息をのむような光景を見晴らすことができる。しかし、40年にわたり世界一の高さを誇ったこのビルは、幸先のよいスタートを切ったわけではなかった。建設中にウォール街で株価が大暴落、米国が大恐慌に見舞われたのである。

　この象徴的な摩天楼が建設された当時のニューヨークでは、都市計画法によって、高層ビルは付近の日当たりを確保するため、ビルの落とす影を最小限に抑えなければならなかった。その結果、メソポタミアのジッグラトや中世ヨーロッパのすばらしい大聖堂を思わせる、細い階段状の美しいビルが数多く誕生した。商業の殿堂たるそれらのビルのなかでも一番見事なのは、軒高381mの高みから5番街を見下ろすエンパイア・ステート・ビルディングだ。尖塔は飛行船の係留柱として設置されたが、強い上昇気流が危険なため実用化には至らなかった。しかし、1951年にアンテナが設置されて電波塔として利用されることになり、その先端までの高さが443.2mとなる。このビルはじつに強靭である。1945年、B-25ミッチェル爆撃機が79階と80階に衝突し14名の死者を出したときでさえ、ビルは揺れたものの、火災は40分以内に消し止められて、まもなく営業を再開している。

　1930年代には大恐慌で空室が目立ち、「空っぽの(エンプティ)ステート・ビルディング」と揶揄されたが、第二次世界大戦中に政府のオフィスが入ると、ようやく本領を発揮。現在は商業ビル、国定史跡の建造物としてにぎわいが絶えない。

▲ **中央ロビー**

》シュリーヴ、ラム&ハーモン

1929年設立の建築設計事務所。最初の仕事が、この遠大なエンパイア・ステート・ビルの建設であった。主任建築家はリッチモンド・H・シュリーヴ（1877-1946）で、彼はクライアントのジョン・J・ラスコブにこう聞かれた──「どのくらいの高さまでなら崩れないかね？」。建設期間は1年と45日、予算を900万ドル下回る金額で3人はこのビルの建設をやり遂げた。ほかにも彼らの手がけた摩天楼ビルは多いが、このビルに勝る作品はない。

》**エンパイア・ステート・ビルの基本データ**　フロアは103階、エレベーターは73基、窓は6500、重さは33万t。現代の奇跡として愛され続けているビルだ。

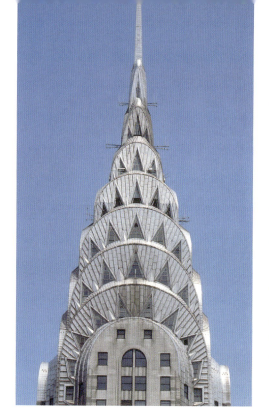

▶▶ **尖塔の建設** 7層になった尖塔はビル内で組み立て、屋根の開口部から引き上げて設置された。

クライスラー・ビル

- 1930年　米国、ニューヨーク
- ウィリアム・ヴァン・アレン　商業施設

　装飾芸術運動のアールデコは1925年のパリ万博に登場し、ほどなく建設されたニューヨークの壮大な摩天楼を生き生きと飾ることになった。なかでもひときわエレガントなのが、ウィリアム・ヴァン・アレン（1883-1954）設計のクライスラー・ビルだ。マンハッタンの歩道から319mの高さにある尖頂の先から、大理石とクロム鋼で贅を尽くしたロビーに至るまで、気取っていながらスマート、陽気でデカダンで絢爛豪華なアールデコの縮図である。世界一高いビルを建てたいと願った自動車業界の大立者、ウォルター・P・クライスラーはそれを実現した。ただし栄光は短かった。1年後にエンパイア・ステート・ビルがその座を奪い、1974年までトップに君臨し続けたからだ。ビルは銀白色の石の化粧張り、そこにクライスラーのハブとラジエイターキャップをモチーフにした装飾が施されている。人目を引く美しいステンレス鋼の尖塔は、ビルの天辺に開いた巨大なアコーディオンのようだ。

フーヴァー・ダム

- 1935年　米国、ネバダ、ラスベガス近郊
- ゴードン・カウフマン　ダム

　1935年に完成するや、フーヴァー・ダムは「世界八番目の不思議」と称賛された。ギザの大ピラミッドよりも多くの煉瓦を用いた最初の建造物でもある。このダムは2500万人の米国人に確実に水を供給し、280万kWの発電能力をもつ。

　ダムといえども、荘厳なアートが取りこまれた建築作品である。控えめなアールデコ様式で工学設計をしたのはイギリス生まれの建築家、ゴードン・カウフマン。サンタ・アニタ・パーク競馬場や、カリフォルニアの豪奢なスパニッシュ・コロニアル様式住宅の設計で名を成した建築家だ。彼はダムと付属の建物を流れるようなラインにデザインし、映画に出てくるような雄大な建造物に仕上げた。そしてデザイナーやアーチストを雇い、この巨大な建造物にロックフェラー・センター（p.344）に通じる精緻な装飾を施した。

◁ **現代の驚異**　高さ約222m、幅379mに達するダムの建設には、2万5000人の建設作業員、5年以上の歳月を要した。

ファグス工場

- 1911年
- ドイツ、アールフェルト・アン・デル・ライネ
- ヴァルター・グロピウス、アドルフ・マイヤー
- 工業施設

1911年、若きドイツ人ヴァルター・グロピウスとアドルフ・マイヤー（1881-1929）は、ファグス靴型工場の急進的な設計で一躍名をあげた。米国の製靴機メーカー、ユナイテッド・シュー・マシナリー（USM）の出資を得たカール・ベンシャイトが、長年の伝統を破って設立した会社の工場は、その気風を表す建築物でなくてはならなかった。グロピウスとマイヤーは、スチールとガラスのカーテンウォールを前面にあしらい、さわやかな現代的なデザインでそれに応えた。ファサードからかなり引いたところに構造枠組を設置し、スチールにガラスを張ったカーテンのようになめらかなデザインは、以後、世界じゅうでコピーされていく。エレガントで機能的なファグス工場のデザインは、マサチューセッツ州のビヴァリーにあるUSMのガラス張り工場から影響を受けたもの。USMの工場を設計したのは、『鉄筋コンクリート・ビルディング』（1912）を著し、ヨーロッパのモダニズムに衝撃を与えた建築家アーネスト・L・ランサム（1852-1917）だ。

◿ **シースルー・スタイル** 論理と実用性、建築技術が許す限りの透明さを求めて設計された建築物である。建物の四隅もガラス張りだ。

シュタイナー邸

- 1910年
- オーストリア、ウィーン
- アドルフ・ロース
- 住居

チェコの建築家アドルフ・ロース（1870-1933）が画家のリリー・シュタイナー夫妻のために設計した住宅は、二重人格のような個性をもっている。背面から見ると白いコンクリートとガラスからなる3階建て住宅で、このスタイルは、合理的でモダンな家の見本とされていたものだ。しかし正面にまわると、この家はまるでちがった顔を見せる。都市計画のガイドラインによってマンサード屋根の平屋しか認められない郊外地域であったことから、その規制の網をくぐり抜けるために、ロースは厚かましくもマンサード屋根を3階の高さまで引きのばした。通常、建築書に載っているのはこの家を背後から撮った写真であるため、現地を訪れた建築科の学生や建築史家は、シュタイナー邸は取り壊されたか建て直されたと勘ちがいしてしまうことが多い。

この家が建設されたのは、過激な論客ロースが『建築について』を刊行した年である。2年後の「装飾と犯罪」と題したエッセイでは、「退廃的な装飾は罪深い行為だ」と主張している。

◸ **2つの顔** 厳格なデザインの背面と、マンサード屋根が高々と曲線を描くずんぐりした正面は、かなり違和感のある組み合わせだ。

バウハウス

● 1926年　🏠 ドイツ、デッサウ　✎ ヴァルター・グロピウス　🏛 教育施設

1919年、ヴァルター・グロピウスがドイツのヴァイマールに創立したデザイン学校バウハウスは、富裕層向けに個別の設計を請け負うのではなく、大衆のために機能的で芸術性に富む建物をつくり出すことを理念に掲げた。1925年、デッサウに移転したバウハウスのキャンパスは、その理念の代名詞たる建築として有名だ。グロピウス自身の設計によるこのキャンパスは、世界遺産に登録されている。

▲ **教員住宅の内部**

▽ **教員住宅** バウハウスの校長、教員のための住宅は校舎ビルと同時期に建設された。

不思議な話だが、校舎（p.340）が完成後、1927年までのあいだ、バウハウスでは建築の授業がおこなわれていなかった。鉄筋コンクリート造りの校舎は、煉瓦の充填材と独特の方形のガラス窓が特徴で、プロペラ形の平面構成である。工場のような構造をした建物内には講義室、スタジオ、オフィス、食堂、集会室、学生や職員の寮が入っている。

バウハウスは1932年、校長ミース・ファン・デル・ローエのもと、校舎を残してベルリンに移転したが、ナチスの圧力により1933年に閉校となった。教師や生徒の大半は海外に逃れ、モダニズムの理念を各地に広めた。グロピウスも同年、イギリスに亡命し、1937年に米国に移住した。第二次世界大戦を生きのびたデッサウのキャンパスは、その後何度か用途が変わり、現在はバウハウス・デッサウ財団の保護管理のもと、デザイン学校として再生を果たしている。

バルセロナ万博のドイツ館

- 1929年
- スペイン、バルセロナ
- ルートヴィヒ・ミース・ファン・デル・ローエ
- 公共施設

「Less is More（省略こそ豊かさ）」の金言で有名なルートヴィヒ・ミース・ファン・デル・ローエ（1886-1969）は、マテリアル・オネスティ——素材のごまかしのなさと構造のまとまり——に基づき、瞑想的でニュートラルな空間をつくり出そうと試みた。1929年のバルセロナ万博のために設計したパビリオン（p.341）は、20世紀建築のなかでもとりわけ美しいもののひとつであり、バウハウスをはじめとするドイツ発の新建築がおよそ禁欲的ではないことを証明するものであった。大理石、オニキス、トラバーチン、スチール、ガラスを用いた、伝統的な日本建築の雰囲気ただようこのパビリオンは、建築と風景とを結びつけ、博覧会場の喧騒のなか落ち着いて内省にひたれる空間をつくり出している。ローエがデザインしたエレガントなバルセロナ・チェアに腰をおろした来場者は、街を一望したり、ガラス仕切りの向こうにある池に反射する光の移ろいを楽しんだりできる。このパビリオンは、のちにローエのトレードマークとなるグリッドのような平面計画、装飾性を排しながらも豊かな設計のひな型となった。1930年に取り壊されたが、インパクトの強い建物であったため、1981～86年に元の場所にレプリカが建設された。ローエは1937年に米国に移住、ニューヨークのシーグラム・ビル（p.378）など独創的な作品を世に送りだした。1969年に亡くなったあとも建築界に長らく大きな影響を及ぼした巨匠である。

◁ **建物が主役** 驚くべきことに、展示期間中、オープンプランの内部には展示物が一切なかった。建物自体が展示物だったのである。

トゥーゲントハット邸

- 1930年
- チェコ共和国、ブルノ
- ルートヴィヒ・ミース・ファン・デル・ローエ
- 住居

現在のチェコ共和国、ブルノの山腹にある2階建てのトゥーゲントハット邸は、実質的にはバルセロナ万博のドイツ館を手直ししたものである。平面構成も素材の豪華さも同様である。居間とダイニングは24m×12mで、1階の長辺の壁は全面ガラス張り。はめこまれたガラス板のうち2枚はスライド式で、カーウィンドウのように地中に下がる仕組みだ。さまざまな素材を取り合わせた居間は、オニキスと黒檀の仕切りが白いリノリウム床とウールのラグに映えて美しい。黒いカーテンは生糸と白いベルベッドでつくられている。この時期、バウハウスに触発されて建設された新しい住宅は、やや飾り気のないものが多かったが、ローエは高価で贅沢な素材をふんだんに用いたアドルフ・ロースのウィーンの住宅（p.347）にヒントを得た。以後、厳格だが贅沢なモダニズムというローエ独特のスタイルが、しだいにブルジョアを引きつけていく。

◁ **開放的な空間と広い展望** 床から天井までガラス張りの壁、オープンプランの平面構成によって屋内と屋外が溶け合い、自由で開放的な雰囲気を醸し出している。

サヴォア邸

- 1929年
- パリ、ポワシー
- ル・コルビュジエ
- 住居

パリ郊外の広大な敷地内にたった1軒、超然たる姿で立つサヴォア邸。その急進的なデザインは、「住むための機械」とル・コルビュジエが称した住宅の見本として、長らく引き合いに出されてきた。1923年刊行の『建築をめざして』のなかで彼がはじめて示したその見解は、以後大きな論争を呼んだ。サヴォワ邸は、建築、そして20世紀の人々の暮らし方についての、コルビュジエの考え方を伝達する役目を果たした建築作品である。

▲ サヴォア邸の屋上庭園

　1922年、従兄弟のピエール・ジャンヌレ（1896-1967）とパリのセーヴル通り35番地に建築事務所を構えたル・コルビュジエは、1925年にパリ万博のエスプリ・ヌーヴォー館を設計する。それは、ブラックやピカソの絵画で装飾され、中心部に木が1本植わった白い箱型のプレハブ住宅であった。この住宅はパリの前衛芸術家に称賛され、やがて革命的な「住むための機械」の注文がコルビュジエのもとに殺到するようになる。

　サヴォア邸の1階は、丹念に仕上げられたガレージといった風情だが、オープンプランのメインフロアである2階は、水平方向に壁を貫く窓から光がふんだんに差しこむ設計だ。2階へはらせん階段を使うか、連

▽ **ベーシックな構造** サヴォア邸は中空の軽量コンクリートでできた箱型の住宅。メインフロアを支えているのは「ピロティ」とコルビュジエが呼んだ細い柱だ。

なるスロープを歩いてのぼっていく。おもだった部屋はどれも中心部のテラスと屋上庭園につながっており、仰ぎ見ると、白いコンクリート壁に縁どられた高い空がある。自由で開放的、健康的な暮らしに、住む人の心が浮き立つ住宅といえよう。この邸宅は理論的には超現代的なデザインだが、じつは400年ほど前にパッラーディオ（p.216）がイタリアで生み出した理想的なヴィラの巧みな改訂版である。

サヴォア邸は合理的であると同時に、ロマンチックかつ理想主義的な建築物だ。第一次世界大戦とその後の大恐慌がもたらした暗さと荒廃と絶望に対する、いわば反動から生まれた建築なのだ。第二次世界大戦中は手入れもされずに傷んでいたが、その後丹精こめた修復によって美しくよみがえった。

スイス学生会館

- 1932年　フランス、パリ
- ル・コルビュジエ　大学

パリ国際大学都市にあるスイス学生会館は、鉄骨にコンクリートパネル仕上げの禁欲的精神ただようスイスの学生寮。力強いコンクリートのピロティがビルを支えており、1階部分はほぼ開放された構造である。無駄を省略し均整を保って4層に積み重なる学生棟の隣には、共有スペースと玄関ロビーのある、くぼんだ壁のタワーがそびえている。この学生寮は、ル・コルビュジエが直線と決別し、より堅固で重みのある建築を模索しはじめたことを示しており、初期の白い邸宅群とはじつに対照的である。

スタイン邸

- 1927年　フランス、パリ、ガルシュ
- ル・コルビュジエ　住居

大量生産、機械生産の住宅を労働者階級に、と熱弁をふるったル・コルビュジエだが、富裕層向けの住宅もアート作品として設計していた。スタイン邸は、米国人作家ガートルード・スタインの兄であるマイケル・スタインとその妻サラ、そして文化相ガブリエレ・デ・モンズィの依頼により設計された邸宅である。空洞の立方体が一部ピロティに支えられて、2つのメインフロアを構成し、それぞれに庭園が設けられている。階段には彫刻が施され、玄関の張り出し屋根は吊り下げ式である。細長い連続窓も特徴的だ。さらに、この家には使用人のための区画もあった。長い年月を生きのびたこの邸宅は現在、分割されてアパートメントになっている。

▶ **光を採りこむ**　メインのファサードには横長のリボン・ウィンドウがある。どの部屋にも光を採りこむにはこの種の窓がもっとも効率的だ、とコルビュジエは考えていた。

パイミオのサナトリウム

- 1933年
- フィンランド、トゥルク近郊、パイミオ
- アルヴァ・アアルト
- 公共施設

パイミオにある結核療養所は、まるで森のなかに浮かぶ白い旅客船のようである。若きアルヴァ・アアルト（1898-1976）が成し遂げた非凡な建築作品、モダニズムと自然を調和させたこの大きな複合建築は、医療を受ける必要に迫られた人々のための施設である。

サナトリウムの建物は簡潔なデザインの多くの翼からなっており、いずれの翼も最適な日当たりが確保できる角度で立っている。最上階に並ぶ洗練された内装の病室は、安全対策を取られた長いバルコニーに通じていて、眼下に広がるひな壇式の庭やその向こうの森を一望できる。

マイレア邸

- 1939年
- フィンランド、ノルマルク
- アルヴァ・アアルト
- 住居

アルヴァ・アアルトが実業家ハッリ・グリクセンとその妻マイレのために設計したマイレア邸は、自然への回帰を重視した有機的で温かみのある建築を目ざし、モダニズムの転換点となった。木、煉瓦、タイルといった素材を活用し、古い農家の建物や、時代を超えた生活様式を感じさせる。主階段の両脇に林立した幾本ものポール、広々した部屋を支える多くの柱――ラタンを巻いた柱もあれば羽目板張りの柱もある――など、邸宅内も周囲に広がる森を意識したつくりとなっている。

デ・ラ・ウェア・パビリオン

- 1935年
- イングランド、イーストサセックス、ベックスヒル
- エーリヒ・メンデルゾーン、セルジェ・チャマイエフ
- 公共施設

このパビリオンは、まるで絶壁のように海辺に立ち並ぶエドワード様式のアパート群の前にある。設計コンペで選ばれたのは、イギリスに移住してきたドイツ人建築家エーリヒ・メンデルゾーン（1887-1953）とロシア人建築家セルジェ・チャマイエフ（1900-96）だ。オープニング式典のスピーチで、ヨーク公とヨーク公夫人（のちの国王ジョージ6世と王妃エリザベス）のかたわらに立ったベックスヒル市長はこう述べた。「（このパビリオンは）わが国の大きな進展に寄与する、くつろぎと、喜びと、文化をもたらす施設であります。これまでわが国の保養地は暗く、物憂く、そのために国民は海外に安らぎの場を求めてまいりました」

このエキゾチックな建物は、溶接鋼を用いた大建築物としても、モダニスト様式の公共建築物としても、イギリス初のものであった。元リヴァプール大学建築学教授チャールズ・ライリーはこう書いている。「すっきりとした広い内部空間、円柱形のガラスの建物のなかを優雅に立ちのぼる大きならせん階段は、だれもが夢に描いてきたものである。しかし、これだけのスケールで、これほど確実なタッチを実現したことはなかった」

▶ **斬新なアイデア** 海辺の保養地、ベックスヒルを活気づけようと、海外から移住してきた建築家2名が選ばれた。チャマイエフはインテリア・デザイナーでもあり、社交ダンスも嗜む人物だった。

モダニズム 353

△ **時代を先取り** 大胆で型破りなサンフランシスコ・デ・アシス教会はブラジルの国家遺産である。

ブラジルのサンフランシスコ・デ・アシス教会

- 1943年
- ブラジル、パンプーリャ
- オスカー・ニーマイヤー
- 宗教施設

　波のようにうねるコンクリートの放物線構造――リゾート地パンプーリャにあるサンフランシスコ・デ・アシス教会は、建築家オスカー・ニーマイヤー（p.385）と構造設計技師ホアキム・カルドーソの技が見事に合体した幸福な作品だ。身廊と内陣は大きな2つのコンクリート・ヴォールトに覆われているが、鐘塔と正面玄関ポーチは独立構造である。入口と祭壇上部に設けられた縦のルーバーから陽光がヴォールト内に差しこむ。コンクリートの壁には白、青、茶で生き生きとしたモザイク画が描かれている。建物のデザインは物議を醸し、保守的なカトリック教徒の反感を買った。

リオデジャネイロの旧教育保険省

- 1943年
- ブラジル、リオデジャネイロ
- オスカー・ニーマイヤー
- 官公庁舎

　間断なく続くコンクリートの「ブリーズ・ソレイユ（日除け）」が、この15階建て庁舎に力強い造形美を与えている。ビルの基部から直角にのびた低い棟には屋上庭園があり、その下が階段式集会場と展示ホールになっている。コンクリートの高層ビルは、ピンクがかったグレーの御影石の化粧張り。麓の低い棟は青と白の特注タイル仕上げで、ブラジル人画家カンディド・ポルティナリのタイル壁画がある。

ハイポイント集合住宅

- 1935年
- イングランド、ロンドン
- バーソルド・リュベトキン
- 住居

　オフィス機器大手メーカーの経営者ジーグムント・ゲステットナーは、従業員用に理想的な高層アパートをと考え、ハイポイント集合住宅の建設を依頼した。いまやここは、ロンドンの街を見下ろす広大な丘陵地ハイゲイトで人気の高級フラットである。白く爽やかで創意に富む建物を設計したのは、ロシアからイギリスに移住した建築家バーソルド・リュベトキン（1901-90）。ロンドン動物園の意表をついたペンギンプールや、前衛的な建築事務所テクトンで名の知れた建築家だ。やはりロンドンに移住してきてまもない才気縦横なデンマーク人構造設計技師オヴ・アラップ（1895-1988）の助けを得て、リュベトキンはこの野心作に立ち向かった。

　ハイポイントは二重十字形の平面構成で、純白の7階建てアパートメントだ。セントラルヒーティング機能のついた64戸のフラットに向かうには、天井の高い、広々とした正面玄関ロビーからエレベーターに乗る。当初このロビーにはティールームがあった。各戸とも、居間には日中の陽光が差しこみ、寝室は日陰になるよう配置されている。

▽ **社会主義者の理想** リュベトキンはロシアで労働者住宅の視察をしてきたばかりであった。

フィアット・リンゴット工場

● 1923年　📍 イタリア、トリノ、リンゴット　✎ ジャコモ・マッテ＝トゥルッコ　🏛 工業施設

「未来派（動的表現を重んじた因習打破的な芸術運動）の主流たる最初の建築物」と賛美されたフィアットのリンゴット工場は、芸術作品や偉大な建築作品を目ざしたわけでは決してなかった。しかし、壮大なスケール、厳密に管理された生産ライン、屋上にめぐらされたテストコースなど、イタリアの若き芸術家や建築家にとっては、時代の精神をとらえて明確に示した建築物にほかならなかった。

△ 工場内のらせん形スロープ

▽ 屋上のテストコース　地上から21.3mの高さにあるコースには片勾配がついている。車がコースから逸れて外に飛び出さないよう、外側を高くした構造だ。

　鉄筋コンクリートでつくられた初期の工業施設の傑作、リンゴット工場を設計したのは、建築家ではなく構造設計技師のジャコモ・マッテ＝トゥルッコだった。フィアット創立者、ジョヴァンニ・アニェッリの指示を受けて、米国に複数の生産センターをもつフィアットのライバル、フォードに負けないような工場を設計した。1915年から1923年にかけて建設された工場は、平行に立つ5階建ての製造ブロック2棟からなり、階段やトイレを収めた複数のサービス・タワーが、その2棟をつないでいる。完成当時、この工場の生産ラインはヨーロッパ一の長さを誇っていた。自動車の全製造工程を、どうすれば自己完結したひとつの建築物のなかにもっとも効果的にまとめることができるか。マッテ＝トゥルッコはその課題を見事に解決し、どのような基準から見てもすばらしい設計を成し遂げた。1階に運びこまれた原材料が、一連の製造ラインを流れ

たあと、製品となって最上階から現れる。そして、屋上にある2.4kmのテストコースに出て試運転される。工場の全盛期、屋上のコースはまさに人々の想像をかき立てる、スリリングな光景と音響の場であったにちがいない。棟内には1階から5階までスロープがらせん状に走っていて、完成車が製造ラインと屋上のあいだを行き来したり、重役が悠々と車で移動しながら生産の進み具合をチェックしたりしていた。

1982年に閉鎖されたため、もう車は生産されていないが、建物自体はなんとか生きのびた。ジェノヴァの建築家レンゾ・ピアノのもと、1980年代末から大がかりな改装工事を経て、いまではオフィス、美術館、カフェ、レストラン、パフォーマンス・スペース、ホテル、歯科学校、学生用アパート、会議室のほか、トリノ工科大学自動車工学部が入った複合施設になっている。屋上にある豆のさやのような形をした建物は、アニェッリ家がスポンサーとなって建てた美術館だ。

オルヴィエートの飛行機格納庫

- 1942年 イタリア中部、ウンブリア、オルヴィエート
- ピエール・ルイジ・ネルヴィ 工業施設

イタリア人構造設計技師ピエール・ルイジ・ネルヴィ（1891-1979）は、1935年から1942年にかけてイタリア空軍向けに鉄筋コンクリートの飛行機格納庫を次々と設計した。最初の格納庫は1938年にオルヴィエートに建てられ、以後はみな、これに倣った構造と外観で建設されていった。格子状に交差した軽量のリブが形成する天井は長い尖頭筒型ヴォールトで、手のこんだ三角形の縁桁から上方に立ち上がっている。独特なダイヤ形の格子をつくるリブはプレハブの鉄筋コンクリートで、きわめて強靱なうえに美しい。第二次世界大戦中の1944年、イタリアから退却するドイツ軍がこの格納庫を破壊したときも、強靱なリブ接合部はほとんど無傷であったという逸話も残っている。

カサ・デル・ファッショ

- 1935年 イタリア北部、コモ
- ジュゼッペ・テラーニ 公共施設

コモ大聖堂の向かいに堂々と立つこのビルは、ファシズムを信奉したイタリア人建築家ジュゼッペ・テラーニ（1904-43）の作品である。もとは地元のファシスト党本部だったが、戦後は「カサ・デ・ポポロ（人々の家）」と名が変わり、地方自治体のための建物として、国家治安警察隊の詰め所や税務署など、さまざまに利用されてきた。巨大なルービック・キューブのようなビルは、実際は建築の論理を駆使して真面目に設計されたものだ。コンクリートの格子、大理石仕上げのファサードを見れば、内部のレイアウトを推測することができる。格子にも最上階の床にもところどころ亀裂が入っていることから、あまり堅牢なつくりではないようだ。内部には屋根付きの広い中庭があり、そのまわりにキャンティレバーで支えた階段とオフィスが配されている。

ルービック・キューブを思わせるカサ・デル・ファッショ

トラディショナリズム

1900〜40年ごろ

バウハウスのモダニズムは、20世紀の新たな建築に向かう唯一の道筋ではなかった。世界じゅうの多くの建築家が、その土地の歴史に根ざした伝統様式に従って設計をし、また熱意をもってその伝統をつくり変えていった。カテゴライズされることを拒んだ建築家もいれば、野心的にすぎる依頼主から裁量権を与えられて極端なデザインに走った建築家もいた。

重々しい新古典様式の復活版たるトラディショナリズム（伝統主義）は、20世紀の偉大な民主主義と、きわめて非人間的な独裁政権のなかで花開いた。多くの人に惜しまれながら取り壊されたニューヨークの旧ペンシルヴェニア駅（p.358）は、古代ローマのカラカラ浴場（p.71）を見事にアレンジしたものである。また、ナチス・ベルリンの中心的建築物とすべくアルベルト・シュペーアが設計したドイツの国民会議場は、実際に建設されていたら思いやりを欠く圧倒的なスケールの建物になっていただろう。一方で、はるか昔の建築の感覚や形態に、現代性と機能性を上手に融合させた建築家もいた。チャールズ・ホールデンの設計に見られる現代的な古典様式（p.362-363）はその典型だ。エドウィン・ラッチェンスもまた、伝統的なインドの様式をイギリスの古典様式に融合させ（p.360）、ロマンチックながら実用的な建築物をつくり出した。おかげで大英帝国がインドの独立を認めた際には、じつに円満な形で新しい所有者に建物が引き継がれた。また、アールデコ時代のビルのように、モダンかつ遊び心にあふれ、バウハウスのモダニズム理念に縛られていない建築物もある。さらに、アスマラの聖マリア・コプト教会（p.369）やポツダムのアインシュタイン塔（p.366）のように唯一無二の建築物も生まれた。

偽りの歴史

1920年代からこのかた、20世紀の建築の歴史は「アーツ・アンド・クラフツ」運動に始まり、バウハウスを経て、包括的な、様式に縛られない機能重視のモダニズムにすんなり進展してきたかのように語られがちである。このあとのページを繰っていけばわかるが、そのような言説は知の勝った独断、あるいは欺瞞といってもいい。つねに豊かで、複雑で、往々にして矛盾をはらんでいるのが、建築の物語なのである。

◀ ベルリンのオリンピック・スタジアム　ヴェルナー・マルヒの設計により1935〜36年に建設された。ナチス・ドイツを特徴づけた記念碑的建築様式の好例である。

基礎知識

20世紀のトラディショナリズムはさまざまな形をとって現れた。進歩に反対を唱えるというのではない。自意識の強い若きモダニストが先例を故意に拒む姿勢に対し、多くの建築家が異を唱えたのである。そのような建築家たちは最良の素材をすすんで用い、熟練職人の優れた手仕事を積極的に採り入れた。

垂直性を強調した骨組み

ムーア様式や中世のシルエット

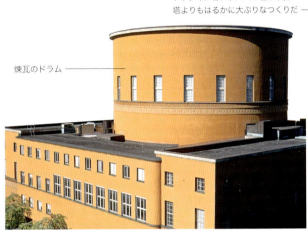

煉瓦のドラム

トラディショナリズムの塔は中世の塔よりもはるかに大ぶりなつくりだ

▲ **単純な形** トラディショナリズムのすばらしい建築物は、がっしりとした単純な形を基本にしている。ストックホルム市立図書館の天辺にあるドラムは、四角のなかにある円であり、円筒形でもある。エーリック・グンナール・アスプルンド設計の北欧新古典主義の傑作だ。

▲ **中世の塔をアップデート** トラディショナリズムの建築家は古いデザインの拡大解釈は可能であると証明した。ストックホルム市庁舎は中世の美しいタウンホールを想起させるが、明らかに20世紀のスケールと野心をたたえている。

▽ **古代ローマ様式のアーケード** ローマの「四角いコロッセオ」（イタリア文明宮）は、未来と過去を同時に見つめたファシスト政権のために建設された古代ローマ風の建築だ。

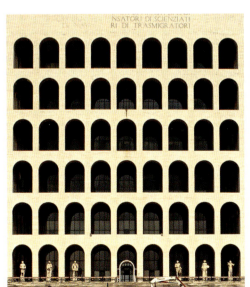

▲ **歴史を組み合わせる** モスクワにある外務省は、スターリンの野心的な建築物「セブン・シスターズ」のひとつで、ニューヨーク市庁舎やセビリヤ大聖堂のムーア様式の塔を部分的に真似ている。

▲ **ヒンドゥー＝ムガル様式** 階段状の屋根を頂くヒンドゥーとムガルの混交様式の建物。エドウィン・ラッチェンス設計によるニューデリーのインド総督府（現インド大統領官邸）は、エドワード朝古典様式とインドの様式とが合体している。

⌃ **重厚なローマ様式** 豪華な柱廊が人々を歓迎する玄関口となり、旅行者が行き来する通路を包みこむ。駅舎には、コンコースの高窓からあふれんばかりの陽光が降り注いでいた。

ペンシルヴェニア駅

- 1910年
- 米国、ニューヨーク
- マッキム・ミード＆ホワイト建築設計事務所
- 鉄道駅

「どんな街にも、代価を払う価値のあるすばらしいものがある」——1963年、「ニューヨーク・タイムズ」の社説は声を大にしてそう訴えた。マンハッタンの8番街にあったペンシルヴェニア駅の取り壊しは、当時、大きな芸術破壊行為であると世に受け止められた。結果的には、保存を訴える団体がニューヨークに生まれ、保存すべき重要な歴史的建築物が多数リスト化されることになった。

ペンシルヴェニア駅はじつに見ごたえのある駅舎であった。横長の正面玄関はローマのドリス式神殿のつくり、コンコースはカラカラ浴場（p.71）がモデルという偉観で、列車が発着する車庫もまた堂々たる風格であった。取り壊し後、駅は地下に移動し、跡地には1966年から商業施設がそびえているが、現在、新たな駅舎の建設計画がスキッドモア・オーイングズ＆メリル建築設計事務所によって進行中だ。

サンシメオン宮殿

- 1939年
- 米国、カリフォルニア、サンシメオン
- ジュリア・モーガン
- 住居

「ハースト・キャッスル」とも呼ばれるサンシメオン宮殿は、新聞王ウィリアム・ランドルフ・ハーストの邸宅である。ムーア様式の城のような165室もある邸宅は、アルハンブラ宮殿（p.146-147）やロンダの教会の塔、南部スペイン丘陵の町をイメージしてつくられた。コンクリート造りの邸宅は太平洋を見下ろす丘陵斜面に立っており、その広大な敷地内には数々の庭園、テラス、プール、歩道がある。

内装は美しく丹念な仕上がりである。庭園には柱廊やパーゴラ（蔓棚）、周到に配された彫刻などがあり、大理石を底に敷いた「ネプチューン・プール」に面してギリシア・ローマ様式の神殿ファサードがそびえている。

リンカーン記念堂

- 1922年
- 米国、ワシントンDC
- ヘンリー・ベーコン
- モニュメント

エイブラハム・リンカーン大統領を記念して建設された巨大で高貴なドリス式神殿は、36本の柱で支えられている。リンカーンが暗殺された1865年の時点で、合衆国に加盟していたのが36州だったからだ。白いジョージア大理石でつくられた大統領の巨大な坐像はダニエル・チェスター・フレンチの作品。記念堂建設計画がはじめてもち上がったのは1867年だが、建築家ヘンリー・ベーコン（1866-1924）に依頼が行くまでに、じつに44年の歳月を要した。ベーコン最後の仕事となったこの記念堂には、各地から集められた石——外壁には白いコロラド大理石、内部の壁にはインディアナ石灰石、床にはピンクのテネシー大理石、天井にはアラバマ大理石——が使われている。

明治神宮

- 1920年
- 日本、東京
- 不詳
- 宗教施設

明治神宮は東京都心の喧騒の真っただ中にある魂の安息所、明治天皇と昭憲皇太后を祀るために10万人のボランティアによって建設された神社である。東京一の大きさを誇る現在の社は、第二次世界大戦で空襲を受けたあと、1958年に再建されたものだ。

△ 鳥居（神社の出入口の門）

日本全国から集められた12万本の木々が植わる森のような公園のなかに、明治神宮は立っている。8世紀の神社の建築様式にインスピレーションを得たそのデザインは、徹底的に簡素であり、それだけにいっそう特別なものに感じられる。建設に使われた木材は塗装されておらず、色彩はもっぱら白と緑（細部に用いられた銅の色）だ。装飾は深い軒から下がった角灯と、天皇家の菊の御紋だけである。

参拝者や観光客は、手入れの行き届いた緑深い御苑を散策しながら神社に向かう。砂利道を歩いていると、特別あつらえの灯篭——柱の上に小さな社を載せたような形をしている——や、地元企業が神社に奉納した酒樽などが目に入る。訪れた人々は、やがて鳥居（神域を示す門）を2つくぐる。2番目のほうは日本最大の木製の鳥居だ。ここを過ぎると、神殿のような形のあずまやが2つ並んだところにたどり着く。参拝者は、片方のあずまやで口を水でゆすぎ、もう片方のあずまやで手を清める。絵馬が吊られた木々のそばを通ると、ようやく本殿にたどり着く。豊かな装飾が施された扉、上方に反りかえった屋根をもつ本殿で、参拝者は賽銭箱にお金を投げ入れ、柏手を打って神々を拝むのだ。

》 明治天皇

明治天皇（1852-1912）は、日本が孤立した封建主義社会から近代的な産業国家へ変貌した時代の天皇である。首都は京都から東京へ遷り、義務教育が導入され、洋装が取り入れられた。外国から優れた技術を取り入れたことが奏功して、明治期の日本は日清戦争（1894-95）と日露戦争（1904-05）に勝利することができた。こうして、天皇が崩御するころには、日本は世界の大国に成長していた。

▫ **伝統を重んじた再建** 東京近郊で1950年代に再建されたほかの歴史的建造物とは異なり、明治神宮は昔から神社建築に用いられてきた伝統的素材で建て直された。写真の本殿を見ればわかるように、使われているのはほとんど檜や銅だ。

インド総督府

● 1930年　🏛 インド、ニューデリー　✎ エドウィン・ラッチェンス　🏠 住居

英領インドの首都がコルカタからニューデリーに遷った1912年、インド総督府の建設は始まった。壮大なスケールで立つアングロ＝インディアン様式の傑作は、イギリス人建築家エドウィン・ラッチェンスの設計である。レイシーナ・ヒルの上から堂々とニューデリーを見わたすこの建物は現在、大統領官邸（ラッシュトラパティ・バワン）として使用されている。

インド総督府でもっとも目を引くのは、ピンクとクリーム色の美しい砂岩でできた大きなドームだ。世界のドームのなかでも、ひときわ美しく独創的なものであることはまちがいない。サーンチーの大ストゥーパ（p.97）のデザインを基本にしたこのドームがニューデリーの乾いた暑さのなかで放つ魔法のような美しさは、ロンドンの湿った冷気のなかでセント・ポール大聖堂（p.250）のドームが放つ美しさにひけをとらない。

ラッチェンスは天分をいかんなく発揮して、新古典主義の原則に頼り、なおかつインドの豊かな伝統建築の要素を組みこんだ雄大なボザール様式の王宮を設計した。チャートリ（屋根の上にあるパビリオン）やチャジャ（突き出た幅広のコーニス）といったインド建築の要素を、ヨーロッパや古典様式の伝統とごく自然に一体化させた設計の巧みさには舌を巻く。きわめて異質な伝統様式が見事に融合し、互いの魅力を高め合っている。この総督府は集中型の平面構成で、幅の広い階段をのぼると柱廊になった玄関の前に出る。その先のドームの真下が謁見の間だ。その奥と両側には美しい広間がずらりと並び、ロッジアの向こうに手のこんだムガル式の庭園が広がっている。4つある翼は、総督のオフィスや住居、ゲストルームとして使われた。

▽ **様式の融合**　インド総督府は、古典様式にヨーロッパやインドの建築様式が融合したものだ。

≫ サー・エドウィン・ラッチェンス

ラッチェンス（1869-1944）はアーツ・アンド・クラフツ運動の建築家アーネスト・ジョージの弟子で、職人技能を凝らした数々の美しい邸宅を設計し（p.332）、クリストファー・レンの創意あふれる精神を受け継ぐ古典主義建築家として名声を確立した。ニューデリーの都市計画に携わり、威厳にあふれた雄大な建築物を数多く残した。

ニューデリーの セント・マーチンズ・ガリソン教会

- 1930年
- インド、ニューデリー
- アーサー・ゴードン・シュースミス
- 宗教施設

現在は地域の子どもたちの学校、インドの教会の集会場として使われているセント・マーチンズ・ガリソン教会は、もともとインド軍のために建設されたものだ。どっしりとした煉瓦の壁と雄々しくそびえる塔。装飾らしきものがほとんどないため、要塞の雰囲気をただよわせるが、この建物はエドウィン・ラッチェンス（p.360）の助手、アーサー・ゴードン・シュースミス（1888-1974）の手になる最高水準の芸術作品である。外見は石の塊のようではあるが、教会内は大らかで気高く、一度見たら忘れられない。日光を通す高窓がわずかしかないのは、ニューデリーの夏の凄まじい日差しをさえぎり、猛烈な暑さから逃れるためである。身廊のヴォールトは、どっしりとした鉄筋コンクリートの骨組みで支えられているが、60年間放置されていたあいだに徐々に崩れてきたため、屋根ともども1990年代に修復されている。

一体式構造がもたらす効果 350万個の煉瓦からなる教会は広く、高く、窓はほとんどないに等しい。

エラン・ヴァレー・ダム

- 1904年
- ウェールズ中部、ラアアデル、エラン・ヴァレー
- バーミンガム市土木部
- ダム

ウェールズ中部、エラン・ヴァレーにあるダムをはじめて訪れた人は、予想もしなかった美しさに目を見張ることだろう。1904年に操業開始した見事な建築作品群は、118km離れた街バーミンガムに水を供給するために建設されたもの。ダムの天辺にある塔は、イギリス・バロック様式の巨匠、ニコラス・ホークスムアとジョン・バンブラ（p.252-253）の作品とまちがわれてもおかしくない。実際、エラン・ヴァレーの建造物は、しばしば愛情をこめて「バーミンガムのバロック」と称される。御影石の大きなブロックで粗面仕上げされた建造物のなかでも、とりわけすばらしいのがペン・ア・ガレッグのダムとガレッグ・ジの高架橋、そして1日3億リットルもの水の流れを調整する銅葺きドームの「ボエルの塔」だ。大雨のあとのダムはとくにすばらしく、大量の水が騎兵隊の突撃のように流れ落ちる。付近のクライルエン渓谷でおこなわれた第2期ダム工事は、1956年に完了した。

ペン・ア・ガレッグのダム 地元で採れた石は、ダム内部にしか使用できなかった。表面を覆う手彫りの御影石は、ウェールズ南部から運んできたものだ。

▶ **本部タワー** 基部はグレイの海の色をしたコーンウォールの御影石。そこからポートランド石のタワーが空に向かって屹立する。

ロンドン大学本部

- 1937年　イングランド、ロンドン
- チャールズ・ホールデン　大学

1836年創立のロンドン大学は、1世紀後に堂々たるポートランド石のタワーが建つまでは平凡な建築物であった。そもそもチャールズ・ホールデンは、これよりもはるかに野心的な計画を依頼されており、ジョージ王朝様式の建築が立ち並ぶ文教地区ブルームズベリーに、2棟の大胆なタワーと17の中庭をつくる予定だった。とはいえ、竣工に至った建築物だけでも堂々たるスケールである。ギリシア・ローマ風のビル群は細部装飾をほとんど排しているが、成形ブロックを積み上げた力強い石造建築は存在感にあふれている。石のなかにスチールの骨組みはない。500年以上もつ建造物を目ざしたホールデンは、伝統的な石造建築のみがふさわしいと信じていたからだ。内部に入ると、壮麗な図書館をはじめ、美しい部屋が続々と目の前に現れる。大半の部屋にはオーク材、大理石、ブロンズが使用されており、ステンドグラスを用いた部屋もある。

王立英国建築家協会ビル

- 1934年　イングランド、ロンドン
- グレイ・ワーナム　団体施設

ジョージ王朝様式のテラスハウスや慎み深い1920年代のアパート群が立ち並ぶなか、王立英国建築家協会（RIBA）本部ビルは、周囲の雰囲気を無視するかのように異彩を放って立っている。巨大な墓石にも似た厳粛で端正なビルは、繊細なレリーフ、レタリング、エッチングガラスなど、1930年代の手仕事の技が凝縮された建築物だ。頑丈な素材を用いた、がっしりとしたつくりだが、ランプ、ドアノブ、手すりといった細部の美しさは見る者を楽しませる。

◀ **RIBAビル**

ロンドン地下鉄本部

- 1929年　イングランド、ロンドン
- チャールズ・ホールデン　商業施設

絶対禁酒主義、禁煙主義、ベジタリアン、クエーカー教徒であるチャールズ・ホールデンは、静かなカリスマ性ただよう理想的なクライアントに出会った。絶対禁酒主義の禁煙家、会衆派教会信者のフランク・ピック（1878-1941）である。1933年、ピックはロンドン旅客運輸公社を運営する委員会の長に就任した。この公社は、新しいアート、技術、建築を擁護することで名高い組織であった。1920年代末、ピックはホールデンを、セント・ジェイムズ・パークを見下ろす場所に立つロンドン地下鉄本部の設計者に選ぶ。明るいオフィスにするよう求められたホールデンは、確信をもって、鉄骨、石の化粧部張りのジッグラト風オフィスビルを設計した。十字形の平面構成で、交差部上に高さ53mの時計台がそびえるこのビルは、竣工時にはロンドン一の高さを誇っていた。セント・ジェイムズ・パーク駅のプラットフォームをまたぐ格好で立ち、低く広がる基部からオフィス棟にかけて階段状に高くなっていく構造だ。革新的な平面構成ながら、注目を集めたのはもっぱら基部にある彫刻のほうで、ヘンリー・ムーア、エリック・ギル、ジェイコブ・エプスタインといった前衛彫刻家の作品が物議を醸した。

アーノス・グローヴ地下鉄駅

- 1932年
- イングランド、ロンドン
- チャールズ・ホールデン
- 地下鉄駅

ロンドン地下鉄の重役フランク・ピックの依頼を受けて、チャールズ・ホールデンがロンドン地下鉄本部や新しい駅を設計しはじめたのは、1920年代初頭のことであった。しかし、彼がピカデリー線の煉瓦とコンクリートでできた駅の設計に本格的に携わるようになったのは、1930年代に入ってからである。ピックとともにドイツ、北欧諸国、オランダへ視察に出かけたホールデンは、ヒルフェルスムにあるウィレム・デュドックの作品やストックホルムのグンナール・アスプルンドの作品にとくに感銘を受けた。

ホールデンが設計した新駅のなかでも最高の作品となったのが、ロンドン北部のアーノス・グローヴ駅だ。古代ローマ様式と現代オランダのデザインとイギリスの職人技能が出会った、とりわけ見事な建築作品である。下部構造の上には釉薬で光沢を出した円形の建物がそびえ、その天辺にはコンクリート造りのコーニスがある。鉄筋コンクリート、煉瓦、ブロンズなど、伝統的な素材と現代的な素材を取り合わせた腕が冴える。妥協なき機能性を保ちつつ、時代を超えた建築の伝統に立ち返って設計された偉大なる建築物である。

ホールデンのトレードマーク このロンドン地下鉄駅舎は、弧を描く曲線、むき出しに積まれた煉瓦、幾何学的な装飾が特徴である。

ノリッジ市庁舎

- 1938年
- イングランド、ノーフォーク、ノリッジ
- C・H・ジェイムズ、R・S・ピアス
- 公共施設

スカンジナビアの影響を受けたこの美しい市庁舎は、高さ56mの端麗な塔をもち、ノリッジの市が立つ広場を見下ろす場所に立っている。庁舎に入るには、獰猛なライオンのブロンズ像が両脇をかためる階段をのぼっていく。1930年代のイギリスでは、白い立方体をしたバウハウス式モダニズムに反発するデザインが発達した。この建物はそうしたデザインの好例で、すっきりとしていながら、細部へのこだわりや巧みな技能のあとが見てとれる。外観においても内部構造においても、古い伝統と現代性が結びついているのが、この作品の長所である。

ストックホルム市庁舎

- 1923年
- スウェーデン、ストックホルム
- ラグナール・エストベリ
- 公共施設

中世的であると同時にモダン、なおかつロマン主義の輝きに満ちたストックホルム市庁舎は、見事な外観と喜びにあふれた内部空間を備えている。「青の間」(実際には青くはない)には1万本のパイプからなるオルガンがあり、市議会場の天井はヴァイキング船の船底をモデルにした構造だ。「黄金の間」の壁は、18万枚を超えるガラスに金箔を散りばめたモザイクである。市庁舎の建物はすべて、柱廊のある中庭のまわりに集まっており、美しい部屋から中庭を望むことができる。内も外も、職人の巧みの技に思わず息をのむ建物だ。

ル・ランシーの
ノートルダム教会

- 1923年　パリ近郊、ル・ランシー
- オーギュスト・ペレ　宗教施設

　パリから北東に13km、ル・ランシーの町にそびえるノートルダム教会は、デザインが異色なうえ各部に不具合を抱えているが、やはり特別な建築物といえるだろう。オーギュスト・ペレ（1874-1954）の設計による戦没者慰霊のための教会で、すべて打ち放しの鉄筋コンクリートでできている。当時すでにコンクリートは当たり前のように使われていたが、それをむき出しにする工法は世界初の試みであった。この種の建物は石や大理石で仕上げられるのが、妥当で礼儀にもかなっていると当時は考えられていた。1980年代に入ったころのコンクリートの傷みはひどいもので、その後定期的に補修され、劣化したコンクリートが徐々に新しいものに交換された。そのため、デザインは当時のままだが、いまとなってはオリジナルの素材はほとんど残っていない。

　内部に入ると、壁は隅から隅までステンドグラスに覆われている。曲面を描く高いコンクリート・ヴォールトは、上に向かって細くなる華奢なコンクリート柱に支えられている。これほどまでに軽やかな構造の堂内にいると、この教会が中世ゴシック聖堂の最後の華──ウィンザー城の聖ジョージ礼拝堂やキングズ・カレッジ・チャペル（p.191）──を精神と作品の両面において継承しているように思えてくる。この教会の塔が、中世に着想を得たものであることはまちがいないだろう。

カール・マルクス・ホーフ

- 1930年　オーストリア、ウィーン
- カール・エーン　住居

　巨大なカール・マルクス・ホーフは、1920代末の「赤いウィーン」（社会民主党による自治体政策の呼称）時代に建てられた集合住宅である。設計者は街の建築計画に携わったカール・エーン（1884-1957）。5000人もの住民を収容できる1382戸のフラットをきっちりと詰めこみ、託児所、図書館、クリーニング店、診療所などのサービス施設のほか、共有の広大な庭もある大がかりな集合住宅である。この威容を誇る建造物は、じつはエーンが設計を任された土地面積のわずか18.5％を占めるにすぎない。労働者の生活水準向上という夢が果たされて、残りの部分に何かを建てる必要がなくなったのだ。1923～34年、ウィーンには6万4000棟のアパートが新築され、市の人口の10分の1がそこに入居した。1934年のオーストリア内戦で親ナチのオーストリア軍や準軍事組織の砲撃を受け、その直後にカール・マルクス・ホーフという挑発的な名称は消滅する。第二次世界大戦末期になると、今度はソ連赤軍から猛攻撃を受けた。1989～92年に全面的に修復された住宅は、再びもとの名前を掲げて誇らしげにそびえている。

▶ **世界最長のアパート**　全長1100mのカール・マルクス・ホーフは、端から端まで行くあいだに路面電車の停車場が4つある。1個の住宅建築の長さとしては世界一だ。

シュトゥットガルト駅

- 1928年　ドイツ、シュトゥットガルト
- パウル・ボナーツ　鉄道駅

　パウル・ボナーツ（1877-1956）はシュトゥットガルト駅の設計を1913年に終えていたが、着工は第一次世界大戦後に延期された。「ゆゆしき戦争を経て浄化された」とボナーツがいう駅舎のデザインは、ロマンチックな誇大表現が取り払われた。真面目で勇ましいスタイルは、ヒトラーのお抱え建築家、アルベルト・シュペーアやヴェルナー・マルヒ（p.367）の作品の先駆者的な様相を呈している。ボナーツ自身はナチ党員ではなく、1940年にドイツを離れてトルコへ向かった。近年、ドイツのインゲンホーフェン建築設計事務所が両翼部の取り壊しを含む再開発を計画して物議を醸した。新しい設計計画は現在も進行中である。

◤ **質実剛健で無骨**　ネオ・ロマネスク建築の駅舎は、ごつごつした石灰石仕上げの壁と塔が11世紀の頑強な城を思わせる。

ハンブルクのチリハウス

- 1924年　ドイツ、ハンブルク
- フリッツ・ホーガー　商業施設

　まるで船のような10階建てのビル、チリハウスを設計したのはフリッツ・ホーガー（1877-1949）である。施主は、チリ硝石の貿易で財を築いたハンブルクの海運王ヘンリー・スロマン。ブルヒャルト通りとプンペン通りの交差点から船の舳先のような東端を見上げるアングルは、あらゆる写真家のお気に入りである。手すり、舷窓のような窓、バルコニー、（チリの紋章から拝借した）コンドルのような船首像など、このビルには船にたとえられる要素がいくつもあるのだが、地元住民は最初、このビルをアイロンに見立てていた。職人から出発したというホーガーのバックグラウンドがすみずみに表れたこの不朽のビルは、ハンブルクでもとりわけ人気の高い観光スポットだ。

◀ **伝統の再解釈**　チリハウスに使われた煉瓦は約480万個。バルト海沿岸のハンザ同盟都市にある伝統的な煉瓦の建築物を再解釈したようなビルだ。

アインシュタイン塔

- 1921年
- ドイツ、ポツダム
- エーリヒ・メンデルゾーン
- 研究施設

第一次世界大戦中、ドイツの砲兵将校をしていたメンデルゾーンは、未来的な建築物のスケッチを何枚も描いていた。のちにそのアイデアが、ある施設の奇抜なデザインに結実する。物理学者アルベルト・アインシュタインとその研究チームが「相対性理論」を実測検証するための施設だ。なめらかな曲線を描く白いビルは模型用粘土でつくったような外観だが、じつは煉瓦にコンクリートを被せたものである。「靴に住む老婆」をうたったマザーグースの挿絵にも似ているが、このような建造物の先例はなかった。この表現主義の力作は、メンデルゾーン自身の主張によれば、音楽理論とアインシュタインの理論に基づいて設計されたものだという。真偽の立証はできないが、少なくとも、革新的な科学者にふさわしいラディカルな建築物になっていることだけは確かだ。ドイツを代表するこの記念碑的建築物は、いまもポツダム天体物理学研究所が頻繁に利用している。

24時間体制 塔のなかには寮とワークルームがあり、研究者たちは太陽の動きに合わせて24時間体制で研究することができる。

ブレスラウの百周年記念ホール

- 1913年
- ポーランド、シレジア南部、ヴロツワフ
- マックス・ベルク
- 公共施設

ナポレオンの軍隊をプロイセン、オーストリア、ロシア、スウェーデンの連合軍が破ったライプツィヒの戦い（1813）の百周年を記念して、見事なドームを頂く公会堂がかつてのブレスラウ（現ヴロツワフ）に建設された。鉄筋コンクリートの構造設計は技師のウィリ・ゲラー（1876-1953）によるもので、ブレスラウの建築家マックス・ベルク（1870-1947）と緊密な協力のもとに、この偉業を成し遂げた。32本のコンクリート・リブの上に高々と載った直径62mのドームの下には、1万人を収容する巨大な四角いホールが広がっている。ホールの四隅に基礎を置くこのドームを見ていると、イスラムの建築家シナン（p.149）が設計したドームのひとつを思い出す。窓をふんだんに設けた壁が階層状に上昇していくため、ドームの内部は思わず息をのむほどの美しさだ。完成まで2年足らずで済んだのは、自動化された機械で建設を進めたからである。ブレスラウの町は第二次世界大戦でほぼ全滅したが、このホールは生きのび、現在は「人民ホール」として利用されている。

ベルリンの航空省庁舎

- 1936年　ドイツ、ベルリン
- エルンスト・ザーゲビール　政府建築物

　ベルリンの壮大なテンペルホーフ空港を設計したエルンスト・ザーゲビール（1892-1970）は、ヴィルヘルム通りとライプツィガー通りの交差点にそびえる、この極端なまでに飾り気のない古典的庁舎の設計も担当した。ここには、空軍元帥ヘルマン・ゲーリング率いる世界一破壊的な空軍の本部が数年間置かれていた。好戦的精神に満ちたこのビルは、当時のヨーロッパのオフィスビルでは最大のものだった。第二次世界大戦の空襲を免れたあとは、ドイツ民主共和国（東独）の共産党政権の最初の本拠地となり、現在はドイツ連邦の財務省本部が置かれている。

総統官邸

- 1938年　ドイツ、ベルリン
- アルベルト・シュペーア　政府建築物

　厳粛で、余分なものを一切削ぎ落とした古典様式の総統官邸は、アルベルト・シュペーア（1905-81）がアドルフ・ヒトラーのために設計したもので、硬い石を用いた完璧な仕上がりの建造物である。たったひと部屋分の奥行きしかないこのビルのねらいは、ヴィルヘルム通りから広さ400m²のオフィスまで、ヒトラーをもったいぶって延々と歩かせることであった。第三帝国の各地から寄り集められた贅沢な素材を使用し、4000人の職人と建設作業員により急ピッチで建設を進めた官邸は、1945年のベルリン包囲で甚大なダメージを受けた。

ベルリンのオリンピック・スタジアム

- 1936年　ドイツ、ベルリン
- ヴェルナー・マルヒ　スポーツ施設

　いまも数々の大会が開かれ、2006年のFIFAワールドカップに合わせて修復もされたベルリンのオリンピック・スタジアム。約80年前、この競技場は、有名なナチの記録映画『オリンピア』——レニ・リーフェンシュタールが1936年のベルリン・オリンピックを理想化して撮った——でスター扱いされた。ヴェルナー・マルヒ（1894-1976）設計の鉄骨組みスタジアムには、完成後、ヒトラーの命令で石の化粧張りが施された。ヒトラーは現代的な鉄骨建築を嫌ったわけではない。工業用・軍事用の建物のようで、市民のモニュメントにはそぐわないと思ったのである。だが、ナチの政権掌握前に設計を依頼されていたマルヒは、それよりもはるかにモダンな外観にしたいと考えていたのだ。11万人を収容するスタジアムは当時もいまも壮観というほかない。ヒトラーはこの競技場を、アーリア人種の超人的選手がその優越した運動能力を証明する場にしたいと考えていたのだが、米国の黒人選手ジェシー・オーウェンズが金メダルを4個獲得し、望みをくじかれてしまった。

▽ **明晰さと均整美**　くっきりした構造と厳密な左右対称は、ナチ時代の建築の特徴だ。

サンタ・マリア・ノヴェッラ駅

- 1936年
- イタリア、フィレンツェ
- ジョヴァンニ・ミケルッチ
- 鉄道駅

ジョヴァンニ・ミケルッチ（1891-1991）率いる建築家チームが、サンタ・マリア・ノヴェッラ駅の設計を依頼されたのは1932年、ムッソリーニのファシスト党政権時代のことであった。ムッソリーニは、古代ローマのものに劣らない建築物や街をつくると断言。ヒトラーと異なり新古典主義建築には傾倒せず、ミケルッチの「合理主義」を歓迎した。石の化粧張りの構内は、均整の取れたデザイン、光と影のコントラストが美しく、なおかつ実用性にも富んでおり、モダニズムでも古典主義でもない建築様式として成功を収めている。2010年には、ノーマン・フォスターとアラップ社の構造設計技師たちが手がけた、すばらしいガラス天井の地下駅が完成した。

△ **駅構内** 地元の石で仕上げた、天井の低い平面的な建物が、力強さを感じさせると同時に旅客をなごませる。

ミラノ中央駅

- 1931年
- イタリア、ミラノ
- ウリッセ・スタッキーニ
- 鉄道駅

▽ **美しき野獣** まぎれもなく巨大であるが、様式的にはややぎこちない。それでも、ニューヨークのグランド・セントラル駅の伝統をふまえた見事な終着駅だ。

怪物のように大きなミラノ中央駅の前面には、幅200m、高さ72mの広大なコンコースがある。24本のプラットフォームを覆っているのは、長さ341mの巨大なスチールの天蓋だ。駅再建プロジェクトの一環として1906年に実施されたコンペでアリーゴ・カントーニの設計案が選ばれたが、結局デザインが代わり映えしないとして却下された。そして1912年、2度目の設計コンペで選ばれたのがウリッセ・スタッキーニ（1871-1947）である。第一次世界大戦で建設が遅れたため、駅が完成したのはムッソリーニが政権を握ってから9年後だった。スタッキーニは第二次世界大戦中に設計案を改め、古代ローマの浴場から発想を得た自身のアイデアに、未来派建築家アントニオ・サンテリアのアイデアを融合させ、雄大果敢な建造物をつくり上げた。モザイク画、陶細工、ステンドグラス、浅浮き彫りの彫刻の多さに驚かされるが、装飾を散りばめた断崖のようなファサードの奥に広がる空間には、余計な装飾が一切ない点も注目に値する。

アスマラの聖マリア・コプト教会

- 1938年
- エリトリア、アスマラ
- エドゥアルド・カヴァニャーリ
- 宗教施設

聖母マリアに捧げられたエリトリア正教の大聖堂は、堂々たる門塔をくぐった広い敷地内の丘に立っている。この丘の上からは、エリトリアの首都アスマラを一望できる。アスマラは1930年代にイタリアが建設した街で、イタリアはこの地から東アフリカへの進出をもくろんでいた。

この教会には、人目を引く並はずれた美しさがある。モザイクで飾られた聖堂入口の両脇には、「モンキー・ヘッド」(壁を構成する石と木を固定するため梁に対して直角に差しこまれた木材)を用いた独特な赤い石造りの塔が独立してそびえている。塔の上部には、白い幾何学的デザインの鐘楼があり、そこにはトゥクルのような円錐形の屋根が載っている。トゥクルとは、東アフリカ高地の昔ながらの小屋だ。

1920年、もともとこの場所にあったコプト教会の代わりに、ガッロという名の建築家が設計した教会が建てられた。1930年代末、その教会はエドゥアルド・カヴァニャーリによって現在あるような姿に建て直された。カヴァニャーリは、関連性のない2つの伝統、すなわち1930年代イタリアの合理主義と東アフリカ高地に特有の建築を見事に融合させ、その非凡な才能で奇跡的な聖堂をつくり上げた。アーケードのある大昔の聖堂には現代的な解釈が加えられ、色鮮やかな聖人の絵によって生気を帯びた身廊は、いまでも敬虔な信者たちであふれている。

入口のモザイク 入口の枠は赤いタイルのテッセラで仕上げてあり、その上には見事なモザイク画の縦長パネルが7枚並んでいる。イタリア人画家、ネンネ・サングイネッティ・ポッジの1950年代の作品である。

アスマラのシネマ・インペロ

- 1937年
- エリトリア、アスマラ
- マリオ・メッシーナ
- 映画館(公共施設)

気品あるインペリアルレッドのファサードが印象的な映画館シネマ・インペロは、古代ローマ様式の意匠に遊び心を加えている。外観のパレードのような華やかさは首都アスマラのメインストリート、ハルネット通りにある建物のなかでもひときわ美しい。完全に修復されたロビーもまた見事というほかない。その昔、インペロは2つの美術館とボーリング場、カクテルバーもある大きな娯楽施設のなかの映画館だった。当時、街にはここを含めて映画館が9館あり、サンルーフ付きの「ザ・キャピトル」や威風堂々たる雰囲気の「ローマ」もひときわ印象的な映画館だった。

驚くべきことに、1930年代にできたアスマラの建築物は、どれも考え抜かれた総合都市計画の産物であった。娯楽施設が気品あふれる公共施設たりえない理由などなく、街全体の景観向上に役立つと考えられていたのだ。アールデコとイタリア合理主義のデザインが一体となって功を奏し、アスマラは独特な趣をもつ街となった。

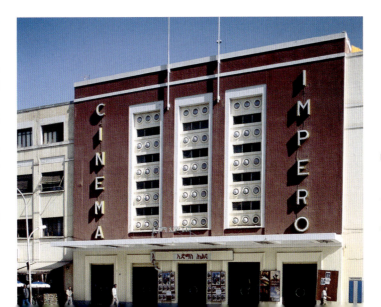

永遠のランドマーク くっきりとした幾何学的なラインと舷窓のような窓。高々とそびえる映画館のファサードは70年以上にわたって、首都アスマラのランドマークであり続けている。

マイアミビーチのローリー・ホテル

- 1940年　米国、フロリダ、マイアミビーチ
- ローレンス・マレー・ディクソン　ホテル

　1928年、ローレンス・マレー・ディクソン（1901-49）は、勤めていたシュルツ＆ウィーバー建築設計事務所のあるニューヨークからマイアミビーチに拠点を移した。マイアミで自身の事務所を構えた彼は、驚異的なペースで仕事を請け負うようになり、1930〜40年代に38のホテル、87のアパートメント・ビル、220の住宅、2つの住宅団地、33の店舗を設計した。ディクソンは、マイアミビーチの超人気ホテル――ヴィクター・ホテル（1937）、ローリー・ホテル（1940）、マーリン（1939）、タイズ・ホテル（1939）、セネター（1939）、リッツ・プラザ・ホテル（1940）――の設計者として高い評価を得ている。

　彼のスタイルは洗練されていた。「ファッショナブルなアールデコの映画館のファサードを高層ホテルにもってきただけ」といった安直なものではなく、審美的な曲線で遊びながら、機能と形が巧みに融合した建築物なのである。コリンズ・アヴェニューの8階建てホテル、ローリーはマイアミビーチ初のリゾート・ホテルといってよい。藁葺き屋根のビーチハウスに囲まれた、浅めのプールが自慢の美しく品位あるホテルだ。

▶ **実のあるスタイル**　1990年代に修復されたローリー・ホテル。しかるべき人間がつくれば、アールデコはただの華美なスタイル以上のものになる。

ニューヨークの エル・ドラド・アパートメント

- 1931年　米国、ニューヨーク
- エメリー・ロス　住居

　孤児であったエメリー・ロス（1871-1948）は13歳のときにオーストリア＝ハンガリーからシカゴにやってきて、製図工として実力を積んだ。1890年代には一流建築設計事務所バーナム＆ルートで働き、その後ニューヨークに拠点を移す。マンハッタンの空に屹立するエル・ドラド・ビルは、映画に出てくるような28階建てのアールデコ様式アパートメントで、ロスがセントラルパーク・ウェストに建てた一連のビルのうち、4番目にできた最大の建築物である。186戸、1300室すべてにできる限り陽光が差しこむよう、U字形の中庭を囲むようにして立っている。夜になると赤いライトが灯る前面のタワー2棟は、セビリヤ大聖堂（p.198）のヒラルダの塔を模したようなつくりだ。このタワーは、スターリンの建設したモスクワの高層ビル「セブン・シスターズ」にも発想を与えていると思われる。未来派的な細部彫刻、幾何学的な装飾や文様、コントラストのきいた素材と風合いをもつエル・ドラドは、ニューヨーク一美しいアールデコの建築物だ。セットバックになったタワー上部は装飾が美しく、映画のタイトルをもじって「フラッシュ・ゴードン・フィニアル」と称される抽象的・幾何学的な尖塔を頂いている。

モスクワ地下鉄

- 1935年
- ロシア、モスクワ
- 多数
- 地下鉄駅

　1930年代中盤、スターリンの命によりモスクワの地下深くに建設された地下鉄駅は、大理石、モザイク、彫刻に彩られ、シャンデリアまでがきらめく「人民の宮殿」となった。ここは、ソ連の最新の建築、デザイン、装飾芸術と大胆な建築工学の合体を絢爛豪華に展示して見せた場といえる。過酷な建設作業はおもに強制労働によっておこなわれた。

　1935年5月開通の最初の路線、ソコーリニチェスカヤ線には13の駅があった。そのひとつ、クロポトキンスカヤ駅の大理石の壁は、スターリンが計画していた巨大なソビエト宮殿の壁面となるはずのもので、解体された救世主ハリストス大聖堂から取り去られたものを使用している。スターリンは大聖堂の跡地にいずれ宮殿を建設するつもりでいたが、結局実現には至らなかった。ノヴォクズネツカヤ駅のホームには、同じく19世紀ビザンティン様式の大聖堂にあった大理石のベンチが並んでいる。プローシャディ・レヴォリューツィイ（革命広場）駅には、ソ連の兵士、労働者、集団農場の農民らの雄々しい銅像が76体飾られている。すばらしいのはマヤコフスカヤ駅で、構内には輝くクロムの柱が林立し、頭上高く広がるヴォールト天井にはモザイク画の「ソビエトの大地のある一日」が描かれている。たくましいソ連の労働者が夜明けとともに目覚め、農場や工場で生き生きと働き、日が暮れると帰宅して眠りにつく様子を描いたこの画を眺めながら、通勤客が行きかっている。軍隊に捧げられたコムソモーリスカヤ駅は、ビザンティン様式の聖堂のように美しい。

◁ **アルバーツカヤ駅**　洞穴のような形状で装飾性に富んでいる。地上階のエントランス・ビルは、赤い星の形にデザインされている。

モスクワ大学

- 1953年
- ロシア、モスクワ
- レフ・ウラジーミロヴィチ・ルドネフ
- 大学

　スターリン時代のモスクワには、マンハッタンの摩天楼に対抗して7つの超高層ビルが建設された。「セブン・シスターズ」と呼ばれるそれらの建造物のひとつがモスクワ大学である。ウェディングケーキ型の本館は高さ240mの36階建て。どっしりと幅広な下部構造の上に繊細な尖塔がのび、先端には重さ12tの赤い星を頂く展望台がある。本館前はテラスになっており、ソ連の未来を見つめる学生像がある。本館の両脇にそびえる大きな4棟のビルには、学生寮、講堂、図書館、オフィス、学生食堂などが入っている。レフ・ルドネフ（1885-1956）設計のこの複合施設の廊下は、全長33km、部屋の総数は5000室といわれている。建設従事者の大半は囚人で、1950年代半ばまではドイツ人の戦争捕虜も多数加わっていた。ルドネフはもともとロマネスク様式を好む建築家だったが、やがて新古典様式に移り、最終的には両様式を折衷したスターリン様式といわれる権威主義的なスタイルに行き着いた。

◁ **折衷様式の塔**　ロシア・ゴシックとバロックを混ぜ合わせた塔は迫力満点だ。

現代の建築

1945年ごろ以降

いっとき、世界じゅうのビルというビルが、ミース・ファン・デル・ローエのオフィスタワーか、ル・コルビュジエのアパートメントの小規模版になりそうな勢いが続いた。しかし、建築におけるモダニズムへの反動は、早くも1950年代に始まる。しかもその主導者は、斯界の指導者である巨人、ル・コルビュジエその人であった。20世紀が終わるころには、現代建築はさまざまな様式が混ざり合う万華鏡と化していく。

何かが動いていた。疑いもなく信奉されてきた戦前のモダニズムは、もはや何も与えてくれなくなっていた。ル・コルビュジエがロンシャンの礼拝堂（p.376）で世界を魅了すると、芸術、神、歴史、空間といったものに対する新しい考えに糧を得て、現代建築は均整のとれた幾何学的な境界を突き破っていく。歴史は探索の宝庫となった。1960年代末、まずは米国で、才をてらう建築家たちが、過去の様式を切り貼りした建物をつくりはじめ、それは「ポストモダニズム」と呼ばれるようになる。この流れを主導したひとりが建築家のロバート・ヴェンチューリであった。1964年の著書『建築の多様性と対立性』はポストモダンのバイブルとなった。ヴェンチューリはル・コルビュジエの名言「省略こそ豊かさ」をもじり、「省略は退屈」と反論。建築とは包括的で、大衆の意見を代弁し、遊び心をもっているべきだと主張した。裕福で寛大なクライアントの出資により、才気走った建築家が設計した奇をてらった建造物が各地に誕生するが、1980年代にはロサンゼルスから上海に至るまで、うんざりするほど軽薄なビルが林立し、ポストモダンは退屈になりはじめた。

CAD革命

同時に興味深いことが起こる。コンピュータ支援設計、すなわちCAD（p.339）による新しい設計法が登場したのだ。波形の大胆な屋根をもつシドニーのオペラハウス（p.388）の構造設計を依頼された若き技師ピーター・ライスは、計算尺と微積分表を用いて未知の海へ漕ぎ出したが、それから数年とたたないうちに、建築家はコンピュータの力を借りて、クレイジーとまでいえるビルを設計できるようになる。画面上では倒壊しそうなビルでも、建てたら立つのだとわかったのだ。1990年代になると、世界の大半の地域で製図板とT定規の代わりに、CADのソフトウェアが使われるようになっていた。

◀ **ロンドンのランドマーク**　ピクルスのキュウリのような形のオフィスタワー、30セント・メアリー・アクスはノーマン・フォスターの設計。斜めに交差するむき出しのスチール格子がまぶしい。

基礎知識

　第二次世界大戦後、合理的な必然性があると考えられていたモダニズム建築の理念が根底から覆され、無数の斬新な取り組みへと発展した。変化を促したのは新技術や新素材だったが、社会や政治への新たな理想もその動きに一役買っていた。

ジグザグの窓　現代建築家はそれまでにない過激なデザインをするようになった。ダニエル・リベスキンド設計のユダヤ博物館（ベルリン）の窓は独特のフォルム。鋭く切りこまれた形状が稲妻のようだ。

テント型の屋根　ミュンヘン・オリンピック（1972）のスタジアム用に設計された軽量、張力構造の布の屋根。構造設計は軽量構造のパイオニア、フライ・オットーだ。以後、この屋根は世界じゅうでコピーされ、再解釈されるようになる。

通信システムの設置　摩天楼は通信システム用タワーとして有効活用できる。シカゴのジョン・ハンコック・タワーの天辺に設置されたアンテナは、どこかミサイルを思わせる。

船の舷のように湾曲した壁には、彩色されたガラス窓が埋めこまれている

変則的な形　ル・コルビュジエがフランスのロンシャンに建てた礼拝堂は、建築界に衝撃を与えた。機能性のみならず、アートや情緒からも魅力的で力強い形が生まれることを示した作品だ。

外付けエレベーター　建物内部のしくみを外に見せる設計は、リチャード・ロジャーズやレンゾ・ピアノが確立した手法だ。ロジャーズ設計のロイズ・ビルディング（ロンドン）は、ビルの外にエレベーターを設置している。

荊冠をイメージしたデザイン

コンクリートをドラマチックに賛美している

入口は隠れていて見えない

彫刻としての建築　オスカー・ニーマイヤーがコンクリートとガラスで建てたブラジリア大聖堂（1970年完成）は、限りなく彫刻に近い建築物だ。世界じゅうで絶賛され、コンクリートの建物も愛されることを示してみせた。

チャンディーガル

- 1962年
- インド、パンジャブ東部
- ル・コルビュジエ
- 都市

インドとパキスタンが分離独立した1947年8月、パンジャブ州は2つに分割された。州の西部にある州都ラホールはパキスタンになり、インドに組みこまれた東部にも州都が必要となった。24の村が点在する緩やかに傾斜した平原に現れたのは、まったく予想外な新都市であった。

ル・コルビュジエは1950年末までに、チャンディーガルの都市計画担当者としてニューヨークの建築家アルバート・マイヤーの役目を引き継いでいた。スイス人建築家のピエール・ジャンヌレ、イギリス人建築家のマックス・フライおよびジェーン・ドリューとチームを組み、彼は驚くべき建築物を設計した。コルビュジエが中心となって設計したのは、州都の複合施設をなす雄々しい造形の建造物——高等裁判所（1956）、行政事務棟（1962）、議会棟（1962）の3つであった。議会棟はまるで彫刻作品のような、一見自由でありながら、きわめて統制のとれた形をしている。上方に反りかえったポルティコの屋根の向こうには、巨大な円筒形のホールがある。ホールは天辺を斜めに切ったような形状で、そこに採光や冷却のための奇妙な双曲線状のコンクリートシェルが付いており、議会棟のアクセントとして人目を引いている。チャンディーガル住民のために建設された無数のコンクリート住宅は、都心にあるコルビュジエ設計の厳かな建築物とは正反対で、芸術性にも実用性にも欠けている点が残念だ。

ル・コルビュジエ

スイスに生まれたシャルル＝エドゥアール・ジャンヌレ（1887-1965）は、ル・コルビュジエと称して建築に身を捧げた。1922年から純白のモダニズム邸宅を続々と設計して名声を得たが、第二次世界大戦後は暗く空想的な建築に取り組み、打ち放しコンクリートの作品を多数発表した。1950年代には、ロンシャンの礼拝堂（p.376）のように、深い精神性をたたえた知的好奇心をそそる建築物を設計している。

チャンディーガルの議会棟 空想的でモダンな議会棟には、飼い葉桶のような形をしたポルティコがある。築50年を超えたいまでも、衝撃に耐える力強さをもっている。

ケース・スタディ・ハウス No.21

- 1958年　米国、ロサンゼルス
- ピエール・コーニッグ　住居

ピエール・コーニッグ（1925-2004）は、南カリフォルニア大学の学生だったころ、スチールとガラスでできた最初の作品を世に出した。『アーツ・アンド・アーキテクチュア』誌発行人のジョン・エンテンザが、「ケース・スタディ・ハウス」という実験的住宅建築プログラムで革新的な住宅を建ててくれる若く独創的な建築家を探していたときにコーニッグを選んだのは、当然のなりゆきであった。

ケース・スタディ・ハウスNo.21は現代的な美しさをもつ家で、流れるような平屋に禅を感じさせるような庭園を組み合わせている。屋根や壁を水が流れるので長く暑いロスの夏も涼しく過ごせるうえ、高床なので通風性もよい。クーリング効果が大きいため、エアコンが設置されたことはない。リラックスした暮らしができ、ハリウッド映画のロケにも使われたという、別の意味でもクールな住宅だ。のちにコーニッグはこの家の改修も依頼され、無事修復を終えて亡くなった。

ファンズワース邸

- 1951年　米国、イリノイ、プレーノー
- ルートヴィヒ・ミース・ファン・デル・ローエ　住居

川べりに建つ優雅なインターナショナル・スタイルの家は、医師のイーディス・ファンズワースが週末用の別荘として依頼したもの。コンクリートの平面2枚（床と天井）を鉄骨が支え、壁は全面ガラス張りである。溶接された鉄骨は、研磨・下塗りしたうえに塗装されているので非常になめらかだ。床から天井までガラスなので、家が自然のなかに浮かんでいるような感覚をおぼえる。屋内中央のコアスペースに暖炉、キッチン、浴室があり、配管が見えない設計になっている。

自然との調和　ミースはファンズワース邸によって、自然と住宅を「より高い次元で一体化」させる夢を実現した。

ケース・スタディ・ハウス No.22

- 1960年　米国、ロサンゼルス
- ピエール・コーニッグ　住居

映画、本、雑誌、広告など多くのメディアが、ロサンゼルスの険しい岩山の上に張り出したこの家を称えたが、ジュリアス・シュルマンの撮った写真ほどそのすばらしさを存分に伝えているものはない。夜のとばりが街に降り、美しいリビングルームでおしゃれな人たちがくつろいでいる写真は有名だ。イギリス人建築家のノーマン・フォスター（1935-）はこう書いている。

「カーペットのように広がるロサンゼルスの街の光を眼下に眺め、重力がないかのように浮かんでいる。エレガントで明るく、透明なガラスに囲まれた家はシンプルだが、じつは厳密な検討プロセスを経て完成したものだ。もしも一枚だけ、建築の重大な一瞬をとらえた写真を選び、それについて何か書けといわれたなら、私はまちがいなくこれを選ぶだろう。表現という意味でも、所産という意味でも、この家は現代建築の試金石であり続けている」

コーニッグはその後も、まわりの環境にうまく溶けこんだ鉄骨の家を実験的につくり続けた。

イームズ邸

- 1949年　米国、ロサンゼルス
- チャールズ・イームズ　住居

ケース・スタディ・ハウスNo.8として、チャールズ・イームズ（1907-78）は自分と妻の住む家を建てた。2階建ての倉庫を住居とスタジオに分割し、中2階にはベッドルームがある。鉄骨のあいだにはめこまれた透明や半透明のパネルは、素材も塗られた色もさまざまだ。南側にある吹き抜けのリビングは、総数17の柱間のうちの8つを占める広さである。

イームズ邸

ノートルダム・デュ・オー礼拝堂

- 1955年
- フランス東部、ロンシャン
- ル・コルビュジエ
- 宗教施設

ル・コルビュジエの礼拝堂は、ロンシャンの丘の上、第二次世界大戦で破壊された19世紀の教会跡に建てられた。軽量コンクリートの屋根の下に、湾曲した漆喰仕上げの分厚い壁。ところどころ穿たれた窓には、コルビュジエ自身が彩色したガラスがはめこんである。屋根と壁のあいだには10cmほどの隙間があるが、よく見るとその屋根は、壁のなかに仕込まれた柱で支えられている。隙間には透明なガラスが入っており、そこから差しこむ光で身廊は神秘的な空気に満ちている。この身廊には塔が3つ。それぞれ内部があざやかな色で彩色されている。礼拝堂は音響効果も抜群で、人の話し声がこの世のものとは思えないように響く。

東端の壁の外側には説教壇を設けたテラスがあり、ミサを捧げる神父の声が反響する。象徴性に富み、ピカソの影響を色濃く受け、自然と聖母マリアへの賛歌を謳い上げた礼拝堂を見ていると、ヨーロッパの現代建築家がゴシック期の名匠に肩を並べる作品（形はかなり異なるものの）をつくり得たことを実感する。

▶ **精神的な高み**　印象深いロンシャンの礼拝堂は、ル・コルビュジエの戦後作品を新たな高みに押し上げた。

ユニテ・ダビタシオン

- 1952年
- フランス、マルセイユ
- ル・コルビュジエ
- 住居

コルビュジエはユニテ・ダビタシオンで低コスト住宅という大胆な実験を試みた。12階建てのコンクリート・ビルには、23種類のレイアウトからなる337戸のフラットが入っている。いくぶん粗野な外観に比べて、内部はじつに手のこんだつくりだ。ワインボトルの棚のように積み重なったフラットへは、3階ごとに設けられた共用廊下から入っていく。各戸とも2階建てで、廊下の階が1階になっているフラットと、廊下の階が2階になっているフラットがある。屋上にはプールの付いた子ども用の遊び場があり、店舗やホテルが入っている階もある。公園のなかに立つこのビルの1階は、柱だけを残して吹き放ちにしたピロティ（p.341）だ。

◀ **先駆的な設計**　ル・コルビュジエは以後、ユニテ・ダビタシオンの設計に基づく建築物を数棟、ヨーロッパに建設していった。

ジャウル邸

- 1956年
- フランス、パリ、ヌイイ＝シュル＝セーヌ
- ル・コルビュジエ
- 住居

ル・コルビュジエはパリ郊外に2世帯用の住宅、ジャウル邸を建てた。これによってコルビュジエは30年前の純白の邸宅群に決別し、がらりと作風を変える。人生もアートも暗く詩的な段階に入り、ありのままの粗い素材で、いかつい建築物をつくるようになったのである。必然的に、ファンのあいだには論争が巻き起こった。この邸宅が完成した約10年後、ボブ・ディランがアコースティックギターをエレキギターにもちかえたときのように。

ジャウル邸は洞穴めいて居心地がよく、筒型ヴォールト屋根の下からの採光は周到だ。煉瓦の耐力壁がコンクリートに煉瓦を化粧張りしたヴォールト天井を支えているのは、「ブルータリズムの美学」の芽生えである。素材をありのまま前面に押し出すそのスタイルは、生半可な建築家が手を染めると悲惨な結果をもたらすものだが、コルビュジエの手にかかると、ある種荘厳な雰囲気がただよう。

ヤスパーセン・オフィス

- 1955年
- デンマーク、コペンハーゲン
- アルネ・ヤコブセン
- 商業施設

　的を絞ったきめ細やかな設計と、手仕事の技から生まれたヤスパーセン・オフィスは、現代建築に昔ながらの職人技が融合した特別なビルである。デンマークの建築家の多くがいまもそうであるように、アルネ・ヤコブセン（1902-71）は建築家兼デザイナーとして研鑽を積み、1927年ごろには住宅設計のほかに、家具やカトラリーのデザインも手がけた。1930年には事務所を設立し、建築だけにとどまらない幅広い仕事で活躍するようになる。ヤスパーセン・オフィス同様、彼のデザインした生活用品には余分なものが何ひとつない。使い勝手のよさと造形の美しさが魅力で、1955年発表の椅子「モデル3107」は累計販売数が500万を超えている。カメラマンのルイス・モーレイは1963年、イギリスのコールガール、クリスティン・キーラーのヌード写真を撮るときにこの椅子を使い、スタンリー・キューブリックは映画『2001年宇宙の旅』でヤコブセンのデザインしたカトラリーを使用した。

　ヤスパーセン・ビルの内部は明るく、いかにも1950年代のオフィスらしい趣だが、その設計の巧みさはシーグラム・ビル（p.378）と肩を並べるレベルだ。

ピレリ・タワー

- 1956年
- イタリア、ミラノ
- ジオ・ポンティ
- 商業施設

◀ **両端が細くなった珍しいビル**　ピレリ・タワーは左右の両端がすぼまっており、同時代のオフィスビルによく見られる長方形の板のような形とは一線を画している。

　2002年4月18日、9・11の再現かと見まがうおそろしい事件が起こった。ルイジ・ジーノ・ファゾロ（68歳）の操縦する軽飛行機が、高さ127mのピレリ・タワーの26階に衝突したのである。理由は知る由もないが――おそらくファゾロのミスだろう――、世界じゅうの目が、建築家ジオ・ポンティ（1891-1979）と構造設計技師ピエール・ルイジ・ネルヴィ（1891-1979）の設計したミラノ一高いビルに集まることとなった。ポンティは1928年に建築デザイン雑誌『ドムス』を創刊し、工業デザイナーやインテリア・デザイナーとして、また前衛アーティストとのコラボレーションでも知られる建築家だ。彼は生前こう述べていた。

　「建築を愛している、古代のものであれ現代のものであれ……。建築は空想的で冒険的で厳粛な創造物だ。抽象的で暗示的で比喩的で、人の心を魅了し、天にものぼる心地にしてくれるものだ」

　その言葉どおり、彼はあらゆる様式を愛し、しかもそれを巧みに表現した。なかでも、この32階建ての薄い翼のようなピレリ・タワーはひときわ美しい。タイヤ・メーカーのピレリの工場跡に建つこのビルは、少し傷痕が残るものの、いまはロンバルディ州政府のオフィスとして使われている。

リーバ・ハウス

- 1952年　　米国、ニューヨーク　　スキッドモア・オーイングズ&メリル建築設計事務所　　商業施設

リーバ・ハウスは多くの点で現代オフィスビルの典型であり、そのガラス・カーテンウォール工法は世界の至るところでコピーされてきた。米国のトイレタリー用品メーカー、リーバ・ブラザーズの依頼を受けて設計したのはスキッドモア・オーイングズ&メリル建築設計事務所（SOM）。主任建築家のゴードン・バンシャフト（1909-90）がモデルにしたのはコルビュジエやミースの作品であった（このときミースはまだシーグラム・ビルをつくっていない）。1992年、リーバ・ハウスは公式ランドマーク指定を受け、1998年にはSOMによって改修された。

ガーデン・タワー 細い20階建てのビルは、ル・コルビュジエ式のピロティで支えた厚板の上にそびえている。中庭を囲む低層ブロックの屋上には庭園がある。

続々と生まれたコピー 細部まで手のこんだ堂々たるシーグラム・ビルを模倣した建物は多いが、とてもこのビルのすばらしさにはかなわない。

シーグラム・ビルディング

- 1958年　　米国、ニューヨーク　　ルートヴィヒ・ミース・ファン・デル・ローエ　　商業施設

35年の年月を経て、ミースはついに自らが理想とするスチールとガラスの高層ビル、シーグラム・ビルディングを建設するに至った。パーク・アベニューから27mセットバックしたところ、階段を数段のぼり長方形の池のある御影石敷きの広場を横切った向こうに、ニューヨークの空をバックにして38階建ての優美なビルがそびえている。1919年の最初のデザインでははるかに流麗な姿をしていたが、のちに外側の装飾がすべて削ぎ落とされ、ひときわクールで洗練されたビルになった。まるでドイツ古典様式の建築家シンケルによるプロイセン王国の建築物——古代ギリシアの影響を色濃く受けた大建造物のようだ。2階まで吹き抜けになったトラバーチン仕上げのロビー、風を切るような音を立てるエレベーター、ブロンズのマリオンとスパンドレル、濃い琥珀色のガラス。レストランはフィリップ・ジョンソン（p.390）のデザインだ。自らを信じ、このビルのためだけにデザインを考えたミースは、20世紀米国の最高峰たるビルを世に送り出した。

コロラドスプリングズの空軍士官学校

● 1962年　🏛 米国、コロラド　✎ スキッドモア・オーイングズ＆メリル　🏛 軍事建築物

米国空軍士官学校がその建築物を誇るのは当然のことだ。同校の案内用パンフレットにはこう書かれている――なめらかでモダンなデザイン、堂々たるスケール、ドラマチックな環境が一体となり、目の覚めるような国民的建造物をつくり出している。アルミとスチールとガラスからなるまばゆいビルは……現代の飛翔を具現化するものだ――まさにその通りである。

冷戦が始まってまもないころに設立された空軍士官学校の校舎は、ソ連とのイデオロギー戦で米国空軍が果たすべき重要な役割を象徴していた。「ミッド・センチュリー・モダン」として知られるスタイルを誇示した低く広がるビルは、なめらかで洗練されていながら、物静かな英雄の趣もたたえている。

1954年着工（最初の卒業生は1959年卒）、敷地面積73km²のキャンパスは、1962年にウォルター・ネッチ（1920-2008）設計の見事な礼拝堂が奉献されて、ほぼ完成した。多様な宗教に対応する礼拝堂の内部は、空を突き刺すような際立った外観に負けず劣らず印象的だ。めまいを覚えるほど美しい身廊の柱間のあいだにステンドグラスがはめこまれ、そこから差しこむ色あざやかな光が堂内を満たしている。

国内有数の名所であり優れた教育機関でもある空軍士官学校は、辺鄙な場所にありながら毎年100万人もの訪問者を迎えている。校舎は1958年の開校当時のまま、凛としてモダンな雰囲気をただよわせている。

△ **ウォルター・ネッチ設計の礼拝堂内部**

◁ **礼拝堂の外観**　「戦闘機の編隊飛行」と形容される、いまにも空に飛び立ちそうな形状である。

ジョン・F・ケネディ空港TWAターミナル

● 1962年　🏳 米国、ニューヨーク　✎ エーロ・サーリネン　🏛 空港

ニューヨークのアイドルワイルド（現JFK）空港にあるエーロ・サーリネン設計の風変りなTWAターミナルは、飛翔を抽象的に表現している。乗客の気を滅入らせるおおかたの空港ターミナルとは異なり、このビルは人の心を高揚させ、コンクリートの建物が魅力あふれたものになりうることも示している。

△ アプローチより
　ターミナルを望む

サーリネンはこの興味深い建築作品について、「建物自体が旅のドラマと興奮を、旅が特別であるということを表現する」ことを目ざし、「空に向かって舞い上がるイメージのラインを強調するために慎重に考えた形」だと表現している。簡素なモダニズムの虜になっていた多くの建築家は、舞いおりた翼のようなコンクリートの巨大なほら穴に衝撃を受けた。2000年代初頭の故意に子どもじみた「アイコン的」建築物とはちがい、サーリネンのこのビルは真に創造的かつ大胆で、卓越した技に支えられており、あまりに時代を先取りしたデザインゆえに、離着陸する飛行機のほうが時代遅れに見えるほどだ。低く広がる建築物でも、飛翔するイメージを喚起できることを証明している。至るところに設けられた窓や細長い隙間、シュートから光が差しこむので、乗客はビル内のどこにいても空の下にいるような感覚を味わえる。ニューヨークのグラ

▷ ターミナル内部　細部はすべて特注設計。階段、出発時刻表示板、チケットカウンター、椅子、案内板、電話ボックスなど、すべてが完璧な一体感をつくり出している。

ンド・セントラル駅と同じく、米国交通機関のデザイン史に決定的な役割を果たしたこのターミナルは、改修工事で長らく閉鎖され、サーリネンの作品が台なしにされるのではと騒がれていたが、無事2005年に新装オープンした。

エーロ・サーリネン

サーリネン（1910-61）はフィンランドのキルッコヌンミ生まれ。パリで彫刻、米イェール大学で建築を学んだのち、父親の建築事務所に入った。その作品は彫刻のようでもあったが、GMテクニカル・センターのように均整のとれたモダニズムの社屋をつくったかと思えば、TWAターミナルやセントルイスのゲートウェイ・アーチのように、流れるような表現主義作品を発表するなど、自由自在に活動した。

シカゴのクラウン・ホール

- 1956年 米国、イリノイ、シカゴ
- ルートヴィヒ・ミース・ファン・デル・ローエ 大学

イリノイ工科大学のキャンパスに立つオープンプランの建築学部棟、クラウン・ホールは、最小限の構造体で広大な空間をつくり出すというミース・ファン・デル・ローエの手腕を見事に示すと同時に、古典主義様式を思わせる均整美をも備えた建築物だ。覆いかぶさる屋根を支えるのはわずか8本のI型梁である。内部は仕切りで区切ることのできる単一空間で、地下に通じる階段を下りていくと、実験室、トイレ、工具室やオフィスがある。クラウン・ホールについてミースはこう書いている。「理工的性格はあるが理工的ではない……保守的な建築物だ。建築の永遠の法則である、オーダー、空間、比率に基づいているからである」

GMテクニカル・センター

- 1955年 米国、ミシガン、ウォレン
- エーロ・サーリネン 工業施設

「工業界のヴェルサイユ」と称されたゼネラル・モーターズ・テクニカル・センターは、湖畔に立つ均整のとれた3階建ての研究開発棟だ。湖のなかからは、SF映画に出てきそうな給水塔がすっくとそびえ立っている。壁を覆うパネルの隙間のパッキング材は、気密性を高めるために、飛行機の窓と同じネオプレンが使われている。壁と同一平面上にある窓ははめ殺しで、熱と光を吸収するよう緑に彩色されている。全館に設置された空調装置は、吊り天井に隠れて見えないようになっている。このセンターはのちにノーマン・フォスター、リチャード・ロジャーズといったイギリス人建築家の「ハイテク」デザインに多大な影響を与えた。

> **アイコン的デザイン** 1985年、長年重要な建築物であり続けてきたGMテクニカル・センターに、米国建築家協会から栄えある「25年賞」が授与された。

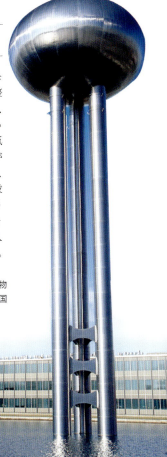

ニューヨークのグッゲンハイム美術館

◯ 1959年　🏛 米国、ニューヨーク　✎ フランク・ロイド・ライト　🏛 美術館

「この館内のスピリットに溶けこむと、望みうる最良の環境で名画が展示されていることに気づくだろう……」──5番街の有名な美術館についてライトはこう書いた。らせん状のスロープに立ち、斜めから絵画を鑑賞することを、ライトが本当にすばらしいと考えていたかどうかは知るよしもない。

▲ 中央吹き抜けの上部にあるドーム

▽ 展示物としての建築　ライトのつくり出したアートに見合うだけの展示物は少ない。来館者はおそらく館内の展示物よりも、ニューヨークの街で異彩を放つ建物そのものを観るために訪れているはずだ。

どんな欠点があるにせよ、グッゲンハイム美術館は燦然と輝く、少しクレイジーな建築物だ。コンクリート技術の限界を押し広げたこのビルは、基本的にはコンクリートの吹き抜けのまわりをスロープがらせんを描いてのぼっていく構造で、巻き貝の殻にでも入りこんだような気になる空間だ。頭上に目をやれば、平らなリブに支えられたガラス・ドームが目に入る。興味をかき立て、遊び心に富んだ空間は、歩いていて飽きることがない。設計に16年をかけたライトが意図していたのは、まずエレベーターで最上階にのぼり、スロープを下りながら絵を観てゆく鑑賞法なのだが、美術館側は1階から展示を始めているので、来館者はスロープをのぼりながら鑑賞していかなくてはならない。

1992年に、グワスミー、シーゲル＆アソシエイツの設計で石灰石仕上げの10階建てタワーが隣に増築されたが、このタワーの壁は平らなので、来館者は正面に立ってまっすぐ絵画を鑑賞することができている。

ライトならおそらく、そのような鑑賞の仕方に苦言を呈したことだろう。「従来のアート界には決してなかった、建物と絵画とが途切れることなく美しい交響曲を奏でるような建物にする」のが目標だと、彼はあくまでも謙虚に述べていたのだから。あとにも先にも、そのような美術館はここだけであろう。

≫ フランク・ロイド・ライト

ライト（1867-1959）はウィスコンシン州リッチランド生まれ。土木工学を学んだのち、シカゴの建築家ルイス・サリヴァンの事務所に入り、1887年に初めて住宅を設計した。その後は良き伴侶に恵まれ、郊外住宅地オーク・パークに「プレーリー・スタイル」の家をいくつも設計した。1900年以降は「ストリームライン（流線形）」のデザインを手がけ、愛人を何人かつくって派手な生活を送るようになる。人生半ばで数々の醜聞と不幸に見舞われたあと、偉大な建築家として返り咲いたが、晩年の作品は俗受けのするものであった。

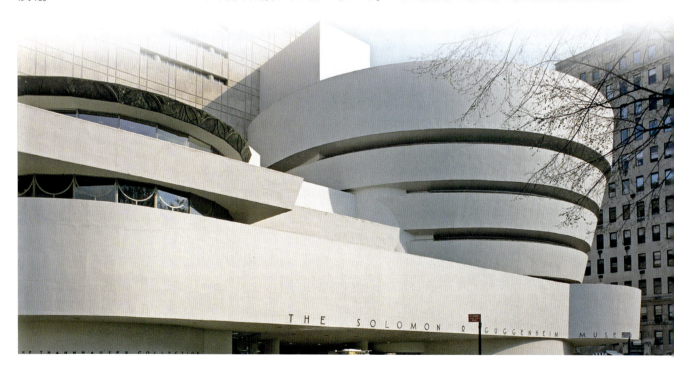

現代の建築 | 383

ブリンマウルのゴム工場

- 1951年　ウェールズ南部、エブーヴェール、ブリンマウル　共同設計　工業施設

　第二次世界大戦後、このゴム工場はイギリス、ウェールズ南部のエブーヴェール地域に多大な雇用をもたらした。設計をおこなったのは、理想に燃える若き建築家たちとデンマーク系イギリス人構造設計技師のオヴ・アラップ（1895-1988）だ。驚くほど広いフロア、陽光降り注ぐ食堂、雄々しい壁画、軽量コンクリートのドームが低く連なる屋根には息をのむ。イギリス人批評家レイナー・バナムが「セント・ポール大聖堂以降のイギリス建築でもっとも感銘を与える内部空間」と評したほか、ル・コルビュジエやアルヴァ・アアルトの最高傑作と並び称されることもある。戦後はじめてイギリスで文化財指定を受けたが、惜しまれながら取り壊された。

イースト・キルブライドの聖ブライド教会

- 1964年　スコットランド、ラナークシャー　ジレスピー、キッド＆コイア　宗教施設

　窓がないように見える大きな煉瓦造りの建物に、煙突のような塔。遠目には発電所のようだが、近寄ると崇高な雰囲気がただようカトリック教会である。隠れた6つのクリアストーリから漏れる光に照らされた堂内は幻想的で、訪問者の記憶にいつまでも残る。フランスはリヨン郊外にあるル・コルビュジエ設計のラ・トゥーレット修道院を思わせるが、コンクリート造りのラ・トゥーレットに比べて、煉瓦造りのこちらは温かみがある。建築家集団ジレスピー、キッド＆コイアは、力強いカトリック教会建築を数多く手がけた。そのひとつで、いまは廃墟となっているいるカードロスの聖ピーター神学校（1966）も、やはりル・コルビュジエの後期作品に触発されたものだ。

レスター大学工学部棟

- 1963年　イングランド、レスター　ジェイムズ・スターリング、ジェイムズ・ガウワン　大学

　いくぶんつつましいレスター大学のキャンパスに、鮮やかなオレンジ色の工学部新棟が建ったときには、イギリス建築界に衝撃が走った。モダニズム建築のルーツに忠実でありつつ、直線的なモダニズムと決別することが可能であることを、ジェイムズ・スターリング（1926-92）とジェイムズ・ガウワン（1923-）は証明してみせたのだが、当時は多くの論争も呼んだ。ロンドンにあるバーソルド・リュベトキンのフィンズベリー健康センターほどではないにせよ、ここまでロシア構成主義の影響を受けた建築物がイギリスにあっただろうか？　これほど海から遠い場所にありながら、研究の場としてよりもむしろ船渠のそばにあるほうが適切と思える建物などあっただろうか？

　グラスゴーに生まれ、リヴァプールで教育を受けたスターリングはきわめて直観的な建築家で、イギリス建築界で「美」が禁句とされていた時代に、建築はあらゆるアート形式の上にあると信じていた。彼は探究心に富み、建築作品を変化し続けるアートとして世に送り出していった。その様式は多様であったが、おそらく、ジェイムズ・ガウワンと組んでつくり上げたこの工学部棟が彼の最高傑作であろう。

▶ **学びの工場**　ほっそりとした工場のような塔が、低層ブロックからそびえ立つ。低層部は斜めに設計された天窓から採光される。

🔼 **劇的な眺め** 3つのホールはそれぞれバルコニーに囲まれていて、バルコニーからロンドン中心地の劇的な眺めが楽しめる。

ロンドンのナショナル・シアター

● 1976年　🏛 イングランド、ロンドン
✏ デニス・ラスダン　🏛 公共施設(劇場)

　長年のロビー活動が実り、1967年に着工したロンドンのナショナル・シアターは9年後に完成、低く広がるジッグラトのようなコンクリートの山が、テムズ川南岸のサウス・バンクにお目見えした。設計はデニス・ラスダン（1914-2001）。挑戦的なデザインの複合施設は建物各部をかみ合わせたような形をしており、古代ギリシア、エピダウロスの街の円形劇場に想を得たオープン・ステージ型の「オリヴィエ」、額縁舞台の「リトルトン」、実験的作品を上演するブラック・ボックス型の「コッテスロー」の3つのホールを備えている。劇場として成功し、会議場としても人気の高いこのビルだが、あまねく好意的に受け止められているわけではなく、「だれにも反対されず、賢いやり方で、ロンドンの真んなかに建てられた原子力発電所のよう」とチャールズ皇太子に形容された。残念なのは、建物後部が通りに面していないことであろう。

🔼 **地下を増築** セインズベリー・センターの外壁は、部分的に白いパネルで貼り替えられた。また、1991年には地下フロアを拡張した「クレセント棟」が完成した。

セインズベリー視覚芸術センター

● 1978年　🏛 イングランド、ノーフォーク、ノリッジ
✏ ノーマン・フォスター　🏛 公共施設(大学)

　とびきり洗練されたウルトラモダンな飛行機格納庫を思わせるセインズベリー視覚芸術センターは、イースト・アングリア大学の一部をなすきらめくシルバーの美術館で、精力的なノーマン・フォスター（1935-）の事務所が手がけた、一連の高品質「ハイテク」デザインのごく初期のものだ。そばには、コンクリートの階段ピラミッドのようなデニス・ラスダン設計の学生寮がある。セインズベリー・センターは、建物の一辺の壁がほぼ全面ガラス張りで、プレハブ式のなめらかな鍛鉄枠がのぞいている。内部は中2階が複数ある広大なオープン・プランで、美しい自然光と人工光に満たされている。各種サービスがすべてサンドイッチ・パネルで囲まれた空間内でおこなわれ、たいへんすっきりしている。

ブラジリアの国会議事堂

● 1960年　🏛 ブラジル中部　✏ オスカー・ニーマイヤー　🏛 政府建築物

ブラジルの憲法に新首都ブラジリアの制定が明記されていたものの、それがただの夢にすぎない時代が長らく続いた。夢がようやく現実のものになったのは1956年、大統領ジュセリーノ・クビチェックが、都市計画家ルシオ・コスタ（1902-98）と建築家オスカー・ニーマイヤーに、標高1005mの人里離れた場所に首都を建設するよう依頼したときであった。コスタとニーマイヤーはわずか5年の工期でそれを成し遂げた。

ニーマイヤー設計の国会議事堂は、この驚嘆すべき都市の中心部にある。ドラマチックかつシンプルで、同じく彼が設計したブラジリア大聖堂（p.373）とともに、ブラジリアを訪れたことのある人なら忘れられない建造物だ。この議事堂は、板のように低く水平に広がった建物の上に、タワーや大きな皿形ドームを載せた構造になっている。皿を伏せた形のドームが上院の屋根、皿が上向きになったほうが代議院（下院）の屋根だ。そのあいだにそびえるツインタワーは議会事務局の棟で、ガラス張りの連絡通路でつながっている。低い板状の建物内の大半は、ロビー、オフィス、レストランなどで占められている。建物は細長い公園に面していて、かつては公園からスロープをのぼり、横長の棟の屋上テラスに出て、ツインタワーや風変わりなドームのあいだに立つことができた。それは、市民が「自分たちの議会だ」という実感をもてるようにとの配慮である。しかし1964年に軍事クーデターが起き、その後数年間、テラスは軍の砲床として使用されていた。民主主義の復活後は、治安面に鑑みて、このすばらしいビルの大半が立入禁止になってしまった。

≫ オスカー・ニーマイヤー

リオデジャネイロ生まれのニーマイヤー（1907-2012）は、それまでのモダニズム建築にはなかった官能性をもたらした建築家だ。自身の工房から望む海、背後に控える山々、そして女性の体からインスピレーションを得たと彼がいう有名な作品群──波のような形をしたパンプーリャの教会（1943）、ブラジリア大聖堂（1970）、ニテロイ現代美術館（1996）──はバロックとも呼べそうな建築物である。

◁ **芸術作品**　はっと息をのむような立体芸術──ブラジリアの国会議事堂に肩を並べる建築物は少ない。

国立代々木屋内総合競技場

- 1964年
- 日本、東京
- 丹下健三
- スポーツ施設

建築家、丹下健三（1913-2005）は、1964年の東京オリンピックのために国立の体育館を2棟設計した。大きいほうの第一体育館は半円2つを巴形のように配置した構造で、半円の端が引きのばされて船の舳先のように尖っている。さっとひと掃きしたような大きな屋根を支えているのは、鉄筋コンクリートの柱2本とクモの巣状に広がるスチール・ケーブルだ。この体育館と広大なプロムナードでつながる第二体育館も円形で、こちらの屋根もコンクリートの柱から吊り下がっている。緊張感と興奮がみなぎる2つの建造物は、スタート地点に立つスプリンターの秘めたエネルギーを内包するかのようだ。ル・コルビュジエに感化された丹下は、1949年、広島平和記念資料館の設計でキャリアをスタートさせ、新たな日本の姿を形にしていった。伝統は創意に富んだデザインを生むための触媒だと考えていたが、それを作品から看取させないのが彼の哲学であった。

» **スマートさと力強さ** 国立代々木競技場の第二体育館。屋根は強い印象を与えるだけではなく、台風に耐えられるように設計されている。

ミュンヘンのオリンピック・スタジアム

- 1972年
- ドイツ、ミュンヘン
- ギュンター・ベーニッシュ、フライ・オットー
- スポーツ施設

ドイツのギュンター・ベーニッシュ（1922-2010）とフライ・オットー（1925-2015）による革新的な建造物。流れるような屋根は、コンピュータ支援設計と厳密な数学に基づき設計されたものである。何年も調査を重ねたすえ、オットーはポリ塩化ビニールをコーティングしたポリエステルを用いることにした。屋根をハンガーで吊り下げ、そのハンガーを、スチールマストからピンと張ったケーブルで固定している。1972年のオリンピックでは、イスラエル選手がアラブのテロリストに殺されるという暗い事件が起きたが、このスタジアムが象徴するのは新しいドイツであり、"アーリア系"ドイツ人の優秀さを誇示するためにヴェルナー・マルヒ設計のスタジアム（p.367）で開催された1936年のベルリン・オリンピックとは大きく異なるものであった。戦時中Uボートの指揮官だったベーニッシュとドイツ空軍の戦闘機パイロットだったオットーは、両オリンピックにはさまれた時代に明るく民主的な——重々しく厳格なナチ時代のものとは対照的な——軽やかで自由な形の建築物を手がけていた。サッカーのバイエルン・ミュンヘンは、ヘルツォーク&ド・ムーロン設計の球技専用スタジアムに移転する2005年まで、8万人収容のこのスタジアムをホームグラウンドにしていた。現在は映画やコンサートの会場として利用されており、人々から変わらず愛されている。

» **宙に浮く屋根** ポリ塩化ビニールとポリエステルでできたテントのような屋根が、陸上競技場、オリンピックホールやプールを覆っている。

ポンピドゥー・センター

● 1977年　🏛 フランス、パリ　✎ レンゾ・ピアノ、リチャード・ロジャーズ、ピーター・ライス　🏛 美術館

ジョルジュ・ポンピドゥー国立芸術センターはパリの中心部、かつてレ・アール（中央市場）のあった地区に建設された。1971年の設計競技を勝ち抜いたのは、イギリス人建築家リチャード・ロジャーズ（1931-）、イタリア人建築家レンゾ・ピアノ（1937-）、アイルランド人構造設計技師ピーター・ライスのチームだ。3人が締切り間近に革新的な案でエントリーしたのは有名な話である。

▲ ポンピドゥーの配管

1969年、ジョルジュ・ポンピドゥーは、フランス革命の再来かと思えるほどの激しさで吹き荒れた反体制運動を収めるべく、大統領に就任した。かたや、新たな芸術複合施設のコンペでは、突飛な設計案が優勝して建築革命に火をつけた。このオープンプランの多層建築を支えているのは鉄とスチールの外骨格で、配管その他の設備類はすべて建物の外側に取り付けられている。エスカレーターもそのひとつで、主ファサード前のジグザグになったガラスチューブのなかをのぼっていく。建築物の内と外を逆転させた設計アプローチに、「ボウエリズム（はらわた主義）」という醜い単語が生まれ、はらわたを洋服からはみ出させたリチャード・ロジャーズの風刺漫画などが描かれた（ロジャーズはしばらくのあいだ同様の設計を続けた）。

皮肉はさておき、この独創的なデザインは新しい世代の心をとらえた。長らく直線やコンクリートの箱しか認めてこなかった建築界に新たな変化を求めていた建築家、技師、芸術家たちは、このセンターのデザインに鼓舞された。おもしろいことに、オープニング式典の音楽を作曲したのは「具体（コンクリート）音楽」の大家で、ル・コルビュジエの助手を務めたこともあるヤニス・クセナキスである。後年、2000年のミレニアム祝典に合わせて、レンゾ・ピアノがこのセンターの改装を手がけている。

≫ ピーター・ライス

ライス（1935-92）は才気あふれる構造設計技師であり数学者でもあった。ポンピドゥー・センター、シドニー・オペラハウス、ヒューストンのメニル・コレクションなど、20世紀末の主要な建築物は彼がいたからこそ誕生したといえる。ライスの登場以後、急進的な建築家たちは、想像力に富んだ技師とチームを組んで、建築物をどこまで大胆な形にできるかを検討していくようになった。

▼ ポンピドゥーの中身　赤、白、青の3色からなる巨大なビルのなかには、参考図書館、現代美術館、工業デザインセンター、音楽と音響の研究施設が入っている。

シドニー・オペラハウス

● 1973年　🏛 オーストラリア、シドニー　✎ ヨン・ウッツォン　🏛 公共施設(劇場)

見事な屋根で世界的に有名なシドニー・オペラハウス。設計は1957年の設計コンペで優勝したデンマークの建築家ヨン・ウッツォン（1918-2008）、構造設計はピーター・ライス（p.387）だ。シドニー港に突き出た岬、ベネロング・ポイントで威容を誇るこのオペラハウスは、そそり立つ屋根が目を引くが、下部のポディウムは比較的平凡である。大幅な予算超過で内閣ともめたウッツォンが1966年に辞任したため、その魔法の手腕は屋根を支える建物には発揮されないままに終わった。21世紀に入るとすぐに、ウッツォンは一部改装を依頼され、当初の内装案に沿ったウッツォン・ルームが2004年に実現した。大胆な屋根は、驚くほど薄いプレキャスト（成形済み）コンクリートの曲面板2194枚を、ピンと張ったスチール・ケーブル（全長350km）で固定したもの。建物内には1000の部屋があり、毎年3000ものイベントが催されている。最初の公演は1973年、演目はプロコフィエフ作曲のオペラ『戦争と平和』であった。紆余曲折を経て理想的な形に落ち着いたウッツォンとクライアントの関係をいい表したかのような演目だった。

▲ 上空から見たシドニー・オペラハウス

▲ オペラハウス内部　コンサート・ホール（写真）は2679席、歌劇場は1507席。毎年200万人を超える人々がここを訪れる。

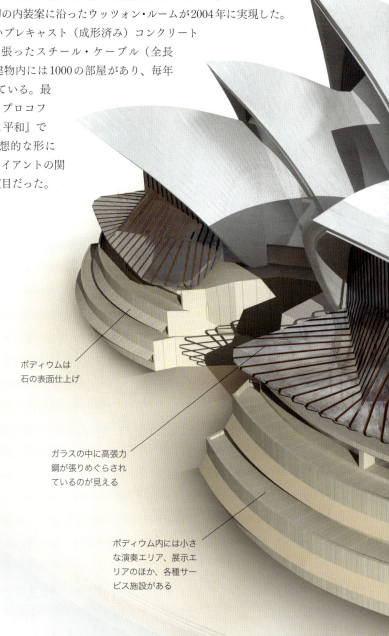

ポディウムは石の表面仕上げ

ガラスの中に高張力鋼が張りめぐらされているのが見える

ポディウム内には小さな演奏エリア、展示エリアのほか、各種サービス施設がある

現代の建築 | 389

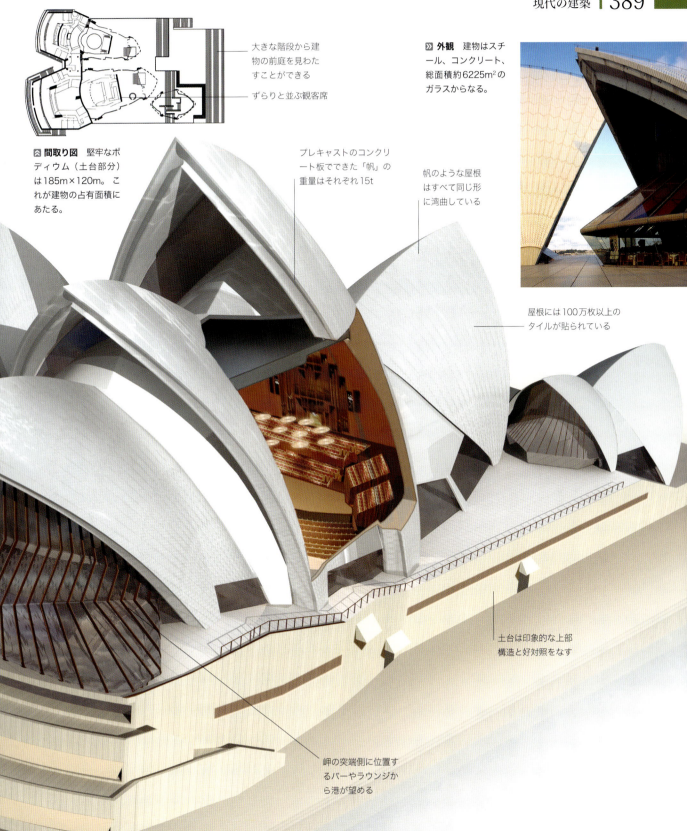

間取り図 堅牢なポディウム（土台部分）は185m×120m。これが建物の占有面積にあたる。

大きな階段から建物の前庭を見わたすことができる

ずらりと並ぶ観客席

プレキャストのコンクリート板でできた「帆」の重量はそれぞれ15t

帆のような屋根はすべて同じ形に湾曲している

外観 建物はスチール、コンクリート、総面積約6225m²のガラスからなる。

屋根には100万枚以上のタイルが貼られている

土台は印象的な上部構造と好対照をなす

岬の突端側に位置するバーやラウンジから港が望める

AT&Tビルディング

- 1984年
- 米国、ニューヨーク
- フィリップ・ジョンソン
- 商業施設

完成後に物議を醸したマンハッタンの高層ビルは高さ197m。設計はフィリップ・ジョンソン（1906-2005）、施主は米国の通信会社AT&Tである。ポストモダンの極致ともいえる気取りと感傷に満ちた建築物だ。ピンクの御影石で仕上げた陳腐なオフィスタワーは、古典様式というドレスをまとっている。外観は18世紀初頭の巨大なワードローブに、裂けたペディメントを付けたかのようで、広大なドーム形ロビーは大理石と金メッキの饗宴だ。

AT&Tビル（現ソニービル）はフィリップ・ジョンソンが何よりも建てたかったビルにちがいない。ジョンソンは、ニューヨーク近代美術館の増築を手がけた建築家として、また同美術館の出資者、最初のキュレーターとしてキャリアをスタートさせた。1932年、歴史家ヘンリー＝ラッセル・ヒッチコックとともにあの有名な「近代建築国際展」を企画し、ニューヨークにモダニズム建築を紹介する。頭脳明晰でウィットに富んだ彼にとって、建築は単なるゲームにすぎなかった。ニューヨーク文化人の大立者として、ジョンソンはその長い精力的なキャリアのあいだに、モダニズムから歴史主義、ポストモダニズム、脱構築主義へと、軽やかに様式を変えていった。

◀ **ポストモダニズム的虚飾** 中割れペディメントが一風変わったAT&Tビルは、ピンク色の御影石の外観をもち、摩天楼のなかでもひときわ印象に残る建築物だ。

ロイズ・ビルディング

- 1986年
- イングランド、ロンドン
- リチャード・ロジャーズ
- 商業施設

▶ **来るべき時代の形** リドリー・スコットの映画『ブレードランナー』のセットを思わせる未来派のビル。イギリスのハイテク・デザインが想像力の極みに達している。

ロイズ・ビルの完成は1980年代半ば、シティ・オブ・ロンドンやウォール街で「欲望は善」なる文化が最高潮に達していたときのことだった。完成するや石油コンビナートにたとえられながらも、その後10年とたたぬうちにロンドン随一の人気スポットとなった。パイプ、ダクト、クレーン、鉄骨ブレース、ビル外に設置されたエレベーターやトイレ・ユニット。それらがつくり上げる巨大なマスが、夜の闇のなか、青い照明に浮かび上がるさまはじつにスリリングだ。

このビルは、構造のすべてがむき出しになっている。三重ガラスに囲まれた建物の中心は巨大なアトリウムになっており、その1階で保険取引がおこなわれ、上階のオフィスへはむき出しのエスカレーターでのぼっていく。パーツを寄せ集めた構造なので、理論的には玩具の「メカノ」のように上にも外側にも建て増ししていけるのだろうが、これまでのところ増築はされておらず、今後もありそうにない。

リヨン・サンテグジュペリ駅（旧名サトラス駅）

● 1994年　　フランス、リヨン　　サンティアゴ・カラトラヴァ　　鉄道駅

リヨン・サンテグジュペリ国際空港の利用客は、翼をもたげた巨大な鳥のようにダイナミックな形をしたTGVの駅で乗り降りする。TGVはフランス自慢の超高速列車。現代は混んだジェット機よりも列車のほうがはるかにゴージャスな旅ができる。このひときわドラマチックな造形の駅舎によって、フランス国鉄はそのことを裏づけようとしているのだろう。

構内の眺め

　リヨン・サンテグジュペリ駅舎は、高々と弧を描く大きな2つのコンクリートアーチを基本にした構造だ。アーチの高さは周囲の駐車場の路面から40m、長さは120mで、コンクリートアーチの下にスチール製のアーチが重なっている。2つのアーチは互いに寄りかかるようにして内側に傾斜しており、そのあいだの、鳥の背骨にあたる部分に尖った峰ができている。この峰の部分が、下を通る全長450mのトンネル形通路に光をもたらす光井（こうせい）になっている。この通路から下りていくとTGVのプラットフォームだ。2つのアーチは地上に降りたところで合体し、尖ったくちばしのような形をつくっている。アーチの下からは、筋交いの入ったスチールの翼が突き出ている。このスチールの構造体は日光をさえぎるために設けられたものだが、彫刻的な効果も狙っており、設計者のカラトラヴァ自身、鳥というよりも人間の目をイメージした建築物だと絶えず主張してきた。

　内部はアーチの高さがそのままコンコースの天井高で、メインホールは長さ130m、幅100m、高さ39mだ。空間、構造の両面でこれだけのドラマ性を備えているのは、エーロ・サーリネン設計の表情豊かなJFK空港TWAターミナル（p.380）くらいか。しかし、発着する列車数が比較的少ないために構内の人影はまばらで、鉄道駅としてフル稼働している印象は薄く、むしろ、見ごたえある建築作品や土木作品を展示した博物館との感が強い。とはいえ、その空間には、人でごった返す多くの空港からはほど遠い、真の贅沢さがある。

≫ サンティアゴ・カラトラヴァ

　カラトラヴァは1951年にスペインのバレンシアで生まれた。バレンシアで建築家として訓練を積んだのち、スイスのチューリヒで土木工学を学んだ。1981年に自身の事務所を構えて以降、彫刻や家具から、橋、駅、空港、美術館に至るまで、さまざまな作品を手がけてきた。もっとも野心的な作品は、骨のような構造の巨大な施設をいくつも集めたバレンシアの芸術科学都市で、その光景はまるで街のはずれに白い恐竜の骨が出現したかのようである。

翼をもった駅　カラトラヴァがリヨン空港駅のために設計したダイナミックでエネルギッシュな駅舎は、TGVの既存線路をまたぐように建設され、飛翔のイメージと軽やかさを見事に体現している。

グリーン・ビルディング（環境に優しい建築物）

1968年、アポロ8号から送られてきた画像に写る地球は、宇宙に浮かぶ宝石のように輝いていた。惑星のはかなさと美しさを伝えるその姿は、環境運動を促すきっかけとなった。1980年代後半には環境問題が大きく取り上げられるようになり、「地球を守る」ために少しでも自分にできることをしよう、という風潮が広まる。21世紀の建築家にとって「地球を守る」とは、できる限りエネルギー効率の良い建物をつくることであった。

▲ ベッドゼッドの集合住宅
ベディントン・ゼロ・エネルギー集合住宅（BedZED）は、この場所でつくられた再生可能エネルギーだけを使用する。貯めた雨水、家庭排水をリサイクルし、上水の使用量を減らしている。

1960年代の環境配慮型建築は、フランク・ロイド・ライトの作品の影響を多分に受けた、まとまりのない自己本位なものであった。その後、レンゾ・ピアノ、ノーマン・フォスター、ラルフ・アースキンといった建築家たちは、公共建築や商業建築が環境に配慮しつつ先端的になれることを証明した。彼らは、化石燃料の使用を極力減らして排ガス量を最小限にとどめ、水を最大限に有効活用した。

環境への配慮が求められるのは大きな建築物だけではない。地球温暖化が遠い脅威ではなく、現実のものとして認識されるようになってくると、個人住宅もまた、環境に優しくあることが求められるようになった。環境配慮型の突飛な住宅はこれまでにもたくさん建てられてきたが、本当に必要なのは大がかりな住宅プロジェクトに適した魅力的、経済的かつエコロジカルな建築物だ。そのパイロット・スキームのひとつが、ロンドンのはずれにある「ベッドゼッド」である。21世紀イギリスの庭園都市を思わせるこの複合施設の設計者はビル・ダンスター（1959-）。住宅100軒といくつかの作業場からなるベッドゼッドは、二酸化炭素の排出量と吸収量のバランスがほぼとれた「カーボン・ニュートラル」なライフスタイルを目ざすイギリス初のエコ施設だ。建物から排出される二酸化炭素の量は総排出量のかなりの割合を占めており（米国では30％にものぼる）、今後数十年は「環境保護」が建物の外観、機能、使われ方を決めるキーワードになるだろう。

▷ ロンドンのジ・アーク
ラルフ・アースキン設計のジ・アークはヨーロッパ随一の省エネビルだ。

ビルバオ・グッゲンハイム美術館

- 1997年　スペイン、ビルバオ
- フランク・ゲーリー　美術館

　美術館誘致で観光都市として再生したビルバオは、都市開発のひとつのモデルとなり、「ビルバオ効果」という言葉も生まれた。カリフォルニアを拠点に活動するカナダ出身の建築家フランク・ゲーリーが設計したビルバオのグッゲンハイム美術館は、じつに写真向きの建築物で、バスク州の主要都市ビルバオの中心を流れる川のほとりに多くの観光客を呼び寄せている。この美術館だけで地元経済が活気を取り戻したのかどうか、意見の分かれるところだが、グッゲンハイムは風変わりな彫刻として、楽しんで眺めることのできる建築作品である。ギャラリーでの展示のしにくさはキュレーター泣かせだが、来館者の大半は展示ではなく建物が目当てだ。活気にあふれて楽しいこの建物は、どんな人も笑顔にしてしまう。

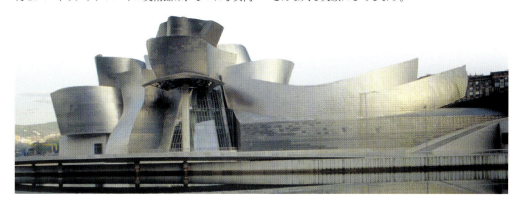

◀ **波止場の美術館**　チタン板で覆われた美術館は、大胆な弧を描いて川のほとりに立つ。その姿は桟橋の上を一心不乱に飛ぶカモメのようだ。

テイト・モダン

- 2000年　イングランド、ロンドン
- ヘルツォーク&ド・ムーロン　美術館

　テムズ川をはさんで向かい合うテイト・モダンとセント・ポール大聖堂は、ノーマン・フォスター設計の歩道橋でつながっている。テイト・モダンはバンクサイド発電所を改造した巨大な現代アート美術館で、ロンドンでも人気のスポットだ。バンクサイド発電所の設計者はジャイルズ・ギルバート・スコット（1880-1960）。リヴァプールのゴシック・リバイバル建築であるアングリカン大聖堂や、テムズを西へ下ったところにあるバタシー発電所を設計した建築家だ。テムズ南岸にある発電の殿堂を芸術の聖堂につくり変えたのは、ジャック・ヘルツォーク（1950-）とピエール・ド・ムーロン（1950-）である。ともにスイスの精力的な建築家であるこの2人は、シンプルかつパワフルで効果的な解決策を編み出した。フロアも、切り放しの木材でつくった中2階も、カフェも、すべてを巨大なスケールで設計したのである。話題のアートを集めた派手な建築物がロンドンの中心にできたとあって、テイト・モダンは一躍人気となった。2016年には、ヘルツォーク&ド・ムーロン設計により、巨大なプリズムのような形をした煉瓦仕上げの新館がオープンした。

ベルリンのユダヤ博物館

- 1999年　ドイツ、ベルリン
- ダニエル・リベスキンド　博物館

　ナチスに殺されたベルリンのユダヤ人を追悼して建てられたこの博物館は、民族の喪失を表す一連の空虚な空間があることで知られている。亜鉛板で覆われた建物には、不規則な角度で切りこみを入れたような窓がそこここにあるのだが、入口らしきものは見当たらない。なかに入るには、隣にあるバロック様式の建物から階段を下りていかねばならないのだ。斜めに交差する地下通路をつたって進むと、冷たいスチールの塔に入る。その先には傾斜の急な庭があり、そこから迷路のようなギャラリーに入っていく。この建築物は「空虚な空間」という鮮明なメッセージを発信している。

▽ **犠牲者を悼む**　ベルリンの壁が崩壊する1年前に着想を得たというダニエル・リベスキンドのデザインは、「ベルリンの人々の心のなかからホロコーストの記憶が消えないように」との強い思いから生まれたものだ。

30セント・メアリー・アクス

- 2004年
- イングランド、ロンドン
- ノーマン・フォスター
- 商業施設

30セント・メアリー・アクスは、建物が密集したシティ・オブ・ロンドンで、1992年に爆破されたバルティック海運取引所の跡地にらせんを描いてそびえ立つ高層ビルである。その形状から、ピクルス用の小キュウリを意味する「ガーキン」と称され親しまれているが、じつは画期的なデザインがなされたオフィスビルである。41階建て、高さ180mのビルの平面は円形だが、それが5階分にわたる三角形の吹き抜け空間「スカイガーデン」に切り取られて、花のような形のフロアを形成している。各フロアはすぐ下のフロアから5度ずらしたつくりなので、スカイガーデンは5度ずつずれながら下から上へとらせん状にのびつつ、新鮮な空気と陽光を高層ビルの中心部まで送りこんでいる。

この建物は二重殻構造で、外側の殻に窓があり、晴れた日は温まった空気が殻と殻のあいだを上昇して、窓から外に出てゆく。この煙突効果によって、エアコンの年間使用量は40％も減少している。

ビルの天辺には2階分が吹き抜けになった、円錐形のガラスドームをもつ壮大なレストランがある。『007 ドクター・ノオ』や『007 ゴールドフィンガー』など、ジェームズ・ボンド映画の伝説的美術監督、ケン・アダムがデザインした悪役のアジトのような現代的な空間である。

高みへと誘う 2つの主要階段はそれぞれ1037段。速度の異なる23基のエレベーターが設けられている。

ジャン・マリー・チバウ文化センター

- 1998年
- ニューカレドニア、ヌメア
- レンゾ・ピアノ・ビルディング・ワークショップ
- 公共施設

ニューカレドニアの先住民族カナックの文化の起源を称え、そのアイデンティティ探究のために捧げられたチバウ文化センターは、片側に静かなラグーン、もう片側に太平洋を望むつくりになっている。魔法のようにすばらしい建物は、カナックの村の精神を生き生きと、大きなスケールで再現している。レンゾ・ピアノ（1937-）は、木々がうっそうと茂る庭園の中央を緩やかな曲線となってのびる遊歩道に沿って、様式化したカナックの伝統家屋を10棟建てた。展示スペース、図書室、会議室、教室、講義室、カフェなどを収容したこれらの家屋群は、まわりの庭園に溶けこむようにして立っている。

外側と内側のルーバー 外側は木製、内側はガラス製の数百枚のルーバーは、暖気を逃して風を取りこみ、ハリケーンのときには閉じて内部を守るしくみになっている。

アクア・タワー

- 2009年
- 米国、シカゴ
- ジーン・ギャング
- 多目的ビル

回転するバレリーナがビルに姿を変えたようなアクア・タワーは、ジーン・ギャングの設計だ。近代的な高層ビルが林立するシカゴの空を背景に、84階建て、高さ261.8mのこのビルがそびえ立っている。波打つファサードは存在感にあふれ、人目を引くと同時に、優れた機能性も備えている。

ギャングはバルコニーを3.7mも突き出して、居住者がまわりに広がる摩天楼やはるかミシガン湖のあたりまで見晴らせるようにした。建設当時の彼女の言によれば、自然への愛が根底にあるとのこと。とくに五大湖周辺で見かける筋の入ったタワー型の石灰石が好きで、子どものころからよく探し回っていたという。アクア・タワーは「峰か岩のようなものであり、都会のインフラに接続された機械でもある」とも表現した。

竣工時、このビルは女性が主宰する事務所が設計した建築物としては世界一の高さであった。鳥を慈しみ、鳥のつくる造形的で無駄のない巣が大好きというギャングがとくに注意を払ったのは、鳥の目に映る（あるいは映らない）ビルの姿であった。よくある都会の高層ビルは、彼らにとってはただのガラス壁にすぎないが、アクア・タワーのように不規則で複雑なファサードのビルなら鳥の目につきやすく、衝突を防げるのである。

形と機能性 波状にうねるバルコニーは見た目も美しく、より良い眺望を実現し、なるべく日陰ができるようにとデザインされている。

さざ波の立ったファサード オフィス、賃貸アパート、コンドミニアム、ホテルの入ったアクア・タワーの屋上は緑化されている。

オスロ・オペラハウス

● 2008年　🏛 ノルウェー、オスロ　✎ スノヘッタ建築設計事務所　🏛 劇場

白い大理石と御影石のスロープ、光り輝くガラスが美しいオスロ・オペラハウスは、海中から現れた氷山を思わせる。効果を考え抜いた熟練技が光るこの劇場は、都会に出現した雪山とも解釈できそうだ。

ノルウェーの首都オスロの住民や観光客は、夏になるとオペラハウスのあたりを散策し、カラーラ大理石のスロープで日光浴をしてみたくなる。手で切り出したイタリア産の白い大理石板を3万6000枚以上集めた斜面は、白いアルミニウムでできたフライタワー（舞台脇の大道具操作台を設置しているタワー）の上から始まり、1364人収容の観客席の上を通って、オスロフィヨルドの下にもぐりこんでいる。白大理石のファサードに開いた氷河の裂け目ような正面玄関をくぐると、くつろいだ暖かみのあるロビーに入る。ノルウェーの船大工が制作したバルトオーク材の階段をのぼりきると、昔ながらの馬蹄形の観客席と額縁舞台が目の前に現れる。大胆な近代建築と伝統的な職人技が見事に合体したオスロ・オペラハウスは、700年以上前にトロンハイムに建設されたニーダロス大聖堂以来となる、ノルウェー最大の文化宗教施設である。

▽ **自然回帰**　ノルウェーの山々の本質を表現するオペラハウスに誘われて、人々はオスロの水辺に集まってくる。

国立21世紀美術館（MAXXI）

- 2010年　イタリア、ローマ
- ザハ・ハディド　美術館

　10年がかりで建設された勇壮華麗なローマの美術館を、設計者ザハ・ハディド（p.400）は「宙でほどけるリボンのような」構造にしたいと語った。確かにそのとおりの姿ではあるが、平面構成はじつに複雑である。まるでシュールな高速道路のインターチェンジよろしく、幾本ものランプウェイが重なり合いながら多方向にのび、そのうち何本かが弧を描いて戻ってくるようなつくりだ。多層構造の館内では、実験アートの展覧会や、先鋭的なアートと建築のコレクションを鑑賞することができる。伝統的な作品を展示したギャラリーもあり、図書館、レストラン、書店、レクチャーホールも入っている。内部の大胆なデザインとは対照的に、外観はローマのフラミニオ地区という場所柄を尊重して、同じくハディド設計の新しい広場に、街の景観を損なわないように低く広がっている。いったんなかに足を踏み入れるや、ボブスレー・トラックのように階段やスロープが急降下、カーブし、壁、床、天井などの区別がつかなくなるような感覚に陥る。地金の踏み板の階段がロビーを突き抜けて上昇し、はるか奥に消えていく様子は、映画の一場面かピラネージの銅版画の世界を思わせて、じつにドラマチックだ。

◁ **眺めのよいギャラリー**　美術館の天辺から突出している展示ギャラリーからは、新しい広場を望むことができる。もともとは兵舎の一部だった広場に、大胆な形の美術館が出しゃばらないように立っている。

ロンドンのヴェロドローム

- 2011年　イングランド、ロンドン
- マイケル・ホプキンス　スポーツ施設

　2012年のロンドン・オリンピックのためにつくられた屋内自転車競技場は、外壁が杉板張りで、独特なカーブの屋根が米国のスナック菓子に似ていることから、「プリングル」というあだ名がついている。屋根の形は厳密には双曲放物面で、その下にある競技トラックの形状を反映している。全長56kmのシベリアパイン材でできたトラックは、26人の大工が35万本の釘を用いて仕上げたもの。建物は自然換気で、周囲にめぐらされた窓から自然光を取りこむ構造だ。オリンピック後、サイクリング推進の本拠地となったヴェロドロームでは、自転車の貸し出しやワークショップがおこなわれているほか、カフェもオープンした。

▷ **反りかえった屋根**　まるでポテトチップのような形で屋根が反りかえっている。愛着をこめて「プリングル」と呼ばれるゆえんだ。

▲ 籬苑図書館の内部

▽ **環境に優しく** 夏には湖面で冷やされた空気を館内に取りこみ、循環させて館内を冷やす。

籬苑図書館
りえん

- 2011年　中国、北京、懐柔区　李暁東　図書館

北京から北へ車で2時間ほどの交界河村にある籬苑図書館は、中国の美しい伝統絵画に出てきそうな川や森、山々に囲まれた、小さいながらも創意にあふれた公立図書館だ。

薄く切った木材とガラスでできた館全体を覆うのは、昔から村人がかまどを使うときに燃やしてきた細い木の枝だ。自然が間近なこの図書館には、人を読書や物思いに導くムードが満ちている。館内から外へと目を移してゆくと、小枝のスクリーンがペンで描いた線のように見えて、図書館自体が一巻の書物のように思えてくる。高さの異なる複数のフロアが幅広の木の階段でつながれた館内では、来館者が好きな場所に腰をおろして、ゆったりと本を読めるようになっている。

建物を覆う小枝のスクリーンにはところどころ取り払われた部分があり、そこからガラス越しに森や川や山を望むことができる。小さなテラスもいくつかあるので、外に出て心静かに周囲の景色を堪能することも可能だ（だが、北京の中心部から訪れる人々によって、その静寂は破られる）。コンクリート建築が無秩序に林立する近代的な都会から逃れて、伝統と自然に基づき時代精神を表現する新しい中国建築を観るために、多くの観光客がこの図書館を訪れている。

ロレックス・ラーニング・センター

- 2010年　スイス、ローザンヌ
- SANAA　大学

　特大サイズの優美な睡蓮が、池に浮かんでいるかのようだ。スイス連邦工科大学ローザンヌ校（EPFL）のロレックス・ラーニング・センターは、キャンパスの中心に広がる緑地の表面をすべるように、途切れることなく覆っている。地面にほとんど接することなく、ループをなすように続いた建物は、大学の図書館らしからぬ形状だが、蔵書は50万冊、科学系ではヨーロッパ最大級のコレクションを誇っている。アクセスできるオンラインジャーナルは1万冊以上、電子書籍はそれを上回る。セミナー、講義、マルチメディアのプレゼンテーションなども開かれている。ここで提供されるものすべてを学生が自由に閲覧できるよう、センター内は基本的にひとつの流れるような空間になっているが、睡蓮の花弁にあたる部分には個別の自習スペースも設けられている。軽量素材でできた図書館の起伏に富んだフロアをつなぐ階段はなく、利用者はスロープを上り下りしてゆく。図案化された建築マップのように、知的好奇心と自由な思考を促す設計である。設計者は日本人建築家の妹島和世と西沢立衛。2人は1995年に東京で設立された建築家ユニット、SANAAのパートナーで、このセンターの設計によって世界的な評価を確立した。

▲ 流れるようにつながる
この建物になくてはならない部分であるパティオは、内部と外部とを視覚的につなぐ役割を果たしている。

テュルケントア

- 2011年　ドイツ、ミュンヘン
- ザウアーブルッフ・フトン　美術館

　テュルケントアは堂々たる新古典様式の兵舎、テュルケンカゼルナの遺構である。1826年に完成したテュルケンカゼルナは、バイエルン王国の護衛歩兵連隊のためにつくられた兵舎で、第一次世界大戦末期には若き日のヒトラーも宿営していた。仲間の兵士に向けて彼が最初の政治演説をしたのも、ここであった。
　第二次世界大戦で破壊されたあと、1970年代に大半が取り壊され、守衛詰所だけが残っていたのだが、それをザウアーブルッフ・フトンが修復してよみがえらせた。フトンは色彩豊かでモダンなブランドホルスト美術館（2009）を設計した建築家である。
　美しい美術館に生まれ変わったテュルケントアに収蔵されている作品はたった1つ。『Large Red Sphere（大きな赤い球）』と呼ばれる、直径2.6m、重さ25tの魅惑的な大理石の球である。米国人アーティスト、ウォルター・デ・マリア（1935-2013）の手になるこの球は、屋根から下ろして館内に設置された。
　2011年以来、テュルケントアを訪れる人々は、つややかに磨かれたこの球の前で一瞬戸惑うか、恍惚として思索にふけるかのどちらかである。黒い台座に載った球は、中心部がほぼ人の目の高さで、ガラスの天井から差しこむ自然光だけで照らされている。風雨にさらされたドリス式円柱と擦り切れたオーク材の梁に囲まれて、Large Red Sphereは忘れがたい存在感を放ち、修復後のテュルケントアが路傍の礼拝堂のようにも思えてくるほどだ。

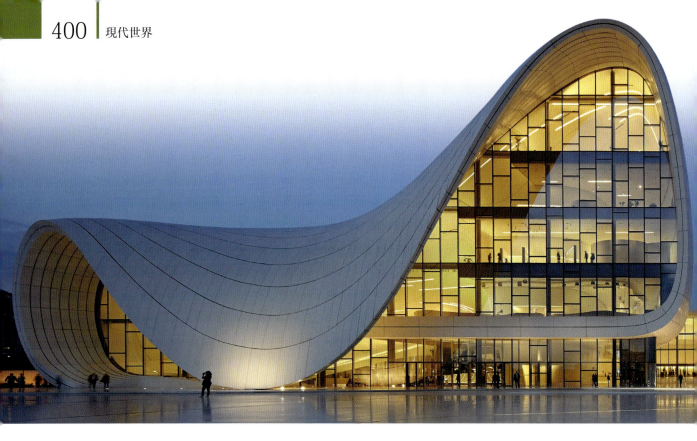

予想を裏切る設計 センターの周囲にテラスと階段を設けたため、余計な根切りと埋め立てが不要となった。一見、不都合に見える特性が最大の見どころに転じている。

ヘイダル・アリエフ・センター

● 2012年　🏛 アゼルバイジャン、バクー　✎ ザハ・ハディド　🏛 文化施設

高い空から舞い降りたかのように、周囲と一線を画してそびえるこの文化施設は、イラク系イギリス人ザハ・ハディド（1950-2016）の大胆な作品の極致というべき建築物である。その名前の由来となったヘイダル・アリエフは、ソ連時代のアゼルバイジャンで何かと物議を醸した指導者で、のちにソ連から独立したアゼルバイジャン共和国の大統領となった。創造力と気迫に満ちた美的な外壁の内側には、ホール、博物館、美術館、図書館、会議室、集会場などが入っている。

▲ センターのホール内

中央で地上に接する外壁は、そのまま途切れることなく上へ外へと向かってゆく。高性能素材、先進的なコンピュータプログラムを用いて実現されたのは、流れるような外観だけではない。柱のない内部空間にも優美ななめらかさが生まれ、まるで夢のなかにいるような感覚を味わえる。

ザハ・ハディド、パトリック・シューマッカー、サフェット・カヤ・ベキログルらに率いられた建築家グループの言によれば、このセンターは「アゼルバイジャンの文化推進拠点となるべく建設された施設。バクーの建築物によくある堅苦しさ、重々しさと決別し、アゼルバイジャン文化の感性、未来志向国家の楽天性を表現した建築」であるらしい。センターはバクーの国際空港と街をつなぐヘイダル・アリエフ大通りに面しており、ソ連や権威主義的な過去と決別しきれていない街への入口になっている。

》ザハ・ハディド

ハディドは真の意味で名声を得たはじめての女性建築家だった。名声の根拠となるダイナミックで洗練されたスリリングな作品は、世界各地で目にすることができる。バグダッドに生まれ、ロンドンで教育を受けたハディドは2004年、女性として、またイスラム教徒としてはじめて名誉あるプリツカー建築賞を授与され、国際的に認められた。

ハウス・フォー・ツリーズ

- 2014年 ベトナム、ホー・チ・ミン市
- ヴォ・チョン・ギア 住居

　ホー・チ・ミン市では急速な都市化が進み、21世紀を迎えたころには、緑の樹々のある地域が0.25%にまで激減していた。喘息などの疾患をわずらう子どもたちの数は、抜き差しならないレベルに達していた。

　ごみごみして蒸し暑い街に緑を取り戻そうとする、知的で触発的な試みの一環として、ヴォ・チョン・ギアは狭い区画に低コストのプロトタイプ住宅を建てた。ハウス・フォー・ツリーズは、部屋を収める5つのコンクリートの箱で構成された住宅で、樹を植える巨大なプランターでもあるため、各部屋の面する中庭がおのずと緑樹や鳥の声に満ちた涼しい空間になっている。このコンクリートの巨大プランターは、豪雨のときにあふれた水の溜め池にもなり、過密化した街の水害を軽減する役目も果たす。ホー・チ・ミン市の内外には、この家をアレンジした住宅が大規模に建設されている。

　ヴォは、ベトナム戦争終結後の1976年、ナパーム弾で無数の樹々が焼けた田舎の村に生まれた。街にも田園にも森林を復活させることが、建築家としての彼の使命なのだ。

▲ **地産地消**　この住宅は竹や煉瓦など、地元で調達できる比較的安価で環境に優しい素材を使っている。

ブルジュ・ハリファ

- 2010年 アラブ首長国連邦、ドゥバイ
- スキッドモア・オーイングズ&メリル 商業施設

　ペルシャ湾の上空に828mの高さで屹立するブルジュ・ハリファは、2010年に世界一高いビルとしてオープンした。ただ、今後何年その栄冠を頂いていけるかは、だれも予測することができない。アラブ首長国連邦や急発展中の極東の国々が、空を目ざして高さを競い合いながら、スチールとガラスの高層ビルを建設し続けているのだから。ブルジュ・ハリファの最上階からは、一方にペルシャ湾、もう一方にルブアルハリ砂漠——無限に広がる神秘的な砂漠——を望むことができる。米国人が設計したタワー基部のまわりには、延々とのびつづけるドゥバイの街路、贅を凝らした高層ビル群が広がる。

　タワーの主任建築家はエイドリアン・スミス、構造設計技師はウィリアム・ベイカーで、2人とも超高層ビルの設計で実績を積んできたスキッドモア・オーイングズ&メリル（SOM）のシカゴ事務所に所属している。独特な形のタワーは、サーマッラーにある9世紀のモスク（p.142）のらせん形ミナレットを念頭に置いた設計。基部は、ドゥバイの過酷な暑さのなか咲き誇るスパイダーリリーにインスピレーションを受けたデザインだ。タワー内には、オフィス、ホテル、個人アパートメントが収容されている。

▶ **凛とそびえる**　尋常ならざる高さで立つタワーに風が及ぼす影響を調べるため、風洞試験がすでに40回以上実施されている。

用語解説

アーキトレーヴ エンタブラチュアの最下部。梁として柱から柱へ渡されている。

アーケード 拱廊（きょうろう）。列柱に支えられた一連のアーチ。自立したものも壁面に取り付けられたものもある。

アーチ 弧を描く構造物。楔形の要素で構成され、開口部の両側をつなぐために用いられる。

アイビーム 荷重を支える梁で、切断面が「I」字形になっているもの。

アカンサス 肉厚の葉をもつ植物。コリント式柱頭に刻まれる装飾のモデルとなった。

アクロポリス 古代ギリシアの都市の城塞。神殿や公共建築物で構成される。

アゴラ ギリシアの都市の広場。野外市場や集会所として使われた。

浅浮き彫り レリーフの項を参照。

アドベ 日干しの泥煉瓦。アフリカ、南アメリカ、中央アジアでおもに用いられた。

アトリウム 屋根のある廊に囲まれた吹き抜けの中庭。

アバクス 柱頭の最上部を形成する方形の頂板。

アプス 教会堂の東端にある半円形の空間。もともとはここに祭壇が置かれた。

アプテラル 古典様式の建物のうち、正面には列柱があり側面にはないものを表す用語。

アラベスク 流れるような複雑な線と幾何学模様を用いた表面装飾。

イオニア式 オーダーの項を参照。

インプルウィウム ローマの住宅のアトリウム中央に置かれる雨水を溜める水盤。

ヴェスティビュール 玄関ホール。玄関ドアと建物内部のあいだにある通路または控えの間。

ヴォールト アーチ状の構造。通常は石や煉瓦でつくられ、建物の天井を形成する。

浮き出し飾り ヴォールトや天井のリブの交点を覆う装飾的な突起。

渦巻き装飾 イオニア式またはコリント式柱頭に見られる渦巻き模様。オーダーの項も参照。

エキヌス ドリス式柱頭のアバクスを支える、彫刻の施されたモールディング。

円形劇場 階段状の観客席に囲まれた、円形または楕円形の集会場。ローマのコロッセオはその一例。

エンタシス 柱身を膨らませたり、外側にカーブさせたりする技法。柱がまっすぐである場合に生じる錯視を相殺するためのもの。

エンタブラチュア ギリシアやローマ建築の重要な要素で、アーキトレーヴ、フリーズ、コーニスからなる。

円柱 円筒形のまっすぐな柱。柱礎、柱身、柱頭からなる。

円筒ヴォールト もっとも単純な形のヴォールトで、きわめて深いアーチ形状をとる（ワゴンヴォールト、筒形ヴォールトとも呼ばれる）。

横断アーチ ヴォールトの一部をほかの部分と隔てるアーチ。

オーダー 古典期の円柱の形式。エンタブラチュアを支える柱礎、柱身、柱頭からなる。おもなオーダーは以下のとおり。

 イオニア式 小アジアを起源とし、柱頭の渦巻き形の装飾が特徴。

 コリント式 アテネで考案され、ローマで発達したオーダー。アカンサスの葉が彫刻された精巧な柱頭が特徴。

 コンポジット式 イオニア式とコリント式の要素を組み合わせた柱頭を特徴とするローマのオーダー。

 トスカーナ式 もっともシンプルなローマのオーダーで、装飾のないフリーズが特徴。

 ドリス式 ギリシアのドリス式とローマのドリス式に分けられ、縦溝彫りのある柱身とシンプルなモールディングの柱頭が特徴。

オクルス 眼窓。ドームの頂上部に設けられた窓や開口部。

オジー 凹凸を描く弧からなる二重の円弧形状で、モールディングやアーチに用いられる。

オジヴァル ゴシック様式の建築を表すフランス語。

オベリスク 柱身が先細になった高い石の柱体。断面は四角く、頂上部はピラミッド形をしている。

回廊 クロイスター。屋根またはヴォールトのある通路。修道院内の教会堂とほかの建物を結ぶ。

片持ち梁 壁面から水平に突き出した梁。片側のみが下から支えられている。

かなめ石 アーチやヴォールトをつくるのに用いられる楔形のブロック。

カリアティード 柱や支持材として用いられる女性像。

仮枠 アーチやヴォールトを支えるための一時的な骨組み。

基部 構造物の最下部。

穹稜 2つのヴォールトまたはヴォールトの2つの面が交差してできる湾曲した稜線。

キョシュク 吹き放ちのあずまや。通常は柱に支えられている。トルコやイランでよく見られる。

ギリシア十字 4本の腕の長さが等しい十字形。

切妻 勾配のある屋根の端にできる、三角形の壁面。

クァドリガ 4頭の馬が引く二輪戦車。古典彫刻によく見られる。

クーポラ 構造物の頂上に載る小さなドームとその支持材。

クリアストーリ 高窓。周囲よりも高くして、採光用の窓を設けた部分。

クロケット 尖塔や小塔の角から一定の間隔で突き出た、石の装飾彫刻。

ケラ ギリシア神殿内の主室。神の像が収められる。ナオスとも呼ばれる。

交差部 教会の翼廊が身廊およびチャンセルと交差する場所にできる空間。

格子状プラン 古典世界に起源をもつ都市計画アプローチ。街路が直角に交わり、格子のようなパターンを形成する。

格間（ごうま） 一段低くなった四角形や八角形の天井パネル。

コーニス エンタブラチュアの最上部。

コーベル 持ち送り。水平部を支えるために用いられる小さな突起。

ゴシック 中世ヨーロッパの建築様式。神の栄光を称えるデザインを追求したもので、高い石造ヴォールト、塔、飛梁などを特徴とする。

コリント式 オーダーの項を参照。

コルティーレ アーケードに囲まれた中庭。

コンポジット式 オーダーの項を参照。

シェル・ヴォールト 水平方向の力がかからないように成形された板で形づくられるヴォールト。そのため、梁のように支えることができる。

支柱 建物を支えるために用いられる、あらゆる形状の垂直構造。

ジッグラト メソポタミアの宗教建築に見られる泥煉瓦の階段ピラミッド。

車輪窓 バラ窓の項を参照。

用語解説

シュヴェ 後陣。教会の東端の部分で、アプスとアンビュラトリーが含まれる。

銃眼付き胸壁 宮殿や城塞にある鋸歯状の胸壁。兵士を守りながら、武器を放つスペースを確保するためのもの。

周柱式 1列の柱で囲まれた建物を指す用語。

周歩廊 アンビュラトリー。教会のアプスを取り巻く、屋根のある行列用の通路。

小円窓 小さな円形の窓または開口部。たいていは装飾の目的で用いられる。

上部構造 スーパーストラクチャー。建物の基礎より上の部分。スーパーストラクチャー(super-structure)は日本では大架構とも呼ばれる。

鐘楼 教会の鐘がある塔。通常はそれ以外の建物とは独立している。

城造り 胸壁や砲塔などの装飾を取り付け、建物を城に似たつくりにすること。

新古典主義 18世紀後半のヨーロッパ古典主義の最後の時期で急進期にあたる時代の様式。装飾を控え、幾何学的な形を強調したデザインが特徴。

身廊 教会堂の中央部で、信者席に用いられる部分。

水道橋 ローマ人が水の輸送に用いていた、運河や橋の形をした構造物。

スクィンチ 入隅迫持(いりすみせりもち)。八角形の上部空間をつくり出すために、四角い構造の内角に対角線状に配置される石造りの充填材。

スクリーン 間仕切り壁。石や木でできていることが多く、部屋と部屋とを区切るために用いられる。

スタッコ 化粧漆喰。硬化の遅い、耐久性のある漆喰。石膏、石灰、砂からなる。

ストア 古代ギリシアで集会場として用いられた、建物とは切り離されたポルティコ。

ストゥーパ 半球ドームの形をした初期の仏教の祠堂。

ストラップワーク 帯模様。多数の帯が組み合わされた形の装飾。

ストレーナーアーチ 2つの壁のあいだに挿入されるアーチ。壁面が傾くのを防ぐためのもので、通常は側廊や身廊の上に配される。

スパンドレル 三角小間。隣り合うアーチの弧のあいだにできる三角形のスペース。

隅石 クォイン。建物の外角に積む石。視覚的な力強さを出すために用いられる。

折衷主義 さまざまな時代や様式の建築要素を混合した様式。

扇状ヴォールト すべてのリブが1点から扇状に放射する形状のヴォールト。

尖頂 背の高い先細の構造物。塔や屋根からのび、先端が尖っている。

洗礼堂 洗礼式に用いられる建物。

側廊 教会堂の身廊の両側にある廊下のような空間。

粗面仕上げ ルスティカ。粗い面のブロックを深い継ぎ目で隔て、外壁にコントラストのきいた豊かな質感を生み出すために用いられる石工技術。

台座 柱礎。円柱基部の下にある平らな石板、または建物の基礎の高くなった部分。

隊商宿 キャラバンサライ。西アジアや北アフリカに見られた、隊商や旅人のための公共の休憩所。

高浮き彫り レリーフの項を参照。

多柱式 多数の柱の列により屋根が支えられた広い空間。エジプト神殿の柱が林立するホールなどを指すのに用いられる。

チボリウム バルダッキーノの項を参照。

チャペル 教会内の独立した礼拝所で、通常は特定の聖人が祀られる。

チャンセル 内陣。教会の東側の部分で、聖歌隊や聖職者のための場所。

柱身 円柱の柱礎と柱頭のあいだの部分。

柱頭 柱の最上部。

チュリゲラ様式 優れた彫刻家を輩出したチュリゲラ一族にちなんで名づけられた17世紀から18世紀にかけての建築様式。この様式の贅沢で華やかな装飾は、スペインやメキシコでよく見られる。

付け柱 壁面からわずかに突出するように取り付けられた長方形の柱。

T定規 製図用テーブルで水平線を引くために製図工が用いる道具。

ティンパヌム ペディメントの斜めのコーニスと水平のコーニスで囲まれた三角形の表面。または、戸口のまぐさとその上のアーチのあいだのエリア。

テッセラ ガラス、石、大理石などの小片で、モザイクの製作に用いられる。

テルマエ ローマの公衆浴場。

トゥファ 火山灰からなる岩石で、イタリア西岸でよく見られる。

塔門 中央に開口部がある石の塔。古代エジプト神殿の入口を形づくる。

トスカーナ式 オーダーの項を参照。

土台床 石の基盤。この上に列柱が立つ。

飛梁(とびばり) フライング・バットレス。ヴォールトや屋根を支えるアーチや半アーチで、ヴォールトや屋根の重みを、壁の上部から外部の支持構造やバットレスに伝える。

ドラム ドームやクーポラを支える円筒形の骨組み。

トリグリフ ドリス式フリーズの特徴をなす、縦溝の彫られたブロック。メトープと交互に並んでいる。

ドリス式 オーダーの項を参照。

トリフォリウム 教会の側廊上の傾斜屋根とヴォールトのあいだにある空間で、身廊部へ開かれている。

トレーサリー ゴシック様式の窓の上部を形成する、繊細な装飾的骨組み。

トロス ドームのある円形の建物。

内陣正面仕切り 教会の十字架の下、身廊の東端に配される仕切りで、内陣と身廊を隔てる。

ナオス ケラの項を参照。

ナルテックス 拝廊。教会の吹き放ちのポーチ、または教会の玄関端にある控えの間。

二重殻ドーム 円天井と外壁のあいだに空間があるドーム。この構造はドームを保護する効果がある。イスラム建築によく見られる。

二重列柱堂 ディプテロス。各側面に二重の列柱がある建物。

ハイピースラル 青天井。屋根のない吹き抜けの建物を表す用語。

歯飾り イオニア式とコリント式のコーニスに用いられる小さな四角いブロック。

パゴダ 中国や日本に見られる層状の塔。仏教に関係するものが多い。

バシリカ ローマ建築では、長方形の公共建物。ここから初期キリスト教の教会が発達した。

バタ 縦勾配。勾配のある壁面。

バットレス 扶壁。強度を増すために、壁を支えるように取り付けられた石の構造物。

パッラーディオ主義 アンドレーア・パッラーディオの著書や建築に影響された古典様式建築ムーブメント。17世紀と18世紀のイングランドで大流行した。

花綱飾り フリーズによく見られる装飾彫刻。両端をリボンでまとめた果実と花の花輪をもとにしている。

はね出し狭間 マチコレーション。壁から突出した塁壁。床に穴が開いており、ここから真下の

敵に向かって石や煮えた油を落とす。

破風板 屋根の母屋(もや)(棟木と平行に走る材木)の先端を隠す板。装飾が施されることもある。

バラ窓 ゴシック教会に見られる丸い窓。縦仕切りが車輪のスポークのような形状をとり、そのあいだにステンドグラスが入る。

張り出し窓 壁面から外に突き出た上層階の窓。

バルダッキーノ 柱に支えられた自立式の天蓋。祭壇、玉座、墓所などを象徴的に覆う。チボリウムとも呼ばれる。

バロック 17世紀から18世紀はじめにかけての建築様式。徹底した演劇性が特徴。

ハンマービーム 屋根の建設に用いられる水平の片持ち梁。壁面から内側に突き出し、ハンマーポストと呼ばれる垂直の梁を支える。

ピア 柱。建物を支える太い石の支柱。通常は円柱よりも太い。

ピアノ・ノビーレ 主要な居住エリアのある建物の中心階。2階に置かれることが多い。

ビザンティン様式 ビザンティン帝国の建築様式。宗教建築物、とくにバシリカと密接に関係している。

ピナクル 小尖塔。塔や扶壁の頂上に載る、球形の垂直構造。

ピロティ 建物を地面からもち上げるために用いられる柱を指すフランス語。ル・コルビュジエが多用した。

ファサード 建物の正面。

フィニアル 頂華。塔や切妻の頂部の小さな装飾要素。

副柱頭 上方のアーチを補助的に支えるために、柱頭の上に据えられたブロックや板。

フランボワイヤン様式 火炎様式。後期フランス・ゴシック様式で、炎の形に彫られた窓のトレーサリーからこう呼ばれる。

フリーズ エンタブラチュアのうち、アーキトレーヴとコーニスにはさまれた部分。

ブリーズ・ソレイユ 建物の窓を覆う常設的な日除け。

ブルータリズム 打ち放しコンクリートや生の粗い素材を用いた、建築家ル・コルビュジエに代表される建築様式。

フルート 縦溝彫り。柱身を垂直に走る縦溝。

フレッシュ 屋根の棟からのびる細い尖塔。交差部の上に見られることが多い。

プロセニアム 古典期の劇場では、舞台を指す。現代の劇場では、観客席と舞台を区切る額縁状の壁面を指す。

プロナオス 神殿正面の吹き放ちの入口の間。側壁に囲まれ、前面に列柱がある。

プロピュライア 古典建築の入口の門。たいていは神殿に通じている。

ベイ 柱間。建物を支える柱と柱のあいだの空間の基本単位。

ベーマ 内陣。初期キリスト教の教会で聖職者が用いた、一段高くなった場所。

壁龕(へきがん) ニッチ。壁面に設けられた凹所。彫像や装飾物を置くのに用いられる。

ペディメント 破風。エンタブラチュアの上方、切妻屋根の稜線に囲まれた三角形の壁面。

ペリスタイル さまざまな円柱や列柱廊で囲まれたオープンスペースまたは建物。

ペンデンティヴ 三角形状の球面壁体。四角形または多角形の構造上に円形ドームを架けるために用いられる。

ポディウム 連続する低い壁。その上の構造の基礎をなす。

ポルティコ 屋根で覆われ、少なくとも1面を列柱で支えられた構造。玄関口のポーチとして、建物に付属していることが多い。

まぐさ 開口部の上に置かれ、その上の構造を支える構造要素。

まぐさ式構造 柱と梁の形態を用いた建築構造。

マスタバ エジプトの墳墓。地上につくられ、傾斜のある側面と平らな頂上部をもつ。

マニエリスム 16世紀から17世紀にかけて、イタリア、フランス、スペインに広まった建築様式。本来の文脈や意味とは対照的なモチーフを意図的に用いることが特徴。

マリオン 方立(ほうだて)。窓などの開口部を仕切る縦の柱。

ミナレット 高い塔。通常はモスクに付属し、ここからイスラム教徒に祈りを呼びかける。

無柱式 列柱のないファサードを表す用語。

ムトゥルス ドリス式コーニスの下側、トリグリフの上にある突出した平らなブロック。

メガロン ミケーネやギリシアの建築に見られる広い主室。

メトープ ドリス式のフリーズにおいて、2つのトリグリフのあいだにある長方形の部分。

モールディング 面から突出した細い帯状の石。壁や柱の装飾に用いられる。

モザイク 床や壁の平面装飾。石や大理石、ガラスの小片をセメントやモルタル、マスチックで固定したもの。

持ち送り 重量を支えるための小さな石などの構造物。

モデュロール ル・コルビュジエの提唱した、人体にもとづく基準寸法。

モノリス 一本石。通常は柱やモニュメントに使われる。

屋根窓 勾配のある屋根から垂直に突き出た、屋根と切妻のある窓。

有機的建築 自然界の生物に見られる形態や機序をもつ建築。

翼廊 十字形教会で、建物の主要部分と直角に交わる部分。

ランタン 頂塔。建物の屋根やドームの上にある、開口部のある円形の構造物。

陸橋 谷の上に道路を通すための橋。通常は複数のアーチ状のスパンで構成される。

リブ ヴォールトの空間を埋めるパネルを支える、突出した構造部分。

リュネット 壁や凹形の天井に設けられた半円形の開口部。

ルーヴァー 越し屋根。ホールの中央に置かれた暖炉から煙を逃がすための屋根の開口部。

ルネサンス 14世紀から16世紀にかけての様式。古代ローマの規範やモチーフが復活し、再導入された。

列柱廊 エンタブラチュアやアーチを支える柱の列。

レリーフ 平坦な背景から浮き出すように彫られた彫刻。浅浮き彫りは背景からわずかに浮き出たもの、高浮き彫りは大きく浮き出るように彫られたものを指す。

六分ヴォールト 6つの構成要素からなるヴォールト。

ロココ バロック様式から発展した表現様式。さまざまな素材を用いて、豪華できわめて装飾的な効果を生み出すところに特徴がある。

ロッジア 片側が開いた通廊や部屋。柱で支えられていることもある。建物の一部として組みこまれているものも、独立しているものもある。

ロマネスク 10世紀末から12世紀にかけてローマ文化への関心から発展した様式。丸いアーチとバシリカが特徴。

索引

数字・英字

30セント・メアリー・アクス, ロンドン 372, 394
AEGタービン工場, ベルリン 305
AT&Tビルディング, ニューヨーク 390
CAD 339, 372
CIAM 338
GMテクニカル・センター, ウォレン 381
SANAA 399
TWAターミナル, ジョン・F・ケネディ空港, ニューヨーク 380, 391

ア

アーケード 169, 357
アースキン, ラルフ 392
アーチ
 イスラム世界 139
 ゴシック様式 181
 新古典主義 269
 ビザンティン様式 79
 ローマ建築 63
アーチャー, トマス 252
アーツ・アンド・クラフツ運動 320, 332, 356
アーナンダ寺院, パガン 107
アーノス・グローヴ地下鉄駅, ロンドン 363
アーリー・ガーブー宮殿, イスファハーン 156
アールデコ 20, 346, 356, 370
アアルト, アルヴァ 352, 383
アールヌーヴォー 304, 309, 326, 329
アイアンブリッジ, コールブルックデール 296, 298
アイギナ, アファイア神殿 56
アイスキュロス 53, 59
アイバク, クトゥブ・ウッディーン 154
アイルランド 254
アインシュタイン塔, ポツダム 356, 366
アヴィラの聖トマス教会 198
アウグスト強健王 256
アウグストゥス帝 62, 64, 65
アギオス・ゲオルギオス教会, サロニカ 82
アクア・タワー, シカゴ 395
アクアエ・スリスのローマ浴場, バース 71
アクバル帝 152, 157, 158
アグラ, タージ・マハル 90, 152, 160–1
アグリッパ, マルクス・ウィプサニウス 64
アクロポリス, アテネ 47, 53
アザム, エギット・クイリン 236, 257, 258
アザム, コスマス・ダミアン 257, 258
アジア
 東南アジア 102–7
 東アジア 109–31
足利義満 129
アジネリの塔, ボローニャ 170
アショーカ王 97
アステカ 32, 33, 34, 36
アスプルンド, エーリック・グンナール 357, 363
アスマラ
 シネマ・インペロ 369
 聖マリア・コプト教会 356, 369
アスワン・ハイ・ダム 28, 29
アチャリ, ジャッカマ 100
アッシュールナシルパル2世 16
アッシュールバニパル王 17
アッシリア帝国 13, 15, 16, 17
アッタロスのストア, アテネ 60
アッバース1世 152, 155
アッバース2世 156
アップジョン, リチャード 318
アテナ神殿, プリエネ 50
アテネ 47, 48–9, 50, 53
 アクロポリス 47, 53
 アッタロスのストア 60
 エレクテイオン 51, 57
 風の塔 60
 テセイオン（ヘファイストス神殿） 57
 パルテノン 49, 50, 51, 53, 54–5, 267
アトス山, ラヴラ修道院主聖堂 83
アヌラーダプラ, ルワンウェリセーヤ仏塔 97
アブ・シンベル大神殿 28
アファイア神殿, アイギナ 56
アブドゥル・マリク, カリフ 140
アマランテ, カルロス 237, 263
アマリエンブルク離宮, ミュンヘン 255, 259
アムステルダム
 国立美術館 325
アメリカ合衆国
 新古典主義 266, 284–9
 鉄道 294
 モダニズム 340

アメン大神殿, カルナック 26
アラスの市庁舎 187
アラップ, オヴ 341, 353, 368, 383, 388
アラビア半島 134, 138
アリストテレス 49, 53, 167
アリストファネス 59
アル・ムタワッキル, カリフ 142
アル・ワリード, カリフ 141
アルカンタラのトラヤヌス橋 74
アルゴリコ, エピダウロスの劇場 59
アルシニエガ, クラウディオ・デ 225
アルスラン・ハーン 154
アルテス・ムゼウム, ベルリン 269, 274
アルテミス神殿, エフェソス 58
アルドゥアン＝マンサール, ジュール 237, 244–5
アルバート記念碑, ロンドン 311
アルハンブラ宮殿, グラナダ 136, 137, 146–7
アルビ大聖堂 165, 186
アルベルティ, レオン・バティスタ 203–4, 205
アレクサンドル1世 282, 283
アレクサンドロス大王 46–7, 61, 90, 159
アレッシ, ガレアッツォ 215
アレッポの蜂の巣型集落 150
アン・オブ・デンマーク 228
アンヴァリッド, パリ 237, 245
アングロサクソン 48
アンコール・ワット 102, 105
アンテミウス 78, 80
アンテラミ, ベネデット 170
アントウェルペン 223
アンドロニコス 60
アンリ4世 222

イ

イースト・キルブライドの聖ブライド教会 383
イーブルの繊維会館 188
イームズ, チャールズ 329, 375
イームズ, レイ 329
イームズ邸, ロサンゼルス 375
イーリー大聖堂 189
イヴァン雷帝 87
イエズス会 233, 248
イェンセン・クリント, P・V 321, 333
イオニア式オーダー 51, 207, 218
イクティノス 54
池田輝政 130
イサベル, カスティーリャ女王 198, 199
イシス神殿, フィラエ島 29
イシドロス, ミレトス 78, 80

イシュタル門, バビロン 15
イスタンブール（コンスタンティノープル） 34, 48, 78
 スルタン・アフメット・モスク 150
 スレイマニエ・モスク 136, 138, 139, 148
 トプカプ宮殿 148
 ハギア・ソフィア 77, 78, 80–1, 134, 211, 323
イスファハーン 152
 アーリー・ガーブー宮殿 152, 156
 チェヘル・ソトゥーン宮殿 156
 マスジェデ・シャー 153, 155
イスラム建築 133–61
 ペルシアとムガル朝インド 152–61
 モスク 138–51
伊勢神宮, 宇治山田 127
イタリア・ルネサンス 206–17
イッポリート・デステ枢機卿 214
イブラヒム 161
イブン・トゥールーン・モスク, カイロ 139, 143
イブン・トゥールーン, アフマド 143
イマーム・モスク, イスファハーン 153, 155
イムホテプ 20, 24
イラク 12, 138, 339
頤和園, 北京 120
岩のドーム, エルサレム 134, 140
インカ 32, 33, 40–1, 43
インゲンホーフェン建築設計事務所 365
印刷術 203
インスラ, オスティア 70
インダス川流域 90
インド 89–101, 134, 152–61, 356
インド総督府, ニューデリー 357, 360

ウ

ヴァージニア大学 284
ヴァザーリ, ジョルジョ 215
ヴァル＝ド＝グラース教会, パリ 219
ヴァルハラ神殿, レーゲンスブルク 268
ヴァレンシュタイン宮殿のロッジア 224
ヴァン・アレン, ウィリアム 346
ヴァンドーム広場, パリ 245
ヴァンの城塞 18
ヴァンブラ, サー・ジョン 234, 236, 251, 253, 361
ヴィース教会, バイエルン 255, 260–1
ウィーン
 ヴォティーフ教会 318
 カール・マルクス・ホーフ 364
 カールス教会 236, 237, 247
 シュタイナー邸 347

シュタインホフ教会 329
マジョリカ・ハウス 327
郵便貯金局 326
ウィーン工房 328
ウィーン分離派 328
ヴィオレ＝ル＝デュク，ウジェーヌ 187
ヴィシュヌヴァルダーナ王 100
ヴィチェンツァ
　ヴィラ・カプラ 207, 276
　公会堂 215
　テアトロ・オリンピコ 217
ヴィットーリオ・エマヌエーレ2世記念堂 321, 329
ウィトルウィウス 61, 64, 203, 204
ヴィニョーラ，ジャコモ・バロッツィ・ダ 204, 212-3, 238
ヴィニョン，ピエール・アレクサンドル 272
ヴィラ・カプラ，ヴィチェンツァ 207, 276
ウィリアム1世（征服王）48, 168, 177
ウィリアム2世 176
ヴィルヘルム2世 274
ウィレルムス2世 171
ウィロビー，サー・フランシス 226
ヴィンケルマン，ヨハン 267
ウールワース・ビル，ニューヨーク 319
ウェインライト・ビル，セントルイス 307
ウェスタ神殿，ローマ 64
ウェストミンスター・ホール，ロンドン 191
ウェストミンスター宮殿，ロンドン 293, 310, 313
ウェストミンスター寺院，ロンドン 137
ヴェッキ，ジョヴァンニ・デ 212
ウェッブ，ジョン 228
ウェッブ，フィリップ 332
ヴェネツィア
　カ・ドーロ 197
　サン・ジョルジョ・マッジョーレ教会 216
　サン・マルコ大聖堂 78, 84
　サンタ・マリア・デッラ・サルーテ教会 211, 236, 237, 243
　サンティ・ジョヴァンニ・エ・パオロ教会 195
　サン・マルコ図書館 215
　ため息の橋 217
　ドゥカーレ宮殿 197
　トルチェッロ島のサンタ・マリア・アッスンタ大聖堂 83
　レデントーレ教会 207, 217
ヴェルサイユ宮殿 232-3, 244-5, 284
ウェルズ大聖堂 180, 189
ヴェルテンブルク修道院教会 258
ヴェンチューリ，ロバート 372
ヴォ・チョン・ギア 401

ヴォージェ広場，パリ 222
ウォーターハウス，アルフレッド 311, 316
ヴォールト，ゴシック 181
ヴォティーフ教会，ウィーン 318
ウォルター，トーマス・アスティック 286-7
ウォルポール，ホレス 312
ウシュマル，総督の宮殿 34, 38
ウッツォン，ヨン 388
ウッド，ジョン 277
ウッド，ジョン（息子）277
ウッドワード，ベンジャミン 314
ヴュルツブルク司教館 257
ウラジーミル1世 85
ウラジーミル2世 85
ウラトン・ホール 226
ウルナンム 14
ウルナンム王のジッグラト，ウル 4, 12, 14, 42
ウルバヌス2世 167
ウルバヌス8世 242
ウルビノのドゥカーレ宮殿 204
ウルム大聖堂 180
雲崗石窟，大同市 115

エ

エイブラハム・ダービー3世 298
エヴァンズ，アーサー 52
エーン，カール 364
エカテリーナ1世 262
エカテリーナ宮殿，ツァールスコエ・セロー 254, 262
エジプト 10-1, 20-9
エシュヴェーゲ男爵，ルートヴィヒ・フォン 324
エスターラース教会，ボーンホルム島 178
エステ家別荘，ティヴォリ 207, 214
エストベリ，ラグナール 363
エスファンディヤール，バフマン 156
エチェバリア，ペドロ・デ 248
エッフェル，ギュスターヴ 296, 303
エッフェル塔，パリ 296, 303
エディルナ，セリミエ・モスク 149
エディンバラ 266, 268
江戸時代 111
エドフ，ホルス神殿 29
エドワード1世 192
エドワード黒太子 164
エピダウロスの劇場，アルゴリス 59
エフェソス
　アルテミス神殿 58
　ケルスス図書館 74
エフェソスのデメトリオス 58
エフェソスのパイオニオス 58

エミン・ミナレット，トルファン 161
エラン・ヴァレー・ダム 361
慧理 121
エリザヴェータ女帝 262
エリザベス1世 227
エリドゥ 8
エル・ドラド・アパートメント，ニューヨーク 370
エルギン・マーブル 55, 57
エルサレム
　クッバ・アッサフラ（岩のドーム）134, 140
　ソロモン神殿 17
エルムズ，ハーヴィー 278
エレラ，フアン・デ 225
エレクテイオン，アテネ 51, 57
エレベーター 295, 373
エンクホイゼンの市庁舎 224
エンゲル，カール・ルートヴィヒ 280, 281
延鎮 128
エンテンザ，ジョン 375
エンパイア・ステート・ビルディング，ニューヨーク 345

オ

オイゼービウス将軍，アルブレヒト 224
王墓群，テーベ 25
王立英国建築家協会ビル，ロンドン 362
王立裁判所，ロンドン 314
オーチス，エリシャ 295
オシオス・ルカス修道院テオトコス聖堂，フォキス 83
オスティア，インスラ 70
オスマン，ジョルジュ＝ウジェーヌ 273, 302, 325
オスマン帝国 136
オスロ・オペラハウス 396
オックスフォード
　オックスフォード大学自然史博物館 297, 314
　キーブル・カレッジ 314
　ボドリー図書館 219, 228
　ラドクリフ・カメラ 249
オットー，フライ 365, 373, 386
オペラ座，パリ 321, 325
オリンピック・スタジアム，ベルリン 356, 367
オリンピック・スタジアム，ミュンヘン 386
オルヴィエートの飛行機格納庫 355
オルタ，ヴィクトール 304, 328
オルティス・デ・カストロ，ホセ・ダミアン 225

オルブリッヒ，ヨゼフ・マリア 327, 328
オルメカ 32
オンタニョン，ファン・ヒル・デ 248

カ

カーター，ハワード 20, 25
カーディフ城 315
カール・マルクス・ホーフ，ウィーン 364
カールス教会，ウィーン 236, 237, 247
カール大帝 168
カールトン・ハウステラス，ロンドン 297
カールリーのチャイティヤ窟 98
カーン，アルバート 309
海軍省，サンクトペテルブルク 268, 283
懐柔区，籠苑図書館 398
凱旋門 63, 269
凱旋門，パリ 268, 269, 271
階段ピラミッド，カホキア 39
カイトベイ，スルタン 144
カイトベイのマドラサ，カイロ 144
カイペルス，ペートルス 325
外務省，モスクワ 357
カイロ 143
　イブン・トゥールーン・モスク 139, 143
　カイトベイのマドラサ 144
カヴァニャーリ，エドゥアルド 369
ガウディ，アントニ 320, 321, 330-1
カウフマン，ゴードン 346
ガウワン，ジェイムズ 383
カエサル，ユリウス 47, 64, 65
カサ・デル・ファッショ，コモ 355
カサ・バトリョ，バルセロナ 321
カサ・ミラ，バルセロナ 330
カサス・ノボア，フェルナンド・デ 263
カスタム・ハウス，ダブリン 279
風の塔，アテネ 60
カタリ派 165-6
ガッレリア・ヴィットーリオ・エマヌエーレ，ミラノ 304
カトリーヌ・ド・メディシス 220
カトリック教会 165-6, 203, 205, 232
カフェ・ペドロッキ，パドヴァ 280
臥佛寺，北京 117
カプラローラのファルネーゼ家邸宅 207, 212-3
ガブリエル，アンジュ＝ジャック 245, 271
カホキアの階段ピラミッド 39
カラヴァッジォ 233
カラカラの浴場，ローマ 71, 278, 356
ガラス
　カーブするガラス 297
　ガラス・ブロックの壁 341

索引

ステンドグラス 166, 181, 311
ガラスの家, パリ 341
カラトラヴァ, サンティアゴ 391
カリアティード 51
カリクラテス 54
カリグラフィ, イスラム 139
ガリゼンダの塔, ボローニャ 170
カリヤン・ミナレット, ブハラ 154
カリレフ, ウィリアム・ド 177
ガルヴァーニ, アルベルト 214
ガルガウ農場牛舎, リューベック 305
カルカソンヌ 187
ガルシア1世 173
カルドーソ 353
カルナック
　アメン大神殿 26
　コンス神殿 21, 27
ガルニエ, シャルル 321, 325
カルリーニ, アゴスティーノ 279
カルロス5世宮殿, グラナダ 224
カレドニア・ロード自由教会, グラスゴー 278
韓国 124, 131
カントーニ, アリーゴ 368
カンペン, ヤコプ・ファン 223, 224

キ

キーブル・カレッジ, オックスフォード 314
ギザ, クフ王の大ピラミッド 20, 22–3
キジ島の変容教会 85
キト, ラ・メルセー教会 225
キノ, エウセビオ・フランシスコ 263
ギブス, ジェイムズ 249, 252
ギャース, ミーラーク・ミールザー 157
ギャング, ジーン 395
ギャンドン, ジェイムズ 279
キュヴィリエ, フランソワ・ド 259
キューガーデン, ロンドン 297, 299
旧教育保険省, リオデジャネイロ 353
旧教会, ヘルシンキ 281
旧参謀本部, サンクトペテルブルク 282
旧証券取引所, コペンハーゲン 229
宮廷庭師の家, シャルロッテンホーフ, ポツダム 275
キュロス大王, ペルシア 12
教会
　ゴシック・リバイバル 310, 311
　スターヴ（樽板）教会 178–9
　ロマネスク 168
京都
　清水寺 124, 128
　金閣寺 129
　修学院離宮 131
　平等院 128
　清水寺, 京都 124, 128
共同設計 383
ギリシア 5, 46–9, 50–61, 266, 284
ギリシアの復興 267
キリスト教 138
　ゴシック・リバイバル 310, 311
　初期キリスト教の建築 78–87
　中世ヨーロッパ 164–6
切妻, ルネサンス 219
ギルガメシュ叙事詩 10, 11
ギルドハウス, ブリュッセル 218, 222
ギルバート, キャス 319
ギルフォード大聖堂 317
金閣寺, 京都 129
キングズ・カレッジ・チャペル, ケンブリッジ 191, 218
近代建築国際会議 338
金大城 131
近東 12–9

ク

クイーンズ・ハウス, グリニッジ 218, 228
空軍士官学校, コロラドスプリングズ 379
グーテンベルク, ヨハネス 203
グエル公園, バルセロナ 330
クシャーナ朝 90
クスコ 40
グスタフ3世 266
グッゲンハイム美術館, ニューヨーク 382
グッゲンハイム美術館, ビルバオ 4, 393
クッバ・アッサフラ, エルサレム 134, 140
クッワトゥル・イスラム・モスク, デリー 154
クテシフォンの宮殿 18
クノッソス, ミノス王の宮殿 52
クフ王 22
クフ王の大ピラミッド, ギザ 20, 22–3
クメール帝国 105
クライストチャーチ, スピタルフィールズ, ロンドン 252
クライスラー・ビル, ニューヨーク 346
クラウン・ホール, シカゴ 381
グラスゴー
　カレドニア・ロード自由教会 278
　美術学校 327
クラック・デ・シュヴァリエ, ホムス 175
グラデニーゴ, アントニオ 280
グラナダ
　アルハンブラ宮殿 136, 137, 146–7
　カルロス5世宮殿 224
クラム, ラルフ・アダム 318

グリーン・ビルディング 392
クリスチャン4世 229
グリニッジのクイーンズ・ハウス 218, 228
クリフトン吊り橋, ブリストル 298
クリムト, グスタフ 328
クリント, コーア 333
グルントヴィ教会, コペンハーゲン 321, 333
グレアム, アンダーソン, プロブスト, ホワイト 306
クレメンス8世 242
グロピウス, ヴァルター 340, 347, 348
グワスミー、シーゲル＆アソシエイツ 382

ケ

警視庁, ロンドン 326
景徳 131
ケース・スタディ・ハウス, ロサンゼルス 375
ゲーリー, フランク 4, 393
ケツァルコアトル 36
ゲラー, ウィリ 366
ケルアンの大モスク 142
ケルスス図書館, エフェソス 74
ケルン大聖堂 193
懸空寺, 山西省, 渾源県 112, 116
現代の建築 372–401
ケント, ウィリアム 276
ケンブリッジ
　キングズ・カレッジ・チャペル 191, 218
　トリニティ・カレッジのレン図書館 249

コ

公会堂, ヴィチェンツァ 215
工学部棟, レスター大学 383
航空省庁舎, ベルリン 367
交差ヴォールト 181
広州
　五仙観 123
　鎮海楼 117
杭州, 霊隠寺 121
孝文帝, 中国皇帝 116
コーニッグ, ピエール 375
コール・エクスチェンジ, ロンドン 299
コールブルックデールのアイアンブリッジ 296, 298
コカ城, セゴビア 199
国民議会議事堂, パリ 271
国立美術館, アムステルダム 325
国立代々木屋内総合競技場, 東京 386
ゴシック・リバイバル 293, 297, 310–319, 320
ゴシック建築 137, 180–99
ゴシック大聖堂 4, 180
コスタ, ルシオ 385
五仙観, 広州 123
国会議事堂, ブラジリア 385
コッカレル, チャールズ・ロバート 278
ゴッツォリ, ベノッツォ 209
コッホ城 311, 315
古典世界の建築 45–77
古典復興 265–89
コベルヘル, ウィンセラス 222
コペンハーゲン
　旧証券取引所 229
　グルントヴィ教会 321, 333
　市庁舎 326
　トーヴァルセン美術館 324
　ヤスパーセン・オフィス 377
後水尾上皇 131
コモ, カサ・デル・ファッショ 355
コリント式オーダー 51, 218
コルサバード, サルゴン2世の宮殿 15
コルテス, エルナン 33
コルドバの大モスク 145
鼓楼, 西安 121
コロッセオ, ローマ 62, 63, 277
コロラドスプリングズの空軍士官学校 379
コンウィ城 192
コンクリート 341
コンコルド広場, パリ 271
ゴンザーガ公 214
コンスタンティヌス帝 77, 78
コンスタンティヌスの凱旋門, ローマ 77
コンスタンティヌスのバシリカ, ローマ 77
コンスタンティノープル→イスタンブール
コンス神殿, カルナック 21, 27
コンタリーニ, ドメニコ 84
コンツェルトハウス, ベルリン 275
コンティーノ, アントニオ 217
ゴンバデ・カーブース廟, ゴルガーン 154
コンピュータ支援設計 339, 372
コンポジット式オーダー 63

サ

ザーゲビール, エルンスト 367
サーマッラー, 大モスク 138, 142, 401
サーリネン, エーロ 380, 381, 391
サーリネン, エリエル 329
サーンチー, 大ストゥーパ 97, 360
サヴォア邸, ポワシー 341, 350–1

索引

ザクセン選帝侯 256
サグラダ・ファミリア，バルセロナ 320, 330–1
サダム・フセイン 15, 17
サッカラ，ジェセル王の階段ピラミッド 20, 24
サッコーニ，ジュゼッペ 329
ザハロフ，アドリアン・ドミトリエヴィチ 283
サマセット・ハウス，ロンドン 276
サラマンカの新大聖堂 248
サリヴァン，ルイス・ヘンリー 307, 309, 382
サルヴィ，ニコラ 242
サルゴン2世 15
サルゴン2世の宮殿，コルサバード 15
サルドゥリ1世 18
サロニカ，アギオス・ゲオルギオス教会 82
サン・カルロ・アッレ・クワトロ・フォンターネ聖堂，ローマ 239
サン・ジョルジョ・マッジョーレ教会，ヴェネツィア 216
サン・パブロ教会，バリャドリード 199
サン・ピエトロ・イン・モントリオ教会のテンピエット，ローマ 206, 210, 218
サン・ピエトロ大聖堂，ローマ 203, 206, 207, 210, 234, 238
サン・ピエトロ広場，ローマ 203, 207
サン・マルコ大聖堂，ヴェネツィア 78, 84
サン・マルコ図書館，ヴェネツィア 215
サン・ミゲル・デ・エスカラーダ修道院聖堂，レオン 173
サン・ロレンソ・デ・エル・エスコリアル修道院 225, 249
サンガッロ，イル・ジョヴァネ 212, 238
産業革命 291–309
サンクトペテルブルク 268
　海軍省 268, 283
　旧参謀本部 282
　聖イサアク大聖堂 282
ザンクトヨハネス・ネポムク教会，ミュンヘン 257
サンシメオン宮殿 358
ザンゼイビア・デル・バック教会，ツーソン 263
サンソヴィーノ，ヤコポ 215
サンタ・クローチェ教会，フィレンツェ 206
サンタ・ジュスタ エレベーター，リスボン 297
サンタ・スザンナ教会，ローマ 207
サンタ・マリア・デイ・ミラーコリ教会，ローマ 241
サンタ・マリア・ディ・モンテサント教会，ローマ 241
サンタ・マリア・デッラ・サルーテ教会，ヴェネツィア 211, 236, 237, 243
サンタ・マリア・デル・フィオーレ大聖堂，フィレンツェ 203, 208, 210, 211
サンタ・マリア・ノヴェッラ駅，フィレンツェ 368
サンタ・マリア・マッジョーレ，ローマ 78
サンダーランドのセント・アンドリュー教会 317
サンタポリナーレ・イン・クラッセ聖堂，ラヴェンナ 82
サンタントニオ教会，パドヴァ 195
サンタンブロージョ教会，ミラノ 170
サンティ・ジョヴァンニ・エ・パオロ教会，ヴェネツィア 195
サンティアゴ・デ・コンポステーラの大聖堂 168, 263
サンテリア，アントニオ 368
サント・シャペル，パリ 166, 182
サント・ジュヌヴィエーヴ図書館，パリ 302
サント・ステファノ・ロトンド教会，ローマ 82
サンフランシスコ・デ・アシス教会，ブラジル 353
サンフランシスコ・ハビエル教会，テポツォトゥラン 248

シ

シーグラム・ビルディング，ニューヨーク 349, 378
寺院（神殿）
　ギリシア神殿 4, 5
　東南アジアの寺院 102, 103
　日本の寺院 124, 126
　ヒンドゥー寺院 90–3, 94, 95
　仏教寺院 93
シヴァ 93
シヴァ神殿，プランバナン 107
ジェセル王 24
ジェセル王の階段ピラミッド，サッカラ 20, 24
シエナ
　大聖堂 194
　プブリコ宮殿 196, 326
ジェファーソン，トーマス 284, 285, 288
ジェルバ 138
ジェンネの泥のモスク 151
シカゴ
　アクア・タワー 395
　クラウン・ホール 381
シュレディンガー・アンド・マイヤー・ストア 309
ジョン・ハンコック・タワー 373
マーシャル・フィールド・マーチャンダイズ・マート 306
モナドノック・ビル 306
リライアンス・ビル 297, 307
ロビー邸 344
シカラ 95
司教館，ヴュルツブルク 257
ジキル，ガートルード 332
紫禁城，北京 110, 112, 118–9
シクストゥス5世，ローマ教皇 233
獅子の中庭，アルハンブラ宮殿 146–7
システィナ礼拝堂，バティカン，ローマ 202
市庁舎，アラス 187
市庁舎，アントウェルペン 223
市庁舎，エンクホイゼン 224
市庁舎，コペンハーゲン 326
市庁舎，ストックホルム 357, 363
市庁舎，ノリッジ 363
ジッグラト 12
シドニー・オペラハウス 339, 372, 388–9
シナン，ミマール・コジャ 78, 138, 139, 148, 149, 366
シネマ・インペロ，アスマラ 369
シバーム 151
鴟尾 113
シモン・デ・コロニア 199
シャー・ジャハーン 152, 159, 160
ジャイナ教寺院，マウント・アブー 100
ジャイナ教寺院，ラーナクプル 100
ジャイプール，ハワ・マハル 94
ジャウル邸，ヌイイ 376
シャティヨン，クロード 222
ジャハーンギール帝 158, 159
ジャハーンギール廟，ラホール 159
シャルグラン，ジャン・フランソワ・テレーズ 271, 283
シャルトル大聖堂 180, 184–5
シャルマネセル1世 16
シャルロッテンホーフの宮廷庭師の家，ポツダム 275
シャロー，ピエール 341
ジャン・マリー・チバウ文化センター，ニューカレドニア 394
ジャンヌレ，ピエール 350, 374
シャンボール城 219, 220
修学院離宮，京都 131
州議事堂，リッチモンド 284, 285
十字軍 137, 167, 175, 180, 199
シュースミス，アーサー・ゴードン 361
シュート，ジョン 204
修道院教会，ヴェルテンブルク 258

シューマッカー，パトリック 400
シュエダゴン・パゴダ，ヤンゴン 107
シュタイナー邸，ウィーン 347
シュタインホフ教会，ウィーン 329
シュトゥットガルト駅 365
シュノンソー城 218, 220
シュペーア，アルベルト 267, 274, 356, 365, 367
シュムーツァー，フランツ 254, 259
シュムーツァー，ヨーゼフ 254, 259
シュメール 8–11, 14, 90
シュリーヴ，ラム＆ハーモン 345
シュリー司教 182
ジュリオ・ロマーノ邸，マントヴァ 215
朱亮祖 117
シュルーズベリー侯爵夫人エリザベス 226
シュレディンガー・アンド・マイヤー・ストア，シカゴ 309
ジョアン5世 249
ショウ，リチャード・ノーマン 326, 332
蒸気船 294
小尖塔，ゴシック 181
定朝 128
ジョージ，アーネスト 332, 360
ジョージ4世 293
ジョージ王朝時代の建築 266
ジョーンズ，イニゴー 218, 227, 228, 276
ジョコント，フラ 238
ジョン・ハンコック・タワー，シカゴ 373
ジョンストン，エドワード 72
ジョンソン・ワックス本社管理棟，ラシーン 344
ジョンソン，フィリップ 378, 390
ジレスピー，キッド＆コイア 383
シンケル，カール・フリードリヒ 274, 275, 278
新古典主義 235, 266, 268–89, 297, 356, 357
新大聖堂，サラマンカ 248
清朝 123
神道 124, 127, 359
シントラ，ペーナ宮殿 320, 324
シンドラー，ルドルフ 340
シンプソン，ジェイムズ 306
人民の家，ブリュッセル 304

ス

水晶宮，ロンドン 295, 296, 297, 300–1
スイス学生会館，パリ 351
スイス連邦工科大学ローザンヌ校（EPFL）399

垂直式ゴシック 191
水道橋 63
嵩山少林寺，洛陽 116
スーリヤヴァルマン2世 105
スエズ運河 294-5
スカモッツィ，ヴィンチェンツォ 217, 223
スキッドモア・オーイングズ＆メリル 358, 378, 379, 401
スコット，サー・ジョージ・ギルバート 316, 317
スコット，ジャイルズ・ギルバート 317, 393
スコティッシュ・ライト・テンプル，ワシントンDC 289
スコパス 58, 61
スターヴ（樽板）教会 178-9
スターリン，ヨシフ 87, 336, 357, 371
スターリング，ジェイムズ 383
スタイン邸，パリ 351
スタッキーニ，ウリッセ 368
ステーンヴィンケル，ハンス・ファン 229
ステーンヴィンケル，ロレンツ・ファン 229
捨子保育院，フィレンツェ 209
ステンドグラス 166, 181, 311
ストゥーパ 95, 102, 103
ストークシー城 192
ストックホルム
　市庁舎 357, 363
　市立図書館 357
ストックレー邸，ブリュッセル 328
ストリート，ジョージ・エドモンド 314
ストリックランド，ウィリアム 288
ストロッツィ家邸宅，フィレンツェ 206
ストロベリーヒル，トウィッケナム 312
スノヘッタ建築設計事務所 396
スフィンクス 21
スプリト，ディオクレティアヌス宮殿 76
スフロ，ジャック・ジェルマン 270
スペイン 33, 34, 134, 218
スペイン階段，ローマ 242
スペッツァ，アンドレア 224
スマイス，エドワード 279
スマイソン，ロバート 226
スミス，エイドリアン 401
スルタン・アフメット・モスク，イスタンブール 150
スレイマニエ・モスク，イスタンブール 136, 138, 139, 148
スレイマン1世（壮麗帝）140, 148

セ

西安の鼓楼 121
聖イサアク大聖堂，サンクトペテルブルク 282
聖エリーザベト教会，マールブルク 193
聖ソフィア大聖堂，ノヴゴロド 85
西太后 120
青銅器時代 11
正徳帝 117
聖トマス教会，アヴィラ 198
聖ニコラ教会，バーリ 172
聖杯伝説 165, 167
聖フィリッポ・ネリの小祈祷所，ローマ 241
征服王ウィリアム 48, 168, 177
聖ブライド教会，イースト・キルブライド 383
聖母教会，スケルペンフーフェル 222
聖母教会，ドレスデン 247
聖マリア・コプト教会，アスマラ 356, 369
聖マルティン教会，ランツフート 194
聖メリー・ウールノース教会，ロンドン 251
聖ワシリイ大聖堂，モスクワ 86-7
セインズベリー視覚芸術センター，ノリッジ 384
セウェルス，ルキウス・セプティミウス 70
セゴビア
　コカ城 199
　大聖堂 199
妹島和世 399
セソストリス3世 29
石窟庵，仏国寺 131
拙政園，蘇州 117
セデフカル・メフメット・アガ 150
セナケリブ王 17
セビリア大聖堂 198
セリミエ・モスク，エディルネ 149
セルリオ，セバスティアーノ 204, 223, 226
繊維会館，イーブル 188
繊維会館，ブルッヘ 188
千木 125
扇形ヴォールト 181
戦士の神殿，チチェン・イッツァ 34, 38
セント・アンドリュー教会，サンダーランド 317
セント・ジャイルズ大聖堂，チードル 312
セント・ジョージ・ホール，リヴァプール 278
セント・ジョン・ザ・ディヴァイン大聖堂，ニューヨーク 318
セント・ポール教会，ロンドン 228
セント・ポール大聖堂，ロンドン 206, 211, 236, 250, 279, 360
セント・マーチンズ・ガリソン教会，ニューデリー 361
セント・マーティン・イン・ザ・フィールズ教会，ロンドン 252
セント・メアリ・ル・ボウ教会，ロンドン 251
尖塔，ゴシック・リバイバル 311
尖塔（ミナレット）136, 138, 139
セントルイス，ウェインライト・ビル 307
セントローレンス教会，ブラッドフォード・オン・エイヴォン 177
先農壇，北京 123
センムト 27
洗礼堂，パルマ 170

ソ

総統官邸，ベルリン 367
総督の宮殿，ウシュマル 34, 38
ソーヴェストル，ステファン 303
ソールズベリー大聖堂 180, 190, 310
ソーントン，ウィリアム 286
蘇公塔，トルファン 161
蘇州，拙政園 117
ソニング，ディーナリーガーデン 332
ソフォクレス 53, 59
ソルニエ，ジュール 322
ソロモン王 17
ソロモン神殿，エルサレム 17

タ

ダーウィン，チャールズ 294, 295
タージ・マハル，アグラ 90, 152, 160-1
ターナー，リチャード 297, 299
タービン・ビル，ムニエ・チョコレート工場 322
第一次世界大戦 336-8
大英博物館，ロンドン 5, 269, 299
大学自然史博物館，オックスフォード 297, 314
大学図書館，ヘルシンキ 280
大学本部，ロンドン 362
対抗宗教改革 232
大ジャガーの神殿，ティカル 37
大ストゥーパ，サーンチー 97, 360
ダイダロス 52
第二次世界大戦 338-9
太廟，北京 121
大仏，バーミヤン 101
大モスク
　ケルアン 142
　コルドバ 145
　サーマッラー 138, 142, 401
　ダマスカス 141
太陽の神殿，モチェ 42
太陽のピラミッド，テオティワカン 34, 36
ダブリン 254, 266
カスタム・ハウス 279
フォー・コーツ 211, 279
ダマスカスの大モスク 141
ため息の橋，ヴェネツィア 217
ダラム大聖堂 168, 176-7, 317
タルクィニウス・スペルブス，ルキウス 64
タルマン，ウィリアム 252
ダレイオス1世 13, 18, 19
ダレイオス1世の墓，ナグシェ・ロスタム 18
丹下健三 386
タンジャーヴール，ブリハディーシュワラ寺院 99
ダンスター，ビル 392
ダンテ・アリギエーリ 202
耽美主義運動 328

チ

チードルのセント・ジャイルズ大聖堂 312
チェヘル・ソトゥーン宮殿，イスファハーン 156
チェンナケーシャヴァ寺院，ベルール 100
チェンバース，ウィリアム 276
地下鉄本部，ロンドン 362
チズウィック・ハウス，ロンドン 276
チチェン・イッツァの戦士の神殿 34, 38
チニリ・キョシュク，トプカプ宮殿 148
チム王国 42
チャールズ2世 228
チャッツワース・ハウス 252, 299, 300
チャマイエフ，セルジェ 352
チャン・チャン 42
チャンディーガル 374
中央アメリカ 32, 34-9
中国 110-1, 112-23
中世ヨーロッパ 163-99
柱頭
　エジプト 21
　ギリシア 51
　ビザンティン 79
　ローマ 63
　ロマネスク 169
チュートン（ドイツ）騎士団 193
中米 32, 34-9
チュリゲーラ一族 248, 263
チョーラ朝 99
チリハウス，ハンブルク 365
鎮海楼，広州 117

ツ

ツァールスコエ・セロー, エカテリーナ宮殿 254, 262
ツィンマーマン, ドミニク 260
ツィンマーマン, ヨハン・バプティスト 260
ツヴィンガー宮殿, ドレスデン 256
ツーソン, ザンゼイビア・デル・バック教会 263
ツタンカーメン王 20, 25
ツッカロ, フェデリコ 213

テ

デ・サンクティス, フランチェスコ 242
デ・ラ・ウェア・パビリオン, ベックスヒル 352
テアトロ・オリンピコ, ヴィチェンツァ 217
ディアボーン, フォード・ルージュ・ガラス工場 309
ディーナリーガーデン, ソニング 332
ディヴァカラパンディタ 105
ティヴォリ
　エステ家別荘 207, 214
　ハドリアヌスの別荘 29, 73, 214
ティエポロ, ジョヴァンニ・バッティスタ 235, 257
　庭園 125, 157
ディオクレティアヌス宮殿, スプリト 76
ディオクレティアヌス帝 76
ディオクレティアヌスの浴場, ローマ 71
ティカル 34
　大ジャガーの神殿 37
ディクソン, ローレンス・マレー 370
テイト・モダン, ロンドン 393
ティムール朝 157
デイル・アル＝バハリ, ハトシェプスト女王の葬祭殿 27
テーベの王墓群 25
テオティワカン 32, 34
　太陽のピラミッド 34, 36
テオドシウス帝 82
テオドリック, 東ゴート王 48
テ宮殿, マントヴァ 214
テクトン 353
テセイオン, アテネ 57
鉄 297, 298
鉄鋼 297
デッサウ, バウハウス・ビル 340, 348
鉄道 292–5, 297
デッラ・ポルタ, ジャコモ 238, 240
テノチティトラン 33, 34
テポツォトゥラン, サンフランシスコ・ハビエル教会 248

デメトリオス 58
デュドック, ウィレム 363
テュルケントア, ミュンヘン 399
テラーニ, ジュゼッペ 355
テラス, 新古典様式 285
デリー 93
　インド総督府 357, 360
　クッワトゥル・イスラム・モスク 154
　セント・マーチンズ・ガリソン教会 361
　フマユーン廟 153, 157
　レッド・フォート（赤い砦）152, 161
テルフォード, トーマス 298
デレアム, イリアス・デ 190
テレマルク, ヘッダール・スターヴ教会 179
デロルメ, フィリベール 220
天壇祈年殿, 北京 112, 122–3
伝統主義 356–71

ト

ドイツ館, バルセロナ万博 341, 349
塔 181, 311, 357
トウィッケナムのストロベリーヒル 312
トゥーゲントハット邸, ブルノ 349
ドゥカーレ宮殿, ヴェネツィア 197
ドゥカーレ宮殿, ウルビノ 205
東京
　国立代々木屋内総合競技場 386
　明治神宮 359
トゥグルク1世 159
ドゥッガ, ユノ・カエレスティス神殿 4
ドゥッタガーマニー王 97
東南アジア 102–7
ドゥバイ, ブルジュ・ハリファ 401
塔門, エジプト 21
トーヴァルセン, ベルテル 324
トーヴァルセン美術館, コペンハーゲン 324
ドーム
　イスラム世界 134, 153
　トラディショナリズム 357
　バロック 237
　ビザンティン 79
　ルネサンス 211
徳川家康 111
独立記念館, フィラデルフィア 288
時計塔 311
都市
　ギリシア 53
　古代の近東 8–11
　新古典主義 268
　ルネサンス 205
都市計画 68, 205
トトメス1世 26

ドナテッロ 208
ドナトゥス 179
飛梁 180, 181
トプカプ宮殿, イスタンブール 148
トプカプ宮殿のチニリ・キョシュク 148
トムソン, アレクサンダー 268, 278
ドメニコ・ダ・コルトーナ 220
ドメニコ・ディ・アゴスティーノ 196
トラオレ, イスマエラ 151
トラディショナリズム 356–71
トラヤヌス帝 72, 74
トラヤヌスの記念柱, ローマ 72, 247
トラヤヌス橋, アルカンタラ 74
トラレスのアンテミウス 78, 80
ドリス式オーダー 51, 207, 218
トリニティ教会, ニューヨーク 318
トリノ
　フィアット・リンゴット工場 354–5
トリポリ, ハドリアヌスの浴場 70
ドリュー, ジェーン 374
トルケマダ, トマス・デ 198
トルチェッロ島のサンタ・マリア・アッスンタ大聖堂 83
トルテカ 32, 34
トルファン, エミン・ミナレット（蘇公塔）161
ドルマン, ゲオルグ・フォン 323
トレヴィの泉, ローマ 242
トレード, フアン・バウティスタ・デ 225
ドレスデン 339
　聖母教会 247
　ツヴィンガー宮殿 256
ドローゴ城, ドリュースティントン 320, 332
泥のモスク, ジェンネ 151
トロヤ城, プラハ 246
トロンハイム, ニーダロス大聖堂 396

ナ

ナヴォーナ広場, ローマ 234, 240
ナグシェ・ロスタム, ダレイオス1世の墓 18
ナショナル・シアター, ロンドン 384
ナチ時代 356, 364, 367, 386, 393
ナッシュ, ジョン 275, 297
ナポレオン・ボナパルト 87, 266, 267, 269, 271, 272, 366
ナポレオン3世 272
奈良, 法隆寺伽藍 126
南米 32, 40–3

ニ

ニーダロス大聖堂, トロンハイム 396
ニーマイヤー, オスカー 353, 373, 385

ニーム
　ポン・デュ・ガール 74
　メゾン・カレ 64, 272
ニコラウス5世 82, 242
ニザーミー 134
西沢立衛 399
ニネヴェ 17
日本 110, 111, 124–31, 338
ニムルド 16
ニューデリー→デリー
ニューヨーク
　AT&Tビルディング 390
　TWAターミナル, ジョン・F・ケネディ空港 380, 391
　ウールワース・ビル 319
　エル・ドラド・アパートメント 370
　エンパイア・ステート・ビルディング 345
　クライスラー・ビル 346
　シーグラム・ビルディング 349, 378
　セント・ジョン・ザ・ディヴァイン大聖堂 318
　トリニティ教会 318
　フラットアイアン・ビル 308
　リーバ・ハウス 378
　ロックフェラー・センター 344
ニューロプ, マーティン 326
ニンフェンブルク宮殿, ミュンヘン 255, 259

ヌ

ヌイイ, ジャウル邸 376

ネ

ネストル 85
ネッチ, ウォルター 379
ネフェルティティ王妃 25
ネブカドネザル2世 12, 15, 16
ネルヴィ, ピエール・ルイジ 355, 377

ノ

ノイシュヴァンシュタイン城 320, 321, 323
ノイトラ, リチャード 340
ノイマン, ヨハン・バルタザール 257
ノヴゴロドの聖ソフィア大聖堂 85
ノートルダム・デュ・オー礼拝堂, ロンシャン 5, 376
ノートルダム・ラ・グランド教会, ポワティエ 173
ノートルダム教会, ル・ランシー 364
ノートルダム大聖堂, パリ 182–3
ノリッジ

市庁舎 363
セインズベリー視覚芸術センター 384
ノルマン人 177

ハ

ハーグ, マウリッツハイス王立美術館 223
バージェス, ウィリアム 315
バース 266, 338
　アクアエ・スリスのローマ浴場 71
　ロイヤル・クレセントとサーカス 277
ハードウィック・ホール 226
バートン, デシマス 297, 299
バーナム, ダニエル 306, 307, 308, 309
バーニング, J・B 299
バーミヤンの大仏 101
パームハウス, キューガーデン, ロンドン 297, 299
ハーランド, ヒュー 191
バーリー・ハウス 227
バーリの聖ニコラ教会 172
バーリントン卿 266, 276
バイエルン 254
パイオニオス, エフェソス 58
ハイドリッファー, ルートヴィヒ 229
ハイポイント集合住宅, ロンドン 353
パイミオのサナトリウム 352
ハウス・フォー・ツリーズ, ホー・チ・ミン市 401
バウハウス 340, 348, 349, 356, 363
パエストゥムのポセイドン神殿 56
パガン 102
　アーナンダ寺院 107
ハギア・ソフィア, イスタンブール 77, 78, 80–1, 134, 211, 323
バクー, ヘイダル・アリエフ・センター 400
パクストン, ジョセフ 296, 297, 299, 300–1
パゴダ 103
橋 63, 297, 298
柱
　エジプト 21
　ギリシア 51
　ルネサンス 207
　ロマネスク 169
バターフィールド, ウィリアム 314
蜂の巣型集落, アレッポ 150
パッラーディオ, アンドレーア 204, 207, 210, 215, 216, 217, 223, 227, 266, 276, 280, 285, 310, 351
パッラーディオ主義 266, 276
馬蹄形のアーチ 139

ハディド, ザハ 397, 400
パドヴァ
　カフェ・ペドロッキ 280
　サンタントニオ教会 195
ハトシェプスト女王 25, 27
ハトシェプスト女王の葬祭殿, デイル・アル＝バハリ 27
ハドリアヌス帝 67, 70, 73
ハドリアヌスの別荘, ティヴォリ 29, 73, 214
ハドリアヌスの浴場, トリポリ 70
ハドリアヌスの霊廟, ローマ 73
バビロン 9, 12, 13, 16, 214
　イシュタル門 15
パブリックスペース, バロック建築 240
ハミルトン, アンドリュー 288
バム要塞 156
パラシュラメシュワラ寺院, ブバネシュワル 98
ハラッパ 90, 96
バラモン教 94, 95
バラ窓 181
パリ
　アンヴァリッド 237, 245
　ヴァル＝ド＝グラース教会 219
　ヴァンドーム広場 245
　ヴォージェ広場 222
　エッフェル塔 296, 303
　オペラ座 321, 325
　凱旋門 268, 269, 271
　ガラスの家 341
　国民議会議事堂 271
　コンコルド広場 271
　サント・シャペル 166, 182
　サント・ジュヌヴィエーヴ図書館 302
　スイス学生会館 351
　スタイン邸 351
　ノートルダム大聖堂 182–3
　バリエール・ド・ラ・ヴィレット 271
　パリ中央市場（レ・アール）302
　パンテオン 270
　フランス国立図書館 302
　フレシネ飛行船格納庫, オルリー 304
　ポンピドゥー・センター 387
　マドレーヌ教会堂 266, 269, 272
　リヴォリ通り 272
　ル・ランシーのノートルダム教会 364
　ルーヴル宮殿の時計のパビリオン 221
　バリー, サー・チャールズ 310, 311, 313
　バリエール・ド・ラ・ヴィレット, パリ 271
ハリカルナッソスのマウソレウム, ミレトス

61
バリャドリードのサン・パブロ教会 199
バルセロナ
　カサ・バトリョ 321
　カサ・ミラ 330
　グエル公園 330
　サグラダ・ファミリア 320, 330–1
　ドイツ館 341, 349
バルタール, ヴィクトール 302
パルテノン, アテネ 49, 50, 51, 53, 54–5, 267
パルマの洗礼堂 170
パレンケ, 碑文の神殿 37
バロック建築 231–5, 236–53, 254, 266
ハワ・マハル, ジャイプール 94
ハワード城 236, 253
バンクス, トーマス 279
バンケティング・ハウス, ホワイトホール, ロンドン 227
バンコク 103
万国博覧会, ロンドン 294, 300
バンシャフト, ゴードン 378
バンテアイ・スレイ寺院 106
パンテオン, パリ 270
パンテオン, ローマ 62, 66–7, 82, 211, 247
ハンブルクのチリハウス 365
万里の長城 110, 114

ヒ

ピアス, R・S 363
ピアノ, レンゾ 355, 373, 387, 392, 394
ピウス6世 242
東アジア 109–31
飛行機格納庫, オルヴィエート 355
ビザンティン建築 48, 78–84, 134
ピサ大聖堂 168, 169, 172
ピック, フランク 362, 363
ヒッチコック, ヘンリー＝ラッセル 278, 390
ピッティ家邸宅, フィレンツェ 206
ヒッポダモス, ミレトス 53
ヒトラー, アドルフ 267, 271, 272, 336, 365, 367, 399
碑文の神殿, パレンケ 37
姫路城 130
百周年記念ホール, ブレスラウ 366
ピュージン, オーガスタス 292, 293, 310, 311, 312, 313
ビュート侯爵, 第3代 315
ピュテオス 50, 61
ビュラン, ジャン 220
表現主義 366
平等院, 京都 128

ピョートル大帝 85, 283
ピラミッド
　エジプト 20, 22–4
　シュメール 10
　中央アメリカ 11, 34, 35–7, 39
ビルバオのグッゲンハイム美術館 4, 339, 393
ビルマ 102, 103, 107
ピレリ・タワー, ミラノ 377
ビンデボル, ミカエル・ゴットリーブ 324
ヒンドゥー教 90–3, 94, 95, 102

フ

ファグス工場, ベルリン 347
ファテープル・シークリー 152, 158
ファルネーゼ家邸宅, カプラローラ 207, 212–3
ファンズワース邸, プレーノー 375
フィアット・リンゴット工場, トリノ 354–5
フィッシャー・フォン・エルラッハ, ヨハン・ベルンハルト 247
フィラエ島のイシス神殿 29
フィラデルフィア, 独立記念館 288
フィリップ3世 187
フィレンツェ
　サンタ・クローチェ教会 206
　サンタ・マリア・デル・フィオーレ大聖堂 203, 208, 210, 211
　サンタ・マリア・ノヴェッラ駅 368
　捨子保育院 209
　ストロッツィ家邸宅 206
　ピッティ家邸宅 206
　メディチ＝リッカルディ宮殿 206, 207, 209
フーヴァー・ダム 346
フェイディアス 54
フェネコール, シュテフェン 224
フェリペ2世 225
フェルステル, ハインリヒ・フォン 318
フェルナンド2世, カスティーリャ王 198, 248
フェルナンド2世, ポルトガル王 324
フォー・コーツ, ダブリン 211, 279
フォウラー, ジョン 297
フォース鉄道橋 297
フォード・ルージュ・ガラス工場, ディアボーン 309
フォキス, オシオス・ルカス修道院テオトコス聖堂 83
フォスター, ノーマン 64, 368, 372, 375, 381, 384, 392, 393, 394
フォスター＋パートナーズ 5
フォンセカ, アロンソ・デ 199
フォンターナ, カルロ 238, 241

索引

フォンテーヌ, ピエール 272
フォンテーヌブロー宮殿 218, 221
フォントヒル僧院 312
武士 130
ブスケット・ディ・ジョヴァンニ 172
仏教 90, 92, 93, 94, 95, 102, 103, 111, 115
プッサン, ニコラ 221
仏山祖廟 121
仏陀 90, 104
フッド, レイモンド 344
仏塔 103, 112, 126
プトマイオス3世 29
フトン, ザウアーブルッフ 399
ブバネシュワルのパラシュラメシュワラ寺院 98
ブハラ, カリヤン・ミナレット 154
ププリコ宮殿, シエナ 196, 326
ブヘンの要塞 29
フマユーン廟, デリー 153, 157
プラール, ジョゼフ 324
フライ, マックス 374
プライアー, E・S 317
フライング・バットレス 180, 181
ブラウン, ランスロット 227
ブラガ, ボン・ジェズス・ド・モンテ教会 237, 263
フラゴナール, ジャン・オノレ 235
ブラジリア
　国会議事堂 385
　大聖堂 373
フラットアイアン・ビル, ニューヨーク 308
ブラッドフォード・オン・エイヴォンのセント・ローレンス教会 177
ブラッドベリー・ビル, ロサンゼルス 307
プラトン 48, 49, 53, 167
プラハ, トロヤ城 246
ブラマンテ, ドナト 206, 210, 218, 238
フランス国立図書館, パリ 302
フランソワ1世 220, 221
プランタウアー, ヤコブ 246
フランチェスカ, ピエロ・デラ 205
ブランデンブルク門, ベルリン 269, 274
ブラントホルスト美術館 399
ブラントン, ウィリアム 322
ブランバナンのシヴァ神殿 107
フリーズ 51
フリードリヒ・ヴィルヘルム2世 274
プリエネ 53, 61
　アテナ神殿 50
プリチャード, トマス 298
プリニウス(小) 69
プリニウス(大) 69
ブリハディーシュワラ寺院, タンジャー

ヴール 99
プリマティッチオ, フランチェスコ 221
ブリュッセル
　ギルドハウス 218, 222
　最高裁判所 324
　人民の家 304
　ストックレー邸 328
ブリンマウルのゴム工場 383
ブルイン, ウィレム・デ 222
ブルクハルト, ヨハン・ルートヴィヒ 75
ブルゴス大聖堂 199
ブルジュ・ハリファ, ドゥバイ 401
プルタルコス 50
ブルッヘの繊維会館 188
ブルネル, イザムバード・キングダム 294, 298
ブルネレスキ, フィリッポ 203, 208, 209, 210, 211
ブルノ, トゥーゲントハット邸 349
ブルフィンチ, チャールズ 286
プレ・ループ寺院 106
ブレ, エティエンヌ・ルイ 267, 271, 283
フレシネ, ウジェーヌ 304
フレシネ飛行船格納庫, オルリー, パリ 304
フレゼリク2世 229
フレゼリク4世 324
フレゼリクスボー城, ヒレレズ 229
プレチニック, ヨジェ 327
ブレナム宮殿 236, 253
フレンチ, ダニエル・チェスター 358
フローリス, コーネリス 223
プロタゴラス 203
プロテスタンティズム 205, 232, 236
ブロンデル, ジャック・フランソワ 235
噴水 207, 240

ヘ

ベイカー, ウィリアム 401
ベイカー, ベンジャミン 297
米国→アメリカ合衆国
ヘイダル・アリエフ・センター, バクー 400
ベーア, ゲオルク 247
ベーコン, ヘンリー 358
ペーナ宮殿, シントラ 320, 324
ヘーリング, フーゴ 305
ベーレンス, ペーター 305
北京
　頤和園 120
　臥佛寺 117
　紫禁城 110, 112, 118–9
　先農壇 123
　太廟 121

天壇祈年殿 112, 122–3
ベックスヒル, デ・ラ・ウェア・パビリオン 352
ヘッダール・スターヴ教会, テレマルク 179
ベッドゼッドの集合住宅 392
ペッペルマン, マットホイス・ダニエル 256
ペディメント 207, 219
ベト・ギョルギス教会, ラリベラ 87
ペト, ハロルド 332
ペトラの宝物庫 75
ペトラルカ, フランチェスコ 202, 203
ベナレスの沐浴場 101
ヘファイストス神殿, アテネ 57
ペリクレス 50, 54, 55
ペルー 32, 33, 40–1, 43
ベルール, チェンナケーシャヴァ寺院 100
ヘルクラネウム 266
ペルシア 12, 13, 18–9, 134, 136, 152–6
ペルシエ, シャルル 272
ヘルシンキ 268
　駅 329
　旧教会 281
　大学図書館 280
　大聖堂 281
ペルセポリスの宮殿 12, 13, 19
ヘルツォーク&ド・ムーロン 386, 393
ベルツィ 238
ベルニーニ 207, 233, 234, 239, 240, 242, 321
ベルリン
　AEGタービン工場 305
　アルテス・ムゼウム 269, 274
　オリンピック・スタジアム 356, 367
　航空省庁舎 367
　コンツェルトハウス 275
　総統官邸 367
　ファグス工場 347
　ブランデンブルク門 269, 274
　ユダヤ博物館 373, 393
ペレ, オーギュスト 364
ペロネ, ジャン=ロドルフ 271
ペンギン・プール, ロンドン動物園 341
ペンシルヴェニア駅 356, 358
変容教会, キジ島 85
ヘンリー6世 191
ヘンリー8世 227

ホ

ボイル, リチャード 266, 276
宝物庫, ペトラ 75

法隆寺伽藍, 奈良 126
ホー・チ・ミン市, ハウス・フォー・ツリーズ 401
ボーヴェ大聖堂 186
ホーガー, フリッツ 365
ホークスムア, ニコラス 234, 236, 251, 252, 253, 361
ホーバン, ジェイムズ 289
ポープ, ジョン・ラッセル 289
ホールデン, チャールズ 356, 362, 363
ボザール様式 360
ボス, ヒエロニムス 218
ポスト, ピーター 223
ポストモダニズム 372
ホスピタル騎士団 175
ホスロー1世 18
ポセイドン神殿, パエストゥム 56
ポタラ宮, ラサ 101
ポッジ, ネンネ・サングイネッティ 369
ポツダム
　アインシュタイン塔 356, 366
　宮廷庭師の家, シャルロッテンホーフ 275
ボッロミーニ, フランチェスコ 239, 240, 241
ボドリー図書館, オックスフォード 219, 228
ボナーツ, パウル 365
ホフマン, ヨーゼフ 328
ポリュクレイトス(小) 59
ボルグンド教会, ソグン・オ・フィヨーラネ 178
ホルス神殿, エドフ 29
ポルトガル 218
ボローニャ, ガリゼンダの塔とアジネリの塔 170
ボロブドゥール 102, 104
ポワイエ, ベルナール 271
ホワイトハウス, ワシントンDC 284, 285, 289
ポワティエ, ノートルダム・ラ・グランド教会 173
ボン・ジェズス・ド・モンテ教会, ブラガ 237, 263
ポン・デュ・ガール, ニーム 74
ボン, ジョヴァンニ 197
ボン, バルトロメオ 197
ポンティ, ジオ 377
ポンピドゥー・センター, パリ 387
ポンペイ 47, 69, 266

マ

マーシャル・フィールド・マーチャンダイズ・マート 306
マールブルクの聖エリーザベト教会 193

索引

マイアミビーチのローリー・ホテル 370
マイヤー, アドルフ 347
マイヤー, アルバート 374
マイレア邸, ノルマルク 352
マウソロス王 61
マウリッツハイス王立美術館, ハーグ 223
マウント・アブーのジャイナ教寺院 100
マジョリカ・ハウス, ウィーン 327
マスジェデ・シャー（イマーム・モスク）, イスファハーン 153, 155
マチュ・ピチュ 40, 41, 43
マチューカ, ペドロ 224
マッキム・ミード＆ホワイト設計事務所 289, 358
マッキントッシュ, チャールズ・レニー 327, 328
マックス・エマヌエル選帝侯 259
マッテ＝トゥルッコ, ジャコモ 354
マテイ, ジャン・バプティスト 246
マテウスの館, ヴィラ・レアル 255
マデルノ, カルロ 238, 239
摩天楼 4, 297, 373
窓
　現代 373
　ステンドグラス 166, 181, 311
　モダニズム 341
　ルネサンス 219
マドレーヌ教会堂, パリ 266, 269, 272
マニエリスム 214, 218
マフラ宮殿修道院 249
マヤ 32, 33, 34, 37–8
マリア・ラーハ修道院 174
マリア, ウォルター・デ 399
マリーノ, トンマーゾ 215
マリーノ家邸宅, ミラノ 215
マルクス・アウレリウス・アントニヌス 71
マルクス, カール 222, 294
マルス・ウルトル神殿, ローマ 65
マルセイユ, ユニテ・ダビタシオン 376
マルティン・デ・ソローザノ 198
マルヒ, ヴェルナー 356, 365, 367, 386
マルボルク城, ポーランド 193
マンサール→アルドゥアン＝マンサール
マンチェスター市庁舎 311, 316
マントヴァ
　ジュリオ・ロマーノ邸 215
　テ宮殿 214

ミ

ミース・ファン・デル・ローエ, ルートヴィヒ 4–5, 305, 341, 348, 349, 372, 375, 378, 381
ミケランジェロ 202, 206, 210, 215, 224, 238, 240
ミケルッチ, ジョヴァンニ 368
ミケロッツォ 207, 209
ミッドランド・グランドホテル, セント・パンクラス 316
南アメリカ 32, 40–3
ミナレット 136, 138, 139
ミノス王 52
ミノス王の宮殿, クノッソス 52
ミャンマー 102, 103, 107
ミュンヘン
　アマリエンブルク離宮 255, 259
　オリンピック・スタジアム 386
　ザンクトヨハネス・ネポムク教会 257
　テュルケントア 399
　ブランドホルスト美術館 399
未来派 368
ミラノ
　ガッレリア・ヴィットーリオ・エマヌエーレ 304
　サンタンブロージョ教会 170
　中央駅 368
　ピレリ・タワー 377
　マリーノ家邸宅 215
ミルズ, ロバート 289
ミレトス 53
　ハリカルナッソスのマウソレウム 61
ミレトスのイシドロス 78, 80
ミレトスのヒッポダモス 53
明朝 123

ム

ムーロン, ピエール・ド 393
ムガル朝インド 90, 93, 152–61
ムジカ, ファン・デ 248
ムッソリーニ, ベニート 368
ムニエ・チョコレート工場 322
ムハンマド 134, 136, 140

メ

明治神宮, 東京 359
明治天皇 359
メキシコ 32, 33, 34
メキシコ・シティ, メトロポリタン大聖堂 225
メサ・ヴェルデのプエブロ, コロラド 39
メスキータ 145
メソポタミア 4–5, 8–11
メゾン・カレ, ニーム 64, 272
メッカ 134
メッシーナ, マリオ 369
メディチ, コジモ・ディ 209
メディチ＝リッカルディ宮殿, フィレンツェ 206, 207, 209
メトロポリタン大聖堂, メキシコ・シティ 225
メフメト2世, スルタン 148
メルク修道院 246
メンゴーニ, ジュゼッペ 304
メンデルゾーン, エーリヒ 352, 366

モ

毛沢東 336
モーガン, ジュリア 358
モーザー, コロマン 328
モーフェ, エドワード 317
沐浴場, ベナレス 101
モザイク 63, 79, 136
モスク 136, 138–51
モスクワ
　外務省 357
　聖ワシリイ大聖堂 86–7
　地下鉄 371
　モスクワ大学 371
モダニズム 305, 306, 307, 309, 337, 340–55, 356, 372, 390
モチェ 32
　太陽の神殿 42
モナドノック・ビル, シカゴ 306
モヘンジョダロ 90, 96
モンティチェロ 288
モンフェラン, オーギュスト 282
モンフォール, シモン・ド 187
モンレアーレ大聖堂 171

ヤ

ヤコブセン, アルネ 377
ヤコブレフ, ポスニク 87
ヤジュニャヴァラーハ 106
ヤスパーセン・オフィス, コペンハーゲン 377
ヤッペリ, ジュゼッペ 280
屋根
　現代 373
　ゴシック・リバイバル 311
　中国 113
屋根窓 219
ヤンゴン, シュエダゴン・パゴダ 107

ユ

郵便貯金局, ウィーン 326
ユスティニアヌス, 東ローマ帝国皇帝 78, 80, 211
ユダヤ博物館, ベルリン 373, 393
ユニテ・ダビタシオン, マルセイユ 376
ユノ・カエレスティスのローマ神殿, ドゥッガ 4
ユピテル神殿, ローマ 64

ヨ

用明天皇 126
ヨーロッパ
　中世 163–99
　ルネサンス 201–29

ラ

ラ・メルセー教会, キト 225
ラージーン, スルタン 143
ラージェンドラヴァルマン2世 106
ラージャラージャ・チョーラ 99
ラーナクプルのジャイナ教寺院 100
ラーラ, ホセ・デ 248
ライス, ピーター 372, 388, 387
ライト, フランク・ロイド 38, 342–3, 344, 382, 392
ライト兄弟 337
ライナールド 172
ライナルディ, カルロ 241
ラヴェンナ 48
　サンタポリナーレ・イン・クラッセ聖堂 82
ラヴラ修道院主聖堂, アトス山 83
落水荘, ミルラン 342–3
洛陽, 嵩山少林寺 116
ラケル, カイウス・ユリウス 74
ラサ, ポタラ宮 101
ラスキン, ジョン 83, 314
ラスダン, デニス 384
ラストレッリ, バルトロメオ 254, 262
ラッチェンス, エドウィン 93, 320, 332, 356, 357, 360, 361
ラドクリフ・カメラ, オックスフォード 249
ラドロー, ローレンス・ド 192
ラトローブ, ベンジャミン・ヘンリー 286, 289
ラファエロ 48–9, 214, 238
ラフランキーニ, フィリップ 254
ラフランキーニ, ポール 254
ラブルースト, アンリ 302
ラホール
　ジャハーンギール廟 159
　ラホール駅 322
ラムセス2世 28
ラリベラ, ベト・ギョルギス教会 87
ラングハンス, カール・ゴットハルト 274
ランサム, アーネスト・L 347
ランツフートの聖マルティン教会 194
ランファン少佐, ピエール・シャルル 284

リ

リーデル，エドアルド 323
リーバ・ハウス，ニューヨーク 378
リヴァプール
　セント・ジョージ・ホール 278
　大聖堂 317
リヴォリ通り，パリ 272
籟苑図書館，懐柔区 398
リオデジャネイロ，旧教育保険省 353
李暁東 398
リゴーリオ，ピーロ 214
リスボン，サンタ・ジュスタ・エレベーター 297
リッチモンド，州議事堂 284, 285
リベスキンド，ダニエル 373, 393
リベロ，ファン・デ 248
リューベック 338
　ガルガウ農場牛舎 305
リュベトキン，バーソルド 341, 353
リヨン・サンテグジュペリ駅（旧名サトラス駅）391
リライアンス・ビル，シカゴ 297, 307
リンカーン記念堂，ワシントンDC 358

ル

ル・ヴォー，ルイ 244, 245
ル・コルビュジエ 5, 337, 340, 341, 350–1, 372, 373, 374, 376, 378, 383, 386
ル・ノートル，アンドレ 245, 284
ル・ブルトン，ジル 221
ルイ・フィリップ王 272
ルイ9世 182, 187
ルイ13世 244
ルイ14世 244, 245
ルイ15世 254, 270, 271
ルーヴル宮殿の時計のパビリオン 221
ルート，ジョン 306, 307
ルートヴィヒ1世 268
ルートヴィヒ2世 320, 321, 323
ルクネ・アーラム廟，ムルタン 159
ルス・ルイリエール，アルベルト 37
ルター，マルティン 205
ルドヴィス，ジョアン・フレデリコ 249
ルドゥー，クロード・ニコラ 271, 279
ルドネフ，レフ・ウラジーミロヴィチ 371
ルネサンス 48, 201–29
ルメルシエ，ジャック 219, 221
ルワンウェリセーヤ仏塔，アヌラーダプラ 97
ルンド大聖堂 179

レ

レ・アール（パリ中央市場）302
霊隠寺，杭州 121
レオナルド・ダ・ヴィンチ 203, 220
レオン，サン・ミゲル・デ・エスカラーダ修道院聖堂 173
レスコー，ピエール 221
レスター大学工学部棟 383
レッド・フォート，デリー 152, 161
レデントーレ教会，ヴェネツィア 207, 217
レン，クリストファー 137, 177, 206, 211, 223, 234, 249, 250, 251, 270, 279
レンゾ・ピアノ・ビルディング・ワークショップ 394
レン図書館，トリニティ・カレッジ，ケンブリッジ 249
連邦議会議事堂，ワシントン 206, 284, 286–7

ロ

ロイズ・ビルディング，ロンドン 373, 390
ロイヤル・クレセントとサーカス，バース 277
ローザンヌ，ロレックス・ラーニング・センター 399
ロース，アドルフ 347, 349
ローマ 46, 62, 68
　ヴィットーリオ・エマヌエーレ2世記念堂 321, 329
　ウェスタ神殿 64
　カラカラの浴場 71, 278, 356
　コロッセオ 62, 63, 277
　コンスタンティヌスの凱旋門 77
　コンスタンティヌスのバシリカ 77
　サン・カルロ・アッレ・クワトロ・フォンターネ聖堂 239
　サン・ピエトロ・イン・モントリオ教会 206, 210, 218
　サン・ピエトロ大聖堂 206, 210, 234, 238
　サンタ・スザンナ教会 207
　サンタ・マリア・デイ・ミラーコリ教会 241
　サンタ・マリア・ディ・モンテサント教会 241
　サンタ・マリア・マッジョーレ 78
　サント・ステファノ・ロトンド教会 82
　聖フィリッポ・ネリの小祈祷所 241
　スペイン階段 242
　ディオクレティアヌスの浴場 71
　トラヤヌスの記念柱 72, 247
　トレヴィの泉 242
　ナヴォーナ広場 234, 240
　ハドリアヌスの霊廟 73
　パンテオン 62, 66–7, 82, 211, 247
　マルス・ウルトル神殿 65
　ユピテル神殿 64
ローマ帝国 46–9, 62–77, 266, 284
ローリー・ホテル，マイアミ 370
ロール修道院 236, 237
ロールマン，エルンスト 281
ロココ 232, 235, 254–63, 266
ロサンゼルス
　イームズ邸 375
　ケース・スタディ・ハウス 375
　ブラッドベリー・ビル 307
ロシア 254, 268
ロジエ，マルク・アントワーヌ 267
ロジャーズ，リチャード 373, 381, 387, 390
ロス，エメリー 370
ロストク 338
ロックフェラー・センター，ニューヨーク 344
ロッシ，カルル・イヴァノヴィチ 282
ロッソ 221
ロッテンブーフ教会 235, 254, 255, 259
ロドリゲス，ロレンツォ 248
ロビー邸，シカゴ 344
ロマーノ，ジュリオ 214, 215
ロマネスク建築 168–79
ロヨラ，イグナチオ・デ 233
ロレックス・ラーニング・センター，ローザンヌ 399
ロンゲーナ，バルダッサーレ 237, 243
ロンシャン，ノートルダム・デュ・オー礼拝堂 5, 372, 373, 376
ロンドン
　30 セント・メアリー・アクス 372, 394
　アーノス・グローヴ地下鉄駅 363
　アルバート記念碑 311
　ウェストミンスター・ホール 191
　ウェストミンスター宮殿 293, 310, 313
　ウェストミンスター寺院 137
　王立英国建築家協会ビル 362
　王立裁判所 314
　カールトン・ハウステラス 297
　キューガーデンのパームハウス 297, 299
　警視庁 326
　コール・エクスチェンジ 299
　サマセット・ハウス 276
　ジ・アーク 392
　水晶宮 295, 296, 297, 300–1
　スピタルフィールズのクライストチャーチ 252
　聖メリー・ウールノース教会 251
　セント・ポール教会 228
　セント・ポール大聖堂 206, 211, 236, 250, 279, 360
　セント・マーティン・イン・ザ・フィールズ教会 252
　セント・メアリ・ル・ボウ教会 251
　大英博物館 269, 299
　地下鉄 362, 363
　チズウィック・ハウス 276
　テイト・モダン 393
　ナショナル・シアター 384
　ハイポイント集合住宅 353
　バンケティング・ハウス，ホワイトホール 227
　ミッドランド・グランドホテル，セント・パンクラス 316
　ロイズ・ビルディング 373, 390
　ロンドン大学本部 362
　ロンドン塔 177
　ロンドン動物園ペンギン・プール 341

ワ

ワーグナー，オットー 326, 327, 328, 329
ワーナム，グレイ 362
ワイアット，ジェイムズ 312
ワイアットヴィル，サー・ジェフリー 226
ワイマン，ジョージ・H 307
ワシントン，ジョージ 284
ワシントンDC 284
　スコティッシュ・ライト・テンプル 289
　ホワイトハウス 284, 285, 289
　リンカーン記念堂 358
　連邦議会議事堂 206, 284, 286–7
　ワシントン記念塔 285, 289

ACKNOWLEDGMENTS

Author's acknowledgments
The author would like to thank Thomas Cussans and Beatrice Galilee for their contributions to and research for this book; the efficient, good-natured and long-suffering production team at cobalt id; Debra Wolter at DK for commissioning the book; and all the architects, particularly those before Imhotep of whom we know nothing except, of course, their mighty works, and to their clients, for providing such rich and indefatigable subject matter. Special thanks to Laura, Beatrice Grace and Pedro, the barking bulldog, for their love and patience.

Publisher's acknowledgments
Dorling Kindersley would like to thank Ed Wilson and Sam Atkinson for editorial assistance, and Claudia Dutson for floor-plan illustrations. Cobalt id would like to thank the following for their help with this book: Gill Edden, Steve Setford, and Klara and Eric King for their invaluable editorial assistance, and Hilary Bird for indexing. Thank you also to Adam Howard (invisiblecities.co.uk); and to Katy Harris, Kathryn Tollervey, and all at Foster and Partners.

Picture credits
The publisher would like to thank the following for their kind permission to reproduce their photographs:

Abbreviations key: t = top; b = bottom; l = left; r = right; c = centre.

2-3 Alamy/Tim Ayers; 4tl Alamy/AA World Travel Library; 4b Corbis/Stapleton Collection; 5tr Corbis/Paul Almasy; 5br Alamy/Colin Walton; 6 Getty/Ary Diesendruck; 8bl Corbis/Diego Lezama Orezzoli; 9 Alamy/Photo Network; 9tl Mary Evans Picture Library; 10b Alamy/Robert Harding Picture Library Ltd; 11bc Alamy/Mary Evans Picture Library; 12l Alamy/Robert Harding Picture Library Ltd; 13b Getty/Robert Harding; 13c Alamy/Jon Arnold Images; 13cl Alamy/Robert Harding Picture Library Ltd; 13tr Alamy/Peter Aprahamian; 13cr Alamy/Sergio Pitamitz; 14b Corbis/Dean Conger; 14c Corbis/Charles & Josette Lenars; 15tl Corbis/Gianni Dagli Orti; 15br Alamy/Robert Harding Picture Library Ltd; 16t Corbis/Historical Picture Archive; 17b akg-images/Erich Lessing; 18tc Alamy/Globe Stock; 18bl CORBIS/Roger Wood; 19b Alamy/bildagentur-online.com/th-foto; 19tr Alamy/POPPERFOTO; 20l Getty/Will & Deni McIntyre; 22tl Alamy/Tor Eigeland; 22bl akg-images/Andrea Jemolo; 23tr akg-images/Hervé Champollion; 23br Alamy/TNT Magazine; 26b Getty/Ian McKinnell; 27tr Corbis/Carmen Redondo; 29tr Alamy/Nicholas Pitt; 30 Getty/Cosmo Condina; 32c Alamy/Michael Dwyer; 33tr Alamy/Mireille Vautier; 33br Corbis/Gianni Dagli Orti; 34l Alamy/archivberlin Fotoagentur GmbH; 35b Alamy/Peter M. Wilson; 35tc Alamy/Sarkis Images; 35tr Alamy/Megapress; 35tl Alamy/AM Corporation; 35cl Alamy/Sarkis Images; 35bl Alamy/Danita Delimont; 36b Alamy/PCL; 36bl Alamy/Angel Terry; 37br Alamy/Sarkis Images; 37tr Alamy/archivberlin Fotoagentur GmbH; 38b Alamy/Nelly Boyd; 38cl Alamy/Peter M. Wilson; 39tr Alamy/Andre Jenny; 40l Getty/Ryan Fox; 41b Alamy/Glen Allison; 41tr Alamy/J Marshall - Tribaleye Images; 41cra Alamy/Beren Patterson; 41cl Alamy/Shaun Higson; 41cr Alamy/Mireille Vautier; 42b Alamy/Beren Patterson; 42tl Alamy/J Marshall - Tribaleye Images; 43b Alamy/FrameZero; 43tr Alamy/Danita Delimont; 44 Getty/Fergus O'Brien; 46c akg-images; 47cr Alamy/The Photolibrary Wales; 48t akg-images/Erich Lessing; 49br Alamy/Rob Bartee; 50l Alamy/dfwalls; 51bl Alamy/Jon Bower; 51cr Alamy/Adam Eastland; 51br Alamy/Aliki Sapountzi/aliki image library; 51tr Alamy/Eric Ghost; 51tc Alamy/Danita Delimont; 51tl Alamy/Andrew Carruth; 52b Alamy/PCL; 53b Alamy/Travel-Shots; 53tr Getty/Bridgeman Art Library; 54bl Mary Evans Picture Library; 54tl Alamy/nagelestock.com; 55br Corbis/Bettmann; 55tr Alamy/Michael Booth; 57br Alamy/Peter Domotor; 57tr Alamy/Andrew Morse; 58t Mary Evans Picture Library; 61br Alamy/dfwalls; 61tr Mary Evans Picture Library; 62l Alamy/ImageState; 63c Alamy/Adam Eastland; 63clb Corbis/Vanni Archive; 63tl Corbis/Dave G. Houser; 63br Alamy/Carol Dixon; 64bl Alamy/Ian M Butterfield; 66cl Corbis/Charles E. Rotkin; 67br akg-images/Joseph Martin; 68b Alamy/Gary Cook; 70c Alamy/Martin Jenkinson; 71br Alamy/nagelestock.com; 71c Alamy/Adam Eastland; 72 Corbis/Alinari Archives; 73b Alamy/Oliver Benn; 74tl Alamy/DIOMEDIA; 75 Alamy/TNT Magazine; 76b Corbis/Historical Picture Archive; 76tl Alamy/Nick Gregory; 77br Alamy/Brian Hamilton; 78l Alamy/Nicholas Pitt; 79bl Alamy/Aliki Sapountzi/aliki image library; 79cb Alamy/Tom Spalding; 79cla Alamy/Mark Harmel; 79tr Alamy/Terry Smith Images; 80bl Alamy/Peter M. Wilson; 80cl Alamy/Bora; 81tc Alamy/Blueberg; 82b Alamy/Chuck Pefley; 83br Alamy/Worldwide Picture Library; 85br Alamy/LifeFile Photos Ltd; 87br Getty/J P De Manne; 87tr Getty/David Toase; 88 Getty/Todd Gipstein; 90cr Alamy/Mary Evans Picture Library; 91c Alamy/ImageState; 93tl Alamy/ephotocorp; 94l Getty/Jeremy Bright/Robert Harding; 95b Alamy/Profimedia.CZ s.r.o.; 95cl Alamy/J Marshall - Tribaleye Images; 95tr Corbis/Bob Krist; 95cr Alamy/Robert Preston; 95c Alamy/Travel Ink; 96bl Corbis/Paul Almasy; 96c Alamy/AM Corporation; 97b Corbis/Dallas and John Heaton/Free Agents Limited; 97tr Alamy/World Religions Photo Library; 98br Corbis/Charles & Josette Lenars; 98tl Corbis/Historical Picture Archive; 99b Alamy/f1 online; 100bc Alamy/Steve Allen Travel Photography; 100c Corbis/Lindsay Hebberd; 101b Alamy/Cephas Picture Library; 101tr Alamy/F. Jack Jackson; 102l Getty/Jerry Alexander; 103br Corbis/Kevin R. Morris; 103bl Corbis/Jose Fuste Raga; 103tr Alamy/Tibor Bognar; 103cl Alamy/JG Photography; 104b Getty/Jill Gocher; 104cr Alamy/ImageState; 105b Alamy/Robert Harding Picture Library Ltd; 105cr Alamy/Gavin Hellier; 106br Alamy/Rolf Richardson; 106l Alamy/Nic Cleave Photography; 107tc Alamy/ImageState; 108 Alamy/Neil McAllister; 110bl DK/Laurence Pordes, Courtesy of The British Library; 110r Alamy/Eddie Gerald; 111br Corbis/Asian Art & Archaeology, Inc.; 112l Getty/Jean-Marc Truchet; 113b Alamy/Robert Fried; 113cr Alamy/Keren Su/China Span; 113c Alamy/Jon Arnold Images; 113cra Alamy/Sarkis Images; 113tl Alamy/Alex Griffiths; 113tr Corbis/Ric Ergenbright; 114t Alamy/View Stock; 114bl Alamy/Robert Harding Picture Library Ltd; 115tr Alamy/Sarkis Images; 115b Alamy/AM Corporation; 116c Corbis/Liu Liqun; 117tr Alamy/Panorama Stock Photos Co Ltd; 117br Alamy/Panorama Stock Photos Co Ltd; 118cl Alamy/Jon Arnold Images; 118tl Alamy/ImageState; 119tr Alamy/G P Bowater; 120b Alamy/Tibor Bognar; 120cr Alamy/David Sanger Photography; 121cr Corbis/Keren Su; 122 Getty/Jean-Marc Truchet; 123tl Getty/Paul Chesley; 123cr www.world-heritage-tour.org); 124l Getty/Orion Press; 125c Alamy/Michel Friang; 125cr Corbis/Michael S. Yamashita; 125cra Corbis/Robert Essel NYC; 125cla Alamy/Photo Japan; 126b Corbis/Sakamoto Photo Research Laboratory; 126tl Corbis/Archivo Iconografico, S.A.; 127t Alamy/Danita Delimont; 127br Corbis/Michael Freeman; 128bl Corbis/Archivo Iconografico, S.A.; 128c Corbis/Sakamoto Photo Research Laboratory; 130tl Corbis/Bernard Annebicque SYGMA; 131cl Alamy/Pat Behnke; 134bl akg-images; 134br Alamy/Israel images; 136bl The Art Archive/British Library; 137t Alamy/Ace Stock Limited; 138l Alamy/Jon Arnold Images; 139bl Alamy/Eddie Gerald; 139c Alamy/Peter Adams Photography; 139br Corbis/Vittoriano Rastelli; 139bc Alamy/Yvette McGreavy; 139fbr Alamy/Worldwide Picture Library; 139tr Alamy/Jon Arnold Images; 139cr Alamy/Robert Harding Picture Library Ltd; 141b Alamy/Bill Lyons; 142bl Alamy/World Religions Photo Library; 142ct Alamy/Sylvia Cordaiy Photo Library Ltd; 143 Alamy/Robert Harding Picture Library Ltd; 144 akg-images/Erich Lessing; 145b Alamy/Ken Welsh; 146bc Alamy/B&Y Photography; 146br Alamy/Peter M. Wilson; 146tl Alamy/Hideo Kurihara; 146c Alamy/Andrew Bargery; 147br Alamy/WiteLite; 147tr Alamy/Stock Connection; 148b Alamy/Sarkis Images; 148tl Corbis/Michael Nicholson; 150bl Alamy/Expuesto - Nicolas Randall; 151bl Alamy/Sergio Pitamitz; 151tr Alamy/World Religions Photo Library; 152l Alamy/Robert Harding Picture Library Ltd; 153b Alamy/f1 online; 153cl Alamy/Geoffrey Morgan; 153c Alamy/Tibor Bognar; 153cr Alamy/Neil McAllister; 153tr Alamy/Chris George; 154bl Alamy/Robert Harding Picture Library Ltd; 155b Getty/James P Blair; 155cr Alamy/Alan Copson City Pictures; 156bl Sergio Pitamitz; 156tl Corbis/Arthur Thévenart; 157b Alamy/ImageState; 157tr Alamy/Geoffrey Morgan; 158b Corbis/Brian A. Vikander; 158tl Alamy/Chris George; 159br Alamy/Neil McAllister; 159tr Alamy/World Religions Photo Library; 161br Alamy/Tibor Bognar; 161tc Alamy/Indiapicture; 162 Alamy/Robert Harding Picture Library Ltd; 164t Alamy/Robert Estall photo agency; 165cl Corbis/Bettmann; 165tr DK/Laurence Pordes, Courtesy of The British Library; 167br Alamy/Bildarchiv Monheim GmbH; 167tr Mary Evans Picture Library; 168l Alamy/Hideo Kurihara; 169bc Alamy/James Hughes; 169fcr Mary Evans Picture Library; 170c Corbis/Ruggero Vanni; 171b Corbis/Adam Woolfitt; 171tr Alamy/David Noton Photography; 172bl Alamy/tim gartside; 172c Alamy/CuboImages srl; 173b Alamy/Bildarchiv Monheim GmbH; 173tc Alamy/Michael Juno; 174t Alamy/Bildarchiv Monheim GmbH; 176b Alamy/Leslie Garland Picture Library; 177bc Corbis/Judyth Platt/Eye Ubiquitous; 177cr Alamy/Ken Welsh; 178cl Alamy/Bertrand Collet; 179br Alamy/Tor Eigeland; 179tr Alamy/Bildarchiv Monheim GmbH; 180l Alamy/Ian M Butterfield; 181b1 Corbis/Ric Ergenbright; 181b2 Alamy/Brian Harris; 181b4 Alamy/Pawel Libera; 181cr Alamy/Visual&Written SL; 181tr Alamy/Bildarchiv Monheim GmbH; 181c Corbis/Ruggero Vanni; 182bl DK/Centre des Monuments Nationaux; 182tr Alamy/J. Schwanke; 183 Alamy/Robert Harding Picture Library Ltd; 184tr Alamy/Bildarchiv Monheim GmbH; 185c Chartres Convention & Visitors Bureau; 186b Alamy/David A. Barnes; 186tl Corbis/Paul Almasy; 187cb Alamy/images-of-france; 187tc Alamy/Kristin Piljay; 188tl Alamy/Chris Warren; 190b Alamy/eye35.com; 191br Alamy/Antony Nettle; 191tr DK/King's College, Cambridge; 192tl Alamy/Rob Rayworth; 193b Alamy/lookGaleria; 193tr Alamy/Bildarchiv Monheim GmbH; 194bl Corbis/José F. Poblete; 195br Alamy/Worldwide Picture Library; 195tl Alamy/Sarkis

ACKNOWLEDGMENTS

Images; **196b** Alamy/Hideo Kurihara; **197br** Alamy/Bildarchiv Monheim GmbH; **198tl** akg-images/Schütze/Rodemann; **200** Getty/Toyohiro Yamada; **202c** Alamy/Robert Harding Picture Library Ltd; **203cr** Alamy/Visual Arts Library (London); **203tc** DK/Laurence Pordes, Courtesy of The British Library; **204t** akg-images/Rabatti - Domingie; **206l** Alamy/Eyebyte; **207br** Alamy/World Travel Images; **207tc1** Corbis/Araldo de Luca; **207tc2** Corbis/Francis G. Mayer; **207c** Corbis/Yann Arthus-Bertrand; **208bl** Alamy/Kobi Israel; **208br** Alamy/Gary Cook; **209br** Corbis/Massimo Listri; **209t** Photo Scala, Florence/White Images; **211b** Corbis/Angelo Hornak; **211tr** Alamy/Robert Harding Picture Library Ltd; **212bl** akg-images/Jürgen Sorges; **212cl** The Art Archive/Palazzo Farnese Caprarola/Dagli Orti (A); **213tr** Bridgeman Art Library; **214b** Alamy/AM Corporation; **215br** Alamy/Adam Woolfitt; **215tc** Alamy/CuboImages srl; **216b** Corbis/Jim Zuckerman; **217bl** Alamy/Stock Italia; **218l** Alamy/Joern Sackermann; **219bl** Alamy/Andre Jenny; **219bc** Alamy/images-of-france; **219tr** Corbis/Richard T. Nowitz; **219br** Corbis/Stefano Bianchetti; **221bl** Corbis/Adam Woolfitt; **221t** Alamy/AM Corporation; **223br** Alamy/Bildarchiv Monheim GmbH; **223c** Alamy/Joern Sackermann; **224bl** Alamy/Bernie Epstein; **224tc** Alamy/Bildarchiv Monheim GmbH; **226b** Alamy/eye35.com; **226tl** Alamy/nagelestock.com; **227br** Alamy/Justin Kase; **229b** Alamy/mediacolor's; **230** Getty/Toyohiro Yamada; **232c** Mary Evans Picture Library; **233br** Alamy/Classic Image; **234** Corbis/Massimo Listri; **235cr** akg-images; **235tc** Alamy/POPPERFOTO; **236l** Alamy/allOver photography; **237bl** Corbis/Stephanie Colasanti; **237c1** Alamy/guichaoua; **237c2** Corbis/Ruggero Vanni; **237cl** Alamy/G P Bowater; **237crb** Alamy/Bildarchiv Monheim GmbH; **237tr** Alamy/rochaphoto; **238cb** Alamy/culliganphoto; **239br** Alamy/Phil Robinson/PjrFoto; **240tl** Alamy/Arte & Immagini srl; **241t** Alamy/Bildarchiv Monheim GmbH; **241br** Corbis/Vanni Archive; **243b** Alamy/Ken Welsh; **243tr** akg-images/Nimatallah; **244b** Alamy/Jon Arnold Images; **244l** DK/Max Alexander, Courtesy of l'Establissement public du musée et du domaine national de Versailles; **245br** Alamy/AM Corporation; **246l** Alamy/G P Bowater; **247cb** Alamy/Bildarchiv Monheim GmbH; **247tr** Alamy/Peter M. Wilson; **248c** Getty/Michael Busselle; **249tl** Alamy/Anthony Eva; **249br** Alamy/H.Souto; **250b** DK/Sean Hunter; **250tl** Alamy/Classic Image; **251br** Corbis/Angelo Hornak; **251tr** Alamy/The Hoberman Collection; **253** Alamy/BL Images Ltd; **254l** Getty/Keith Macgregor; **255cr** Alamy/bildagentur-online.com/th-foto; **255cl** Alamy/Bildarchiv Monheim GmbH; **255c** Alamy/Bildarchiv Monheim GmbH; **255tr** Alamy/Bildarchiv Monheim GmbH; **256b** Alamy/Hideo Kurihara; **257b** Alamy/Jon Arnold Images; **257tr** Alamy/Maximilian Weinzierl; **258** Alamy/Bildarchiv Monheim GmbH; **259cr** Alamy/nagelestock.com; **260bl** Alamy/Bildarchiv Monheim GmbH; **260tr** Alamy/Bildarchiv Monheim GmbH; **261br** Alamy/AM Corporation; **261tr** Alamy/Bildarchiv Monheim GmbH; **262b** Alamy/Rolf Richardson; **264** Getty/Peter Gridley; **266cl** Mary Evans Picture Library; **267cl** Corbis/Archivo Iconografico, S.A.; **267cr** akg-images; **268l** Corbis/Adam Woolfitt; **269tr** Alamy/archivberlin Fotoagentur GmbH; **269br** Alamy/Robert Harding Picture Library Ltd; **269tl** Alamy/Bildarchiv Monheim GmbH; **269cr** Alamy/Lebrecht Music and Arts Photo Library; **270tl** DK/Courtesy of the Centre des Monuments Nationaux; **271br** Alamy/images-of-france; **272b** Alamy/David A. Barnes; **272rl** Corbis/Stefano Bianchetti; **273b** Corbis/Yann Arthus-Bertrand; **274b** Alamy/Bildarchiv Monheim GmbH; **275tr** Alamy/John Stark; **276bl** Alamy/Bildarchiv Monheim GmbH; **276tl** DK/Sean Hunter; **277b** Alamy/geogphotos; **277tr** Alamy/Trevor Smithers ARPS; **278c** Alamy/Bildarchiv Monheim GmbH; **279b** Alamy/Michael Diggin; **280bl** University library, Helsinki; **282cl** Alamy/Jon Arnold Images; **283** Alamy/Steve Allen Travel Photography; **284l** Alamy/Stock Connection; **285b** Alamy/ImageState; **285cl** Alamy/Danita Delimont; **285cr** Corbis/Robert Holmes; **285br** Alamy/Danita Delimont; **286bl** Alamy/Mervyn Rees; **286tr** Alamy/Andre Jenny; **287br** Alamy/Folio Inc; **287tr** Alamy/DCstockphoto.com; **288b** Alamy/David R. Frazier Photolibrary, Inc.; **290** Alamy/David Lyons; **292c** Corbis/Hulton-Deutsch Collection; **293tr** Corbis/Bettmann; **294b** Alamy/POPPERFOTO; **295bc** Corbis/Bettmann; **296l** Getty/John Lawrence; **297tr** Corbis/Hulton-Deutsch Collection; **297bl** Alamy/Mark Dyball; **297c** Alamy/Elmtree Images; **297br1** Corbis/Bob Krist; **297cl** Corbis/Angelo Hornak; **298tl** Alamy/Bryan Eveleigh; **299br** Corbis/Hulton-Deutsch Collection; **299c** Alamy/Nigel Hicks; **300bl** Corbis/Hulton-Deutsch Collection; **300tl** Mary Evans Picture Library; **301cl** Corbis/Hulton-Deutsch Collection; **301tr** Alamy/POPPERFOTO; **302** Corbis/Bernard Annebicque SYGMA; **302tl** Alamy/Glenn Harper; **303** Getty/Todd Gipstein; **304bl** Alamy/David Fisher; **304tl** Mary Evans Picture Library; **305b** Alamy/J. Schwanke; **305tr** Alamy/Bildarchiv Monheim GmbH; **306c** Corbis/Angelo Hornak; **307bl** Corbis/Art on File; **308** Alamy/Henry Westheim Photography; **309bl** Corbis/Bettmann; **309tr** Corbis/Bettmann; **310l** Getty/Colin Molyneux; **311bl** Alamy/Bill Bachman; **311bc** Alamy/Maciej Wojtkowiak; **311br** Alamy/Howard Harrison; **311cl** Alamy/Peter Schneiter; **311cr** DK/Linda Whitwam, Courtesy of Trinity Church, Boston; **311tr** Corbis/Gillian Darley; Edifice; **312b** Alamy/Bildarchiv Monheim GmbH; **314cr** Alamy/Robert Stainforth; **314bl** Alamy/Dominic Burke; **315br** Alamy/The Photolibrary Wales; **315cl** Alamy/Detail Heritage; **316tl** Alamy/Ian M Butterfield; **317br** Alamy/John Goulter; **317tr** Alamy/Rolf Richardson; **318bl** Corbis/Gail Mooney; **319** Corbis/James Leynse; **320l** Alamy/ImageState; **321b** Alamy/David Noton Photography; **321tl** Alamy/scenicireland.com/Christopher Hill Photographic; **321c** Alamy/Robert Harding Picture Library Ltd; **322bl** Corbis/Pitchal Frederic SYGMA; **322tl** Corbis/Roger Wood; **324tl** Alamy/Cro Magnon; **326bl** Alamy/Hideo Kurihara; **326tl** Mary Evans Picture Library; **327tl** Alamy/Peter M. Wilson; **328b** akg-images/Hilbich; **330r** Alamy/G P Bowater; **332b** Corbis/Gillian Darley; Edifice; **332tl** Alamy/Arcaid; **333bl** Alamy/Bildarchiv Monheim GmbH; **334** Alamy/ImageState; **336b** Alamy/Thinkstock; **337tr** Alamy/Mary Evans Picture Library; **337bc** Alamy/Lebrecht Music and Arts Photo Library; **338t** Corbis/Reuters; **339br** Alamy/Adam Howard/invisiblecities.co.uk; **340l** Alamy/Bildarchiv Monheim GmbH; **341bl** Alamy/Neil Setchfield; **341tl** Alamy/Arcaid; **341cr** Alamy/VIEW Pictures Ltd; **341tc** Corbis/G.E. Kidder Smith; **341tr** Corbis/Thomas A. Heinz / © FLC / ADAGP, Paris and DACS, London 2016; **342cl** Alamy/VIEW Pictures Ltd; **342tl** Alamy/VIEW Pictures Ltd; **343tr** Alamy/VIEW Pictures Ltd; **344br** Corbis/Farrell Grehan; **344cl** Alamy/Jon Arnold Images; **346br** Alamy/LifeFile Photos Ltd; **347bc** akg-images/Erich Lessing; **347tr** Alamy/Bildarchiv Monheim GmbH; **348b** Alamy/Bildarchiv Monheim GmbH; **348tl** Alamy/Bildarchiv Monheim GmbH; **349bl** akg-images/Erich Lessing; **349tr** Alamy/Francesco Venturi; **350-351b** Corbis/Edifice / © FLC / ADAGP, Paris and DACS, London 2016; **350tl** Corbis/Edifice / © FLC / ADAGP, Paris and DACS, London 2016; **351br** Alamy/Directphoto.org / © FLC / ADAGP, Paris and DACS, London 2016; **352b** Alamy/VIEW Pictures Ltd; **353tl** Photographer's Direct/Marcos Issa /Argosfoto; **353br** Corbis/Angelo Hornak; **354b** Corbis/Francesco Venturi; **354tl** Corbis/Francesco Venturi; **355br** Photographer's Direct/Gin Angri fotografo; **356l** Alamy/Kevin Foy; **357br** Alamy/Jayne Fincher.Photo Int; **357cl** Alamy/Jeff Greenberg; **357tc** Alamy/Nicholas Pitt; **357tr** DK/David Borland; **358t** Corbis/Underwood & Underwood; **359b** Alamy/Neil Setchfield; **359tr** Alamy/Neil Setchfield; **360b** Alamy/Indiapicture; **360cr** Corbis/Bettmann; **361bl** Alamy/Alan King; **361tl** Photographer's Direct/EDIFICE/ Adrian Mayer; **362bl** Alamy/Adam Parker; **363cl** Alamy/Elmtree Images; **363tr** Alamy/Mike Chinery; **364b** Alamy/Art Kowalsky; **365b** Alamy/Stephen Roberts; **365tr** Corbis/Hulton-Deutsch Collection; **366c** Corbis/Arnd Wiegmann/Reuters; **367b** Alamy/Ianni Dimitrov; **368b** Alamy/CuboImages srl; **368tr** Corbis/Michael S. Yamashita; **369bc** Corbis/Chris Hellier; **369tr** Alamy/Jack Barker; **372l** Alamy/Tim Ayers; **373bl** Alamy/Jon Arnold Images; **373cr** Alamy/Jiri Rezac; **373tr** Alamy/Wim Wiskerke / © FLC / ADAGP, Paris and DACS, London 2016; **373tl1** Alamy/archivberlin Fotoagentur GmbH; **373tl2** Corbis/Jonathan Blair; **374b** Corbis/Chris Hellier; **375br** Corbis/Michael Freeman; **375tr** Alamy/VIEW Pictures Ltd; **376cra** Alamy/Bildarchiv Monheim GmbH / Schütze / Rodemann / © FLC / ADAGP, Paris and DACS, London 2016; **376bl** Alamy/VIEW Pictures Ltd / © FLC / ADAGP, Paris and DACS, London 2016; **377b** Alamy/Stock Italia; **378bl** Corbis/Bettmann; **378tr** Corbis/Angelo Hornak; **379b** Alamy/Andre Jenny; **379tr** Alamy/Jeff Greenberg; **380b** Corbis/Angelo Hornak; **380tl** Corbis/Angelo Hornak; **381br** Corbis/David Sailors; **383br** Alamy/Elmtree Images; **384bl** Cobalt id/Marek Walisiewicz; **384t** Alamy/Dominic Burke; **385b** Alamy/Worldwide Picture Library; **386bl** Corbis/Michaela Rehle/Reuters; **386tr** Alamy/Andrew Morse; **387b** Alamy/AA World Travel Library; **388bl** Alamy/David Ball; **390bl** Corbis/Grant Smith; **390ct** Corbis/Alan Schein Photography; **391b** Alamy/Bildarchiv Monheim GmbH / © DACS 2016; **391tr** Corbis/Bernard Annebicque / Sygma / © DACS 2016; **392b** Corbis/Humphrey Evans/Cordaiy Photo Library Ltd; **392tl** Alamy/VIEW Pictures Ltd; **393c** Alamy/WoodyStock; **394bl** Corbis/Jacques Langevin Sygma; **394tr** Alamy/Greenshoots Communications; **395tr** Arcaid Images/Steve Hall / Studio Gang; **395bl** Getty Images/UniversalImagesGroup; **396** Corbis/Marco Cristofori / robertharding; **397cr** Corbis: Richard Bryant/Arcaid; **397b** Getty Images; **398tl, b** Li Xiaodong Atelier (http://lixiaodong.net/); **399t** Dreamstime.com/Mihai-bogdan Lazar; **400t** Hufton + Crow; **400clb** Helene Binet; **401br** Getty Images/Frans Sellies; **401tr** Vo Trong Nghia Architects/photo by Hiroyuki Oki

Every effort has been made to trace the copyright holders. The publisher apologizes for any unintentional omissions and would be pleased, in such cases, to place an acknowledgment in future editions of this book.

All other images © Dorling Kindersley

For further information see www.dkimages.com

Jonathan Glancey is an architectural critic, author, and broadcaster. He was Architecture and Design Editor of the *Independent* (1989–1997), and Architecture and Design Critic of the *Guardian* (1997–2012). He currently writes for, among others, *BBC World* and the *Daily Telegraph*. His books include *The Story of Architecture*, *Lost Buildings*, and *How to Read Towns and Cities*. He is an Honorary Fellow of the Royal Institute of British Architects.